高等学校经济管理类专业实验实践课程系列教材

财政部"十三五"规划教材

获得福建师范大学教材出版立项资助

跨境电子商务原理

方友熙 黎元生 ◎ 主编

编委（按章节顺序）：
郭黎霞 李成宇 陈伟雄 伊馨 冯国治

中国财经出版传媒集团

经济科学出版社
Economic Science Press

图书在版编目（CIP）数据

跨境电子商务原理/方友熙，黎元生主编. —北京：
经济科学出版社，2018.12
ISBN 978 - 7 - 5218 - 0069 - 2

Ⅰ. ①跨… Ⅱ. ①方…②黎… Ⅲ. ①电子商务
Ⅳ. ①F713.36

中国版本图书馆 CIP 数据核字（2018）第 281721 号

责任编辑：孙丽丽　纪小小
责任校对：郑淑艳
责任印制：李　鹏

跨境电子商务原理

方友熙　黎元生　主　编

经济科学出版社出版、发行　新华书店经销
社址：北京市海淀区阜成路甲 28 号　邮编：100142
总编部电话：010 - 88191217　发行部电话：010 - 88191522
网址：www. esp. com. cn
电子邮件：esp@ esp. com. cn
天猫网店：经济科学出版社旗舰店
网址：http://jjkxcbs. tmall. com
北京密兴印刷有限公司印装
787×1092　16 开　18.5 印张　450000 字
2018 年 12 月第 1 版　2018 年 12 月第 1 次印刷
ISBN 978 - 7 - 5218 - 0069 - 2　定价：46.00 元
（图书出现印装问题，本社负责调换。电话：010 - 88191510）
（版权所有　侵权必究　打击盗版　举报热线：010 - 88191661
QQ：2242791300　营销中心电话：010 - 88191537
电子邮箱：dbts@ esp. com. cn）

前　　言

　　跨境电子商务以一种新型业态、新型贸易模式呈现在人们面前，相对于传统贸易方式它具有更广阔的市场空间、更强大的发展潜力。2014 年被业界认定是中国跨境电商元年，这一年实业界调整了产业发展方向，纷纷介入跨境电商业务，国务院及相关部委在 2013 年已有政策的基础上进一步出台了支持、鼓励跨境电子商务发展的指导意见。在这短短四年里，跨境电子商务彻底冲击了被国际商界尊崇的传统国际贸易规则体系，使得国际贸易的营销、交易合同、支付、物流、国际争端解决机制等发生一系列新变化。

　　伴随云计算、大数据以及人工智能等技术逐渐成熟，新技术不断演变出新应用，跨境电子商务的经营理念与手段、消费主体思维与行为方式以及跨境电子商务第三方行业规则也随之快速更替。在这日新月异的电商时代，以传统贸易为主轴的国际经贸课程已经不能满足和适应社会对相关专业学生素养的要求，这促使我们在现有有限的专业理论基础之上结合社会实践，编写出一本跨境电子商务基本理论与基本知识的入门教材。

　　本书在编写过程中，突出对跨境电子商务运行过程各个环节基本原理的介绍与解释；重点阐述经济学相关理论与跨境电子商务的关系；提出跨境电子商务前沿问题，如平台规则差异性、知识产权规则、跨国争端解决机制、管辖权等让读者思考与研究；注重实务操作与应用，读者可以利用原理介绍进行简单实际流程操作，以理解跨境电子商务基本概念和基本知识，探究其规律。本书适合作为本科高等院校国际经济与贸易、电子商务、市场营销、商务英语、金融财经等相关专业的基础教材，也可以供企事业单位相关人士参阅。

　　本书由方友熙教授、黎元生教授担任主编，由青年博士教师任副主编组成的编写小组完成编写工作。具体编写分工是方友熙编写了第一、第二、第五、第七、第十章，郭黎霞编写了第三章，李成宇编写了第四章，陈伟雄编写了第六章，伊馨编写了第八章，冯国治编写了第九章。最后由方友熙、黎元生统稿。

　　本书编写过程中得到福建师范大学教材建设基金的资助，得到跨境电商企业、国际物流企业等组织机构的信息资料支持，我们也从相关教材、著作、期刊、网站站点和论坛上得到了很多知识和资源，在此谨向这些机构、作者和资源所有者表示深深谢意！向参与本书编写的教师表示真诚感谢！

由于跨境电子商务新业态的许多理论观点、概念和方法正处于形成阶段，国内外尚未达成共识；更由于编制水平有限，书中难免有许多错误和不当之处，恳请广大读者批评指正。

编者

2018 年 8 月

目　录

第一章　跨境电子商务总论

【学习目标】通过本章学习，了解跨境电子商务的起源与演进，掌握跨境电子商务的基本概念和模式分类，理解需求偏好理论、国家竞争理论对跨境电子商务的指导意义，理解数字经济与跨境电子商务的关系，从而对跨境电子商务体系有一个基本认知。

第一节　跨境电子商务概述

一、跨境电子商务产生背景

电子商务、跨境电子商务都是基于人们对电子信息技术应用而开展的商务活动。在电产生之前，人类使用烽火传送信息，直到 1837 年美国发明家萨缪尔·摩尔斯（Samuel Morse）发明了电报，后来又发明了摩斯密码，商人们开始利用电报方式进行贸易，此时标志着电子商务新纪元诞生。

（一）电子计算机与商业网络技术的起源

1943 年，美国人约翰·W. 莫克利（John W. Mauchly）和 J. 普雷斯伯·艾克特（J. Presper Eckert）研究小组，在前人知识的基础上，经过 3 年努力于 1946 年 2 月 15 日在美国宾夕法尼亚大学研发的电子数据积分计算机（Electronic Numerical Integrator and Computer，ENIAC），即世界上第一台通用电子计算机，主要用于计算弹道的计算和氢弹的研制。

根据"包交换理论"[①]，20 世纪 60 年代美国国防部高级研究计划局（简称 ARPA）组建的计算机网，又称阿帕网（ARPANET），用于军事网络管理。到 70 年代，ARPANET 已经有好几十个计算机网络，但是每个网络只能在网络内部的计算机之间互联通信，不同计

---

① 包交换理论：美国麻省理工学院的 L. 克莱因罗克（L. Klenrock）博士于 1961 年发表了一篇关于包交换理论的论文《大型通讯网路的信息流》，第一次详细论述了分散式网路理论，并于 1964 年出版了关于这个理论的第一本书。包交换主要指在通信网络中将较长的信息分割成若干信息包传送。每一个包就像一个信封，其中有要传送的信息和需要送达目的地的地址，此外还有一个代表这个包在整个信息流中的位置的号码。任何包如果丢失或被阻塞，可以重新发送。当所有的包都抵达目的地时，接收机就将这些数字数据块重新组合成完整的信息。这个称为"包交换"的网络可以使多台计算机使用相同的通信线路，也可以使一个数据流越过拥挤的线路，通过其他路径快速传递。利用信息包而不是线路进行通信的理论的提出，是网络技术发展的重要一步。无独有偶，几乎在美国麻省理工学院进行包交换理论研究（1961～1967 年）的同时，英国国家物理实验室（1964～1967 年）也进行了同类研究，而且彼此是在不知道对方研究的情况下进行的。

算机网络之间仍然不能互通。为此，ARPA 又设立了新的研究项目，研究的主要内容就是将不同的计算机局域网互联。

20 世纪 70 年代初开发了传输控制协议/因特网互联协议（Transmission Control Protocol/Internet Protocol，TCP/IP），又名网络通信协议，使 ARPANET 得到较大发展，美军可以从本土连到欧洲军事基地。

20 世纪 80 年代初，美国国家科学基金会（National Science Foundation，United States，NSF）发现 TCP/IP 方式非常实用，于是把几个地区计算机连接在一起，并接进了校园，参加 Internet 技术开发的科研和教育机构开始利用 Internet，研究人员称为"Internetwork"，简称"Internet"，这个名词就一直沿用到现在。

TCP/IP 有一个非常重要的特点是开放性，即 TCP/IP 的规范和 Internet 的技术都是公开的，其目的是使任何厂家生产的计算机都能相互通信，由于 Internet 是一个开放系统，使得互联网技术的开发和运用得到飞速发展。

1982 年 ARPA 接受了 TCP/IP，选定 Internet 为主要的计算机通信系统，并把其他的军用计算机网络都转换到 TCP/IP。出于军事要求，1983 年 ARPANET 分成两部分：一部分军用，称为 MILNET；另一部分仍称 ARPANET 供民用。20 世纪 90 年代，当 Internet 技术被发现具有极其广泛的市场利用价值时，美国政府开始开放市场，1991 年美国政府解除了禁止私人企业为了商业目的进入 Internet 禁令，并制定管理规范，很快商业网迅速成为美国 Internet 发展最快的网络。

在互联网（IPV4，互联网协议第四版）体系内，全球只有 13 台根服务器，美国 10 台，英国、瑞典、日本各 1 台，没有一台在中国。2017 年 11 月 28 日，基于全新技术架构下全球第六代互联网 IPV6 的实施，已经在全球完成 25 台 IPV6 根服务器架设，中国部署 4 台。

（二）电子商务的产生与演化

一般认为利用电子信息技术和使用电子工具开展商务活动统称为电子商务。根据这一概念，电子商务产生与演化经历了三个阶段。

1. 4T 电子商务阶段

4T 是指电报（telegraph）、电话（telephone）、传真（telecopying）、电视（television）四种电子工具。

电报是最早的电子商务工具。1835 年美国画家萨缪尔·芬利·布里斯·摩尔斯（Samuel Finley Breese Morse）经过 3 年的钻研，成功地制造了世界上第一台电报机。电报机的问世拉开了电信时代的序幕，人们开始运用电信号远距离传递文字、照片、图表，电报加快了商业信息的流通，促进了社会进步。

电话一般认为是美国人亚历山大·格拉汉姆·贝尔（Alexander Graham Bell）于 1876 年发明。电话技术发展到今天，是被广泛使用的电子商务工具，常用于书面的交易合同或产品实际交付准备。商业活动中，使用电话使人无距离沟通交流、省时省力、节约成本、提高工作效率，以至当今电话仍然作为商务营销的工具之一。

传真是美国物理学家亚历山大·贝恩（Alexander Bain）根据钟摆原理于 1843 年发明的。150 多年来，经过科研人员不断改进，传真的功能愈来愈优良，传真将文字、图表、相片等记录在纸面上的静止图像，通过扫描和光电变换，变成电信号，经各类信道传送到目的地，以获得与发送原稿相似记录副本的通信方式。传真与电话机结合，使传输文件比较快且有形，具有较强的价值。随着计算机网络技术的发展，传真开始了空间解放运动，人们通过计算机网络，把传真电子化、邮件化，只要能上网就能接收传真。由于传真件不易被更改，在通信和商业往来中具有重要的经济法律价值。

电视利用电子技术及设备用电的方法即时传送活动的图像画面和音频信号，即电视接收机。最早由英国工程师约翰·洛吉·贝尔德（John Logie Baird）于 1925 年发明。相对于电报、电话和传真电子工具，电视更便于人们对事物的直接了解，商业电视广告越来越成为人们生活的一部分，但由于电视是单通道的通信方式，必须与电话结合，与网络相比，电视制作成本高，电视提供的信息经常缺乏真实性。

四种传统的电子信息工具各具特色，在当今网络化时代，电报在商业活动中极少被人采用，而电话、传真和电视因为科技的进步而技术性能也得到提升，具有很强的商业生命力，在商业活动中发挥重要的作用。

2. EDI 电子商务阶段

（1）EDI 概念及产生背景。

EDI 全称 Electronic Data Interchange，中文为电子数据交换，它是由国际标准化组织（ISO）制定的为处理商业或行政事务，按照一个公认的标准，形成结构化的事务处理或消息报文格式，通过电脑通信网络，使有关部门、公司与企业进行数据交换处理，并完成以贸易为中心的全部业务过程。EDI 包括买卖双方数据交换、企业内部数据交换等。

在国际贸易中，买卖双方地处不同国家和地区，交易方式经常是在互不认识的当事人之间进行，因此必须通过买卖合同第三方——银行进行担保，以各种纸质单证为凭证，达到商品与货币的交换。单证转移就代表了货物所有权的转移和外汇流动。随着社会进步，全球交往频繁促进了贸易量增加，交易产生的各类单证激增，造成单证处理效率降低、错误率增加，纸面贸易文件成了阻碍贸易发展的一个重要因素，提高商业文件传递速度和处理能力成了所有贸易链中当事人的共同需求。同时，计算机应用功能的不断提升以及计算机的普及使用；再者，电子通信技术完善和网络的普及，正是在主客观三方面条件成熟背景下，EDI 应运而生。

20 世纪 60 年代末，欧洲和美国几乎同时提出了 EDI 的概念，由于 EDI 具有高速、精确、远程和巨量的技术性能，EDI 的兴起标志着一场全新的全球性商业革命的开始。90 年代，EDI 电子商务技术已经十分成熟，应用 EDI 使企业实现了无纸贸易，大大提高了工作的效率，降低了交易的成本，减少了由于失误带来的损失，加强了贸易伙伴之间的合作关系，因此在国际贸易、海关业务和金融领域得到了大量的应用。

（2）EDI 发展中的不足。

EDI 以标准交易方式应用，其优点十分明显，但是不足也很突出，主要表现在一是初期投入成本高。需租用专用的线路，定制一对一转换系统。基于专用 VAN（value added network）的 EDI 技术使大型企业的业务发展取得了很大的成功，但中小企业使用该技术却有一定困难。二是覆盖面小。EDI 采用封闭的专用增值网络，当事人严格按照相互之间的协议，在按一定标准建立起来的封闭系统中，只能与有限的一般都相互熟悉的贸易伙伴连接，不能随着与其对应的业务环境的变化相同步。三是 EDI 文件传输限制多，只能使用指定的网络协议和安全保密协议。由于社会的发展、规则的进步，有许多商务应用已无法用早期的 EDI 标准去规范化表示。

3. Internet 电子商务阶段

由于早期 EDI 电子商务的缺点，大大限制了电子商务的应用范围，使得长达 20 年的时间里，电子商务裹足不前。

现代电子商务的兴起与因特网的发展以及在商业的应用密切相关。Internet 又称网际网络，音译英特网，始于 1969 年美国国防部高级研究计划局组建的计算机网——阿帕网（ARPANET），是由"无数"个独立的网络互联而成的庞大网络，这些网络以一组通用的协议（TCP/IP）相连，形成逻辑上的单一的巨大国际网络，因此也被称为"网络的网络"。1991 年美国政府宣布互联网（Internet）向社会公众开放，允许在网上开发商业应用系统。Internet 的出现大大扩大了参与度，相对于私有网络和传统的增值网来说，Internet 可以实现世界范围的连接，对数据交换提供了简单而且易于实现的解决方法，用户通过页面可以把电子交换的范围从票证、单据扩大到全方位的商务信息，完成交易过程。

中国电子商务起步较晚，始于 20 世纪 90 年代初，但是发展迅速，当当、卓越、阿里巴巴、慧聪、全球采购、淘宝这些企业在短短的数年内崛起，改变了人们的消费思想和社会习惯，颠覆了国际社会对中国的认识，促使了人们对传统的商业模式的审视和思考。根据国家统计局统计数据显示，2017 年中国电子商务交易额达到 29.16 万亿元，同比增长11.7%，占全年 GDP 的 35%。

（三）跨境电子商务产生与发展

跨境电子商务是基于网络发展起来的，网络空间相对于物理空间来说是一个新虚拟空间，是由网址和密码组成的虚拟但客观存在的世界。网络空间的存在深刻地异化了跨境电子商务的价值标准和行为模式，相对于传统交易方式而呈现了全新的贸易运作理念，撬动了物流、资金流、信息流的流动时间，使生产和消费更为贴近，是对传统贸易方式的一次彻底革命。跨境电子商务源于 20 世纪 90 年代，以亚马逊和 eBay 公司为代表的电商企业成立为标志。

1. 亚马逊（Amazon）

1995 年 7 月 16 日，杰夫·贝佐斯（Jeff Bezos）将在美国成立的名为 Cadabra 的网络书店以地球上孕育最多种生物的亚马逊河重新命名，更名为亚马逊（Amazon），它是最早利用互联网经营电子商务的公司之一。1997 年 5 月 15 日亚马逊股票上市，成为世界上最成功的电子商务网站之一。

亚马逊经营初期仅是在网络上销售图书业务，经过不断调整扩张，现在已成为全球商品种类最多的网上零售商，亚马逊及其他销售商为客户提供数百万种独特的全新、翻新及二手商品，如图书、影视、音乐和游戏、数码下载、电子和电脑、家居园艺用品、玩具、婴幼儿用品、食品、服饰、鞋类和珠宝、健康和个人护理用品、体育及户外用品、玩具、汽车及工业产品等。亚马逊发展历程如表 1-1 所示。

表 1 - 1　　　　　　　　　　　　　亚马逊（Amazon）发展历程

时间	发展历程
1995 年 7 月	Amazon 公司成立
1997 年 5 月	在纳斯达克成功上市
1998 年	收购了 IMDb（互联网电影资料库公司）、Junglee（数据挖掘公司）、Planetall（社交网络公司）
1999 年 6 月	收购了 Alexa
2000～2010 年	收购了 CD Now、中国的卓越网、CustomFlix（DVD 制作商）、Shopbop（女性时尚购物网站）、Dpreview（数码相机测评网站）、Audible（有声读物网站）、Zappos（在线鞋店）、Woot（团购网站）、Quidsi
2011～2015 年	收购了 The Book Depository（网上书店）、Lovefilm、Pushbutton、自动化机器人公司 Kiva Systems、数字漫画公司 comiXology，投资入股上海美味七七、视频游戏流媒体服务 Twitch
2016 年 11 月	宣布亚马逊中国海外购与亚马逊英国站点正式实现对接
2017 年	实现净利润 30 亿美元
2018 年 3 月	福布斯发布 2018 年全球富豪榜杰夫·贝佐斯名列第一
2018 年 6 月	推出全球收款服务，卖家可使用本地货币接收全球付款

资料来源：根据亚马逊（Amazon）官网资料整理。

2. 易贝（eBay）

几乎与亚马逊同一时期出现的是美国另一家电商公司 eBay。1995 年皮埃尔·奥米迪亚（Pierre Omidyar）的女朋友酷爱 Pez 糖果盒，却为找不到同道中人交流而苦恼，于是奥米迪亚建立起一个拍卖网站，希望能帮助女友和全美的 Pez 糖果盒爱好者进行交流，令他没有想到的是网站非常受欢迎，很快就被收集 Pez 糖果盒、芭比娃娃等物品的爱好者挤爆。eBay 于 1995 年 9 月 4 日成立，1998 年 9 月 24 日在纳斯达克成功上市。

eBay 作为全球商务与支付行业的领先者，为不同规模的商家提供共同发展的商业平台，在线交易平台是全球领先的线上购物网站，拥有 1.45 亿活跃用户，遍布全球 100 多个国家和地区，有 20% 的交易额属于跨境交易。eBay 的电子支付品牌 PayPal 在 193 个不同国家和地区拥有超过 148 亿活跃用户，支持 26 种货币的收付款。自 2007 年以来，数以万计的中国企业和个人用户通过 eBay 在线交易平台和 PayPal 支付解决方案将产品销向全球。易贝发展历程如表 1 - 2 所示。

表 1 - 2　　　　　　　　　　　　　易贝（eBay）发展历程

时间	发展历程
1995 年 9 月	eBay 公司成立
1998 年 9 月	在纳斯达克成功上市

续表

时间	发展历程
2002 年 6 月	收购 PayPal，全球领先的交易市场与网络支付强强联手
2003 年 7 月	收购易趣公司，正式进军中国市场
2007 年	在大中华区开展跨境电子商务贸易
2006 年 12 月	宣布与中国 Tom 成立合资公司
2014 年 2 月	宣布收购了电脑图像公司 PhiSix
2015 年 7 月	eBay 和 PayPal 正式拆分
2016 年 5 月	eBay 和澳大利亚零售商 Myer 推出虚拟现实百货
2018 年 3 月	宣布与中信产业投资基金管理有限公司合资成立橙联股份有限公司，为跨境电商提供一站式物流服务体系
2018 年 7 月	终止与 PayPal 合作，与苹果和 Square 达成新伙伴关系

资料来源：根据易贝（eBay）官网资料整理。

3. 阿里巴巴（Alibaba）

阿里巴巴集团创始人马云在 2018 年 2 月 9 日世界海关跨境电商大会上表示全球买、全球卖、全球支付、全球邮将成为贸易的突出特点。跨境电商将成为世界贸易的主要形式，跨境贸易也不再是一个国家产的商品销售到另一个国家，而是相互为对方创造就业、机遇和价值；不是单纯的货物往来，而是共享历史、文化的一种生活方式。

在 20 世纪 90 年代中后期，中国的商人们几乎踏着 Amazon、eBay 等世界先进电商平台的后尘开始了电商平台创业，最具有代表性的电商平台是阿里巴巴，全称阿里巴巴网络技术有限公司。1999 年 9 月，马云带领 18 位创始人在杭州的公寓中正式成立了阿里巴巴集团，集团的首个网站是英文全球批发贸易市场阿里巴巴。

阿里巴巴平台初期仅能提供少量的功能，主要集中在发布 Trade Leads，提供贸易供需信息和交易机会，发布产品信息和广告信息。鉴于当时中国互联网的发展还不成规模，中国的电子商务还相当的不成熟，网络硬件条件也不好，在这样的环境中互联网利用停留在信息抓取的时代，与其说是平台不如说是网站。随着互联网硬件条件的逐步成熟，阿里巴巴平台也逐渐完善，中国供应商（在阿里巴巴，中国供应商被简称为 CGS）越来越认识到电商的特性和重要性，在内外条件均成熟的情况下，阿里巴巴迅速发展起来。阿里巴巴发展历程如表 1-3 所示。

表 1-3　　　　　　　　　　阿里巴巴（Alibaba）发展历程

时间	发展历程
1999 年 9 月	在杭州的公寓中正式成立了阿里巴巴集团，首个网站是英文全球批发贸易市场
2000 年 1 月	从软银等数家投资机构融资

续表

时间	发展历程
2003 年 5 月	创立购物网站淘宝网
2004 年 2 月	从数家一线投资机构融资，成为当时中国互联网届最大规模的私募融资
2004 年 12 月	在第三方网上支付平台推出支付宝
2005 年 10 月	接管中国雅虎
2007 年 11 月	在香港联交所主板挂牌上市
2010 年 4 月	推出全球速卖通；手机淘宝客户端；收购两家服务美国 Vendio、Auctiva；收购国内的一达通
2014 年 9 月	阿里巴巴集团于纽约证券交易所正式挂牌上市
2016 年 3 月	阿里巴巴零售平台 2015 财年交易额突破 3 万亿元
2018 年 2 月	收购蚂蚁金服股权，与万达集团签订战略投资协议，与居然之家投资控股集团有限公司达成新零售战略合作
2018 年 7 月	全球同步《财富》世界 500 强排行榜发布，阿里巴巴集团排名第 300 位

资料来源：根据阿里巴巴（Alibaba）官网资料整理。

目前，阿里巴巴主营业务涵盖阿里系的电子商务服务、蚂蚁金融服务、菜鸟物流服务、大数据云计算服务、广告服务、跨境贸易服务，以及前六个电子商务服务以外的互联网服务。

二、跨境电子商务概念与特征

（一）跨境电子商务概念

跨境电子商务（cross-boarder e-commerce）简称跨境电商，是指分属于不同关境的交易主体，通过电子商务平台将传统进出口贸易中的展示、洽谈、成交和支付结算等交易环节电子化，并通过跨境物流或异地仓储送达商品、完成交易的一种国际商业活动。

跨境电子商务是相对于境内电子商务而言的，在整个交易过程中，除了买卖双方外，还有物流、第三方结算平台等主体在交易链中体现，与传统贸易形态相似，但是各主体之间的权利义务、风险责任都发生本质的变化，颠覆了运行多年的国际贸易交易规则和结算规则。广义的跨境电商是指电子商务在进出口贸易中的应用，是传统国际贸易商务流程的电子化、数字化和网络化。从狭义上看，跨境电商是国内电商的延伸，它是经营者将商品通过在线网络平台直接卖给关境外消费者，形象地讲是"洋陶""海淘"。就传统贸易方式而言，生产者或销售者无法将小件商品卖给境外消费者，因为存在商品识别、运输、成本、结算环节难以解决的障碍，而电子技术与新商务方式的结合为扫除障碍提供了条件。

（二）跨境电子商务特征

1. 跨境性

境指关境，是商务活动所跨越的关境。与传统贸易双向性不同，跨境电商是多边化、融合交易过程的信息流、商流、物流、资金流，可以通过 A 国的交易平台、B 国的商品、C 国的支付结算平台、D 国的物流平台实现国家间、区域间的直接贸易。因此，跨境电商是一种跨关境的商务活动，突破了传统交易具有的空间区域因素限制，把产品和服务提交到另外一个关境市场。

2. 网络性

网络经济时代的国际贸易活动将从以物理空间为主转向以数字媒体空间为主，出现了诸如虚拟要素市场、虚拟商品市场、虚拟金融机构等虚拟经济场所，这些"虚拟"必须以互联网技术为基础，开辟了开放、多维、立体的市场交易空间。"虚拟"乃"拟虚"，跨境交易活动仍然实实在在地按照买卖双方要约的承诺方式进行着。

3. 小批量

小批量跨境交易是跨境电商相对于传统贸易而言最为典型的特征，小批量可以是小批也可以是单件，因为跨境电商模式可以实现单个企业之间或单个企业与个人之间的交易，跨境电商具有海量商品信息库、简便的支付方式、快速的物流传递等多样优势，能在虚拟空间进行沟通思想，因此生产者和销售者能够及时掌握消费者需求，设计和生产出差异化、个性化产品，更好地服务消费者。

4. 无纸化

数字化产品和服务基于数字传输活动，在网络中是以计算机数据代码的形式出现的，跨境电商的数字化亦即无纸化。在跨境电商中，电子计算机通信记录取代了一系列的纸面交易文件，整个信息发送和接收过程实现无纸化。以书籍为例，传统的纸质书籍，其排版、印刷、销售和购买被看作是产品的生产、销售，然而在电子商务交易中，消费者只要购买网上的数据权便可以使用书中的知识和信息。跨境电子商务以数字合同、数字时间取代了传统贸易中的书面合同、结算票据。

无纸化带来的积极影响是使信息传递摆脱了纸张的限制，冲击了传统法律的许多规范，削弱了税务当局获取跨境纳税人经营状况和财务信息的能力，从而引起征税国国际税收流失。例如，世界各国普遍开征的印花税，其课税对象是交易各方提供的书面凭证，课税环节为各种法律合同、凭证的书立，而在网络交易无纸化的情况下，物质形态的合同、凭证已不复存在，因而印花税的合同、凭证贴花便无从下手。

5. 快速演进

相对于传统贸易方式，跨境电子商务具有更明显的优势，如表 1 - 4 所示。

表 1 - 4　　　　　　　　　　跨境电子商务与传统国际贸易比较

贸易方式 对比项目	跨境电子商务	传统国际贸易
经营方式	主动式，根据消费市场需求主动提供交易服务全过程	被动式，按照消费方要求签订合同履行义务

贸易方式 对比项目	跨境电子商务	传统国际贸易
交流方式	在跨境电商平台接触	通过电子邮件或面对面接触
信息渠道	开放式、发散式	针对性传送、交易会
运作模式	利用互联网商务平台	国际商务合同
价格利润	相对的价格低、利润率高	相对的价格高、利润率低
订单类型	批次多、订单分散、小批量	批次少、订单量大、订单集中
涉及环节	生产商—零售商—消费者	生产商—进出口贸易商—零售商—消费者
结算方式	第三方支付平台，便捷	银行机构，程序复杂
运输模式	生产商承担委托第三方物流费用并直接送货到达	按照买卖合同约定通过海、陆、空或多式联运送达指定地点完成交货
国际规则	国际交易规则不完善或没有规定	国际贸易规则完善
争端处理	处理不畅或低效	健全的国际争端解决机制

三、跨境电子商务的意义和前景

（一）跨境电子商务的意义

1. 为外贸增添新动力

跨境电子商务是互联网时代的产物，是"互联网＋外贸"的具体体现。由于信息技术的快速发展，互联网技术解决了传统外贸难以克服的交易障碍，如交易中间成本过高、信息吸纳不及时、小额小批量贸易等。跨境电子商务的出现使得交易规模不再是外贸的决定性因素，多批次、小批量外贸订单需求正逐渐代替传统外贸大额交易，B2B、B2C 等多种跨境电商模式为促进外贸稳定和便利化注入了新的动力。在移动互联网、智能物流等相关技术提升快速的背景下，围绕跨境电商产业将诞生新的庞大经济链，带动产业转型升级，催生出一系列新的经济增长点。

2. 有助于推动平等和普惠的全球贸易

互联网技术打破了国际贸易的许多障碍，使得交易易于开展。跨境电子商务是全球化时代的产物，是在世界市场范围内配置资源的重要载体，通过跨境电商平台破除全球大市场障碍，推动无国界商业流通。对企业而言，跨境电商加快了各国企业的全球化运营进程，有助于交易主体更加注重国际意识，更加注重树立全球化的品牌定位。同时，跨境电子商务大大降低了生产者与全球消费者的交易成本，企业可以直接与全球供应商和消费者互动交易，特别是降低了广大中小企业"零距离"加入全球大市场的成本，使更多企业享受到全球化红利，推动平等和普惠的全球贸易。

3. 提升国内消费者福利水平

跨境电商是消费时代的产物，满足了消费人群追求更高质量、更安全、更多样化商品的需求，提升了消费者福利水平。跨境电商进口以扁平化的线上交易模式减少了多个中间环节，使得海外产品的价格下降。通过大量引入质量品质较好、丰富的海外商品，我国用海外产品培育国内市场，以消费升级引领产业加快转型升级，最终惠及国内消费者。同时，跨境电商使交易流程扁平化，海外产品供应商直接面对国内消费者，能够提供更多符合消费者偏好的商品。

4. 有利于提升产业结构转型升级

跨境电子商务的发展，直接推动了物流配送、电子支付、电子认证、信息内容服务等现代服务业和相关电子信息制造业的发展。通过电子商务平台实现"买全球卖全球"，大大扩展了市场信息的来源渠道，有效解决了企业因信息不对称带来的外贸订单减少的问题。互联网外贸能够使外贸链更加扁平化，充分减少中间环节，直达客户终端，降低交易成本，提升企业利润率，促进制造行业产业升级。

5. 提升我国政府对外开放水平

跨境电子商务为政府提升对外开放水平提供了新抓手。发展跨境电子商务，既涉及商务、海关、检验检疫、财政、税务、质量监督、金融等多个部门，也涉及多领域的国际合作；既对政府的快速反应、创新、合作等能力提出了新要求，也对政府传统的体制机制提出新挑战。以跨境电子商务为抓手，推动政府各部门资源共享、高效运行、统一协作、创新服务，对提升我国政府对外开放水平起到有力的推动作用。破解并建立全程监管标准体系，有助于促进跨境电商规范化、便利化发展，有助于深化国际贸易领域和电子商务领域新一轮监管体制的改革。

（二）中国跨境电子商务发展前景

1. 国家政策扶持跨境电商发展

近年来，我国跨境电商取得爆发式增长，传统贸易企业加快了向电商转型的步伐。2013 年 9 月，商务部、海关总署等八部委发布《关于实施支持跨境电商零售出口有关政策的意见》，为发展跨境电商指明了方向，与此同时，从国务院到各相关部委纷纷出台针对跨境电商行业的配套政策措施。2013 年 12 月，财政部国家税务总局发布《关于跨境电商零售出口税收政策的通知》，明确了从事跨境电商零售企业退免税的条件，从而大大降低了企业成本；2014 年 2 月，海关总署增列跨境电商海关监管方式代码"9610"；2015 年 6 月 20 日，国务院办公厅发布了《关于促进跨境电子商务健康快速发展的指导意见》；2017 年 4 月 8 日，财政部联合海关总署和国家税务总局共同推出《关于跨境电子商务零售进口税收政策的通知》等。跨境电商政策的密集出台，对行业发展起到积极的推动作用。国家各部委跨境电商政策如表 1-5 所示。

表 1-5   **国家各部委跨境电商政策**

出台政策时间	内 容
2013 年 8 月	国务院办公厅转发《关于实施支持跨境电子商务零售出口有关政策意见的通知》

续表

出台政策时间	内　　容
2014 年 5 月	国务院办公厅《关于支持外贸稳定增长的若干意见》
2015 年 3 月	国务院《关于同意设立中国（杭州）跨境电子商务综合试验区的批复》
2015 年 5 月	国务院《关于大力发展电子商务加快培育经济新动力的意见》
2015 年 6 月	国务院常务会议部署，《国务院常务会议部署促进跨境电子商务健康快速发展》
2015 年 6 月	国务院办公厅《关于促进跨境电子商务健康快速发展的指导意见》
2016 年 1 月	《国务院关于同意在天津等 12 个城市设立跨境电子商务综合试验区的批复》
2016 年 5 月	《国务院关于促进外贸回稳向好的若干意见》
2017 年 11 月	《国务院关税税则委员会关于调整部分消费品进口关税的通知》
2018 年 7 月	《国务院关于同意在北京等 22 个城市设立跨境电子商务综合试验区的批复》

资料来源：根据国务院及相关部委资料整理。

中国电子商务研究中心的监测数据显示，中国跨境电商进出口额年增速将超 30%，在中国外贸增速持续放缓的大背景下，跨境电子商务作为一种新型的国际贸易发展方式，正逐渐成为新常态下外贸稳增长、促经济发展的新动力、新引擎。为此，国务院批准在中国（杭州）跨境电子商务综合试验区基础上增设 12 个试验区，2018 年 7 月 24 日国务院又批准增设 22 个试验区，如表 1 - 6 所示。

中国跨境电子商务综合试验区着力在跨境电子商务交易、支付、物流、通关、退税、结汇等环节的技术标准、业务流程、监管模式和信息化建设等方面先行先试，通过制度创新、管理创新、服务创新和协同发展，破解跨境电子商务发展中的深层次矛盾和体制性难题，打造跨境电子商务完整的产业链和生态链，逐步形成一套适应和引领全球跨境电子商务发展的管理制度和规则，为推动全国跨境电子商务健康发展提供可复制、可推广的经验。

表 1 - 6　　　　　　　　　　　中国跨境电子商务综合试验区

序号	试验区名称	设立时间
1	中国（杭州）跨境电子商务综合试验区	2015 年 3 月 7 日
2	中国（宁波）跨境电子商务综合试验区	2016 年 1 月 6 日
3	河南省中国（郑州）跨境电子商务综合试验区	
4	天津市中国（天津）跨境电子商务综合试验区	
5	上海市中国（上海）跨境电子商务综合试验区	
6	重庆市中国（重庆）跨境电子商务综合试验区	
7	安徽省中国（合肥）跨境电子商务综合试验区	

序号	试验区名称	设立时间
8	广东省中国（广州）跨境电子商务综合试验区	
9	深圳市中国（深圳）跨境电子商务综合试验区	
10	四川省中国（成都）跨境电子商务综合试验区	
11	辽宁省中国（大连）跨境电子商务综合试验区	2016 年 1 月 6 日
12	山东省中国（青岛）跨境电子商务综合试验区	
13	江苏省中国（苏州）跨境电子商务综合试验区	
14	中国（北京、呼和浩特、沈阳、长春、哈尔滨、南京、南昌、武汉、长沙、南宁、海口、贵阳、昆明、西安、兰州、厦门、唐山、无锡、威海、珠海、东莞、义乌）跨境电子商务综合试验区	2018 年 7 月 24 日

资料来源：根据中央人民政府网站资料整理，http：//www. gov. cn/index. htm。

2. 同质化竞争带来资源集中

跨境电商在经过较为充分的市场竞争以后，资源将会越来越集中于巨头企业和突围成功的企业。正品保障、价格优势、物流体验好、售后完善将是跨境电商企业的核心竞争领域，不能在某一方面有所建树从而吸引用户、做大规模、建立壁垒的企业会在市场中渐渐失去竞争的资格。谁能够在正品保障、价格、物流体验、售后等环节做到尽善尽美，谁就能够获得更多消费者的青睐。与此同时，如何避免竞争同质化，获得差异化发展，也是跨境电商亟须思考的问题，进口跨境电商企业只有跳出同质化竞争的泥潭，才能生存下来，才能斩获这个新兴行业的终极红利。

第二节　跨境电子商务模式分类

模式是指事物的标准样式，用来说明事物结构的主观理性的一般方式，包括经济发展模式、企业盈利模式等，具有一般性、简单性、重复性、结构性、稳定性、可操作性的特征。模式在实际运用中必须结合具体情况，实现一般性和特殊性的衔接并根据实际情况的变化随时调整要素与结构。模式是结构主义用语。

跨境电子商务的模式主要包括以下几类：

一、按照市场主体分类

（一）跨境 B2B 电子商务

B2B 电子商务是电子商务的一种模式，英文 Business to Business 的缩写，即企业对企业之间、商业与商业之间通过互联网进行产品、服务及信息的交换。跨境 B2B 不针对个体形式，它是分属不同关境的企业对企业机构通过跨境电子商务平台将企业内部网通过 B2B 网站与客户紧密结合起来，利用互联网技术为客户提供更好服务的一种国际商业活动。

B2B 模式至今发展到三代。B2B 模式 1.0 时代以信息交换为主，平台将线下信息转移到互联网上进行线上供需信息展示。B2B 模式 2.0 时代以撮合交易为主，平台将供需两端信息进行匹配撮合交易。B2B 模式 3.0 时代，由于大数据和云计算带来的互联网产业变革，优化产业资源配置以提高整个产业的运营效率，进而重塑整个行业生态，逐渐由原本的产业辅助者向产业调控者转变。电商开始逐渐渗入仓储、供应链、货运等各个环节，打造以服务为核心的产业生态体系。

（二）跨境 B2C 电子商务

B2C 电子商务是电子商务的一种模式，英文 Business to Consumer 或 Business to Customer 的缩写，即企业针对个人开展的电子商务活动的总称。这种形式一般以网络零售业为主，主要借助 Internet 开展在线销售活动。跨境 B2C 是企业与个人分属不同关境主体，通过 B2C 科技电子商务平台，直接面向消费者个人开展在线销售产品和服务，完成交易的一种国际商业活动。

B2C 商业模式主要是网上商店，消费者通过网络在网上购物、支付。由于这种模式节省了客户和企业的时间和空间，大大提高了交易效率，特别对于工作忙碌的上班族可以为其节省宝贵的时间。随着物流、金融、互联网等国际贸易基础设施的改善和新技术的出现，国际贸易形态也在不断演化，产品从工厂到消费者的通路越发多元化，跨境 B2C 商业模式受到企业重视，形成与 B2B 业务模块的有效互补协作。但是 B2B 仍然是国际贸易中最主流的模式，占国际贸易额中的绝大部分。

（三）跨境 C2C 电子商务

C2C 电子商务是个人与个人之间的电子商务，英文 Customer to Consumer 或 Customer to Customer 的缩写，主要通过第三方交易平台实现个人对个人的电子交易活动。跨境 C2C 模式是指分属不同关境的个人卖方对个人买方开展在线销售产品和服务，由个人卖家通过第三方跨境电商平台发布产品和服务售卖、产品信息、价格等内容，个人买方进行筛选，最终通过跨境电商平台达成交易、进行支付结算，并通过跨境物流送达商品、完成交易的一种国际商业活动。

从理论上来说，C2C 模式最能够体现互联网的精神和优势，数量巨大、地域不同、时间不一、来自不同国家（地区）的买卖双方进行交易，在传统领域要实现这样大的工程几乎是不可想象的。C2C 不受到时间和空间限制，节约了大量的市场沟通成本，应用价值是显而易见的。

二、按照服务类型分类

（一）信息服务平台

在当今产业信息化时代，社会资源信息传播已经网络化，对资源信息利用率大幅度提高，人们把意向需求以市场形式展现出来，即时在信息平台里传播或寻找需求，这种对信息资源传播的互动交流，创造出网络平台新文化。跨境电商信息服务平台主要是为境内外会员商户提供网络营销平台，传递供应商或采购商等商家的商品或服务信息，促成双方完成交易。

代表企业：阿里巴巴国际站、环球资源网、中国制造网等。

（二）在线交易平台

在线交易平台是通过计算机信息网络进行信息交换的电子综合服务交易平台。在线交易平台不仅提供企业、产品、服务等多方面信息展示，还可以通过平台线上完成搜索、咨询、对比、下单、支付、物流、评价等全购物链环节。在线交易平台模式正在逐渐成为跨境电商中的主流模式。

在线交易平台主要功能需求包括权限管理、商品展示、商品交易、商品搜索和商品讨论评价五大模块，各模块在在线交易中担负着不同的功能需求。

（1）权限管理模块，包含用户登录、退出，查看用户信息以及增加用户，删除用户，查找用户和修改用户信息等功能。

（2）商品展示模块，包括商品的分类查看、查询、订购等功能。

（3）商品交易模块，包含购物车中添加商品、删除商品、修改商品信息以及订单提交等功能。

（4）商品搜索模块，包括根据商品的名称、类别、品牌等信息要素搜索详细商品信息的功能。

（5）商品讨论评价模块，包括论坛发帖的商品评价、已购商品打分、论坛版主的激励措施等。

在线交易平台代表企业：敦煌网、速卖通等。

（三）外贸综合服务平台

外贸综合服务平台包括整合融资、通关、退税以及物流、保险等外贸必须环节，然后将其统一投放给中小外贸企业。外贸综合服务平台的出现，是我国外贸业务模式的创新。通过为中小企业提供进出口环节相关服务，降低了中小外贸企业的成本，壮大了外贸企业主体，促进外贸转型升级。外贸服务平台主要环节如图 1-1 所示。

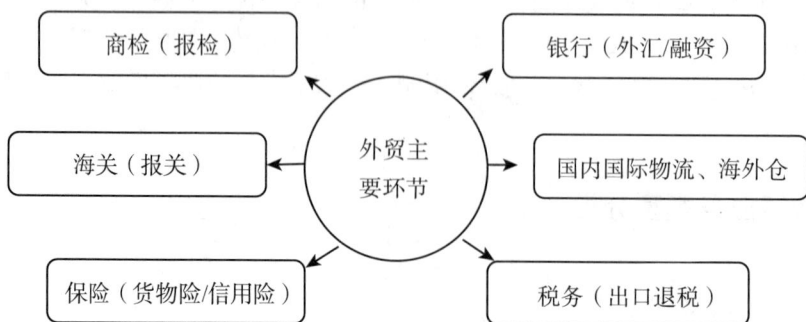

图 1-1 外贸服务平台主要环节

外贸综合服务平台的作用如下：

1. 降低流通成本

从外贸综合服务模式可以看出，平台是"化零为整"，小企业享受大服务。

2. 改善交易条件

外贸综合服务模式由于掌握外贸流程和应收账款，能够降低融资风险，通过模块化运作提升效率，为银行和企业贷款承担融资责任。

3. 简化交易流程

外贸综合服务平台基于互联网平台，提升了各国海关、税收等口岸直接面向中小企业的监管和服务效率，提升贸易便利化，极大地降低了外贸门槛，扩大贸易范围，提高贸易增量。

代表企业：阿里巴巴一达通。

三、根据商品流向分类

（一）跨境进口

跨境进口的传统模式是海淘，即中国国内消费者直接到外国 B2C 电商网站上购物，然后通过转运或直邮等方式把商品邮寄回国的购物方式。除直邮品类之外，中国消费者只能借助转运物流的方式完成收货。简单讲，就是在海外设有转运仓库的转运公司代消费者在位于国外的转运仓地址收货，之后再通过第三方/转运公司自营的跨国物流将商品发送至中国口岸。

主要的跨境进口模式还有"直购进口"模式和"保税进口"模式。"直购进口"模式是指符合条件的电商平台与海关联网，境内消费者跨境网购后，电子订单、支付凭证、电子运单等由企业实时传输给海关，商品通过海关跨境电商专门监管场所入境，按照个人邮递物品征税。"保税进口"模式则是指国外商品整批抵达国内海关监管场所——保税港区，下单后商品从保税区直接发出，在海关、国检等监管部门的监管下实现快速通关，几天内配送到消费者手中。

与传统的"海淘"模式相比，"直购进口"模式货物符合国家海关监管政策，清关操作更为阳光，消费信息也更透明，同时商品来源和服务都会比较有保障。"保税进口"模式则借助了保税港区特殊监管园区的政策优势，采取整批入区 BC 快件缴纳税收出区的方式，大大降低了电商企业进口货品的价格，同时，从国内发货的形式缩短了消费者从下单到收货的时间。"直购进口"模式对代购类、品类较宽泛的电商平台及海外电商来说比较适用，"保税进口"模式则在价格和时效上具有优势，适用于品类相对专注、备货量大的电商企业。

（二）跨境出口

跨境出口是指国内电子商务企业通过电子商务平台达成出口交易、进行支付结算，并通过跨境物流送达商品，完成交易的一种国际商业活动。可分为跨境一般出口贸易和跨境零售出口。

四、根据交易形式分类

（一）跨境一般贸易

跨境一般贸易是企业对企业，通过电商平台达成交易、进行支付结算，并通过跨境物流送达商品交易的一种国际商业活动，现已纳入海关一般贸易统计。B2B 跨境电商或平台所面对的最终客户为企业或集团客户，提供企业、产品、服务等相关信息，目前中国跨境电商市场交易规模中 B2B 跨境电商市场交易规模占总交易规模的 80% 以上，跨境电商市场中企业级市场始终处于主导地位。

（二）跨境零售

跨境零售又可分为跨境 B2C 和跨境 C2C。跨境 B2C 电商是指分属不同关境的企业直接面向消费个人开展在线销售产品和服务，通过电商平台达成交易、进行支付结算，并通过跨境物流送达商品、完成交易的一种国际商业活动。跨境 B2C 电商所面对的最终客户为个人消费者，针对最终客户以网上零售的方式，将产品售卖给个人消费者。B2C 模式下，我国企业直接面对国外消费者，以销售个人消费品为主，物流方面主要采用邮政物流、商业快递、专业及海外仓储等方式，其报关主体是邮政或快递公司。跨境 C2C 电商是指分属不同关境的个人卖方对个人买方开展在线销售产品和服务，由个人卖家通过第三方电商平台发布产品和服务，售卖产品信息、价格等内容，个人买方进行筛选，最终通过电商平台达成交易、进行支付结算，并通过跨境物流送达商品、完成交易的一种国际商业活动。跨境 C2C 电商所面对的最终客户为个人消费者，商家也是个人卖方。由个人卖家发布售卖的产品和服务的信息、价格等内容，个人买方进行筛选，最终通过电商平台达成交易、进行支付结算，并通过跨境物流送达商品、完成交易。

第三节　跨境电子商务基本理论

跨境电子商务活动具备国际贸易理论基础，本节主要介绍需求偏好重叠理论、国家竞争理论以及与跨境电子商务活动相关的数字经济理论等问题。

一、需求偏好理论

（一）需求偏好重叠理论

需求偏好重叠（相似）理论（theory of preference similarity）是由瑞典经济学家林德尔（Staffan B. Linder）在 1961 年出版的一部著作《论贸易与转型》（*An Essay on Trade and Transformation*）中提出的。主要观点是：

（1）赫克歇尔—俄林理论能够较好地解释初级产品的贸易模式，更为一般地说是解释自然资源密集型产品的贸易模式，但是这理论不足以解释制成品的贸易模式。

（2）一种产品要成为出口品，首先必须是满足本国需求的产品，然后再出口，产品被本国生产和消费是其成为出口产品的必要条件。原因是：第一，出口是市场扩大的结果。企业家对国外市场不可能像对国内市场那样熟悉，不可能想到一个国内不存在的需求。出口是市场扩大的结果，而不是开端。第二，产品发明来自国内市场需求。一国本身的需求才会促使技术革新和发明创造。第三，出口的工业品必须先有一个国内市场，才能获得相对优势。新产品最终适合市场需要，在生产者和消费者之间必须反复地交流信息，如果消费者市场在国外，取得信息的成本将是高昂的。

（3）国际贸易是国内贸易的延伸，产品的出口结构、流向及贸易量的大小决定于本国的需求偏好，而一国的需求偏好又决定于该国的平均收入水平。原因有三个方面。第一，一种产品的国内需求是其能够出口的前提条件，换句话说，出口只是国内生产和销售的延伸，企业不可能去生产一个国内不存在扩大需求的产品。第二，影响一国需求结构的最主要因素是平均收入水平。高收入国家对技术水平高、加工程度深、价值较大的高档商品的需求较大，而低收入国家则以低档商品的消费为主以满足基本生活需求。所以，收入水平可以作为衡量两国需求结构或偏好相似程度的指标。例如，高尔夫球在欧美是普及运动，但在发展中国家却不是代表性需求。第三，如果两国之间都有共同需求品质的情形，就称存在重叠需求。两国消费偏好越相似，则其需求结构越接近，或者说需求结构重叠的部分越大。重叠需求（overlapping demand）是两国开展国际贸易的基础，品质处于这一范围的商品两国均可进口和出口。

（4）一国的需求结构取决于该国的人均收入水平。两个国家的人均收入水平越接近，其需求结构也就越相似，它们之间的贸易机会就越多，就越容易彼此之间开展贸易；相反，如果两国人均收入差距越大，那么它们之间的需求偏好的差异也就越大，相互开展贸易的可能性也就越小。

（二）国际贸易中的重叠需求

根据需求偏好相似理论，一国人均收入决定一种特定的偏好方式，之所以产生偏好需求的重叠是因为收入水平相近的国家之间消费者需求产品档次相同。为了进一步说明问题，林德尔提出了代表性需求的概念。同一类商品可以分成不同的档次，两个国家即使对同一类商品有需求，但如果它们的人均收入不同，它们需求的档次也会存在着差异，而一个国家消费者消费某种商品的平均档次就叫这个国家的代表性需求。显然，人均收入水平越高的国家，其代表性需求的档次就越高，而人均收入水平越低的国家，其代表性需求的档次就越低。人均收入水平高的国家会需求高质量的制成品（奢侈品），而人均收入低的国家则对低质量的产品（必需品）存在需求。那么，一个国家最有可能与哪类国家进行贸易交易呢？林德尔认为，人均收入水平接近的国家需求结构存在重叠之处，可能消费相同类型的制成品，由于林德尔从重叠需求角度解释国际贸易模式，其假设被称为重叠需求理论。

在图 1-2 中，横轴表示一国的人均收入水平 Y，纵轴表示消费者所需各种商品的品质等级 Q。所需的商品越高档，则其品质等级就越高；人均收入水平越高，则消费者所需商品的品质等级也就越高。二者的关系由图中的 OP 线表示。

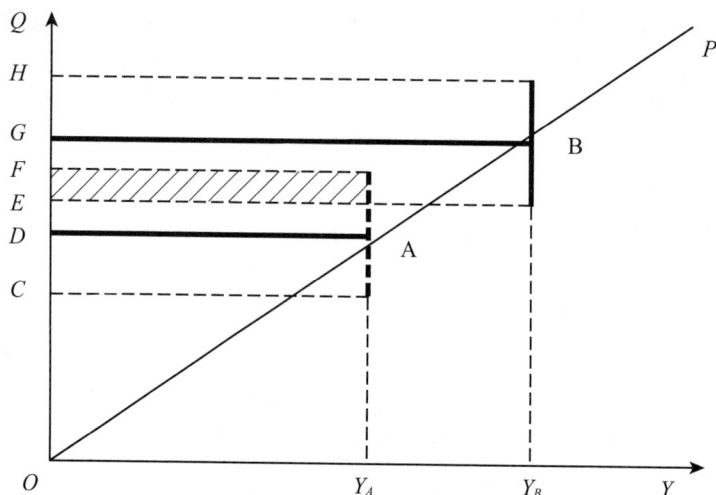

图 1-2　重叠需求

假设 A 国的人均收入水平为 Y_A，则 A 国所需商品的品质等级处于以 D 为基点，上限点为 F、下限点为 C 的范围内。

假设 B 国的人均收入水平为 Y_B，则其所需商品的品质等级处在以 G 为基点，上限点为 H、下限点为 E 的范围内。

对于两国来说，落在各自范围之外的物品不是太高档就是太低劣，都是不能或不愿购买的。

但在 E 和 F 之间的商品，在两国都有需求，即存在所谓的重叠需求。这种重叠需求是两国开展贸易的基础，品质处于这一范围内的商品，A、B 两国均可输出或输入。由图1-2 可知，当两国的人均收入水平越接近时，则重叠需求的范围就越大，两国重叠需求的商品都有可能成为贸易品。所以，收入水平相似的国家，互相间的贸易关系也就可能越密切；反之，如果收入水平相差悬殊，则两国之间重叠需求的商品就可能很少，甚至不存在，因此贸易的密切程度也就很小。

为了解这一理论现举例如下。

假设有甲、乙两个国家，都能生产小汽车，小汽车由低到高分六个档次。其中甲国的人均收入水平较高，小汽车的代表性需求档次为第四档。乙国人均收入水平较低，小汽车的代表性需求档次为第三档。但是任何一个国家居民收入水平都不可能是完全均等的，因此他们的需求偏好也不可能完全一致。

假定甲国居民对小汽车的需求范围是从第二级到第六级，而乙国居民的需求档次范围是从第一级到第五级。可以看到由于两国人均收入的差异，甲国的小汽车的需求档次要高一些，但两国的需求存在着重叠，他们都需求第二到第五档的小汽车，由其代表性需求决定，甲国必然在第四档的汽车生产上加快发展并形成规模经济，在满足了其国内需求后还会有一部分出口，而乙国正好对第四档小汽车有需求，虽然乙国也可能有第四档小汽车的生产，但由于没有实现规模经济，它的价格必然高于甲国，这样乙国就会从甲国进口第四档小汽车；同样地，乙国会在第三档小汽车的生产上形成规模经济，除了满足本国市场外也会向甲国出口。这样，由于两国各自在自己具有代表性需求的产品上实现了规模经济，它们就都获得了资源节约和低价购买的利益，同时两国的厂商还从出口中获得了比贸易前国内卖价更高的利益，两国之间的需求结构越接近，则两国之间进行贸易的基础也就越雄厚。

需求偏好相似理论从需求角度解释了发生在发达国家之间的产业内贸易（intra-industry trade），即制造业内式贸易。因此，需求相似理论是对要素禀赋理论的发展和完善。

（三）需求偏好重叠理论的指导意义

（1）需求偏好重叠理论是以需求来解释国际贸易的原因，它证明了随着互联网技术、科学技术以及全球经济一体化的发展，产业经济在各区域之间不断迁移，世界各国经济水平日益接近，时空距离在缩小，国际贸易会越来越发达。

（2）根据传统理论，国际贸易之所以发生，是由于各国之间资源禀赋的差异，因此贸易必须在不同的部门之间进行，如制成品与原材料相交换，但是"二战"之后，部门内的贸易却得到了迅速发展，远远超过了部门间的贸易规模。因此，跨境电子商务不仅存在制成品与原材料的部门之间贸易，制成品和制成品的部门内部之间贸易规模更大。

（3）偏好相似理论也存在着缺陷，偏好相似理论过分地强调了人均收入在消费结构中的决定作用。现实生活中的消费需求除了取决于人均收入外，还受到诸如气候、地理环境、风土人情、宗教法律、消费嗜好等各种因素的影响，各不相同。因此，在开展跨境电子商务经营活动时，除了考虑人均收入水平外，还应该注意收入之外的软性因素和自然因素。

二、国家竞争理论

（一）国家竞争理论核心点

长期以来，没有一个统一的理论来解释国际贸易与国内贸易的关系。全球化趋势导致一个企业不用走出国门就面临着国际竞争的挑战。在此背景下，一些新的贸易理论开始注意国内贸易对国际贸易的影响，特别是注重国内市场需求状况对企业国际竞争力的影响。从20世纪80～90年代初，美国经济学家迈克尔·波特先后出版了《竞争战略》《竞争优势》《国家竞争优势》三部著作，分别从微观、中观、宏观层面论述了企业竞争、产业竞争、国家竞争的"竞争力"问题，从而系统地提出了竞争优势理论，使得国际贸易的解释更具有统一性和说服力。

国家竞争优势理论指出：一国内市场竞争的激烈程度同该国企业的国际竞争力成正比，如果本国市场上有关企业的产品需求大于国内市场，则拥有规模经济优势，有利于该国建立该产业的国家竞争优势；如果本国消费者需求层次高，则对相关产业取得国际竞争优势有利；如果本国的消费者向其他国家的需求攀比，本国产业及时调整产业结构，而且改进产品的能力强，则有利于该国竞争力的提高。波特国家竞争优势理论的核心是"创新是竞争力的源泉"。

波特认为一国的竞争优势是企业、行业的竞争优势，国家的繁荣不是固有的，而是创造出来的。一国的竞争力高低取决于其产业发展和创新的能力高低。企业因为压力和挑战才能战胜世界强手而获得竞争优势，它们得益于拥有国内实力雄厚的对手、勇于进取的供应商和要求苛刻的顾客。在全球性竞争日益加剧的当今世界，国家变得越来越重要，国家的作用随着竞争的基础越来越转向创造和对知识的吸收而不断增强，国家竞争优势通过高度地方化过程得以产生和保持，国民价值、文化、经济结构、制度、历史等方面的差异均有助于竞争的成功。然而，各国的竞争格局存在明显的区别，没有任何一个国家能或将在所有产业或绝大多数产业上有竞争力，各国至多能在一些特定的产业竞争中获胜，这些产业的国内环境往往最有动力和最富挑战性。

（二）"三观"竞争机制

迈克尔·波特认为，国家是企业最基本的竞争优势，因为它能创造并保持企业的竞争条件。国家不但影响企业所制定的战略，也创造并延续生产与技术发展的核心。国家竞争优势涵盖微观竞争机制、中观竞争机制、宏观竞争机制三个层面的内容。微观层面在于企业内部创新活力，中观层面在于区域产业链最优组合，宏观层面波特提出了"国家竞争优势模型"四项环境因素，即生产因素，需求条件，相关产业与支持性产业，企业战略、企业结构和同业竞争关键要素。如图1-3所示。

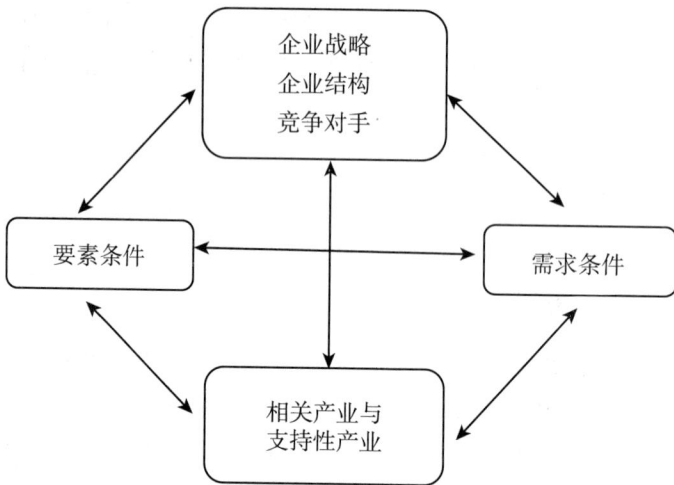

图 1-3 国家竞争优势模型

一个国家能在某种产业的国家竞争中取胜，必须善用四项关键要素。四项要素反映一个国家竞争条件的状态，是评价该国创新并转化竞争力的必备指标。创新机制可以从三个层面解释。

1. 微观竞争机制

国家竞争优势的基础是企业内部创新活力，企业应当在研究、开发、生产、销售、服务各环节上都使产品创新增值，才能使企业获得长期盈利创新，缺少活力不思进取国家就难以树立整体优势。因此，企业要在强化管理、研究开发、提高质量、降低成本等方面实行全面改革。

2. 中观竞争机制

中观层面企业的创新不仅取决于企业内部要素，还要涉及产业及区域范围。一个企业的潜在优势是它相关产业具有竞争优势，相关产业的能力自然会带动上下游的创新和全球化。因为它们之间价值相近，可以合作分享信息，这种关系形成产业在技术、流程、销售、市场或服务上的竞争力。波特指出，培养一个企业竞争力除了产业和相关产业支持外，必须与其他关键要素搭配，否则效果有限。企业利用区域产业链把研究、开发、生产和销售等环节构建一个最优的组合方式，提升竞争力水平。

3. 宏观竞争机制

从企业到区域产业最后上升到国家宏观层面，波特认为，个别企业、产业的竞争优势并不必然导致国家竞争优势。一个国家宏观竞争优势取决于四个关键因素和两个辅助因素——机遇和政府，机遇与产业无关，不是企业内部能力，但是机遇会打破原有状态平衡而提供新竞争空间，因此是一个国家竞争优势的重要角色；政府与四个关键要素的关系既非正面也非负面，政府政策影响生产要素，同时政府本身也是市场主体，政府的角色也可能是产业发展的障碍。总之，机遇和政府也会对四个关键因素构成复杂的关系。"完整的钻石体系"如图1-4所示。

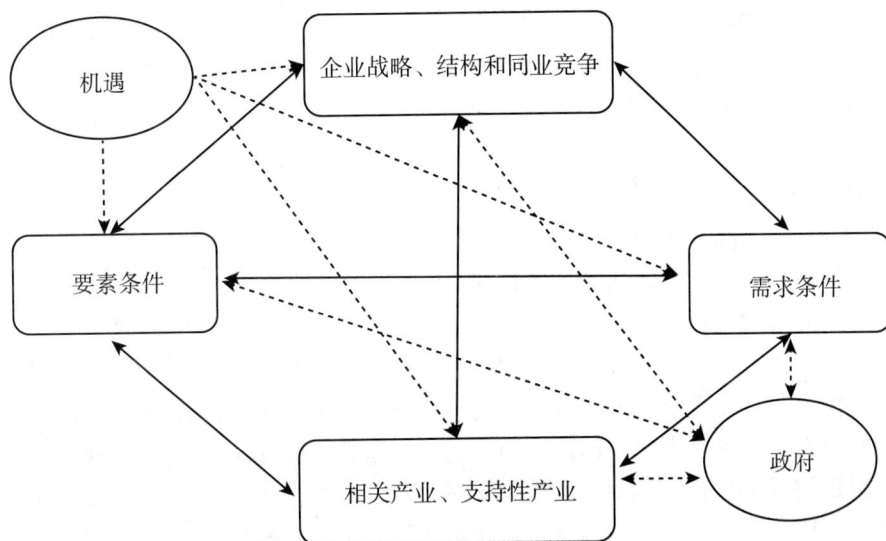

图1-4 完整的钻石体系

对完整钻石体系的解释如下：

（1）要素条件。

每个国家都拥有生产要素资源，包括人力资源、天然资源、知识资源、资本资源、基础设施，这些要素可进一步分为初级要素（basic factors）和高级要素（advanced factors）两类。初级要素如天然资源、地理位置、气候、非熟练或半熟练劳动力、资本等；高级要素包括现代通信基础设施、高等教育人力等通过长期投资或培育才能创造出来的要素。在国家和企业的竞争力上，初级要素已不再重要，因为供给量增加需求却减少了，跨国企业可以通过全球市场网络取得这些要素。但随着世界贸易结构越来越转向以制成品为主以及基本要素的普遍可供，高级要素对竞争优势更重要，因为它需要在人力和资本上持续投入、培育，要有适宜其生长的社会经济、政治法律环境，其供给是相对稀缺的，如创新能力，高级要素的优势是企业国际竞争力持续且来源可靠，但是高级要素发挥作用仍然必须以初级要素为基础。

（2）需求条件。

国内需求是产业发展的动力，它会刺激企业改进和创新。相对于国际市场，国内市场更易于发展客户需求，如果国内市场客户要求越多，企业就会在市场压力下改善创新，形成更先进的竞争优势，产业和产业环节竞争优势就是从国内市场开始的。

波特认为，国内需求状况的不同会导致各国竞争优势的差异，一国在某一个细分市场上的需求量大，就会产生规模经济，一国国内的前瞻性需求若能在国外市场上迅速铺开，则该国产品就具有别国产品所不可比拟的竞争优势。例如，美国人对便利的需求符合全球各地趋势，连带形成美国快餐、家庭用品和其他产业在国际上的成功。

（3）相关产业、支持性产业。

一个国家的产业要想获得持久的竞争优势，就必须在国内具有在国际上有竞争力的支持产业和相关产业。在很多产业中，一个企业潜在优势是因为它的相关产业具有竞争优势，相关产业能力强自然带动上下游产业创新和全球化，具有"提携"新产业的效果。例如美国电脑业横扫国际市场，连带打开了电脑外围设备产业、资料产业和软件业的国际空间。因此，一个国家如果有许多相互联系的有竞争力的产业，该国就很容易产生新的有竞争力的产业。不过无论产业和相关产业如何支持，都必须与钻石体系的其他关键因素搭配。

（4）企业战略、企业结构和同业竞争。

企业的目标、战略和组织结构随产业和国情的差异而不同，国家竞争优势就是指各种差异条件下的最佳组合。各国发展目标不同，如果一个国家发展目标与产业竞争优势结合，产业成功的希望就很大。波特认为，良好的企业发展战略、管理体制和组织结构不仅与企业内部环境和产业环境有关，而且取决于企业面临外部环境的影响，一个国家内部市场的竞争结构也会对该国企业的国际竞争力产生重大影响，激烈的国内竞争是创造和保持竞争优势的最有力的刺激因素，国内竞争会迫使企业不断创新产品、提高生产效率，"苦练内功"以取得优势地位。同时，激烈的国内竞争会迫使企业走出国门，在国际市场上寻找新的适应环境。因此，经过国内激烈竞争锻炼的企业更具有国际竞争力。

（5）机遇。

机遇在国家竞争力中是一个重要角色，但是一般与产业所处国家环境、企业内部能力甚至政府影响无关，它包括基础科技的发明创新、传统技术出现断层、能源危机、全球金融市场和汇率重大变化、全球或区域市场需求剧增、外国政府重大决策、战争等。机遇的重要性在于它有可能打断事物发展变化的进程和规律，使原来处于领先地位的企业的竞争优势失衡。机遇对于不同国家而言影响不同，如石油危机。如果国家重视机遇引发危机的事件，往往会先发制人，并妥善应对。引发机遇的事件虽然影响到产业竞争优势，但是国家角色不是被动的，国家钻石体系健全，压力会促使企业从机遇中争取新资源。

（6）政府。

政府与其他关键因素之间的关系既非正面也非负面，政府可以通过补贴、对资本市场加以干预、制定教育方针等影响要素条件，通过制定规则等影响买方需求。但是政府本身也是该国市场的主要客户之一，政府的行为极可能是产业发展的助力，也可能是产业发展的障碍。产业创造竞争优势过程中，政府作用是正面还是负面，要通过政府对钻石体系其他要素的影响来观察。比如，当产业在科技层面保持领先时，政府如果试图贬值货币以制造有利的成本条件，会很容易引导产业走上以规模取胜的竞争领域，相对忽视了社会压力和技术创新等条件。[①] 因此，货币贬值事实上延缓产业升级的动力，使竞争力下滑。政府政策影响力大但也有限制。

（三）国家竞争优势理论的指导意义

1. 科技创新驱动产业发展

丰富的自然资源、廉价的劳动力等初级要素不会持久优势，它会随着要素禀赋的消耗而减少，只有不断创造高级要素，其优势才会随着时间的推移、知识的积累而增加。国家竞争优势的关键在于企业和产业技术创新。提高国际竞争能力必须实施科技兴贸战略，大力发展高科技产业，扩大高技术产品的出口。发达的高技术产业是高技术产品。发展高技术产业要坚持有所为、有所不为的原则，根据国家"中国制造2025"重点发展十大产业，加快电子信息、生物工程、新材料和航空航天等高新技术产业的发展。在重点产业发展基础上，带动上下游产业链上的产业技术革新，推动产业转型升级，增加出口产品的技术含量和附加值。

2. 企业重视国内市场竞争

随着全球经济一体化的展开，生产要素在国际之间的流动日益频繁，一个国家或地区难以独自循环经济，每个国家都逐步纳入以国际分工为基础的全球网络中，使得国际竞争日益激烈。在这种竞争环境中，一个国家不可能依靠要素禀赋上的比较优势来进行分工与贸易，要素禀赋优势也不是一直都能够存在的，只有通过竞争优势的创造，才能提高自己的竞争力，增进本国的福利水平。一个国家市场国内竞争环境对提升企业国际竞争力十分重要，激烈的竞争环境有助于企业发挥潜在的创新能力。因此，企业必须重视国内市场竞争。

3. 政府在企业发展战略中不可替代

现实中的国际贸易不是纯粹的自由贸易，各国政府以不同形式存在，即使是倡导自由贸易的WTO，其规则及活动也是就政府的贸易政策进行谈判和协调，成员国各种贸易政策以及企业开展的贸易活动的公平与否受到政府、双边、多边经贸规则的影响。一个国家在某种产品上成为出口者还是进口者与企业的选择有很大关系，当然企业的选择本身也要受到政府政策的影响。如"一带一路"倡议、"中国制造2025"等，企业、产业发展目标受一国政府发展战略影响。国内的需求、相关产业和支持产业、国内的竞争环境等是国外的同样因素所取代不了的，在全球化时代，国家的作用实际上是加强了而不是削弱了。

4. 识别国家竞争优势

国家竞争优势决定于四种基本因素和两种辅助因素，六个因素决定企业生产产品和服务的种类以及生产效率，而产品和服务的种类和生产效率又决定一国进入国际市场的产品

---

① 张平：《政府在产业集群科技创新中的作用》，载《科学管理研究》2005年第4期，第17～19页。

和服务的价值，决定这些产品和服务相对于其主要竞争对手的产品和服务的增长率。因此，它们最终决定一国竞争优势的实力、构成和持久。

三、数字经济与跨境电子商务

（一）数字经济概念和特征

1. 数字经济的概念

数字经济是指一个经济系统，在这个系统中，数字技术被广泛使用并由此带来了整个经济环境和经济活动的根本变化。数字经济主要研究生产、分销和销售依赖数字技术的商品和服务，它是信息数字化和商务活动数字化全新的社会政治和经济系统。

数字经济概念源于 20 世纪 90 年代中期，被誉为"数字经济之父"的美国经济学家唐·塔普斯科特（Don Tapscott）于 1994 年出版了一本名为《数字经济》（The Digital Economy: Promise and Peril In The Age of Networked Intelligence）的著作，内容涵盖了罗纳德·科斯的制度经济学理论对互联网经济的制度框架设计的影响。多伦多大学校长蒂夫·麦克伦评论该书时说：信息是 20 世纪的决定性力量。对于这种变革带来的积极和消极影响，任何人都没有泰普斯科特理解得更深刻。TELUS 电信公司总裁兼首席执行官乔·纳塔利评价说：泰普斯科特是第一位描述数字经济、重塑人类共同体验的方式以及网络化社会生存的作者。

20 世纪 90 年代是数字技术发展的高潮，随着曼纽尔·卡斯特的《信息时代：经济、社会与文化》、尼葛洛庞帝的《数字化生存》等著作的出版和畅销，数字经济理念在全世界流行开来。美国政府也在不断宣传以数字经济为特征的新经济神话，美国信息产业 1990～2000 年平均增长率达到 6.47%，是其 GDP（国内生产总值）增速的 2 倍。

2016 年 9 月，二十国集团（G20）领导人杭州峰会对数字经济首次提出全球性的《二十国集团数字经济发展与合作倡议》，指出数字经济是以使用数字化的知识和信息作为关键生产要素、以现代信息网络作为重要载体、以信息通信技术的有效使用作为效率提升和经济结构优化的重要推动力的一系列经济活动。《二十国集团数字经济发展与合作倡议》对"数字经济"的定义是广义的，泛指以网络信息技术为重要内容的经济活动，涵盖数字化、网络化、智能化三个阶段。

数字经济发展迅速，创新活跃、辐射广泛，渗透到了世界经济的各个方面，影响到了银行、零售、能源、交通、教育、出版、媒体或健康等领域，信息和通信技术正在改变社会交往及个人关系模式，为经济社会发展提供了新的动能。数据资源的爆发式、指数化增长及分析应用水平的持续提升，新兴数字技术的迅猛发展及与实体经济各行业领域的深度融合，正日益成为推动全球经济实现快速增长、包容性增长和可持续增长的强大驱动力量。数字经济采用的核心技术及载体是数字化知识和信息、现代网络等，即是以信息通信技术为主的核心技术对经济的促进作用，主要表现在三个方面。一是直接相关产业。数字经济相关的核心技术本身产生的直接相关的产业，如大数据产业、信息技术软硬件产品生产及服务产业。二是对产业的替代作用。通过数字经济相关的核心技术对传统产业技术的替代作用产生的新型业态，如智能制造、数字农业等。三是对产业的渗透作用。通过数字经济相关的核心技术对其他传统产业的渗透所产生的新型业态，如智慧旅游、电子商务、数字文化创意等。

综上所述，跨境电子商务经济是数字经济的直接表现形态。

2. 数字经济的基本特征

数字经济最核心、最本质的创新在于生产要素的突变，即数字经济最核心的生产要素是看不见摸不着的数据。数字经济具有以下特征：

（1）平台化。

平台是数字经济的基础。互联网平台创造了全新的商业环境，突破了传统国家和地区界限，网络使整个世界连为一体，信息流不再被工业经济供应链体系中的巨头所阻隔，供应商和消费者的距离大大缩短，沟通成本大大降低，直接支撑了大规模协作的形成。信息的透明使得企业信用不需要和规模挂钩，各种类型各种行业的中小企业通过接入平台获得了直接服务消费者的机会。数字经济以接近于实时的速度收集和处理信息，大大加快了国际商务处理节奏。

（2）高数据化。

数字经济最重要的特征就是高度数据化。数据的流动与共享，推动着商业流程跨越企业边界，编织全新的生态网络与价值网络。因为信息和网络技术的高渗透性功能，信息服务业迅速向第一、第二产业扩张，三大产业之间的界限日渐模糊，第一、第二和第三产业互相融合的趋势明显。产业间传统的数据与程序相隔离的状态将被打破，随之将出现新的商业生态系统和价值网络系统。

（3）自我膨胀。

众多数字经济的价值等于网络节点数的平方，这说明网络产生和带来的效益将随着网络用户的增加呈指数形式增长。在数字经济中，优劣势出现及达到程度会因为人们的心理反应和行为惯性不断加剧并自行强化，出现"强者更强，弱者更弱"的垄断局面。

（4）边际效益递增性。

数字经济边际成本递减。每增加生产一单位的产品，其生产所费成本逐步减少。数字经济具有累积增值性，数字经济中的互联网领域一直被梅特卡夫法则（Met – cafe law）所支配，即网络的价值等于其节点数的平方。因此，网络的价值会随着与其连接节点（计算机）数目的增加而快速增值，点击率便是"节点数目"的具体体现，也是衡量网站价值的主要指标。

（5）外部经济性。

网络外部性是指每个用户从使用某产品中得到的效用与用户的总数量有关，使用人数越多，每个用户得到的效用就越高。

（6）可持续性。

数字经济可实现社会经济的可持续发展，有效杜绝由于传统工业生产所带来的资源过度消耗、环境污染和生态恶化等弊端。

3. 数字经济面临的问题

（1）数据鸿沟问题。

全球仍有 40 亿人不能上网，各国都存在数字技术不足的情况。欧盟 2014 年统计数据显示，高达 47% 的欧盟人口缺乏足够的"数字能力"，而发展中国家此类问题更为严重。

（2）数字安全问题。

根据互联网监控公司 Arbor Networks 的数据，2011～2014 年三年时间内，全球 DDoS（Distributed Denial of Service，分布式拒绝服务）攻击增加 30 倍，一项研究估计，每年各种网络犯罪、攻击全球经济造成的损失高达 4 000 亿美元，金融、能源行业成为重灾区。许多智能设备的开发商都是小型企业，无法提供复杂安全功能的资源或经验，随时可能遭受灭顶之灾。

（3）法律法规滞后。

"数据洪灾泛滥"的现象已经出现，但是各国对于数字监管的法律法规千差万别。数字所有者、使用者、管理者之间的权利和义务如何界定和识别还没有达成共识，导致传统行业和新兴行业冲突不断。另一个问题是数字所有权是谁的？在数字经济平台，数字是由每个客户信息构成的，但是用户数字仅属于经济平台，法律尚未涉猎该领域。

（4）就业结构发生重大变化。

数字经济的发展必然导致劳动力市场发展变革，人工智能技术对就业带来的冲击和影响最为突出。翻译、记者、助理、保安、销售、客服、会计、保姆等职业未来十年将大大减少，同时数据科学、自动化、机器人监控等行业高端需求将大量增加。数字经济是随着信息技术革命而产生的一种新的经济形态，大数据和云计算的融合推动了物联网迅速发展，实现人与人、人与物、物与物的互联互通，人类生产活动的一系列生产要素都与数字连接，数字经济更容易形成规模经济，如表 1-7 所示。

表 1-7 **2017 年全球市值 TOP 10 企业榜单** 单位：亿美元

排名	公司	国家	行业	市值
1	苹果	美国	科技	8 889.5
2	谷歌	美国	科技	7 235.7
3	微软	美国	科技	6 458.7
4	亚马逊	美国	零售	5 490.9
5	Facebook	美国	科技	5 284.5
6	腾讯控股	中国	科技	5 243.2
7	阿里巴巴	中国	零售	4 889.2
8	伯克希尔·哈撒韦	美国	金融	4 532.4
9	强生	美国	医疗	3 716.5
10	摩根大通	美国	金融	3 432.6

资料来源：金投网，美股资讯。

4. 影响数字经济的因素

在数字经济高速发展的趋势下，影响数字经济的因素包括：

（1）软件。软件是一系列按照特定顺序组织的计算机数据和指令的集合，包括系统软件、应用软件和介于这两者之间的中间件，它是数字经济的基础。

（2）信息。信息是事物存在方式或运动状态，以这种方式或状态直接或间接的表现，是为了满足用户决策的需要而经过加工处理的数据，对于网络内容提供商来说是最大的财富。但大多数网上信息是免费的，互联网内容服务提供商（简称ISP）必须将互联网产业和传统产业结合起来，并且必须同科技专家共同努力以保护自己的产品。

（3）教育。数字经济的迅速增长需要一批能够处理、应用信息知识库的人员，数字经济的产生改变了传统的信息流方式，促使教育科技手段发生着重大变化。

（4）顾客权利。顾客权利在过去的几年里也成为影响数字经济并推动其发展的重要因素，随着电子商务发展，顾客权利还在扩展，包括保护用户信息和地址等私有问题。电子商务销售商必须发现顾客的真正需要，提供严格的个人隐私保护政策。

（5）商业数字化。过去10年行业数字化加速，从会计到仓储，从人事到日程安排，数字技术无处不在，通过这种数字化进程，企业尝到了甜头。在未来，企业的数字化进程还将继续，并且越来越成为企业发展的源泉。

（6）数字经济政策。当企业涌入数字经济产业时，必须要有一个明确的行业法律法规，尤其在个人隐私和电子商务收税问题上。处理好数字经济发展与安全之间的关系是各国面临的共同课题。完善公平规范的数字经济监管政策，做到在发展中规范、在规范中发展。中国已出台《网络安全法》和《电子商务法》，为数字经济发展增强法制保障。

专栏 1-1

数字经济三大定律

数字经济的基本特征是由其三大定律来决定的，数字经济受三大定律的影响：

第一个定律是梅特卡夫法则，即网络的价值等于其节点数的平方。所以网络上联网的计算机越多，每台电脑的价值就越大。

第二个定律是摩尔定律。计算机芯片的处理能力每18个月就翻一番，而价格以减半数下降。

第三个定律是达维多定律。进入市场的第一代产品能够自动获得50%的市场份额，所以任何企业在本产业中必须第一个淘汰自己的产品。实际上达维多定律体现的是数字网络经济中的"马太效应"。

（二）大数字在跨境电子商务中的应用

1. 大数据成为全球语言

最早提出"大数据"（big data）时代的是全球知名咨询公司麦肯锡，麦肯锡称：数据已经渗透到当今每一个行业和业务职能领域，成为重要的生产因素。人们对于海量数据的挖掘和运用，预示着新一波生产率增长和消费者盈余浪潮的到来。实际上"大数据"概念已有时日，却因为近年来互联网和信息行业的发展而引起人们关注。新一代信息技术在电子商务中得到了快速应用，大数据技术得到了世界各国的极大关注，2017年12月上海合作组织俄罗斯索契会议上，中国提出支持跨境电子商务发展，迎接数字经济"红利"。通过创新贸易方式，建立区域经济合作的制度性安排，大数据已作为全球语言成为各国领导人、企业界人士关注的重要课题。对于什么是大数据，没有统一的规范定义，但大数据特征明显，涵盖5个V。（1）海量（volume）：数据巨大，从TB级别跃升到PB级别。大数据的起始计量单位至少是P（1 000个T）、E（100万个T）或Z（10亿个T）。国际数据公司（简称IDC）最近预测到2020年全球数据量将扩大50倍。（2）多样性（variety）：指数据类型繁多，如图片、音频、视频、网络日志、地理位置信息等。（3）高速（velocity）：是指数据被创建和移动的速度快，企业创建实时数据流，快速处理分析并实时返回，满足用户实时需求，时效性要求高。这是大数据区分于传统数据挖掘最显著的特征。（4）价值密度低（value）：随着物联网的广泛应用，信息感知无处不在，信息海量，但价值密度较低，如何通过强大的机器算法更迅速地完成数据的价值"提纯"，是大数据时代亟待解决的难题。（5）易变性（variability）：大数据具有多层结构，这意味着大数据会呈现出多变的形式和类型。相较传统的业务数据，大数据存在不规则和模糊不清的特性，造成很难甚至无法使用传统的应用软件进行分析。传统业务数据随时间演变已拥有标准的格式，能够被标准的商务智能软件识别。

在大数据时代，思维模式要发生变革。由于存在海量快速变动的数据，信息中穿插着不精确的内容，人们不能仅靠随机样本，而是要了解全体数据，接受混杂信息，掌握之间的相互关系和因果关系。

见下列两个实例。

【案例1-1】

你开心他就买，你焦虑他就抛

华尔街"德温特资本市场"公司首席执行官保罗·霍廷每天的工作之一，就是利用电脑程序分析全球3.4亿微博账户的留言，进而判断民众情绪，再以"1"到"50"进行打分。根据打分结果，霍廷再决定如何处理手中数以百万美元计的股票。

霍廷的判断原则很简单：如果所有人似乎都高兴，那就买入；如果大家的焦虑情绪上升，那就抛售。

这一招收效显著——当年第一季度，霍廷的公司获得了7%的收益率。

【案例1-2】

"数据"值钱的地方主要在于时效

国际商用机器公司（IBM）估测，"数据"值钱的地方主要在于时效。对于片刻便能定输赢的华尔街，这一时效至关重要。曾经，华尔街2%的企业搜集微博等平台的"非正式"数据；如今，接近半数企业采用了这种手段。

"社会流动"创业公司在"大数据"行业生机勃勃，和微博、推特是合作伙伴。它分析数据，告诉广告商什么是正确的时间，谁是正确的用户，什么是应该发表的正确内容，备受广告商热爱。通过乔希·詹姆斯的Omniture（著名的网页流量分析工具）公司，你可以知道有多少人访问你的网站，以及他们停留了多长时间——这些数据对于任何企业来说都至关重要。詹姆斯把公司卖掉，进账18亿美元。

微软专家吉拉德喜欢把这些"大数据"结果可视化：他把客户请到办公室，将包含这些公司的数据图谱展现出来——有些是普通的时间轴，有些像蒲公英，有些则是铺满整个画面的泡泡，泡泡中显示这些客户的粉丝正在谈论什么话题。

"脸谱"数据分析师杰弗逊的工作就是搭建数据分析模型，弄清楚用户点击广告的动机和方式。

用于分析大数据的工具主要有开源与商用两个生态圈。

资料来源：大数据时代："数据"如何转化成"财富"，IT专家网，http：//database. ctocio. com. cn/483/12356483_2. shtml，2012 - 06 - 12。

专栏 1 - 2

About IDC

国际数据公司（International Data Corporation，lDC），是全球著名的信息技术、电信行业和消费科技咨询、顾问和活动服务专业提供商。IDC成立于1964年，在全球拥有超过1 100名分析师，为110多个国家的技术和行业发展机遇提供全球化、区域化和本地化的专业视角及服务。IDC的分析和洞察助力IT专业人士、业务主管和投资机构制定基于事实的技术决策，以实现关键业务目标。IDC于1982年正式在中国设立分支机构，是最早进入中国市场的全球著名的科技市场研究机构。在中国，IDC分析师专注于本地ICT市场研究，与本地市场高度结合，研究领域覆盖硬件、软件、服务、互联网、各类新兴技术以及企业数字化转型等方面。

资料来源：https：//www. idc. com. cn/about/about. jsp。

在跨境电子商务的发展过程中，到目前为止已经进入3.0时代。1.0时代是基于用户数的时代，企业赚取利润的方式主要通过收取会员费、广告费等；2.0时代是基于销量的时代，企业主要通过广告营销来促进销量增长，创造企业价值，提升品牌影响力；3.0时代是基于大数据的时代，在这一时代企业通过收集、分析、整合消费者的海量数据，挖掘商业价值，进行个性化和精确化营销。在大数据时代，数据资源越来越有用，大数据市场上存在着巨大的发展前景。

2. 大数据在跨境电子商务中的应用

通过将大数据技术应用于国际商务与贸易领域，极大地提高了跨境电子商务的运营效率。跨境电子商务各个环节几乎都可以利用数据形式来运作，采购、营销、客户管理、财务核算、运营管理等都利用数据视图进行分析运作，提高了跨境电子商务各业务环节的效率。

大数据时代与跨境电商的关系是：大数据时代，数据是互联网的根本，某种程度上数据就是网络，而网络也就是数据。跨境电子商务以互联网为平台、以数据为依托，没有互联网平台跨境电子商务与传统贸易模式无区别，而没有大数据，跨境电子商务就没有"千里眼"和"顺风耳"，经济效益和时间效益将大打折扣。大数据能大大提高跨境电商运营的精确程度、精准程度。

（1）准确洞察消费者需求。

大数据如同"千里眼"，能从最大视角俯瞰全局发展动态，甚至颠覆自以为是的常识。跨境电商面对的是全球的消费者，不同的地区有着不同的消费需求，不同人群有不同偏好，大数据可以较好地予以甄别，譬如哪些国家的哪些省市或地区喜欢海淘，哪些国家的男人们甚至比女人更对服装、婴儿类用品感兴趣，老年人的消费力有多大潜力等。大数据的迅猛发展，为跨境电商的服务从同质化到个性化提供了可能。通过全球大数据平台整合寻找全球消费新增长点。电商能够实时追踪精准的信息，更直观地了解每位用户的需求，并向用户提供符合其购习惯或购买意愿的商品。通过大数据分析，全球各大数据平台能够充当"全球经济雷达"，使跨境电子商务企业更好地了解全球消费走势，从而更敏锐地发现新市场、创造新市场和创造新的就业机会。

（2）精准营销。

鉴于使用大数据电商可以产生惊人的信息，因此大数据是降低成本、针对性营销的关键工具。不少电商大幅购买了流量，大量用户浏览了电商的网页，但大部分客户并未产生购买行为就离开了，这是流失的客户，既浪费了流量也浪费了广告费用。通过数据分析，能够在电商首页第一时间展示用户喜欢的商品，在转化率最大的一些媒体上投放广告，而广告也是恰到好处，能够产生经济价值。如 eBay、速卖通等跨境电商可根据用户以往的购买记录和浏览记录来判断该客户想要购买的商品，或者根据相似特征用户的喜好和购买记录来推断该用户的潜在需求。通过各种因素的综合分析判断，这些电商的后台可以在短短几秒时间里将特定商品页面推送给相应的用户。

（3）统筹规划产能库存。

跨境电商随时随地追踪消费者的消费能力与消费喜好，依托数据优化平台的品类结构、仓储物流配送。譬如在消费高峰期可以通过大数据悬丝诊断，优化高峰期需要的动力和产能，未雨绸缪，避免出现服务器瘫痪、爆仓等问题。利用大数据技术实现商品数据化管理。大数据不仅能帮助企业进行商品需求预测，而且能够与企业产品结合，成为企业产品背后竞争力的核心支持或者直接成为产品，如提供信息服务、增强产品功能、分析用户的个性化需求、掌控信用状况等。实现供应链数据化管理、提升国际物流效率。公司可以通过综合全球各地需求、各国物流状况、天气、季节性变化、不同市场的售价、不同渠道的费用、各地的人力成本甚至突发性的需求等场景，来分析设置物流模式和配送信息方式，最大限度地提高物流效率，统筹规划产能库存。

（4）提高信用指数。

20 年前，马云做电子商务时，还被看作骗子，他培育了市场长达 20 年，才迎来今天天猫的如日中天。钻石小鸟的徐潇在网上卖出的第一颗钻石，是用了一个月的时间和顾客进行各种沟通，最终成为朋友。信任意味着一切，因为只有获得了不见面的、网络对面的那个人的相信，才有可能在网上打开你自己的交易和局面。即使到了今天，人们远未消除对陌生人线上交易的疑虑，更何况是漂洋过海的交易。如何提高信任增强用户黏性？阿里巴巴全球平台针对跨境业务推出信用保障计划，旨在为跨境平台上的中小卖家建立信用体系。信用保障的基础就是大数据，包括通关、收汇、退税等核心的交易数据，且数据是动态的，每一笔进出口都可追踪。

（5）大数据用于跨境电子商务全产业链。

大数据决策不仅可提高跨境电商企业的全球化运作，而且对跨境电商全产业链的发展也至关重要。通过大数据技术可促进企业贸易模式创新。传统跨境电子商务普遍采用 B2C 模式，只能提供网页信息化，无法从根本上解决语言障碍、市场需求、市场推广以及中间商过多带来的利润被压缩的问题，因此跨境电子商务需要从 B2C 模式升级到 F2C 模式

（Factory to Consumer，工厂直达用户）。F2C 模式可使跨境电商企业无须中间商，直接利用大数据网络来了解全球市场，通过数据化营销网络送达商品信息，加快企业商品在海外的渗透和扩张。

大数据技术提升海关进出口便利化和可监管性。通过大数据技术对接电子海关系统与跨境电子商务平台，不仅能够实现快速通关，也能实现海关的有效监管。

大数据技术进行第三方支付、收单系统的部署。目前国外居民在中国的跨境电子商务平台上消费，主要使用的是国外第三方支付系统，如 PayPal 等，需要缴纳较高的服务费用。如果我国的跨境支付系统对接更多的收单行，将使更多的用户得到覆盖，手续费可大幅减少。

大数据技术以全球订单为导向来布局保税仓和出口加工区。在海外建设保税仓库，企业可实现合理数量的货品保税仓储、暂缓缴税，并按照实际货品交易需求进行按单清关、缴税，降低关税预支风险，加快本地物流速度，提升境外消费体验。

大数据，决定企业竞争力。

研究性复习与思考

（1）目前全球有多少根服务器？根服务器对中国国家安全会不会构成威胁？

（2）从亚马逊、eBay、阿里巴巴电商企业发展历程分析，你能否发现跨境电子商务有哪些特征？预测跨境电子商务将来发展趋势如何？

（3）中国政府自 2013 年开始出台支持跨境电商发展的政策，能否梳理自 2013 年以来国家出台的跨境电商政策？并从系列政策中得出哪些启示？

（4）跨境电子商务有哪些模式？每种模式的显著特征是什么？

（5）什么叫需求偏好重叠理论？它对中国跨境电商发展有何指导意义？

（6）迈克尔·波特的《竞争战略》《竞争优势》《国家竞争优势》三部著作的核心观点是什么？国家竞争理论对中国跨境电商发展有何指导意义？

参 考 文 献

［1］马云：《毋让贸易保护主义干扰跨境电商》，联合早报网：http：//www.zaobao.com/wencui/politic/story20180210－834357，2018－01－10。

［2］电子商务研究中心：《跨境电商三大战略意义和六大趋势》，电子商务中心网：http：//b2b.toocle.com/detail—6312777.html，2016－02－18。

［3］［美］迈克尔·波特著，李明轩、邱如美译：《国家竞争优势》，中信出版社 2012 年版。

［4］曾忠禄：《国家竞争优势理论及其意义》，载于《当代财经》，1997 年第 5 版。

［5］［美］唐·泰普斯科特（Don Tapscott），毕崇毅译：《数据时代的经济学，对网络智能时代机遇和风险的再思考》，机械工业出版社 2016 年版。

［6］于立新：《跨境电子商务理论与实践》，首都经贸大学出版社 2017 年版。

［7］王健：《跨境电子商务基础》，中国商务出版社 2015 年版。

［8］邓志超、崔慧勇、莫川川：《跨境电子商务基础与实务》，人民邮电出版社 2017 年版。

［9］韩琳琳、张剑：《跨境电子商务实务》，上海交通大学出版社 2017 年版。

［10］柯丽敏、洪方仁：《跨境电商理论与实务》，中国海关出版社 2016 年版。

［11］翁晋阳、任曼宁、管鹏、文丹枫：《再战跨境电商》，人民邮电出版社 2015 年版。

第二章　跨境电子商务平台原理

【**学习目标**】通过本章学习，了解跨境电子商务平台的意义、作用，理解跨境电子商务平台的概念、特征以及分类形式，理解跨境电子商务进出口平台流程，特别是几大常见的平台，了解跨境第三方支付平台的概念与内涵，着重了解 PayPal、Escrow 支付平台的基本流程，以达到对跨境电子商务平台基本理论与基本知识的全面认知。

第一节　跨境电子商务平台

一、跨境电子商务平台概述

（一）跨境电子商务平台概念

平台，是指一项活动所需要的环境或条件。电子商务平台是指计算机硬件或软件的操作环境。人类社会的生存和发展，需要寻找一个适宜的环境开展活动，依靠适宜的空间环境赚钱养家，维持物质供应，乃至展现精神生活。社会具有多样性，隶属于社会的各个空间环境也就有了多样性，这些空间环境某种形态上维持着社会的运转，每一个人或者一个组织、机构作为单一的个体，无论是出于对于物质的需要还是个性的爱好，从事着各类型行业，这些行业就是个体所隶属的平台。社会架构的层次性，造就了平台行业的层次性，同时也造就了每个个体的社会层次性。可以讲，平台是供人们舒展才能的舞台。

跨境电子商务平台是指用于跨境电子商务交易商品和服务的门户网站的集合地，它是跨境网上交易的媒介，是不同国家、地区的商品和服务交易主体之间开展商事活动的主要空间。2015 年 6 月 20 日，国务院办公厅发布了《关于促进跨境电子商务健康快速发展的指导意见》，提出培育一批影响力较大的公共平台，为更多国内外企业沟通、洽谈提供优质服务；培育一批竞争力较强的外贸综合服务企业，为跨境电子商务企业提供全面配套的支持；培育一批知名度较高的自建平台，鼓励企业利用自建平台加快品牌培育，拓展营销渠道。鼓励国内企业与境外电子商务企业强强联合。跨境电子商务快速发展，已经形成了一定的产业集群和交易规模。支持跨境电子商务发展，有利于用"互联网+外贸"实现优进优出，发挥我国制造业大国优势，扩大海外营销渠道，合理增加进口，扩大国内消费，促进企业和外贸转型升级；有利于增加就业，推进大众创业、万众创新；有利于加快实施"一带一路"建设，推动开放型经济发展升级。

（二）跨境电子商务平台特征

跨境电子商务平台有各种各样的形式，每种形式也都具有自己的特点，但是不管哪一种平台都有其共同的特征。

1. 平台的全球性

跨境电商针对国际贸易，实现全球跨境在线营销、在线交易、在线支付、在线完成物流组织等过程。

2. 平台的多样性

跨境电商平台的建立基于不同的服务目标，由于其基础条件不一样，平台服务类型、市场盈利模式、商业模式、国际贸易方向、平台运管方等不同维度形成跨境电商平台的多样性。

3. 平台订单的碎片化

在互联网时代，国际贸易环境变化多端，不管是哪一类型的平台，订单均呈现出零散化和片段化，与以往传统贸易不同的是不能再以订单大小来确定交易种类和交易成效。

（三）跨境电子商务平台作用

跨境电子商务平台作为推动经济一体化、贸易全球化的技术基础，具有非常重要的战略意义。

（1）利用跨境电子商务平台使得跨境电子商务不仅能够冲破国家间的障碍，使国际贸易走向无国界贸易，同时也引起世界经济贸易的巨大变革。毫不夸张地说，跨境电子商务平台是一场生产力革命。

（2）通过跨境电子商务平台构建开放、多维、立体的多边经贸合作模式，极大地拓宽了进入国际市场的路径，大大促进了多边资源的优化配置与企业间的互利共赢。企业通过平台拉近了供求双方距离，缩短交易时空，是人类社会文明的巨大进步。

（3）跨境电子商务平台使消费者更容易地获取其他国家的信息并买到物美价廉的商品，一定程度上能够就地分享全球的商品和服务。

（4）跨境电子商务平台加速全球经济、文化的沟通与融合，同时竞争已不再拘于某一区域、某一行业，而是全球性企业之争、产业之争和国家之间的竞争。

二、跨境电子商务平台分类

（一）按照平台搭建主体分类

1. 电子商务交易平台

电子商务交易平台是指跨境贸易电子商务进出境货物、物品实现交易、支付、配送并经海关认可且与海关联网的平台。常见的跨境电子商务交易平台有敦煌网、兰亭集势、大龙网、eBay、亚马逊、全球速卖通、唯品会、Wish 等，如表 2-1 所示。

表 2 - 1 常见跨境电子商务平台

名称/英文	国家	成立年份	运营方式	商业模式
亚马逊（Amazon）	美国	1995	第三方跨境电商平台	平台月费 + 交易佣金
易倍（eBay）	美国	1995	第三方跨境电商平台	刊登费 + 交易佣金
敦煌网	中国	2004	第三方跨境电商平台	服务费 + 交易佣金
兰亭集势（Lightinthebox）	中国	2007	第三方跨境电商平台	商品经销差价
唯品会（VIPS）	中国	2008	自营跨境电商平台	商品经销差价
大龙网	中国	2009	第三方跨境电商平台	商品经销差价 + 服务费
全球速卖通（AliExpress）	中国	2010	第三方跨境电商平台	服务费 + 交易佣金
Wish	美国	2011	第三方跨境电商平台	交易佣金

2. 电子商务通关服务平台

电子商务通关服务平台是指由电子口岸搭建，实现企业、海关以及相关管理部门之间数据交换与信息共享的平台。

跨境贸易电子商务通关服务平台系统是由中国电子口岸数据中心开发的，系统通过"清单核放、汇总申报"，对接电商企业、支付企业和物流企业，方便电子商务企业等单位向海关报送通过电子商务模式成交的进出境物品的通关数据，实现海关与企业数据的互联互通以及海关对跨境电子商务进出口商品的有效监管。该系统于 2014 年 6 月正式上线运行。跨境贸易电子商务通关服务平台"依托地方电子口岸，优化通关监管模式提高通关管理和服务水平，实现外贸电子商务企业与口岸管理相关部门的业务协同与数据共享"，来解决跨境贸易电子商务预售商品快速通关、结汇、退税问题。各地口岸的跨境贸易电子商务通关平台建设已经逐渐推开。

专栏 2 - 1

中国电子口岸

中国电子口岸是一个公众数据中心和数据交换平台，依托国家电信公网，实现工商、税务、海关、外汇、外贸、质检、银行等部门以及进出口企业、加工贸易企业、外贸中介服务企业、外贸货主单位的联网，将进出口管理流信息、资金流信息、货物流信息集中存放在一个集中式的数据库中，随时提供国家各行政管理部门进行跨部门、跨行业、跨地区的数据交换和联网核查，并向企业提供应用互联网办理报关、结付汇核销、出口退税、网上支付等实时在线服务。

资料来源：中国电子口岸网。

3. 电子商务通关管理平台

电子商务通关管理平台是指由中国海关搭建，实现对跨境贸易电子商务交易、仓储、物流和通关环节电子监管执法的平台。

2016 年 4 月 8 日，海关总署发布《关于跨境电子商务零售进出口商品有关监管事宜的公告》，对电子商务企业、个人通过电子商务交易平台实现零售进出口商品交易，并根据海关要求传输相关交易电子数据的，进行海关监管。公告涉及企业管理、通关管理、税收监管、物流监控、退货管理和其他事项。海关总署改革通关监管模式，通过建立新型跨境贸易电子商务监管模式，增设跨境电商监管方式代码，实现跨境贸易电子商务的全流程作业管理功能以及跨部门的数据互联、基础数据的存储、交换、安全、备份和应用，便利电商企业办理出口退税、结汇手续，提高通关效率，减少企业成本。

（二）按照市场经营主体分类

1. 跨境电商 B2B 平台

B2B 电子商务是电子商务的一种模式，是企业与企业之间通过互联网进行产品、服务及信息的交换的模式。跨境电商 B2B 是在分属不同关境的企业对企业，通过电商平台达成交易、进行支付结算，并通过跨境物流送达商品、完成交易的一种国际商业活动。从广义层面来看，跨境电商 B2B 是互联网化的跨境贸易活动，即"互联网＋"传统国际贸易。从狭义层面来看，是基于电子商务信息平台或交易平台的企业对企业跨境贸易活动。代表企业有敦煌网、中国制造、阿里巴巴国际网站、环球资源网等。

2. 跨境电商 B2C 平台

B2C 电子商务指的是企业针对个人开展的电子商务活动的总称，即"商对客"，是电子商务的一种模式，如企业为个人提供在线医疗咨询、在线商品购买等。跨境 B2C 是指分属不同关境的企业直接面向消费者个人开展在线销售产品和服务，通过电商平台达成交易、进行支付结算，并通过跨境物流送达商品、完成交易的一种国际商业活动，也就是通常说的商家直接面向跨境消费者销售产品和服务的商业零售模式。

跨境电商 B2B 和跨境电商 B2C 贸易模式的主要区别是：在 B2B 模式下，企业运用电子商务以广告和信息发布为主，成交和通关流程基本在线下完成，本质上仍属传统贸易；B2C 模式下，企业直接面对国外消费者，以销售个人消费品为主，物流方面主要采用航空小包、邮寄、快递等方式，其报关主体是邮政或快递公司。代表企业有 Wish、速卖通、亚马逊、兰亭集势、米兰网、大龙网、洋码头等。

3. 跨境电商 C2C 平台

C2C 电子商务是个人与个人之间的电子商务，主要通过第三方交易平台实现个人对个人的电子交易活动。跨境 C2C 是指分属不同关境的个人卖方对个人买方开展在线销售产品和服务，由个人卖家通过第三方跨境电商平台发布产品和服务售卖、产品信息、价格等内容，个人买方进行筛选，最终通过跨境电商平台达成交易、进行支付结算，并通过跨境物流送达商品、完成交易的一种国际商业活动。跨境电商 C2C 也称海外买手制模式，该模式发展迅速但问题多，主要是商品真假难辨、区分原有商家和海外买手会造成很多矛盾等，在获取消费者信任方面还有很长的路要走。代表企业有 eBay、速卖通、淘宝全球购、京东海外购、美国购物网等。

（三）按照平台服务类型分类

1. 信息服务平台

在线信息服务平台主要是为境内外会员商户提供网络营销平台，传递供应商或采购商等商家的商品或服务信息，促成双方完成交易。代表企业有阿里巴巴国际站、环球资源网、中国制造网。

2. 在线交易平台

在线交易平台不仅提供企业、产品、服务等多方面信息展示，并且可以通过平台线上完成搜索、咨询、对比、下单、支付、物流、评价等全购物链环节。在线交易平台模式正在逐渐成为跨境电商中的主流模式。代表企业有敦煌网、DX、速卖通、米兰网、大龙网等。

3. 外贸综合服务平台

外贸综合服务平台可以为企业提供通关、物流、退税、保险、融资等"一站式"的服务，帮助企业完成商品进口或者出口的通关和流通环节，还可以通过融资、退税等帮助企业资金周转，并能帮助企业建立制定个性化电子商务平台。代表企业有阿里巴巴一达通、四海商舟（BizArk）、锐意企创（Enterprising & Creative）等。

（四）按照跨境电子商务商业模式分类

1. 跨境大宗交易平台（大宗 B2B）

为境内外会员商户提供网络营销平台，传递供应商或采购商等合作伙伴的商品服务信息，并最终帮助双方完成交易，收取会员费和营销推广费。

2. 跨境小额批发零售平台（小宗 B2B 或 C2C）

独立第三方销售平台，不参与物流、支付等交易环节；收取交易佣金，此外还包括会员费、广告费等增值服务费。

3. 垂直类跨境小额批发零售平台（独立 B2C）

批发零售平台，同时自建 B2C 平台（含物流、支付、客服体系），将产品销往海外；销售收入构成主要的收入来源。

4. 第三方开放平台

通过线上搭建商城，整合物流、支付、运营等服务资源，吸引商家进驻，提供跨境电商交易服务，以收取商家佣金、增值服务佣金等，如速卖通、环境资源、敦煌网等。

5. 自建型平台

通过在线搭建平台，平台方整合供应商资源，通过较低的进价采购商品，以较高的价格出售商品，主要以商品差价作为盈利模式，如兰亭集势、米兰网、大龙网、炽昂科技（Focalprice）等。

第二节　进口跨境电子商务平台

一、跨境电子商务进出口业务流程

跨境电商进出口业务流程一般需要经过海关、检验检疫、外汇结算、出口退税、进口征税、国际货物运输等环节。

（一）跨境电子商务进口环节

跨境电子商务进口流程具体如图 2 - 1 所示。

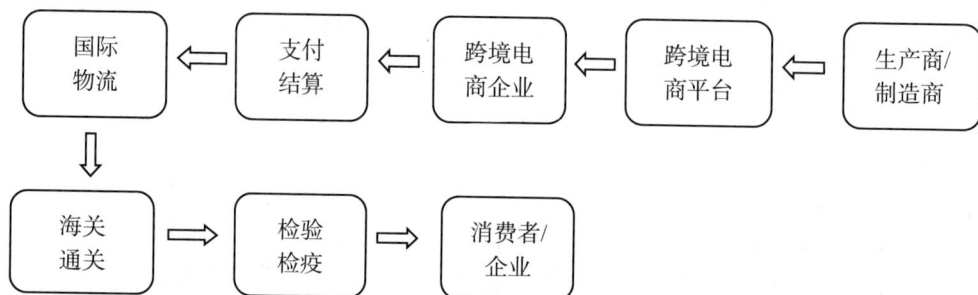

图 2 - 1 跨境电子商务进口流程

从跨境电商的进口流程看，生产商或制造商将生产的商品在跨境电商企业的平台进行展示，当商品被下单并完成支付后，跨境电商企业将商品交付给物流企业进行投递，经过出口国以及进口国两次海关通关商检后，商品送至消费者或企业手中。也有部分跨境电商企业通过直接与第三方综合服务平台进行合作，由第三方综合服务平台代理办理物流、通关商检等一系列环节，从而完成整个跨境交易的流程。

跨境电商进口流程与出口流程的方向相反。

（二）跨境电子商务出口环节

跨境电子商务出口环节如图 2 - 2 所示。

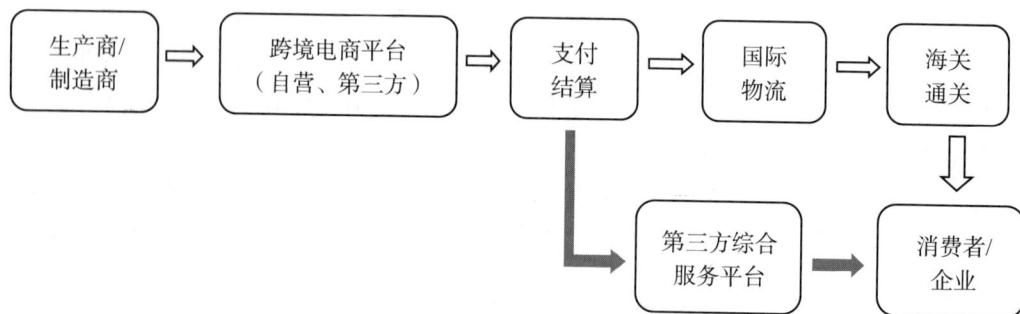

图 2 - 2 跨境电子商务出口环节

二、进口跨境电子商务平台

（一）进口跨境电子商务平台发展

目前，中国进口跨境电商平台很多，根据网经社电子商务研究中心汇总统计，具体如表 2 - 2 所示。

表 2 - 2　　　　　　　　　　　　　中国进口跨境电商平台

序号	平台	序号	平台	序号	平台	序号	平台	序号	平台
1	天猫国际	11	万国优品	21	美月淘	31	街蜜	41	极客海淘
2	京东	12	考拉海购	22	海淘花	32	波罗蜜	42	55 海淘
3	亚马逊	13	爱淘城	23	跨境易	33	蜜淘		
4	苏宁	14	西游列国	24	一帆海购网	34	什么值得买		
5	唯品会	15	海淘城	25	跨境淘	35	格格家		
6	洋码头	16	海豚村	26	拉拉米	36	小笨鸟		
7	聚美	17	爱美购	27	五洲会海购	37	麦乐购		
8	1 号店	18	海淘通	28	保税国际	38	宝贝格子		
9	顺丰海淘	19	酷海淘	29	小红书	39	淘世界		
10	跨境通	20	德购商城	30	云猴网	40	豌豆公主		

资料来源：网经社电子商务研究中心，http：//www.100ec.cn/zt/qyk/#kjdsh。

（二）天猫国际跨境电子商务平台

天猫国际是阿里巴巴集团旗下企业，成立于 2014 年 2 月 19 日，当时主要是为国内消费者直供海外原装进口商品。

天猫国际平台的商家均为中国大陆以外的实体公司，具有海外零售资质，销售的商品均原产于或销售于海外，通过国际物流经中国海关报关进口。所有天猫国际的商家其店铺配备旺旺中文咨询，提供国内的售后服务，消费者可以像在淘宝购物一样使用支付宝买到海外进口商品。

天猫国际自 2013 年 7 月招商以来，已经有中国香港地区第二大化妆品集团卓悦网、中国台湾地区最大电视购物频道东森严选、日本第一大保健品 B2C 网站 kenko、海淘名表第一网站 Ashford 等海淘平台在天猫开设境外旗舰店。天猫国际店铺已超过 140 家。

2017 年，天猫国际宣布全面启动全球溯源计划——将利用区块链技术以及大数据跟踪进口商品全链路，汇集生产、运输、通关、报检、第三方检验等信息，给每个跨境进口商品打上"身份证"。这项计划涵盖 63 个国家和地区，3 700 个品类，14 500 个海外品牌。通过制定标准、全程监测等手段，确保国内消费者买得放心。自 2013 年以来，天猫国际连续 4 年引领进口模式创新。

1. 商业方式

（1）商业模式。天猫国际吸引商家入驻平台，交易由商家与消费者自己进行。平台负责提供信息、信息沟通以及解决支付结算，属于 M2C 商业模式①。

（2）主营行业。天猫国际主推美妆个护、食品保健、母婴用品、服饰鞋包、生活数码等产品。经国务院批准，自 2017 年 12 月 1 日起，我国对部分消费品进口关税进行调整，平均税率由 17.3% 降至 7.7%，主要涉及食品、保健品、药品、日化用品、衣着鞋帽、家

---

① M2C，全称 Manufacturers to Consumers，是指生产厂家直接对消费者提供自己生产的产品或服务的一种商业模式，特点是减少流通环节，降低销售成本，保障售后服务质量。

用设备、文化娱乐、日杂百货等 187 个 8 位税号商品，其中婴儿尿布及尿裤以及部分配方婴幼儿奶粉进口关税均降为 0。这是自 2015 年以来，我国第四次降低消费品的进口关税。税率调整一方面将有助于扩大中国从全球的进口，特别是能够更好地向广大发展中国家、"一带一路"沿线国家和地区分享中国巨大的消费市场和持续快速发展的红利；另一方面，也有助于为中国消费者提供更多的海外商品选择，满足人民群众对"国际化、多样化、个性化"的商品需求。

（3）物流服务。天猫国际要求商家在 120 小时内完成发货，14 个工作日内到达，并保证物流信息全程可跟踪。

（4）盈利模式。天猫国际入驻商家收费分为三部分：保证金、年费、实时划扣技术服务费（含支付宝科技支付服务费）。

2. 天猫国际的招商对象

天猫国际主要是为国内消费者直供境外原装进口商品，天猫国际官方认证表示该天猫店铺入驻了天猫国际，而且经过天猫国际的官方认证。招商对象是：（1）入驻天猫的商家必须是在中国注册的企业，包括法人（公司）和合伙（合伙企业），持有相应的企业营业执照；（2）申请入驻天猫的品牌必须在中国商标申请注册了文字商标，持有国家商标总局颁发的商标注册证或商标注册申请受理通知书（部分类目的进口商品除外）。

3. 天猫国际商家入驻要求

基本条件：（1）拥有境外公司实体。（2）是品牌方/拥有产品授权/提供从品牌方开始完整链路的商品进货凭证（具体详见淘宝店铺有关资质要求）。优先录取条件：（1）海外知名实体卖场或者 B2C 网站；（2）未进入中国市场的海外知名品牌。

4. 天猫国际开店要求

（1）卖场型天猫旗舰店。拥有服务类商标的境外线上或线下零售商开设的卖场旗舰店：其中，境外注册满 1 年以上的 35 类目商标原件；当地知名实体零售店或者 B2C 网站，需提供实体店照片或者网站；如果申请入驻公司为品牌授权方，需要提供商标权利人出具给入驻公司的独占授权，且只限一级授权。（2）品牌旗舰店。经营一个自有品牌商品的品牌旗舰店；经营多个自有品牌商品且各品牌归同一实际控制人的品牌旗舰店：其中，海外注册满 1 年以上的品牌商标 R 原件，并且该品牌在海外有零售经营；如果申请入驻公司为品牌授权方，需要提供商标所有人出具给入驻公司的独占授权，且只限一级授权。（3）专营店。经营多个他人品牌商品的店铺；既经营他人品牌商品又经营自有品牌商品的店铺；经营多个他人品牌且跨招商大类的店铺。

（三）洋码头跨境电子商务平台

洋码头成立于 2009 年，是中国境外购物平台，满足了中国消费者不出国门就能购买到全球商品的需求。"洋码头"移动端 APP 内拥有首创的"扫货直播"频道，帮助用户体验真实的海外现场血拼；另一特色频道"聚洋货"汇集全球各地知名品牌供应商，该频道引入经过严格认证的海外零售商直接对接国内消费者，精选全球品牌特卖，品类涵盖服装鞋包、美妆护肤、母婴保健、食品居家等，保证海外商品现货库存，全球物流护航直邮。还有一种"社区"频道全方位购物社交，用户可以即时刷新海外的"新奇特"，找到志同道合的朋友，享受海外购物的乐趣。

洋码头是中国知名的独立海外购物平台，拥有近 4 000 万用户。洋码头极具创新性地创立海外场景式购物模式，通过买手直播真实的购物场景，让中国消费者足不出户轻松、便捷地一站式全球享受。

1. 商业模式

洋码头上的卖家可以分为两类：一类是个人买手，模式是 C2C；另一类是商户，模式为 M2C。

2. 优势行业

洋码头优势行业包括服装鞋包、美妆护肤、母婴保健、食品等。

3. 物流服务

为保证海外商品能安全、快速地运送到中国消费者手上，洋码头在行业内率先建立起专业的跨境物流服务体系——贝海国际。贝海国际在海内外建成 12 个国际物流中心（纽约、旧金山、洛杉矶、芝加哥、拉斯维加斯、墨尔本、悉尼、法兰克福、伦敦、巴黎、东京以及杭州保税仓），与多家国际航空公司合作，保证每周超过 40 个国际航班入境，大大缩短了国内用户收到国际包裹的时间。

4. 盈利模式

平台是免费的，主要靠物流、仓储收入和现金流维持平台。

5. 洋码头全球货站主要分布

据网经社电子商务研究中心（100EC. CN）监测数据显示，截至 2017 年止，洋码头目前已经建成了 17 大国际物流中心覆盖日韩、美国、欧洲、澳新等地。

第三节　出口跨境电子商务平台

一、出口跨境电子商务平台发展

根据网经社电子商务研究中心汇总统计，中国出口跨境电商平台如表 2 - 3 所示。

表 2 - 3　　　　　　　　　中国出口跨境电商平台

序号	平台	序号	平台	序号	平台	序号	平台	序号	平台
1	全球速卖通	7	MFG. com	13	FastTech	19	TomTop	25	传神
2	兰亭集势	8	一达通	14	FocalPrice	20	ZZKKO	26	比邻互动
3	敦煌网	9	香港贸发局	15	MadeInChina	21	傲基国际	27	出口易
4	四海商舟	10	越南中国商品网	16	Meritline	22	乐狐网	28	环球易购
5	米兰网	11	DX	17	Pandawill	23	大龙网	29	借卖网
6	易唐网	12	Everbuying	18	TinyDeal	24	有棵树	30	一城一品

资料来源：网经社电子商务研究中心，http：//www. 100ec. cn/zt/qyk/#kjdsh。

二、进口跨境电子商务平台介绍

（一）全球速卖通平台

1. 简介

2009 年 8 月 6 日，阿里巴巴小额外贸批发及零售平台全球速卖通（wholesale. alibaba. com）正式进入试运行阶段，2010 年 4 月全球速卖通（英文名：AliExpress）正式上线。全球速卖通是阿里巴巴旗下唯一面向全球市场打造的在线交易平台，被广大卖家称为"国际版淘宝"。全球速卖通面向海外买家，通过支付宝国际账户进行担保交易，并使用国际快递发货，是全球第三大英文在线购物网站。全球速卖通覆盖 3C、服装、家居、饰品等共 30 个一级行业类目。其中优势行业主要有：服装服饰、手机通信、鞋包、美容健康、珠宝手表、消费电子、电脑网络、家居、汽车摩托车配件、灯具等。

全球速卖通平台提供的服务与 eBay 以及敦煌网等无本质差别，只在卖家准入、收费方式、交易流程上有差别，被认为是外贸版的淘宝。全球速卖通平台如图 2 - 3 所示。

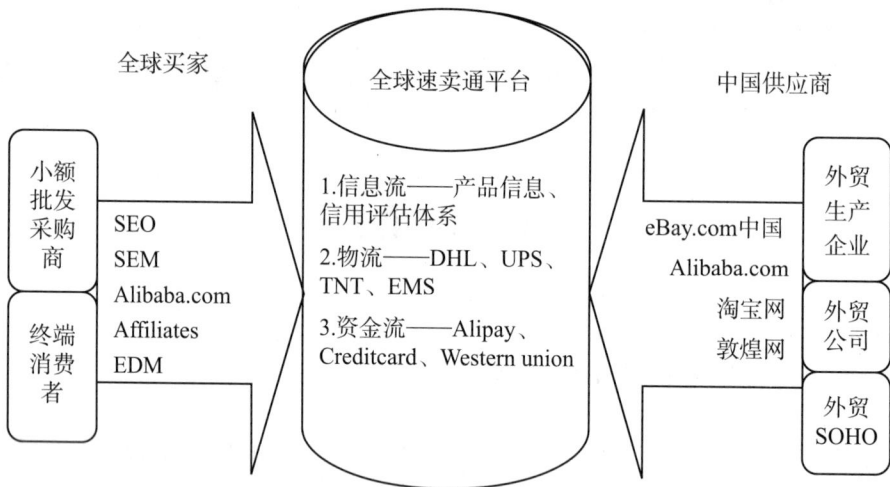

图 2 - 3　全球速卖通平台

资料来源：网经社电子商务研究中心，http：//www. 100ec. cn/detail—4783741. html。

2. 全球速卖通平台商业模式

全球速卖通平台的商业逻辑是提供什么产品；为谁提供产品；如何提供产品，如图 2 - 6 所示。具体商业模式包括：

（1）全球速卖通平台提供的产品。

通过使用全球速卖通平台服务，中国供应商能够直接把产品在平台上进行出售，国际采购商能够直接采购到最低价格的中国制造的全线产品，并享受到安全、快捷的贸易过程。

全球速卖通平台是为中国供应商（生产厂、国际贸易公司）和国际中小采购商提供在线交易服务的互联网平台，如图 2 - 4 所示。

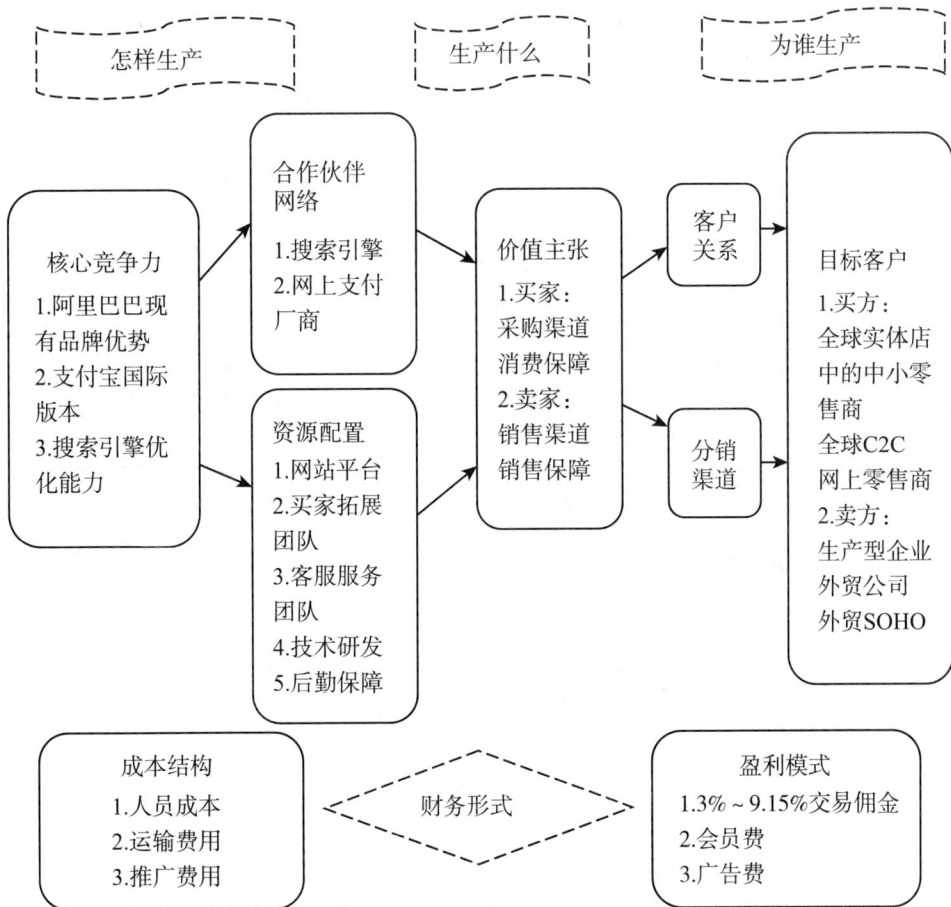

图 2 - 4 全球速卖通平台商业模式

（2）全球速卖通平台的目标客户。

全球速卖通平台上的目标客户主要有两类人，一类是买家，另一类是卖家。全球速卖通平台只向卖家收费。

①全球速卖通平台的买家构成。线上买家诸如 eBay、Amazon. com 等平台上的零售商；线下的主要是一些实体店中的中小零售商，如图 2 - 5 所示。

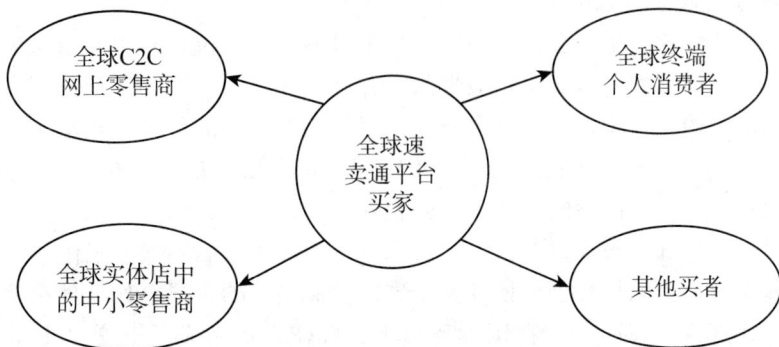

图 2 - 5 全球速买通平台买家分布

②全球速卖通平台的卖家构成。全球速卖通平台上的主要卖家为 Alibaba.com 平台上现有的中国供应商会员。主要由外贸生产型企业、外贸公司、外贸 SOHO 一族组成，这类人群同时也可能是 eBay、dhgate.com、tradetang.com 以及淘宝等各类 C2C 平台上的卖家，以中小型的外贸公司以及外贸 SOHO 为主，有实力的外贸生产型企业参加的比例较小，如图 2－6 所示。

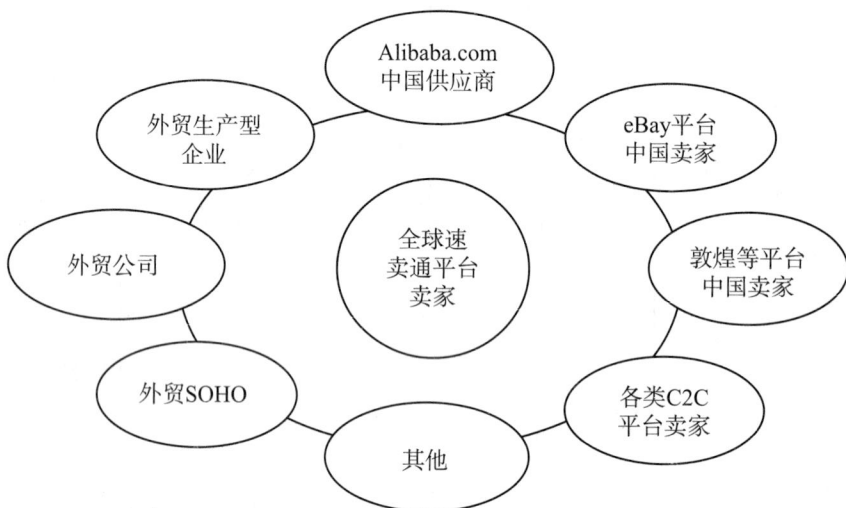

图 2－6　全球速卖通平台卖家分布

③全球速卖通平台的拓展买家。全球速卖通平台是 Alibaba.com 的一个子频道，买家主要来源除 Alibaba.com 外，还靠搜索引擎优化、付费搜索引擎推广、网站联盟、许可电子邮件营销等方式把海外买家吸引到全球速卖通平台上。主要方式包括通过 Alibaba.com 导入部分国际卖家；SEO 通过搜索引擎优化吸引买家；EDM 通过已有买家进行激活转化；SEM 通过 Google 等平台投放广告吸引买家；Affiliates 通过网站联盟吸引买家；还有其他方式。

④全球速卖通平台拓展卖家。想要成为全球速卖通平台会员，需要首先成为阿里巴巴中国供应商会员，会员可免费入驻全球速卖通平台。全球速卖通平台还通过深入对手内部、在线方式、线下拓展等方式把国内卖家吸引到全球速卖通平台上。

（3）全球速卖通平台为买家及卖家提供服务。

①自身的资源配置。根据全球速卖通平台本身的业务定位，其主要团队构成大致由技术研发部门、买家拓展部门、卖家拓展部门、客服服务部门、后勤保障部门等相关部门构成。技术研发部门的主要工作是网站自身建设以及相关工具的研发；买家拓展部门的主要工作是拓展买家，工作重心可能在 SEO、SEM、EDM 等几个方面；卖家拓展部门的主要工作是拓展卖家；客服服务部门的主要工作内容就包含诸如卖家认证、付款及退款处理、纠纷处理等；后勤保障部门包含财务、人力资源等各类通用的后勤保障工作。

②全球速卖通平台的核心合作伙伴。全球速卖通平台的主要合作伙伴有两类，首先是网上支付厂商，其次是 Google。在国际环境下，PayPal 是完成网上交易支付最重要的工具，而全球速卖通平台的买家则主要通过 Google 等搜索引擎获得。在全球速卖通平台的整

个商业流程中，全球速卖通平台本身不直接与 DHL、UPS、TNT、EMS 相关物流厂商发生关系。

（4）全球速卖通平台的成本结构。

全球速卖通平台的主要成本分为两类，分别是运营成本与推广成本。第一类为运营成本，包含人员工资、房租、电费、服务器及相关费用。其次是推广成本，推广成本主要为在 Google 等搜索引擎上的关键字广告推广费用，浮动性较大，有时远超过运营成本。

（二）敦煌网跨境电商平台

2004 年，卓越网创始人及首任 CEO 王树彤女士创办敦煌网，敦煌网不学阿里巴巴也不学 eBay，它致力于中国中小企业通过跨境电子商务平台走向全球市场。

敦煌网 EDM（电子邮件营销）的营销模式能够实现低成本、高效率地拓展海外市场。自建 DHgate. com 平台，为海外用户提供了高质量的商品信息，用户可以自由订阅英文 EDM 商品信息，第一时间了解市场最新供应情况。目前敦煌网已经实现 12 万以上国内供应商在线、3 000 多万种商品、遍布全球 224 个国家和地区以及 100 万买家在线购买的规模。

1. 主要销售的国家和地区

敦煌网目前销售的国家主要集中在北美、欧洲和大洋洲等发达国家，如美国、俄罗斯、加拿大、澳大利亚等。

2. 优势行业

敦煌网销售的产品以快消品为主，分类包括服装、鞋类、手包、美容美化、照明以及消费电子等。

3. 物流服务

敦煌网支持的物流方式有海外发货（DHL 海外发货、UPS 海外发货、TNT 海外发货、FedEx 海外发货、USPS 海外发货）、四大快递（UPS、DHL、Fedex、TND）、一般快递（俄速通、俄速递、佳成在线、捷利安专线、顺丰国际等）和平邮挂号（中国邮政、中国香港邮政、新加坡邮政、TNT 邮政、瑞典邮政）。2015 年，敦煌网一站式海外仓服务正式投入使用，除了信息系统、整合物流、仓储等基本功能外，还创新性地为卖家提供分销服务。相比国内发货，一站式海外仓具有如下优势：设有专门的产品展示区，并定期举行活动，大大增加了产品的曝光率；实现了本地发货，运输时间短，缩短了交易周期，突破了常规运输的限制；退换货可以在本国完成，提升了海外买家的购物体验；更具价格优势。

4. 金融支付服务

敦煌网支持的支付方式有 Visa Express，Moneybookers、Bank Transfer、Western Union 等。

5. 赢利模式

敦煌网的卖家类型分为企业卖家和个人卖家。在收费上，用统一的佣金率，实行"阶梯佣金"政策。

（三）大龙网跨境电商平台

大龙网科技有限公司是一家注册地在香港地区的国际性公司，成立于 2009 年，在全球拥有 10 多家分公司，分布于美国、加拿大、日本及澳大利亚等地，中外员工近千名，是目前中国最大的跨境电子商务 O2O 平台之一。

从产品供应看，大龙网除了自营部分通过自己采买外，平台部分通过 18985 中国供应商平台和 Osell 跨境 O2O 网贸会进行招商，中国供应商既可通过 18985 平台系统实现一站式新品上架、订单管理、客户管理及电子钱包收付款等，也可通过参展跨境 O2O 网贸会将商品直接推送给海外零售圈。从产品销售看，对海外采用 Osell 跨境 O2O 平台，建立并连接海外零售商体系，解决跨境电商"最后一公里"售后服务问题。从整体上看，大龙网的盈利模式包括两种：一是自营部分，主要靠销售商品的进销差价盈利；二是平台部分，主要靠提供服务的服务费获得赢利。

1. 大龙网主要销售的国家和地区

大龙网目前主要覆盖的地区包括欧洲、美洲及亚洲等国家，如俄罗斯、巴西、加拿大、阿联酋、波兰等国。

2. 优势行业

大龙网销售的主要产品是电子类、服装类以及园艺类。

3. 物流服务

大龙网利用建设海外仓模式解决物流问题，将本土化解决方法引入跨境贸易中和本土的物流商进行合作。通过海外仓在当地发展了众多分销商，将中国产品运到海外仓，建立中国产品的全球分销渠道。大龙网推出"一带一路·百城百联"战略布局，将 50 个中国产业带城市和 50 个"一带一路"沿线国家对接起来，形成互联互通的商贸格局。目前大龙网在全球有 100 多家本地销售渠道、20 多个海外仓、50 多家物流渠道合作商。

4. 金融支付服务

大龙网支持世界主流的 70 多种支付方式。

5. 赢利模式

大龙网在自营模式中赚取国内供应商进销差价；在平台模式中，通过云库房服务收取相应的服务费，并收取跨国贸易结算、通关代理等代理服务费。

（四）Wish 跨境电商平台

Wish 跨境电商平台是近年来中国跨境平台上最炙手可热的平台之一，它成立于 2011 年 12 月，准确地说不能叫作传统意义上的电商平台，而是一个移动电商平台。Wish 平台的理念就是完全回归消费的喜好，不用太多的推广方式或是关键词等来进行营销，这与速卖通、亚马逊或 eBay 都是完全不同的。有一种说法是如果你用速卖通或是亚马逊的思维来运营的话，你必死无疑。最让人瞩目的是，在 Wish 平台中，80% 的卖家来自中国。Wish 上注册用户已经超过 5 000 万，日活跃用户量超过 120 万，用户主要分布在欧美国家。

在全球移动互联网高速发展的今天，越来越多的人开始关注片段时间的内容，比如在公交车上或是在喝杯咖啡甚至是上个厕所的时间里都会通过移动终端浏览一些自己感兴趣的内容，当然在浏览的同时就不可避免地去关注一些商品，这样片段的时间里，人们非常容易采取一些行动。Wish 的逻辑是产品不是用来展示或是被搜索的，而是被用来推送的。平台所关注的是图片和产品的质量，平台所采用的不是常规的产品搜索的方式，而是根据用户访问的大数据来向目标群体推送信息的方式。2013 年，Wish 成功转型为跨境电商；2014 年，Wish 成为跨境电商平台的一匹黑马，为了进一步拓展中国供应商资源，Wish 在上海成立了办事处，并大举进行招商活动，不到一年就创造了 10 亿元销售额；2015 年，

Wish 持续自我颠覆，在推出电子产品应用 "Geek" 和母婴应用 "Mama" 后，又推出美容类垂直应用 "Cute"。目前，Wish 95% 的订单量来自移动端，89% 的商户来自中国。Wish 具有天然的技术基因，基于该平台精确的算法推荐技术，将商品信息推送给感兴趣的用户。

1. 主要销售的国家和地区

Wish 目前卖家大多是在中国，产品主要销售到北美、欧洲等发达地区。

2. 优势行业

Wish 平台热销的产品主要有电子产品、母婴产品、美容类、服饰类产品。

3. 物流服务

Wish 平台销售支持的物流服务有邮政渠道、商业快递、自主专线和海外仓。

4. 金融支付服务

Wish 平台支持的网络支付方式有 Google wallet（谷歌钱包）、易联支付（PayEco）以及 Bill. com。

5. 赢利模式

Wish 平台的主要收入来自卖家每次交易的佣金，以收费交易额的 15%（即产品和运费总和的 15%）为基准，不收取平台费、推广费等额外费用。

第四节　跨境电子商务支付平台

一、跨境支付概述

（一）跨境支付的相关概念

1. 跨境支付

跨境支付（cross-border payment）是指国际主体之间因国际贸易、国际投资以及其他方面产生的国际债权债务，通过一定的结算工具和支付系统在不同国家或地区之间实现资金转移的行为。

2. 跨境电子支付

跨境电子支付也称为跨境互联网支付，是指采用先进的技术通过电子流转完成跨境信息传输，其各种的支付方式都采用电子化进行款项支付。

3. 电子支付

电子支付是指电子交易当事人，包括消费者、商家和金融机构，使用安全电子支付手段通过网络进行的货币支付或资金流转。

电子支付并不等同于网上支付，网上支付客户通过互联网进行资金支付，而电子支付不仅包括网上支付，还包括通过银行内部的专用网进行的其他电子形式的支付活动，如柜员机、电话银行等。电子支付是电子商务的关键环节，是电子商务顺利发展的基础。

（二）跨境电子支付的特征

与传统支付方式比较，跨境电子支付具有以下特点：

（1）跨境电子支付是采用先进技术通过电子流转来完成跨境信息传输。而传统支付方式则是通过现金的流转、票据的转让及银行的汇兑等物流实体的流转来完成款项支付。

（2）跨境电子支付的工作环境是基于一个开放的 Internet 系统平台。

（3）跨境电子支付使用最先进的通信手段，如 Internet、Extrane，对软件、硬件设施的要求很高，一般要求联网的计算机、相关的软件及其他一些配套设施。

（4）跨境电子支付具有方便、快捷、高效和经济的优势。用户只要拥有一台能上网的 PC，便可在很短的时间内完成整个国际结算过程，支付费用低。

当然，安全问题一直是制约跨境电子支付发展的障碍。

（三）跨境支付的分类

跨境支付主要分布在跨境网络消费、跨境转账汇款和境外线下消费三个范围。

（1）跨境转账汇款途径主要包括第三方支付平台、商业银行和专业汇款公司三种。汇款方式主要有外汇现金、电汇、外币汇票、旅行支票、信用卡等。

（2）境外线下消费途径主要有信用卡刷卡、借记卡刷卡、外币现金和人民币现金等。

（3）跨境网络消费途径较多，有第三方支付平台、网银线上支付、信用卡在线支付、电子汇款、移动手机支付和固定电话支付等。

跨境电商发展的巨大空间以及潜在的获利空间不断推动第三方支付企业推出优质的服务，以及在跨境支付中具备更好的资金管理能力。

二、第三方跨境支付平台概述

（一）第三方跨境支付平台概念

第三方跨境支付平台是指具有一定信誉和实力，独立于商户和银行机构为境外的消费者提供有限服务的支付机构。第三方支付企业开展跨境支付业务主要集中于互联网跨境支付，包括购汇支付、收汇支付、境外网站支付。

（二）第三方跨境支付平台分类

1. 购汇支付

购汇支付是指境内持卡人的境外网站支付。在中国本位币是人民币，当发生交易后需要支付外币时用人民币去购换成外币支付的一种行为称为购汇。跨境电子商务中，境内消费者拍下境外商家的货品后，按照商家网上显示的人民币报价支付相应的金额到第三方支付平台，随后境外商家向境内消费者发货。后台购汇程序主要在第三方支付平台和境内合作银行之间进行，由第三方支付平台向合作银行查询外汇汇率，根据交易情况批量购汇，当买家收到货物后，第三方支付平台向银行发送清算指令，将外汇打入境外商户的开户银行。

2. 收汇支付

收汇支付是指境外持卡人的境内网站支付。境外消费者在确定订单后，买价支付外汇款项，第三方支付平台在卖家发货后，将订单款项按照买价付款当天的汇率结算成人民币支付给卖家。目前，支付宝在港澳台地区与 VISA 和万事达卡合作；财付通通过与 Asiapay 和 PayPal 等境外渠道合作来提供境外交易服务；中国银联也与 PayPal 开展了合作。境内第三方支付平台的企业还有快钱、汇付天下等。

3. 境外网站支付

目前，国内第三方支付机构的跨境支付业务主要集中在前两种方式，境外持卡人的境外网站支付平台业务则鲜有企业涉及。从支付规模来看，95% 的跨境支付市场由 PayPal 支付平台垄断。

专栏 2 - 2

PayPal 与支付宝差别

PayPal 全称为 PayPal Holdings, Inc., 在中国大陆品牌为"贝宝"，是美国 eBay 公司的全资子公司。1998 年 12 月由彼得·蒂尔（Peter Thiel）及麦克斯·拉夫琴（Max Levchin）建立，总部设在美国加利福尼亚州圣荷西市。PayPal 与支付宝的差别主要在以下几个方面：

（1）PayPal 是全球性的跨境电商支付平台，通用货币为加元、欧元、英镑、美元、日元、澳元 6 种货币；支付宝是中国的，仅以人民币结算。

（2）PayPal 经营原则是保护买方，支付宝是偏向卖家方针。也就是说 PayPal 从买家角度考虑问题，买家有任何不满意都可以提出争议，卖家无法拿到钱。而支付宝超过时效就钱货两清。

（3）PayPal 是一个将会员分等级的机构，对高级账户会收取手续费，当然利益保障也更牢靠。支付宝则不存在这一等级区分。

（4）PayPal 的账户存在投诉率过高的情况，将会导致该账户永久性关闭，因此卖家是很谨慎的。支付宝不会轻易关闭账户。

（5）PayPal 的资金在美国可以提现至银行，在中国可以电汇至银行，都是要手续费的。支付宝直接提现至银行，免手续费。

三、跨境电子商务支付平台

跨境电子商务支付方式的选择需要考虑不同类型的支付平台，每一种平台都有各自特点和覆盖范围。现实中，PayPal 和国际支付宝是跨境电商支付平台中最常见的第三方支付方式。

（一）PayPal 支付平台

PayPal 是一个国际第三方在线支付方式的平台，在线支付方便快捷，可以解决买家付款收不到货的担忧，境外买家 80% 以上使用 PayPal，涵盖全球 190 多个国家、地区。服务产品主要是无竞购、外贸一站通，全球 15 000 家银行卡、信用卡通过 PayPal 账户支付使用。

1. PayPal 账户类型

PayPal 账户分为 3 类：个人账户、高级账户和企业（商业）账户。个人账户可以升级为高级账户，再而升级为企业账户，反之企业账户也可以降为高级或者个人账户。不同的账户有不同的特点，卖家可以根据自身情况灵活选择。个人账户用于个人购物付款，免费注册即可购物，接收款项只需支付低廉的费用，适合购物买家；高级账户可以用个人的名义接收来自买家的付款，可升级为商业账户，适合个人卖家；企业账户是以公司或企业的名义进行买卖，可设立 200 个子账户，适合高级账户。

2. PayPal 与 PayPal 贝宝的区别

PayPal 和 PayPal 贝宝是两个独立运作的企业网站。PayPal 贝宝是由上海网付易信息技术有限公司与 PayPal 公司合作，为中国市场量身定做的网络支付服务平台。由于中国现行的外汇管制等政策因素，PayPal 贝宝仅在中国地区受理人民币业务。因此，对于跨境电商卖家来说，在使用 PayPal 时需要注意：不能使用同一个电子邮件地址同时注册 PayPal 国际和 PayPal 贝宝；尽量使用 PayPal 账户，以便于使用外币结算。

3. PayPal 收款

集全球流行的各种信用卡、借记卡、电子支票于一身，不采用传统的邮寄支票或汇票方式，而采用电子邮件为用户身份标志来转移资金。当通过 PayPal 付款的时候，卖家会收到 PayPal 发来的提醒邮件，对于中国用户来说，每一笔收款需要到 PayPal 网站上进行手动确认接受，以便寄来的款项记入用户的 PayPal 账户。

4. PayPal 提现方式

PayPal 最常用的提现方式有电汇提现和支票提现。

（1）电汇提现。大陆大区用户可以选择提现到中国内地银行账户、提现到中国香港银行账户或者提现到美国银行账户；中国香港地区用户可以选择提现到中国香港银行账户或者提现至美国银行账户；中国台湾地区用户可以选择提现至中国台湾银行账户或提现至美国银行账户。PayPal 电汇提现费用包括提现费、退还费、银行收费。银行收费因银行而异，如果款项到达银行，因某些原因银行拒绝入账，款项退回可能要支付一定的手续费。电汇使用美元发出，按美元扣除电汇费。在电汇汇款前，PayPal 会自动将钱款兑换 USD，不同币种有不同的最低提现金额。

（2）支票提现。支票提现是将支票转为现金。支票提现费用较低，但等待周期长，且存在邮件在邮寄过程中丢失的风险。支票提现将使用 USD 签发支票，在签发支票前，PayPal 自动将钱款兑换为 USD，提现费用从用户提取现金额中扣除。支票提现的费用包括提现费和退还费两个部分，具体币种的相关费用和最低提现金额有所不同。

5. PayPal 的优势

（1）资金周转快。PayPal 具有即时支付、即时到账的特点。同时，最短时间仅需 3 天，就可以将账户内款项转至企业国内银行账户。

（2）成本费用低。PayPal 无须注册费用、年费，只有产生交易才需要付费，手续费仅为传统收款方式一半。

（3）保障系数高。PayPal 具有完善的安全保障体系和丰富的防欺诈经验，业界最低风险损失率为 0.27%，不到传统交易方式险损失率的 1/6。

（4）使用广泛。PayPal 拥有 22 亿全球用户，覆盖全球 85% 的国家，即时收付、即时到账，全球 25 种主要流通币可以通过中国本地银行实现提现。合理的交易程序是 PayPal 成为全球跨境电商支付平台的基础，具体见图 2-7。

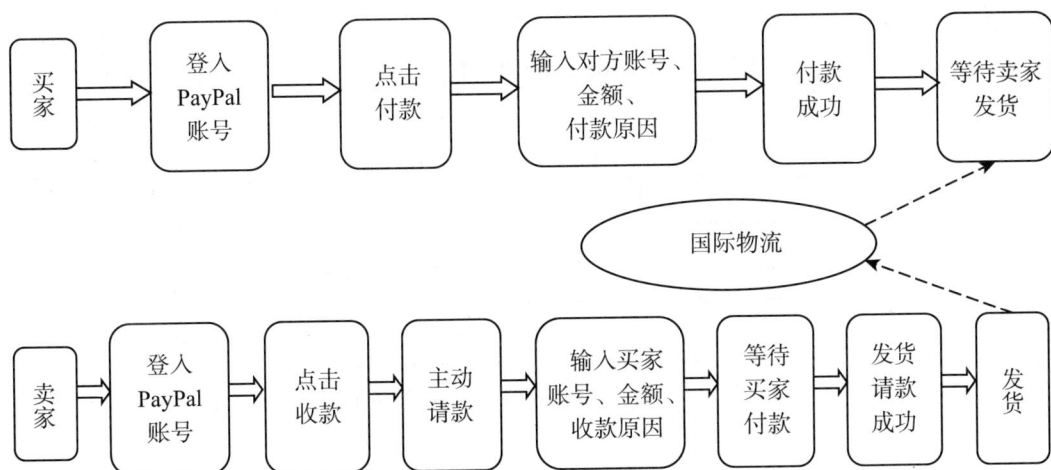

图 2 - 7　**PayPal 交易程序**

6. PayPal 争议处理与账户冻结

由于 PayPal 以保护买家为基础，买家有任何不满意都可以提出争议。若卖家发货不能满足标准，争议结果对买家有利。标准包括：

（1）交易后 7 天内发货的；

（2）发货有追踪单号，在线可以查询到成功妥投，请保存发货单。

（3）发货地址选择交易详情上 PayPal 提供的发货地址，或者是买家 PayPal 账户上添加的地址。

（4）金额在 250 美元及以上交易要有签收人签字。

当出现以下事项时，PayPal 账户冻结。

（1）收款后马上提取现金。若卖家收了款，货物还没有发出，就提取现金，引起怀疑导致冻结账户。

（2）提取现金过高。PayPal 规定一般提取现金金额在 80%，卖家预留 20%，防止买家退单等问题发生。

（3）被客户投诉过多、退单过多。一般投诉率超过 3%，退单率超过 1% 就会被 PayPal 公司终止合作。

（4）产品有知识产权问题。PayPal 规定一旦所售产品存在知识产权问题，PayPal 将冻结账户。

（5）账户未提交身份证明信息的。

（二）Escrow 平台

1. 国际支付宝

国际支付宝英文简称 Escrow，由阿里巴巴与支付宝联合开发，旨在保护国际在线交易中买卖双方的交易安全所设的一种第三方支付担保服务，全称为 Escrow Service。它不是一种支付工具。

Escrow 的服务模式与国内支付宝类似：

（1）交易过程中先由买家将货款打到第三方担保平台的 Escrow 账户中；

（2）然后第三方担保平台通知卖家发货，买家收到商品后确认，货款放于卖家，至此完成一笔网络交易。国际支付宝（Escrow）的服务模式如图 2 - 8 所示。

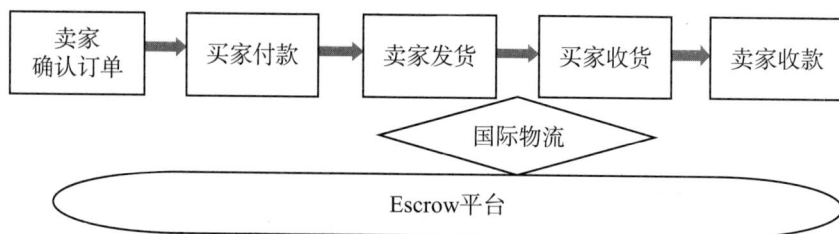

图 2 - 8　国际支付宝（Escrow）服务模式

如果已经拥有国内支付宝账户，只需绑定国内支付宝账户即可，无须再申请 Escrow 账户；如果没有国内支付宝账号，可以先登录支付宝网站申请国内的支付宝账号，再绑定即可。

绑定国内支付宝账户后，可以通过支付宝账户收取人民币。Escrow 会按照买家支付当天的汇率将美元转换成人民币支付到卖家的国内支付宝或银行账户中。

2. Escrow 支持方式

（1）支持结算方式：Escrow 目前支持买家使用美元支付，卖家可以选择美元和人民币两种收款方式。国际支付宝支持多种支付方式：信用卡、T/T 银行汇款、Moneybookers、借记卡。

（2）支持交易类型：Escrow 支持部分产品的小额批发、样品、小单、试单交易，每笔订单总价（包括运费）小于 10 000 美元的产品。

（3）支持运输方式：交易产品可以通过 EMS、DHL、UPS、FedEx、TNT、SF、邮政航空包裹七种运输方式。暂时不支持海运。

3. Escrow 与 PayPal 的区别

（1）使用币种。PayPal 通用货币有美元、加元、欧元、日元、澳大利亚元等，不收人民币；Escrow 只能用人民币结算。

（2）交易保障。在收款方面，PayPal 偏向于保护卖家，一旦买家付款款项就能马上到卖家账户上，但是，PayPal 是以保护买方为经营方针，买家有任何不满意都可以提出争议，卖家无法拿到钱；Escrow 偏向于保护买家，只有买家点击"已上到卖家账户上收到货物"后款项才会到卖家账户。

（3）会员设置。PayPal 有不同的等级，根据等级享受不同的利益保障；Escrow 会员没有等级划分。

（4）账户保护。PayPal 只要投诉率过高就会被永久关闭账户；Escrow 一般不会轻易关闭账户。

（5）提现费用。PayPal 账户上的资金在中国可以电汇到银行，但需支付手续费；Escrow 不收取转账手续费。

4. 使用国际支付宝（Escrow）的优势

（1）多种支付方式：支持信用卡、T/T 银行汇款、PayPal。

（2）安全保障：先收款，后发货，全面保障卖家的交易安全。

（3）方便快捷：线上支付，直接到账，足不出户即可完成交易。使用国际支付宝（Escrow）收款无须预存任何款项，速卖通会员只需绑定国内支付宝账号和美国银行账户就可以分别进行人民币和美元的收款。

（4）品牌优势：背靠阿里巴巴和支付宝两大品牌，海外潜力巨大。

研究性复习与思考

（1）什么叫平台？什么叫跨境电子商务平台？跨境电子商务平台有哪些？其在发展过程中有哪些不足之处？

（2）从常见的跨境电商平台中识别境内外平台有哪些差别？

（3）跨境电商 B2B 与传统国际贸易相比有哪些不同？思考建议如何将传统国际贸易模式与 B2B 模式衔接？

（4）B2B、B2C、C2C 跨境电商平台的区别与适用。

（5）识别进口跨境电商平台与出口跨境电商平台的差异。

（6）汇总梳理天猫国际、洋码头、全球速卖通、敦煌网、大龙网、Wish 网跨境电商平台的特色。

（7）什么叫第三方跨境支付平台？第三方跨境支付平台有哪些？梳理总结 PayPal 支付平台、Escrow 平台的特色。

参 考 文 献

［1］雨果网：《全球各国主要的跨境电商平台有哪些，亚马逊稳居一哥位置》，http://www.cifnews.com/article/29292，2017 - 09 - 30。

［2］吕雪晴、周梅华：《我国跨境电商平台发展存在的问题与路径》，载于《经济纵横》2016 年第 3 期。

［3］陶涛、郭宇宸：《跨境电商平台作为新型贸易中间商的理论基础与现实发展》，载于《新视野》2016 年第 2 期。

［4］冯潮前：《跨境电子商务支付与结算实验教程》，浙江大学出版社 2016 年版。

［5］韩琳琳、张剑：《跨境电子商务实务》，上海交通大学出版社 2017 年版。

［6］于立新：《跨境电子商务理论与实践》，首都经贸大学出版社 2017 年版。

［7］张永杰、姜宏、李冰：《跨境电子商务新手攻略》，对外经贸大学出版社 2015 年版。

［8］柯丽敏、洪方仁：《跨境电商理论与实务》，中国海关出版社 2016 年版。

第三章　跨境电子商务选品

【学习目标】通过本章学习，了解国际市场细分的含义、分类和分类依据；理解国际消费市场细分的策略和步骤，理解选品的基本原则，理解跨境电子商务数据统计的分析方法；掌握跨境电子商务选品的方法。

第一节　国际消费市场细分

每个企业的资源和能力都是有限的，而市场是无限的。因此，作为跨境电商必须有效规划自己的资源和能力，以便在局部市场建立竞争优势，即所谓的有所不为才能有所为。这就意味着跨境电商必须有效地细分国际市场，并在此基础上选择适合自己的目标市场，确定进入目标国家市场的方式，并通过差异化和定位在目标市场上建立市场地位。

一、国际消费市场细分

（一）国际消费市场细分的含义

国际消费市场细分来源于市场营销的相关理论，是市场细分概念在国际市场营销中的运用。市场细分是按照消费者在消费心理、消费模式、消费行为等方面的差异将消费者划分为不同的顾客群体的过程。市场细分确定的每个顾客群体都是一个子市场，不同的子市场之间的需求具有显著的差异性，而在同一个子市场内部需求具有明显的同质性。国际消费市场细分是指按照一定的市场细分依据，将整个国际市场划分为若干子市场，每个子市场中的消费者具有相似甚至是相同的消费特征。相对于国内市场而言，国际市场所面临的社会经济和政治文化的情境会更为复杂，不同情境之下的消费者偏好差异较大。为了更准确地把握市场需求，必须参照一定的依据对整个国际消费市场进行细分。

将国际消费市场细分这一概念运用到跨境电商选品中去，就是对全球范围内的顾客进行市场细分，将潜在的市场中具有相同或者相似消费特征的消费者划分为同一群体，即某一细分市场，针对这一细分市场从价格、性能、宣传、渠道等方面提供相适应的产品。很显然市场细分不是目的，它是企业选择目标市场的基础。进行国际消费市场细分，不仅有利于产品的开发，而且对已有产品再设计和重新定位以及新市场的开拓，同样也是适用的。

（二）国际消费市场细分的分类

国际消费市场细分可以分为宏观细分和微观细分。

1. 宏观细分

世界市场是由众多国家和地区组成的，国际消费市场宏观细分就是依据一定的标准把世界市场分为若干具有基本相同特征的子市场，将其中某一个或某几个国家和地区作为目标市场。

2. 微观细分

国际消费市场微观细分类似于国内市场细分，即当企业决定进入某一海外市场后，它会发现当地市场顾客需求仍有差异，需进一步细分成若干市场，以期选择其中之一或几个子市场为目标市场。

宏观细分是微观细分的基础，它必须确定哪一个或哪些国家和地区作为目标市场，然后再进一步进行选定国家和地区范围之内的细分。

二、国际消费市场细分的依据

国际消费市场细分是在市场多样性基础上进行的，国际消费市场是由不同国家地区、社会文化背景、兴趣、需求和愿望的许多不同的人们所组成的丰富多样的市场。造成国际消费市场差异的各种因素，都可以作为细分的标准。将这些因素进行划分，可以分为地理标准、人口标准、心理标准和行为标准、社会文化标准以及组合效用标准。

（一）地理标准

地理标准是指将消费者所处的地理环境作为国际消费市场细分的标准。这是一种传统的划分方法，相对于其他标准，这种划分标准比较稳定，也比较容易分析。一般来说，居住在同一地区的人们有相似的需要和需求，这些需要和需求与居住在其他区域的人们有所不同。基于需求的差异性，他们对产品、价格、分销、促销等营销措施也会产生不同的反应。

地理标准主要包括以下一些细分变量。

1. 行政区域

分为洲、国家、省、市、县、乡镇等。比如，有的企业将世界市场划分为南半球市场和北半球市场；有的则将世界市场划分为北美、欧洲、亚洲、非洲等市场。行政区域有大小不同，有城乡之别。行政区划细分往往意味着市场规模的大小和城乡市场的区别，不同国家和地区的经济发展水平直接决定了消费者对产品性能和价格的偏好。比如，同样是提供自行车这一产品，针对农村市场而言，消费者偏好的是坚固耐用、能负重的自行车，而城市市场则相对偏好于轻便、新颖的自行车。

2. 地形

分为沿海地区、平原地区、高原地区、荒漠地区等。不同的地形位置，带来消费者不同的消费需求和生活习惯，这就可按照地形位置来划分不同的细分市场。比如，巴西境内旅游资源丰富且海岸线较长，旅游度假类的产品销售量可观，像泳衣、防水沙滩包、防晒霜等。

3. 气候

分为热带、亚热带、中温带、暖温带、寒带等。不同的气候有不同的消费需求，需要不同的产品，可以按照气候来划分不同的细分市场。比如，北方人选择棉衣注重的是保暖性能，南方人选择棉衣注重的是款式；在饮食上，中国则历来有"南甜、北咸、东辣、西酸"之说。

将地理因素作为国际消费市场细分的标准，是最容易掌握的一种细分方法。在所有地理变量中，国家的意义最为重大。因为一般来讲，不同国家往往意味着不同的民族，不同的文化，不同的风俗习惯，不同的经济、政治、法律和社会环境。当跨境电商需要同时在多个国家开展业务时，必须根据不同国家的市场特点采取有针对性的运营策略。比如，北欧的平均网络消费额是欧洲最高的，它的冬季比较长，出去应酬比较少，在家上网买东西，所以北欧整个的网络消费是比较高的。但它基本上是一个静态因素，不一定能充分反映消费者的特征，即使在同一个地理环境中，消费者的需求往往也会有很多明显的差异，这就要求在具体运用过程中结合考虑其他一些动态因素。

【案例 3 -1】

不同国家有季节差异，以中东、亚洲、北美、西欧和北欧、南半球进行划分，白色的部分是春季，浅灰色的部分是夏季，深灰色的部分是秋季，黑色的部分是冬季。对目标市场的季节有一些了解的话，可以根据不同的市场季节去针对性地挑选商品，因为季节差在很大程度上可以延长商品的售卖期。2012 年 ZARA 在意大利开店，希望把商品的销售期延长接近 1 倍，那么，9 月上秋季的商品，秋季的商品可以直接转到澳大利亚的市场去卖，销售期就会延长。

季节差异造就了更多的销售机会，合理调配商品可以延长商品的售卖期。

不同国家"季节"的差异

	1月	2月	3月	4月	5月	6月	7月	8月	9月	10月	11月	12月
中东												
亚洲												
北美												
西欧												
北欧												
南半球												

资料来源：网经社电子商务研究中心，www.100ec.cn，2014 - 10 - 31。

(二) 人口标准

人口标准是指按照人口变量的因素细分市场的标准。人口是构成市场的最主要因素，人口标准易于统计且直接与市场规模相关，因此是市场细分最常用、最主要的标准。人口标准包括的主要细分变量如表 3 - 1 所示。

表 3 - 1   人口标准细分维度

年龄	<12岁、12~17岁、18~24岁、35~49岁、50~64岁、65~74岁、75~99岁、100岁以上
性别	男、女
婚姻	单身、已婚、离异、同居、孀居
收入	低收入、中等收入、高收入
教育	高中肄业、高中毕业、大学肄业、大学毕业、研究生
职业	专业人员、蓝领、白领、农业、军事

1. 年龄

不同年龄的消费者的需求和购买力有明显的差异，消费者的消费欲望和能力随着年龄也会发生变化。根据消费者的年龄可以分为婴幼儿市场、少年市场、青年市场、中年市场和老年市场。比如，有专门针对婴儿的护理用品，也有专门供儿童使用的牙膏。

2. 性别

不同性别具有不同的细分需求和购买行为，是自然生理差别引起的。性别细分一直运用于服装、化妆品和杂志等领域。根据消费者性别标准可以分为男性市场和女性市场。比如，德国男性网上消费者比较多，包括家具、汽车装饰在内的商品，都会在网上进行购买。

3. 婚姻状况

对许多产品而言，家庭一直是相关的消费单位。特定的婚姻状况的群体，可以作为细分市场的基础。比如，单身家庭在传统商品烹调酱的使用上，往往会低于平均水平的细分市场。

4. 收入、教育和职业

消费者的收入直接影响他们的购买力，对消费需求的数量、结构和趋向具有决定性的影响。教育、职业和收入趋向于相互紧密关联，形成一个接近于因果的关系。带来高收入的高层次职业，通常需要高级的教育训练。不同收入水平的人所具有的消费欲望和消费能力有很大不同，在汽车、化妆品、旅游和服务行业尤其明显。中等收入的消费者群体在旅游、文体产品方面的支出较多，而低收入消费者群体在食品、服装和住房方面的支出较多。以消费者收入为标准可以划分为高档市场、中档市场和低档市场。不同收入阶层的人在汽车、服装、家用电器、闲暇活动、阅读习惯等方面的偏爱明显不同，高收入阶层倾向于炫耀性产品的消费。

（三）心理标准

心理细分是按照消费者的心理特征来细分市场的标准，包括生活方式、消费个性、购买动机和购买态度等。

1. 生活方式

生活方式是指消费者对自己的工作、休闲和娱乐的态度。生活方式不同的消费者，他们的消费欲望和需求是不一样的。同时，人们消费的商品反映了他们的生活方式。在中国城市里，人们对"乡村生活方式"的向往日益增加，食品公司不断声明自己的产品是绿色天然的，各种各样的乡村旅游也受到了广泛欢迎。根据生活方式的不同，可以将消费者分为紧跟潮流、享乐主义、主动进取、因循保守等类型，并据此划分为不同的细分市场。

2. 消费个性

消费者的个性是千差万别、表现各异的，感情冲动、独立性强、具有男子汉气质、自信的人，与保守、谨慎、儒雅的人往往有明显不同的偏好。消费个性对消费者的需求和购买动机会产生不同程度的影响（见表3-2）。比如，日本看重商品的细节和质量，曾经有一家江苏公司的产品销售到日本，之后被退回，给了差评，只是因为一些小细节没有做好。

表3-2 不同国家消费者"消费个性"的差异

消费个性	美国	欧洲	北欧	日本
	推崇时尚，追求效率，讲究实惠	追求时尚，消费单价高，看重卖家信用	人均消费额在欧洲最高	注重细节，注重产品质量

3. 购买动机

购买动机是驱使消费者实现个人消费目标的一种内在力量，购买动机可以分为求实动机、求名动机、求廉动机、求美动机等。将不同的消费动机作为市场细分的依据，可以把整体市场划分为若干个细分市场，比如廉价市场、便利市场、时尚市场、炫耀市场等。

4. 购买态度

购买态度是指个人对所购产品持有的喜欢与否的评价、情感上的感受和行动倾向。消费者对产品的态度可以分为热爱、肯定、冷淡、拒绝和敌意等，据此可以划分为不同的细分市场。

消费者的心理因素是很难衡量的变量，但随着生活水平的提高，心理因素对购买者的影响会日益突出，尤其是非生活必需品。

（四）行为标准

行为标准是指按照消费者的购买行为进行细分市场的标准，根据购买者对一件产品的了解程度、态度、使用情况或反映方式等变量，将他们划分成不同的群体。将购买行为作为细分市场的因素，可以从以下几方面进行考虑。

1. 购买时机

根据顾客的有规律购买、无规律购买或节假日购买等时机性进行市场细分，对市场进行时机细分，可以扩大消费者使用产品的范围。比如法国在圣诞季采购比较集中，情人节的鲜花总是供不应求。除了寻找产品的特定时机外，人们在一生中重要的特定事件，也会产生对特定产品的需求，比如结婚、购房、退休等。

2. 利益细分

消费者往往因为各有不同的购买动机、追求不同的利益而购买不同的产品和品牌。即便是购买者消费同样的产品，其追求的利益也可能完全不同。例如，人们选择旅游有不同的利益追求，有的是为了全家去度假，有的是为了冒险和增长见识，有的是为了享乐。因此，可以根据顾客从产品中追求的不同利益来细分市场，这是一种有效的细分方法。

3. 使用状况

按照消费者对产品的使用情况，可以分为非使用者、曾使用者、潜在使用者、初次使用者、经常使用者等。市场份额高的电商重点是吸引潜在用户，而较小的电商则设法把市场领袖手中的客户争夺过来。为了保持市场份额，经营者还应该在维护品牌知名度和阻止忠诚用户转移品牌上做大量的投入。

4. 使用频率

根据消费者使用频率的不同，可以把市场分为大量使用市场、中量使用市场和少量使用市场。一般来说，将大量使用市场选定为目标市场，因为虽然大量使用市场占消费者数量的比重不大，但是其购买量占消费量的比重很大。

5. 品牌忠诚度

品牌忠诚是指由于价格、质量等诸多因素的影响，使消费者对某一品牌的产品情有独钟，形成偏爱并长期购买这一品牌产品的行为。根据品牌忠诚度，可以将消费者划分为坚定忠诚者、一般忠诚者、喜新厌旧者、无固定偏好者四类，据此就可以进行市场细分。需要说明的是，每一个市场都包含不同程度的上述四种类型的消费群，坚定品牌忠诚者人数多、比重大的市场就可以称为品牌忠诚市场。

6. 购买阶段

消费者任何时候都处于购买某种产品的不同阶段，如尚未知道、知晓、有兴趣、有购买意愿、已经购买、重复购买等。可以根据消费者所处购买阶段的不同进行市场细分，对于不同购买阶段的消费者须酌情使用相应的促销方案。

7. 态度细分

消费者对产品的态度有五种：热爱、肯定、不感兴趣、否定和敌意。按照消费者对产品的态度，可以进行消费市场的细分。对于持不同态度的消费者，应分别采取不同的策略，比如对那些不感兴趣的消费者，要找出他们不感兴趣的原因，通过适当的策略使这部分消费者从不感兴趣转变为感兴趣。

（五）社会文化标准

按照社会文化变量，可以对消费市场进一步进行细分。社会文化变量包括家庭生命周期、社会阶层、核心文化价值、亚文化成员以及跨文化联系，具体见表3-3。

1. 家庭生命周期

按照传统的家庭生命周期变量，可以划分为几个阶段：单身阶段、蜜月阶段、为人父母阶段、后父母阶段和家庭分解阶段。在每个阶段，家庭单位需要不同的产品和服务，家庭生命周期表面看来是建立在婚姻和家庭状况的基础上，但实际上反映的是相对的年龄、收入和就业状况。比如，年轻的单身个体，他们的最初公寓中往往只需要基本的家具，而他们的父母已无须再养育孩子，通常需要用一些更精致的东西来重新装饰家里。

2. 社会阶层

社会阶层通常是由几个人口统计变量的加权指数来衡量，如教育、职业和收入的加权指数，可以用来作为市场细分的一个基础。不同社会阶层的消费者在价值、产品偏好以及购买习惯方面会有所不同。

3. 文化、亚文化和跨文化

不同的国家之间有不同的消费文化，同一种文化之中的成员大多拥有相同的信仰、价值观和风俗习惯。美国人推崇时尚，追求流行，他们讲究的是实惠，喜欢货比三家，又要质量好，又要价格便宜。欧洲是全球最大的跨境电商市场，欧洲人追求时尚，消费单价高，看重卖家信用，卖家的信用通过买家的几次购物体验来对其的网站做出评价。

在范围较大的一些文化之中，存在着鲜明特征的亚文化群体，他们是由特定的经验、价值观或者信仰联系起来的。亚文化的市场细分，可以根据一个具体的人口统计特征或者生活方式特征来进行。比如，非裔美国人、西班牙裔美国人、亚裔美国人和年长者，构成了美国的亚文化重要细分市场。文化细分对于跨境电商选品特别重要，在跨文化情景中须充分理解目标国家的信仰、价值观和风俗习惯（见表3-3）。

表3-3 社会文化细分维度

文化	美国、意大利、中国、墨西哥、法国、巴基斯坦
宗教	天主教、基督教、犹太教、伊斯兰教、其他
亚文化（种族、人种）	非裔美国人、白种人、亚裔、西班牙裔
社会阶层	低、中、高
家庭生命周期	单身、年轻已婚、未分家、已分家

（六）组合效用标准

在实际运用中，往往是将几个细分变量结合起来细分市场，而不是依赖于一个简单的细分标准。组合效用测量的是某个特征水平上的消费者偏好，然后与多特征评价联合在一起，测量对总体选择的偏好。细分使得那些具有相似偏好模式以及对特定的产品特征有相似权重的顾客，与其他的具有不同细分组合模型的顾客群体区分开来。例如，将消费心态和人口统计一起使用，能达到相互高度互补的效果。

三、国际市场细分的有效定位原则

成功市场细分的必要条件是存在足够大数目、有充分消费实力的人群，这些人群可以根据人口、心理或者其他战略变量区分为相当大的各不相同的部分。对于竞争激烈的国际市场，尽管国际市场细分是识别机会、发现机会的有效手段，但并不是所有的国际市场细分都是有效的。过于细分可能会影响产品的销售面，细分不当也可能招致最终的失败。比如，可以把茶叶市场细分为高个子顾客组成的市场和矮个子顾客组成的市场，不过这种细分没有任何意义，因为茶叶购买与人的个子高矮毫无关系。有效的国际市场细分必须具备下述条件：

（一）可衡量性

所谓可衡量性（measurability），是指细分后形成的市场，其规模及购买力程度必须能够衡量，否则某些特性就不能成为细分市场的依据。例如，较大婴儿奶粉所形成的市场就比较好衡量，其中 6 ~ 12 个月的婴儿为主要市场，1 ~ 3 岁的幼儿则是次要市场。若以消费者的心理变数细分市场，就可能出现衡量不易的情况。因为事实上，有许多的消费者特性是不容易衡量的。比如，用生活方式作为细分标准，就很难确定一国中究竟有多少人属于某一种生活方式。

（二）可接近性

可接近性（accesslbility）指企业的人力、物力及营销组合因素必须足以达到和占领所选择的细分市场。如果细分后的市场，消费者不能有效地了解商品的特点，不能在一定的销售渠道买到这些商品，则说明企业没能达到该细分市场，企业就应放弃该细分市场。也就是说，对于不能进入或难以进入的市场去进行细分是没有意义的。

（三）足量性

足量性（substantiality）即细分后所形成的市场规模必须足以使企业有利可图，并有一定的发展潜力。因为每进行一次市场细分，就必须推行一套独立的营销组合方案，要投入相当的精力和成本。只有足够大的市场与发展潜力，才值得企业去尽心尽力开发。反之，若市场十分狭窄，或者潜在消费者很少，就不值得去开拓。例如，发达国家人口增长缓慢，年龄结构老化问题日趋突出。对企业来说，老年市场具有相当大的潜力。各类老人保健、老人医院、老人娱乐、休闲等行业都将发展成具有足量性的市场。反之，对于那些不具有足量性的市场，这样的细分就不会尽如人意。

（四）可实施性

可实施性（actionability）即企业能够有效地吸引并服务于子市场的可行程度，包括两层含义：一是企业能够提供市场需要的产品，并建立合适的分销渠道；二是在目标子市场上，企业必须是有竞争力的。例如，一家计算机公司根据某国顾客对计算机的不同使用与服务要求，将顾客分为数个子市场。但公司资源有限，缺乏必需的技术与营销力量，不能为每个子市场制定切实可行的营销策略。因此，该公司的这种市场细分就没有意义。

四、国际消费市场细分的实施

（一）细分策略

1. 集中策略与差异化策略

一旦确定了最有希望的国际细分市场，就必须决定是用一个还是几个国际细分市场部分作为目标市场。

最简单的模式是市场集中化，只选取一个细分市场，只提供一类产品，供应给一类顾客群。集中性市场策略强调把企业资源集中在一个或少数的小型市场，不求在大市场上得到一个较小的市场份额，而要求在一个较小的市场上获得较大的市场占有率，甚至要达到统治的比率。这种策略一般适用于进入国外市场初期阶段，在竞争对手不太重视的较小市场经营发展，赢得声誉后再根据自己的条件向其他市场扩展。这一策略的优点是能够将资源集中在小市场上，从而容易获得成功。由于目标市场集中，对目标市场的需求了解更深入，更能够促进专业化经营，有利于树立企业形象和品牌形象。但是，集中性市场策略的经营风险较大。由于目标市场过于集中，成败都押在一个较小的市场上，一旦这个市场突然发生变化（如消费者偏好突然发生改变，或者强大的竞争者进入市场等），容易陷入困境。因此，实行这种策略时要加强风险意识，做好应对准备。

相对于集中策略而言，差异化市场策略的最大优点就是市场适应性强。差异化市场策略是对整体市场进行市场细分，选择不同类型的细分市场作为自己的目标市场，满足不同目标顾客的需要。比如，可以针对不同消费者的需求特点，提供不同档次、不同包装、不同价格的产品，德国大众就为"财富目的和个性"各不相同的顾客生产不同的小汽车。总的来说，差异化策略一般要比集中策略创造更大的总销售额。该策略能够有针对性地满足不同顾客群体的消费需求，扩大市场范围，提高产品的竞争能力，增强市场经营抗风险能力。不过，差异化策略也不是完美的，由于产品品种广告宣传的扩大化，导致产品研制费用和管理费用等大幅度增加。该策略在推动消费额上升的同时，也在增加经营成本，包括生产成本、管理成本、存货成本和促销成本，最终效益并无保证。

2. 反市场细分策略

随着时间的推移，一些细分市场已经缩小到无法为其提供一个特别设计的方案的程度。进而会出现一种现象，过分差异导致市场细分过度。有些公司因为过度地细分了市场，结果并不划算。这种情况下，就需要重新考虑细分市场的范围，将两个或者更多细分部分结合成一个更大的市场部分，这称为反市场细分策略。有些商学院的每个系都可以开设大量的课程，但学生却没有足够多的时间来充分学习他们研究领域的高级课程，而且每学期都有一些课程因为注册上课的学生不够多而被撤销。这时就不得不采取反市场策略，如将广告、推广、促销和人员销售这些课程合并成一门单独的促销课程。

（二）国际消费市场细分步骤

进行国际消费市场细分的一般做法是首先确定划分世界市场的细分标准，按照这一分类标准将所有具有共同特点的国家划为一组，即构成一个子市场。比如，可以依据各国经济技术的发展水平和对产品的需求来划分世界市场。其次，了解满足每组需求对企业资源条件有哪些要求，根据自身的特点判断在哪个或哪些子市场最适当且最有优势。最后，进一步按照某类细分标准进行微观细分。在这样的细分操作过程中，还需要一些专业化的分析。主要程序包括以下三个阶段：

1. 调查阶段

调研者开展推测性的面谈和小组访谈，通过专家或熟悉情况者初步了解消费者的购买动机、态度和购买行为等方面的基本情况，为接下来的调查问卷设计奠定基础。然后，准备调查问卷，收集以下各方面的信息：顾客需要哪些价值属性及其重要程度排列、品牌知名度和美誉度排列、产品使用方式、对产品品种的态度、人口统计和所在地等。

2. 分析阶段

这一步经常要用到一些统计方法和统计软件，比如 SPSS。调研者采用因子分析法剔除一些高度相关的变量，然后采用聚类分析法来确定一定数目的明显不同的细分子市场。

3. 描绘阶段

根据不同顾客态度、购买行为、地理、心理和媒体传播方式等变量对每个子市场进行描绘，可能的话，还可以根据每个子市场的特征各取一个名字。

市场细分必须定期进行，因为子市场经常会发生变化。比如，计算机市场原来根据速度和功率细分为两个子市场——高端市场和低端市场，忽略了高速发展的中间部分。营销者后来才意识到迅速发展的 SOHO（小型办公室和家庭办公室）市场。戴尔公司用低价和用户友好吸引这个子市场并取得巨大成功。后来，PC 生产者发现 SOHO 市场又由更小的子市场组成，SO（小型办公室）和 HO（家庭办公室）的需求有很大的不同。

【案例 3 - 2】

某铝制公司首先进行宏观细分。第一步，按照最终用户这个变量把铝制品市场细分为汽车制造业、住宅建筑业和饮料容器制造业三个子市场，然后决定选择其中一个本公司能服务得最好的子市场为目标市场。假设这家公司选择住宅建筑业为目标市场。第二步，按照产品应用这个变量进一步细分为半制原料、建筑部件和铝制活动房屋三个子市场，然后选择其中一个为目标市场。假设这家公司选择建筑部件市场为目标市场。第三步，按顾客规模这个变量把建筑部件市场进一步细分为大顾客、中顾客和小顾客三个子市场。假设这家公司选择大顾客为目标市场。

其次，这家铝制品公司还要在大顾客建筑部件市场的范围内进行微观细分，进一步按照大顾客的不同需求，比如产品质量、价格服务等来细分市场。假设这家公司倾向于重视产品质量的子市场，那么经过用一系列变量来逐步细分铝制品市场后，这家公司的目标市场就很具体了。

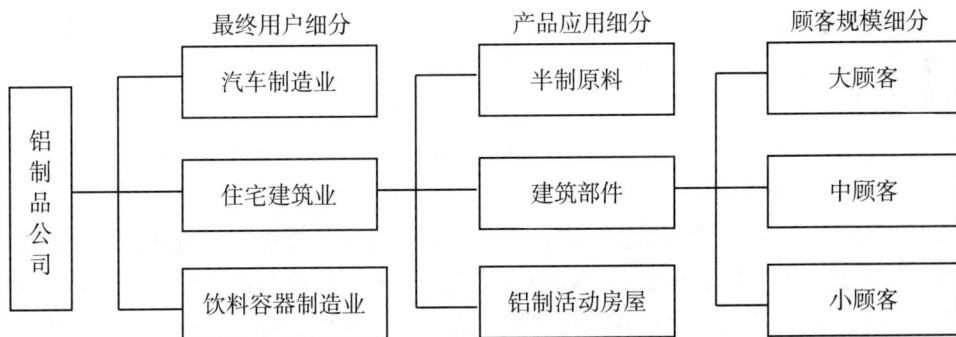

第二节　选品基本原则和方法

对于跨境电商而言，产品是立身和发展之本。选择新产品则是一门学问，如果产品选不好，很可能在跨境创业之初就走了弯路，甚至越走越远，投入了大量的人力和资源却收效甚微。借助好的产品可以快速构建网络，并能够获得最大化的经济收益与品牌收益。如何选择新产品，是从事跨境电商必须慎重考虑的问题。

一、选品的基本原则

对于产品运营来说，获取利润是开展一切经营活动的基础。跨境电商选择商品之前，最关键的是必须充分考虑该商品的利润空间。一方面节约成本，另一方面提升价格，这两点都很难做到，因为降低成本会影响产品质量，提高价格还要看行情，否则造成客户的流失。进行恰当的选品需要考虑以下几个原则。

（一）考虑市场及行业行情

1. 产品符合市场需求

跨境电商选择商品时，必须是符合市场需求的适销商品。产品是否符合市场的需求，首先要看新产品是否是市场现在所需要的。众所周知，大市场需求的产品才能带来可观的销量，市场需求不足的产品，无法带来令人满意的订单。考虑市场需求，就是指要考虑目标客户群的消费点，商品的类目、价格、质量等方面与市场的消费需求相适应。选择的商品能够让消费者有购买的意愿，且商品的成交率越高越好。通过电商平台的相关指数查看市场排行靠前的热销类目，不同时间段的热销类目有所不同，因此，电商卖家应该经常关注市场的变化趋势。热销类目的商品，虽然意味着高销量和高利润，但也存在高风险，电商卖家不能完全盲从，需结合其他选品原则进行综合考虑。可以将新品选购计划进行分类，比如紧急而重要的、紧急而不重要的、不紧急而重要的、不紧急也不重要的，进行合理的产品发展规划。如此归类后，就可以知道何时以及如何去更好地选择新产品。

对于市场需求来说，产品有自己的周期理论。新品开发上架之后，可能不会立即贡献大量的销售额，原因有很多，可能运营的条件还未成熟或产品处于前期准备阶段；也有可能一上架新品受到买家的欢迎销售量马上提高，而随着市场的不断变化，这些产品不可能永远保持良好的销售表现，会有一个自然的流失过程。这就要求卖家在产品运营的时候根据市场的需求不断规划以及调整，保持新品的不断补充，时刻保持一个产品运营的优势。

2. 产品符合行业行情

在符合市场需求的同时，还要对自身所处的外贸行业了解透彻。行业行情是指分析产品所处的行业是否处于饱和状态，是否为当前热门行业，是否为潜力行业，行业的竞争是否激烈，国家对该行业是否有特殊的法律规范等。也就是说，跨境电商选品要对产品所处的外贸行业了解透彻。

不少涉足跨境电商的企业一般都经历过传统外贸，比如有熟悉的供应商合作伙伴，熟悉国际物流渠道，对于传统的 B2B 网站运营有一定的理解。跨境电商实质上只是传统外贸的一次升级和转型，梳理自身所处外贸行业的核心优势，并思考如何应用到跨境电商的新模式上。

（二）考虑产品的角色定位

经销商在选择新产品时，要洞察未来产品发展的方向，而不能不管未来产品发展的趋势，刻意为上新产品而上新产品，重要的是要看新产品角色定位与使命是否清晰。通常来说，产品可分为三类：

1. 高档的树形象产品

高档产品对于提升品牌形象、促进产品升级有很大的作用。高档商品主要是满足一些高端消费群体对优质商品的需求。高端消费群体主要是指拥有财富、身份以及地位的人群。这部分消费群体对生活环境、居住品质以及人文修养均有较高的要求，只有优质的商品才会吸引高端买家。在设置高端商品时，须先了解高端消费群体的消费心理。高端消费群体的消费心理主要分为两种：一是标签型。标签型人群最典型的购物心理特征是身份与地位的体现。这类消费群体很在意自己的身份与地位是否能够得到别人的认可。二是享受型。享受型人群不断追求更高水平的生活方式和生活理念，不仅仅是物质方面的追求，更追求物质与精神的统一。这部分消费群体对生活的品质有非常高的要求，尤其注重服务的质量，也注重某一商品是否能体现自己的品位。针对这类消费群体，选品时可以通过 VIP 商品设置以及更优质的高级客服，为买家营造良好的购物体验。

2. 中档的上量的利润产品

中档产品是企业重点抓的产品，它以销量和规模来求得利润。中档产品的客户是产品的主力消费群体。这部分消费者认为高价的商品不一定是好货，但是便宜肯定无好货。对于这类买家而言，低价意味着低质量，通常不会选择该价格区间的低价商品。相反，商品定价稍微高于全网均价时，反而能赢得这部分买家的好感，认为该商品比其他商品更有优势，进而提升商品成交率。这部分产品的选品，一定要注重产品的质量。一种商品要在市场中更具有竞争力，必须以合适的价格和优质的质量来满足买家的需求。无论如何，一定要让买家觉得在同等价位上该商品的性价比是最高的，平衡好价格和质量之间的关系，在现有资源的基础上，尽量保证商品的质量，以此提高产品重复购买率。

3. 低端的参与市场竞争的战略性产品

低价位的商品凭借其价格优势，可以为电商带来大量的流量和成交转化率。从经营战略分析，低价位战略是电商卖家最常用的营销手段之一，其目的是短时间内提高某款产品的销量。电商卖家在选择低端商品产品时，需对电商平台上同款产品的定价进行全方位的了解，明确哪个区位间的售量最好，参照平台官方规定的该条目下的最低价格，最后结合市场行情制定出低价商品的定价。

电商卖家在下决定前，按照以上三类标准来对比产品的属性，因为一般的企业都是坚持"一高一低抓中间"原则。通过洞悉产品的战略使命，电商卖家就可以紧跟厂家以及市场潮流，以便与厂家处在同一推广战线上，并能够获得最大限度的厂方市场支持，有针对性地进行产品推广。否则，就有可能会出现与厂家的产品战略定位错位。

（三）考虑产品的独特卖点

通过选择有独特卖点的产品，经销商可以快速切入市场，最大限度地找到目标消费者甚至更多的边缘消费者。产品是否有卖点，以及卖点是否突出，是经销商扩大产品盈利能力的有效支撑，也是经销商选择新产品所要重点考虑的方面，对于跨境电商选品能否成功至关重要。独特卖点的产品，是在市场上具有差异化的空档产品。差异化的空档产品，要么是市场上没有此类规格；要么是有此规格但没有此项功能；或者是有此规格、有此功能但却有新的卖点或诉求点。一般情况下，构成产品差异化的独特卖点，主要从以下几个方面来把握。

1. 产品功效和概念

产品功效是指能给消费者或顾客带来什么样的功能利益。从根本上说，每一种产品实质上都是为了满足消费者欲望而提供的服务。譬如，人们购买手机不是为了获取装有各种电器零部件的物体，而是为了获取视频通话、拍照、游戏、阅读、各类客户端的便捷等各种需要。想要选品成功，必须使产品具有反映消费者核心需求的基本效益和利益。大部分情况下，产品的功效可以通过一个清晰的产品概念来体现。比如，王老吉和农夫山泉均赋予产品一个清晰的概念，"怕上火，喝王老吉""农夫山泉，味道有点甜"。

2. 产品的外观形式

产品的功效和概念是一个抽象的概念，最终还是必须通过产品的具体形式才能让消费者接受，也就是要看产品有没有很好地吸引消费者的眼球。任何产品都具有特定的外观形式，外观形式主要表现为包装和商标。产品的包装则需要在遵循安全经济原则的前提下，尊重各国和各地区本土文化对包装的要求。包装的颜色、图案和文字不能有损消费者宗教情感和本地的风俗习惯。商标是构成产品实体的重要组成部分，与品牌是密切相连的，以消费者为主导，是产品功能属性、情感诉求、商誉和企业形象的综合反映和体现。在激烈的市场竞争中，商标不仅是消费购物的导向，更是企业参与市场竞争的重要手段。拥有一个具有优势的品牌商标已成为市场竞争的核心内容，它能使产品在满足消费者物质需要的同时，增加消费者精神的满足感，减少价格上升对需求的抑制作用，如意大利的"老人头"牌真皮皮鞋，其价格是普通皮鞋的数倍，"金利来"领带价格是一般领带的几倍。

3. 产品的独特价值

产品独特价值体现在产品能够为消费者提供的各种附加利益和服务。随着科学技术的不断向前发展，产品的科技含量越来越高，技术性能日益复杂化，产品在其销售前后，或被消费者使用的过程中，需要提供相应的服务。比如，技术支持、星级售后服务、无条件退换货承诺等。这种附加利益和服务是一种特殊的无形活动，它向顾客和用户提供所需的满足感，是消费者购买决策中考虑的一个重要因素。不论多好的商品，如果服务不完善，顾客就无法得到真正的满足。有时在服务方面的缺憾，会引起顾客的强烈不满，从而影响产品的信誉。在产品品种、规格、性能、价格等方面越来越接近的情势下，服务作为一种非价格竞争手段，在增强产品竞争力方面发挥着日益重要的作用。服务水平越高，顾客满意度也越高，从而可赢得较高的顾客忠诚，就有可能实现较高的重复购买。

（四）考虑产品货源及渠道情况

1. 产品货源市场的整体水平有保障

货源市场的整体水平决定了能否为买卖双方提供一个良好的交易平台。一个好的货源市场的商品类目丰富、价格公正、市场的交易制度完善。跨境电商卖家可以通过对多个货源市场的整体水平作对比，排列出整体水平靠前的三家货源市场，选择一个整体水平最高的货源市场作为主要的进货渠道，其他两个作为备用渠道。当主要渠道不能满足进货的需求时，可以从备用渠道进货。同时还需要与厂家相关营销人员沟通，确认此产品是否是厂家的长线产品，明白产品的战略规划是什么，担负着什么产品重任，厂家能否保持新品的不断变化，以及经销商自身的资金、运力、人员、管理等方面的能力能否支撑此产品的持续、健康、稳定发展。

2. 货源渠道与主客观情况相符合

不同行业和地区的跨境电商卖家对货源渠道的选择不同。影响货源渠道的客观因素主要是：行业的特性、行业的入门门槛以及地区的经济发展水平。其主观因素主要是：卖家自身的喜好、对行业的熟知度。对于中小卖家而言，尤其是新开的电商卖家，线上的网络渠道和线下的批发市场是电商进货的主要渠道。这两个渠道的入门门槛较低，电商卖家的自主选择权是相对较高的。随着经营规模的扩大，网络渠道和批发市场已经不能满足电商卖家进货的需求，大型电商卖家的货源更倾向于代工工厂和品牌商，或者是自主生产。

3. 选择的产品与推广渠道相匹配

在新产品推广中，有一些经销商完全不顾自己的渠道掌控现状和能力，而去做一些超出自己渠道范围的新产品。比如，一家经营流通渠道的酒类经销商，受高端产品高利润的刺激和诱惑，购进了一批啤酒厂家的高端新产品，在传统流通渠道进行推广。经过一段时间推广，产品却出现滞销、退换货纷至沓来的严重后果。分析原因后知道，在传统流通渠道，高档产品的市场是很小的，销售高档啤酒产品的合适场所是中高档餐饮酒店及夜场等。因此，选择一个与自己渠道相匹配的新产品，才是经销商成功推广新产品的前提与保证。

【案例 3-3】

优势跨境平台选品原则分析

1. Amazon 的选品

提到亚马逊，大家首先想到的是适合做品牌、高毛利等话题。但是，对于我们很多中国卖家来讲，亚马逊留给我们销售产品的路线只有"跟卖 Listing""自建 Listing"。

跟卖 Listing 的方式适合目前大家热衷的品牌和伪品牌策略。当然，如果是简单的贴牌，其实这条路线是非常累的。那么，在这个环境下，中国卖家如何选品呢？跟卖这类产品，其实大多数是标准化产品。选品思路是中国式采购思维，适合电子类、汽配、家居和运动器材类等。加上目前亚马逊的规则，很多都已经是 FBA 的配送，所以，选择这类品类的时候，侵权可以根据要跟母 Listing 是否品牌（或者伪品牌保护）来确认。剩下的工作主要精力要放到采购成本分析和国内物流头程计算。一直要围绕着市场的销售价格区间，不断对这类产品做测试。在 TITEL、关键词、页面、图片、本地派送一样的情况下，除根据每个跟卖竞争账号绩效表现的不同之外，大家唯一能做的就是看谁的运营费用低，谁争夺 BUY BOX 的实力就强。我们选品的目的就是为了能够销售出去，这个其实就是选品的根本核心。

自建这类产品集中比较多的是已经比较认可的品牌（或者认可的伪品牌）。选择这类产品，除了品牌号召力外，TITLE、关键词、描述、图片、页面等都要自己做。除了账号绩效表现、优质物流和性价比之外，选品的核心是这类产品市场的销售容量。这类产品往往是非标准化和主观性产品，且是高毛利竞争对手相对少的小众市场产品。这样，才能在非中国式采购思维的门槛上面，对于特定的用户群和竞争小的市场缝隙中获得发展。同样，目的是为了产品能够销售出去，这个也是这类选品的核心。

2. 速卖通的选品

速卖通目前主要是以直发为主，对于本地化的运作只有卖家自己本身去刻意提升时效和客户体验度、自己投资运作,平台本身没有做这个要求(迟早平台会部署海外仓本地化)。那么,这样产品的重量和价值方面就有了区分,所以,目前集中在速卖通的品牌比较多的是时尚类产品和配件以及小家居运动类产品。因此,卖家做速卖通的选品的时候,还是主要以中国式的采购思维为主,TITLE、关键词、页面、图片等是必须要做好的,性价比比其他平台表现得更加突出。而且,主要市场要放到除欧美以外的新兴第三方国家市场。选品的思路可以考虑的是,销售主要以新兴第三方国家为主,利润核算以小包为主。铺货思路和虚拟样品库存,是目前一些增长迅速卖家的核心。在线 SKU 数量和库存实际SKU 数量有天壤之别,中小卖家都可以很快上手,在人力充足的情况下,无须投资太大的库存资金就可以事半功倍。当然,有心的卖家可以按照亚马逊自建 Listing 的思维,做垂直化的产品线,把亚马逊的卖家品牌(伪品牌)思路利用起来,重点利用速卖通的付费流量做自己的品牌店铺,这个做得越早越好。

3. eBay 的选品

除了目前 eBay 销售的品牌和专营店这种战略布局经营,其他的 eBay 的选品思维可以用"海外仓派系"和"中国直发派系"来区分。

"海外仓派系"的选品思维大家可以直接利用上述亚马逊的"跟卖"选品思维,但不同的是,TITLE、关键词、图片、描述、本地物流选择方式等因卖家自身的不同而不同。所以,谁在这个方面做的文章好,结合自己的账号绩效以及 eBay 实操细节,就已经胜出了 60%;那么,剩下的就是和"跟卖"思维一样。如果了解 eBay 实操的都会明白,实操霸主卖家对待新入卖家最恨的就是在性价比上动手(其他细节都已经在未到销量霸主的时候调整维护完毕)。当累积到一定的销售比例后,霸主的销售售价反而会高出新入者很多,拿到了定价权和引领市场均价的旗帜。但是新入手者也是无法去抗衡霸主卖家的,持久的坚守战和国外特定的时间管理是策略核心,这样垄断流量的因素就出来了。当然,对于一些在站内做得比较好的卖家,早已经部署到站外社交引流了。

"中国直发派系"的选品思维可以用上面提到的"速卖通的选品思维"操作,可以说,两个市场是基本完全相同的,不同点就是平台对卖家的考核不一样和平台在受众国家的宣传力度不一样。

4. Wish 的选品

Wish 卖家如果同时做上面三个平台就会发现,Wish 的关键词和页面是按照亚马逊的模式做的,但是在标签中失去了灵活性;SKU 属性和匹配方面是按照速卖通的模式做的,当然,在灵活性方面也是欠缺的;在用户界面方面选择了大多数移动端的性别爱好推荐,了解 eBay 的卖家马上就注意到了,这个界面其实是 eBay 的"Collections"模式。当需要搜索产品的时候,整体其实又回归到了每个平台相同的算法模式。所以,除移动端特殊的视角对页面、整体单品显示的不同细节注意之外,用速卖通的选品思维做 Wish 基本是吻合的。不过,要注意 Wish 的仿 FBA 模式的客服退款及目前和 PayPal 停止合作造成的一系列影响。

当然,以上的分析是针对现有的比较知名具备流量优势的跨境平台,所以企业在选择跨境平台的时候可以参考他们的选品优势。不过现在也有不少自建跨境平台的卖家,也可以参照大平台的选品思维,扬长避短,实现自建商城平台的良性发展。

资料来源:搜狐网,《干货:优势跨境平台选品原则分析》,http://www.sohu.com/a/27748178_212475,2015－08－17。

二、跨境电子商务选品的方法

（一）根据地理优势选择商品

跨境电商在选择主营商品的时候，应该考虑地理环境这一因素，针对不同地区的不同地理优势，采取"因地制宜"的方法。

1. 区域优势产品

跨境电商可以选取所在地区的优势产品作为主营商品，因为区域优势产品在市场上具有较强的竞争力。而且，选择当地优势产品，因为对货源市场熟悉，可以直接从供应商进货，减少进货成本。如果以海产品作为主营产品，那么沿海城市相比较内陆城市而言更具备优势，因为沿海城市靠近货源市场，熟悉市场行情，进货成本低。反观内陆城市，因距离货源市场较远，不熟悉市场行情，海产品在运输过程中还会产生一定的损耗，总成本较高。

区域优势产品主要分为两大类。一类是具有地方特色的地方特产，比如天津的泥人张彩塑、北京的烤鸭、新疆吐鲁番的葡萄、江西景德镇的瓷器等。另一类就是产业带聚集区的主打产品，比如义乌产业带的饰品、工艺品、百货、文教产品，广东产业带的箱包、鞋服、男装、3C 电子产品等。如表 3 - 4 所示。

表 3 - 4   **国内部分产业带主打产品参考**

义乌产业带	饰品、工艺品、百货、文教产品
广东产业带	箱包、鞋服、男装、电子产品等
温州产业带	小商品、教具、箱包皮具、温州女鞋
宁波产业带	家纺用品、小家电、日用百货
佛山产业带	内衣、文胸、童装
杭州产业带	女装、童装（主要走欧美风的）
福建产业带	工艺品、汽配、鞋子、服装

2. 民族文化特色

中国少数民族众多，每个少数民族大多数都有具有民族特色的商品，如服饰、鞋帽、乐器、手工制作的工艺品等。由于这些工艺品纹饰讲究且色彩艳丽，深受消费者的青睐。消费者会选择服饰、帽子、手链作为装饰品或者是赠送亲朋好友的礼物。对于研究民族特色的专业人士来说，这些具有民族文化的艺术品又具有特别的意义，是少数民族人民智慧的结晶和传统文化的弘扬，不同于市场上的普通商品。这部分群体，往往更愿意把这些特色商品作为艺术品收藏。因此，跨境电商在选择这类产品作为主营商品时，需抓住不同消费者的不同需求。是仅仅作为具有民族特色的普通商品进行出售，还是作为艺术品收藏，针对不同的消费者打造具有民族特色的产品。

（二）根据自身条件选择商品

1. 按跨境电商平台特性选品

要对自己做的平台有足够的了解。不同的平台有不同的特性，我们要知道平台的商业理念是怎样的，知道自己做的平台中哪些品类是热销的，哪些品类是平台大力扶持的，知道什么样的产品容易获得推荐等。

拿亚马逊平台来说，亚马逊选品就要考虑亚马逊的平台特性。亚马逊是重产品而轻店铺的平台，选品应考虑产品与平台是否有一定的契合度。另外，上架产品和销售规则都要基于选品和客户对产品的评价来展开。亚马逊是一个很特别的出口跨境电商平台。为什么说它很特别呢？因为亚马逊的商业理念很特别：重推荐，轻广告；重展示，轻客户；重产品，轻店铺；重客户，轻卖家。由此可见，亚马逊平台的特点是产品为王，适合做品牌产品，做高毛利产品。然而，亚马逊留给大部分中国卖家的销售路线就只有"跟卖 Listing"和"自建 Listing"两种而已。不管是跟卖 Listing，还是自建 Listing，选品都要以产品为中心。跟卖 Listing 适合标准化和非主观性产品，自建 Listing 适合认可度较高的品牌或伪品牌产品。

2. 按照上游货源和产品线选品

选择品类还可以根据自身优势，比如你是否有工厂货源，是否靠近小商品批发地，是否了解某一垂直领域（如户外产品、母婴用品等）等。做出口跨境电商，选货最好是一手货源，而非各级代理商的产品。倘若你没在生产商进货的话，那么你在价格上将难以保持足够的优势，甚至无法获得合理的利润。比如，深圳市莱卡尼贸易有限公司有时尚穿戴类饰品供应链服务经验，提供一手正品货源，批发成本与国外零售差价大，并备有充足的库存，不需要囤货。

选品的定位一般是 20% 是引流产品，20% 是核心赢利产品，60% 才是常规产品。产品线应该设置关联性，客户都倾向于在一个网站满足自己的购物需求。但是产品线也不能拖太长，因为产品线太长会有压库存的问题，对于运营成本是有很大压力的。对于产品线的打造，核心还是在市场实践中不断优化和调整，可以根据日常的经营数据、客户反应、竞争对手的销售情况等，最终打造出符合自己核心竞争力的产品线。

（三）根据市场趋势选择商品

1. 选择大众化的产品

选择新产品是有风险的，选择什么样的新产品，才能最大化降低风险呢？很显然，选择大众消费品的风险相对较小。所谓大众消费品，也就是吃的、喝的和用的，比如糖酒、食品和日化等产品。因为无论经济怎么衰退，人们总是要吃喝用的，因此这些行业是永远的朝阳行业，有非常大的发展空间。选择这类产品，自然有更大的增长潜力。

2. 选择有品牌的产品

随着人们生活水平的提高，消费者理性消费日益明显，国家对于产品相关的法律法规也逐步健全，这对跨境电商选择产品提出了新的要求。在当前情况下，跨境电商选择一个新产品，首先考虑选择一个有品牌的产品。所谓有品牌的产品，就是企业不仅对品牌进行了注册，而且还有具体的品牌打造和提升措施。一个不注重品牌构建的企业是没有前途的，也注定行之不远，只有注重产品质量的提升，不断地提升品牌形象，跨境电商才能与厂家一道保持长久的市场份额。同时，还需要考虑产品的品牌授权问题。拥有自主研发的产品品牌，可避免产品因侵权而下架，甚至导致店铺被封。

3. 选择差异化的产品

在产品日益同质化，利润空间越来越小的情况下，跨境电商在选择产品时，就更需要讲究技巧了。在跨境电商选品原则中，我们提到要选择卖点突出有差异化的产品。那么，寻找具有明显差异化的产品，该如何着手呢？可以从下面几点入手。一是原产地。例如，法国品牌依云矿泉水，来自阿尔卑斯山脉积雪融水矿化而成。二是技术。例如，引进国外先进技术等，产品质量优良。三是功能。选择比竞争对手的产品功能多的产品，以此作为价格高的支撑点。四是包装。跨境电商可以通过包装的不同来寻觅差异化。五是规格。例如，在分量上，可以超过或者低于竞品，从而找到价格低或者高的理由。跨境电商要想找到自己的蓝海战略，就一定要找到差异化的产品，只有差异化的东西，才有增值空间。

4. 选择有梯次的产品

很多跨境电商在产品选择上往往会走进一些误区。比如只卖对的（便宜的、好卖的），不卖贵的（高价的、新产品），结果造成产品结构不合理，低档产品份额较大，形成一头沉现象。这种情况最大的弊端是市场较为脆弱，抵御市场风险的能力不强，一旦出现原材料价格上涨，产品价格也随之上涨的情况，本来就很少的那点利润，就会被挤压得一点不剩。因为对跨境电商来说，价格的上涨就意味着部分消费者的丢失。因此，跨境电商在选择产品时，要形成一定的梯次，完善产品的功能定位。所谓形成梯次，就是产品的高中低档都有，合理产品结构，并给产品明确定位。低档产品可以用来打击竞争对手，抢占市场份额；中档产品往往是企业的核心产品，或者说是拳头产品，定位上应是上量就有利，属于规模效益型；高档产品应用于塑造品牌和树立形象，占领高端消费群体。跨境电商只有明晰了产品的梯次与定位，才能更好地找到匹配的渠道与方式，以便更好地切入市场，占领市场。

5. 选择一款真正盈利的商品

盈利问题仍然是跨境电商选品的核心点，判断一件产品是否盈利，首先我们需要清楚如何去计算一个产品的利润率。产品利润 = 零售价格 - 供应商报价 - 国际物流成本 - 综合成本（人工、平台费用、包装、P4P 推广成本等）。先选择一个榜样店铺，然后选定产品，观察它的商品价格、销售业绩，再在 1688 网站选择一个同类供应商大概了解一下进货价格，算一下基本的综合运用成本，算出这个产品是不是有利润，从而判断这件产品的盈利能力。通过榜样店铺算出单日的销售数据，产品的利润率是多少以及店铺流量转化率。

【案例 3 - 4】

十字选品法

十字选品法，也叫坐标分析法。与跨境电商行业内常用的选品方法相比较，其他方法都是模糊的、抽象的，用来模糊选品。而十字分析法是具体的，有针对性的，用来验证选择产品后的准确性，同时还可以用来判断产品是需要降价还是提价。

选取价格作横坐标，销量作纵坐标，用二维坐标四象限来分析。如果加入时间变量，变成三维坐标分析会更准确，还可以添加行业、竞争者等变量，也就是说，维度越多数据分析越准确，十字分析法效果越佳。

（1）横轴 X 表示产品价格，往右越来越高。纵轴 Y 表示消费者下单频度，往上越来越高。

（2）利润率 P，产品固定成本 C（包含采购成本，运费，平台手续费，其他成本）。

（3）四种代表性产品，$M(H, H)$ 表示高价格、高频度下单产品，比如毒品。$M(L, H)$ 表示低价格、高频度产品，比如卫龙辣条。$M(H, L)$ 表示高价格、低频度下单产品，比如苹果手机。$M(L, L)$ 表示低价格、低频度下单产品，比如螺丝刀。频度 Y 不变条件下，$P = (X - C)/X = 1 - C/X$，因为 C 固定，所以 X（产品价格）越高，P（利润率）越大，浅灰色粗线越往右；价格 X 不变条件下，$P = (X \times Y - C)/(X \times Y) = 1 - C/Y$，因为 C 固定，所以 Y（下单频度）越高，P（利润率）越大，深灰色粗线越往上；如图黑色粗线平分 2、4 象限。从黑色粗线开始，浅灰色粗线越往右，表示同样下单频度条件下，产品价格不断上升。从黑色粗线开始，深灰色粗线越往上，表示同样价格条件下，消费者下单频度不断上升。故黑色粗线上半部分，位置越高收益越大，产品下半部分位置越低收益越小。

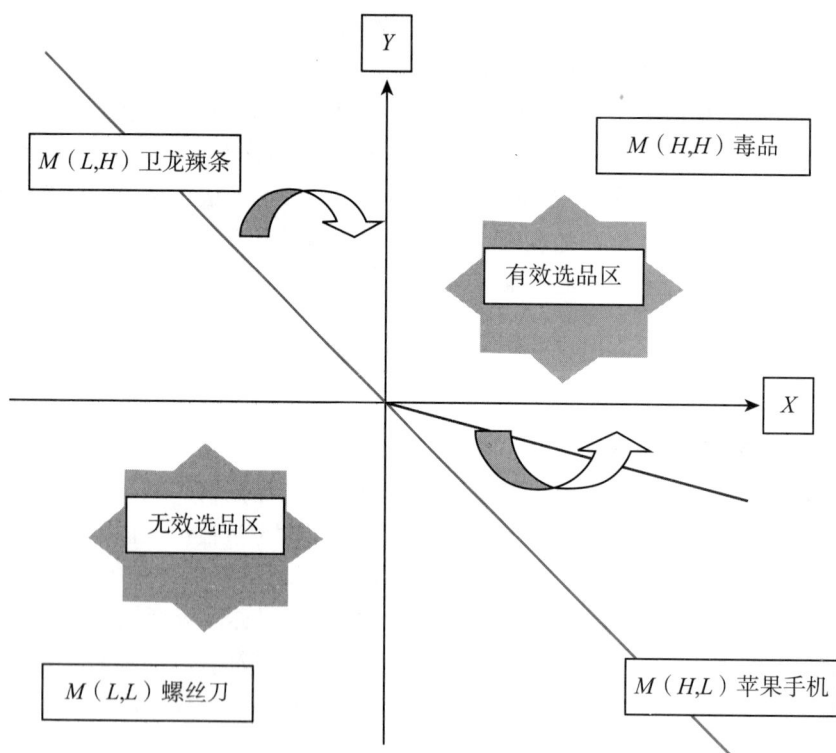

而且，用 $X \times Y$ 计算每个收益面积，然后保持 X 不变，变化 Y 看收益面积的变化，Y 不变，变动 X 看收益面积的变化，比较二者的面积就可以知道，自己的这款产品是"通过降价获得的总体收益和通过提高价格获得的总体收益哪个面积大"。比如很多做爆款超低价的店铺，属于 $M(L, H)$ 区间，总体收益主要取决于客户下单频度，如果单量不够高，这种玩法在平邮高纠纷退款的情况下很容易使店铺亏本。比如某些小而美的店铺，一般属于 $M(H, L)$，根据长尾理论，只要多铺货，这种店铺也可以活得很好。

第三节　跨境电子商务数据统计

从事跨境电商业务最重要的是要确定目标市场和目标客户需求，而确立目标市场和目标客户需求的依据，关键还是数据。目标市场需通过跨境平台的行业调研，然后进行市场细分，判断各细分市场的潜力及与店铺的匹配度。目标客户需求是利用数据分析工具判断相关品类在市场上的供求情况，了解该品类在市场上的商机情况。本节主要讨论跨境电商数据的收集以及数据的分析。

一、数据收集

（一）次级数据

次级信息是不同于当前研究的一种为某个目的而最初产生的数据，它包括建立在下属已做过研究基础上的各种结果：外部组织已做的研究、早期内部研究产生的数据，甚至由公司销售或信贷部收集起来的客户信息。定位次级数据称为次级研究，大多数情况下，它给主要研究的设计提供线索和方向。政府中介、私营人口资料公司、市场调查公司、广告代理等都是次级数据的重要来源。

美国房屋与人口普查收集小到一个街区范围内的居民的年龄、受教育程度、职业、收入等方面的信息。其他关于租金、工作场所、汽车拥有权、移民的规模等方面的信息由政府针对主要的大城市进行研究。其他市场调查公司发布的市场信息显示了人口普查区域的人口统计学上的变化（如人口普查修正）或者采用美国邮政五位编码来分析的数据。零售商和非营利组织在他们自己的档案中常常可以直接使用相关的人口统计学信息。他们可以用信用和费用计算数据或者邮购档案识别谁是他们的客户，他们购买的产品与品牌是什么，他们购买的频率如何。

跨境电商由于地域和文化的差异和限制很难在销售之前便详细了解某种产品在异国他乡的市场定位及目标群体，即使对自己已有顾客的情况也很难了解，把握住现有或现有类型的顾客是销售增长最重要的一环。借助次级数据，可以帮助电商了解购买其产品的顾客。

1. 通过客户邮编获取有用信息

凡是购买过产品的顾客，卖家都能获得他们的邮编。邮编这短短几个数字或字母其实却蕴含着极多的信息。进入 Esri 网站输入客户的邮编，你会发现很多有用的信息。Esri 网站将美国所有人按照他们的生活居住工作数据分成 67 个不同的人口细分，可以根据顾客的邮编，较为准确地了解顾客的生活情况和用户画像。虽然顾客的邮编不可能都相同，但如果有很多顾客处在同一人口细分中，便可以知道自己的产品最吸引哪种类型的顾客，也就是自己主要服务的目标群体。通过这种方法，甚至无须做任何聚类分析也无须打开 Excel，便可以给自己的顾客群进行细分，知道自己的主要客户群、次要客户群等。

现以一个实例来进行说明。打开 Esri 网站，输入纽约布鲁克林 dumbo 区邮编，会发现住在这个区域的人主要由三种类型的人组成：Laptops and Lattes，Golden Years 和 High Rise

Renters。

点击第一个类型，受过良好教育、生活富足、热爱科技和浪漫艺术的专业人士 Laptops and Lattes（笔记本和拿铁，这是 Esri 给这个人群细分取的名字，很好地表达了用户特征），还可以得到一份关于这个细分的详情，帮助深入了解自己这个顾客群的情况。

如果你愿意付费，那么 Esri 还会提供关于这个邮编所在地区人口的收入、年龄、学历等信息。对于刚起步的跨境电商，可能暂时并不需要这么详细的资料。

当然，如果主要市场并不是美国，也可以通过搜索甚至 Google Map 的实景地图来了解当地的大概情况，从而估计出自己顾客群体的大致情况及其特征。

2. 通过平台用户资料获取有用信息

进入任意跨境电商平台，可以发现每个用户都会有一个 profile 页面，这些用户资料其实给卖家透露出了很多有用的信息。

以亚马逊为例，点击任意一个亚马逊用户的人名，进入以下界面，如图 3 - 1 所示，会发现很多用户会填写自我介绍，比如，自己的职业和兴趣爱好。而图 3 - 1 所示的用户不仅介绍了自己的职业，还提供了他关注的作家（可见，这位用户是一个科幻迷）以及建立了几个他想买的产品清单。除了这些信息，还可以通过他写过的评价或问过的问题来得知他购买过或感兴趣的产品，以此来估测这个人的年龄层以及生活购物特征。

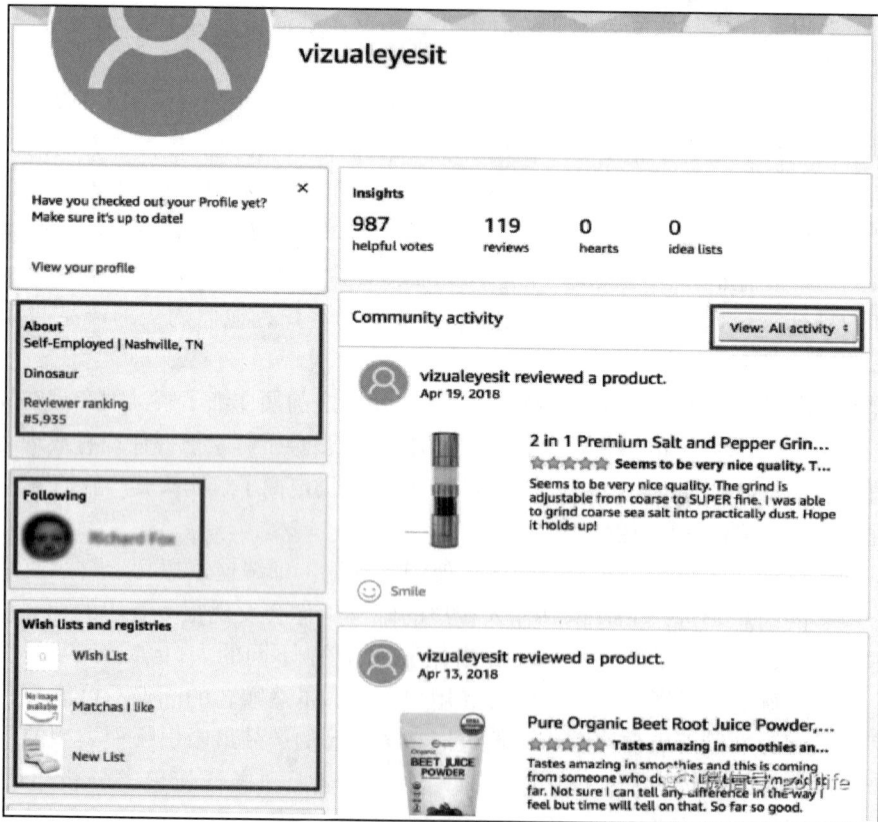

图 3 - 1　亚马逊用户图

资料来源：亚马逊网。

通过对大量已有顾客的观察和研究，找到顾客之间的共性，拥有这个共性的顾客便是目标群体。比如，通过对大量已有客户的观察，某款手袋购买者大多是住在城郊的中年女性和住在城里的青少年女性。了解了自己的目标群体后，便可以将产品的标题、图片、销售文案（是更注重产品参数和功能，还是更注重产生情感共鸣勾起欲望）、包装等内容根据目标顾客的特性进行定制，力求符合其审美和心理特征，使用目标顾客同类型的模特来展示商品能够立刻抓住目标顾客眼球。有了目标群体的基本特征，在使用 Google Shopping 购买产品广告的时候，也可以更有效地选择年龄段和性别等选项（虽然谷歌购物广告除了年龄性别外尚无法选择其他用户人口信息），有的放矢地接触到最有可能转化的顾客。

3. 通过跨境电商平台的流量数据获取用户行为轨迹

流量是电商运营的基础，没有流量等于没有销量。流量指标是由产品流量和店铺流量而构成。产品流量分为浏览量、访客数和新顾客访客数。在产品流量数据中，新顾客访客数是重点研究的数据。新顾客访客数是指之前没有在店铺产生过购买行为的客户的访问次数，是衡量产品的受欢迎程度以及产品定位的重要数据。店铺流量数据分为跳失率、平均页面停留时间和平均访问深度 3 项指标，都是衡量店铺流量的重要指标。跳失率是衡量店铺的用户体验的关键指标，跳失率越低，说明用户体验越好。平均页面停留时间和平均访问深度，是衡量店铺对买家的黏性指标。

通过对用户行为进行监测，可以获取用户行为轨迹数据。跨境电商通过对用户行为轨迹的分析，可以更加清楚、详细地了解买家的需求、喜好以及相关的作息习惯。比如说，新客户的用户行为轨迹大致如图 3-2 所示。当买家进入产品主页之后，可能会受到价格、客服响应以及其他因素的影响，买家会产生进入店铺首页、分类页、其他产品页面和出店等不同的行为。对客户访客数进行统计，会发现客户主要是通过自主访问、门户网站和平台活动三种渠道进行访问。对于跨境电商而言，要清楚新客户从哪里来，访问渠道是什么，是否需要再扩展访问渠道。对于有些付费流量，如果投入的资金过多而获取的流量较少时，应该考虑减少一部分付费流量的支出。

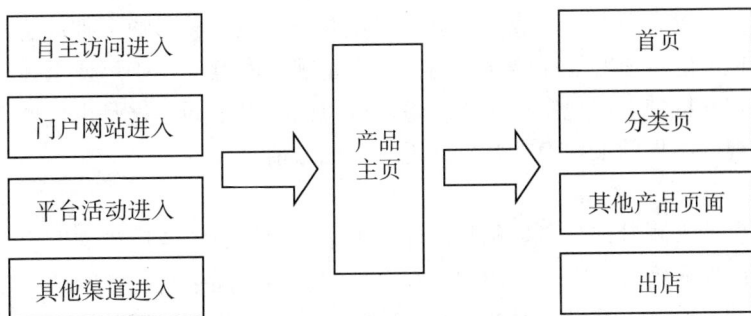

图 3-2 新客户行为轨迹

（二）主要数据

若是需要更详细的有关购买类型或产品有用的信息，或要寻找消费者有关的心理或社会文化方面的信息，那就应该收集主要数据。获得这些信息比次级数据要花更多的成本和更多的时间，但是与仅仅基于次级数据的研究相比，这类研究分析会更为精确。收集主要数据的基本方法有：行为观察法、实验法（在实验室或在零售商店之类的现场）、测量法（向人群进行问卷调查）。

1. 观察法

深刻认识人和产品之间的关系的最佳方法，就是在购买产品和使用产品的过程中仔细地进行观察。观察法就是指研究人员通过对消费者外部表现的直接观察与记录来分析消费者的心理活动，揭示消费者行为规律的一种方法。许多大型企业和广告代理商会让一些经过训练的研究者到购物场所实地观察顾客的购买行动或去观察消费者在商场、商业街的录像。运用观察法，首先应有明确的目标，要事先制订研究计划，还要拟订详细的观察提纲。通过观察人与产品的相互作用，观察研究者们就可较好地理解产品对消费者的象征意义，较好地洞察人与产品的联系，而这种联系是人们喜爱某种品牌的基础。

观察法可以从不同的角度加以分类，可分为以下四种类型：

（1）直接观察法和间接观察法。直接观察法是指观察那些正在发生的行为，间接观察法是指对一些隐藏行为的观察。采用间接观察法时，研究人员注意某一行为造成的影响或结果多于注意行为本身。

（2）公开观察和隐蔽观察。观察者的身份是公开的，并且消费者意识到自己的行为被观察的就是公开观察。隐蔽观察则是指观察者的身份不公开，而且消费者没有意识到有人在观察自己。

（3）人工观察法和机械观察法。观察者是研究人员雇佣的人员或者其本人，这是人工观察法。机械观察法则是运用机械或电子设备来记录顾客的行为或是对营销刺激的反应，如银行使用安全照相机监测使用自动取款机的用户。在技术发展迅猛的今天，机械观察法得到了广泛运用。

（4）结构性观察与非结构性观察。如果将观察限定在预先确定的那些行为上就是结构性观察。对所有出现的行为都进行观察和记录的则是非结构性观察。

在使用观察法时，要对所研究的事物的全部或者足够的数量进行观察。因为在现象总体中，个别单位往往受偶然因素的影响，如果任选其中之一进行观察，其结果不足以代表总体的一般特征。只有观察全部或者足够的单位并加以综合，影响个别单位的偶然因素才会相互抵销，现象的一般特征才能显示出来。大量观察的意义在于可使个体与总体之间在数量上的偏误相互抵销。在观察过程中，每次取得的结果不同，这是由偶然性导致的，但大量、重复观察的结果的平均值却几乎接近确定的数值。

2. 实验法

通过实验设计来测量许多诸如包装设计、价格、促销意图或广告文案主题等变量的相关销售吸引力以探明因果是完全可能的。在这种实验中，同一时间操纵一个变量，同时其他因素保持不变。研究人员必须对各种可能影响消费者反映的因素加以严格控制，确保任何不同的结果是因为在研究中变量的不同处理方式，而不是那些外来因素造成的。这样就能检验各种营销刺激与特定的消费者反应，如试用新产品、增加购买量等之间的关系。实验法有两种形式：实验室实验法和自然实验法。

（1）实验室实验法。指在专门的实验室内，借助仪器、设备等进行心理测试和分析的方法。在设备完善的实验室里研究心理现象，从呈现刺激到记录被试者反应、数据的计算和统计处理，都采用电子计算机、录音、录像等现代化手段，因而对心理现象的产生原因、被试者行为表现的记录和分析都是较为精确的。

（2）自然实验法。指企业通过适当地控制和创造某些条件，刺激和诱导消费者的心理，或者是利用一定的试验对象对某个心理问题进行试验，最终记录下消费者的各种心理表现。例如，想要比较黑色笔记本与乳白色笔记本电脑的销售效果，就可以选择两个或者几组商店，在尺寸大小、外观、周围环境风格等方面进行匹配，在一个地方展览乳白色笔记本电脑，在另一个地方展览同一型号的黑色笔记本电脑。如果在一个特定的时间框架内，一个商店比另一个商店引人注目地卖出更多数量的笔记本电脑，那么研究人员就可做出结论，卖出情况的不同仅仅是因为笔记本电脑的特定颜色，因为所有其他因素都已经被保持不变了。

3. 测量法

当研究者想要向消费者询问其购买偏好时，他们可以通过邮件、电话或者在线调查等手段。这些测量的方法都有其优点和不足，选择相应的方法时，研究者一定要反复权衡。具体如表 3 - 5 所示。

表 3 - 5　　　　　　邮件调查、电话调查、个人访谈和在线调查的优势比较

项目	邮件	电话	个人访谈	在线
成本	低	适中	高	低
速度	慢	即时	慢	快
反应率	低	适中	高	自我选择
地理适应性	优	好	困难	优
访问者偏见	无/稍许	适中	有问题	无/稍许
访问者监督	无/稍许	容易	困难	无/稍许
反应品质	有限	有限	优	优

邮件问卷的操作是把问卷直接寄到消费者个体家中。邮件调查是一种标准化调查，其特点是调查人员和被调查者没有直接的语言交流，信息的传递完全依赖于问卷。基本程序是，在设计好问卷的基础上，先在小范围内进行预调查，检查问卷设计是否存在问题，以便纠正，然后选择一定的方式将问卷发放下去，进行正式的调查，再将问卷按预定的方式收回，并对问卷进行处理和分析。邮件问卷的主要问题是回收率低，通常需要采取一些措施来提高回收率。

电话调查是研究人员利用电话等工具与消费者交谈或进行询问来达到了解消费者的心理活动和行为趋向的目的。电话调查具有时效快、费用低等特点。随着电话的普及，电话调查的应用也越来越广泛。电话调查可以按照事先设计好的问卷进行，也可以针对某一专门问题进行电话采访。用于电话调查的问题要明确，问题数量不宜过多。

个人访谈是研究人员与消费者面对面的交流和询问，进而了解消费者心理状况和行为趋向。通常在购物现场进行，大多数是商业街拦截访谈。访谈有标准式访谈和非标准式访谈两种。标准式访谈又称结构式访问，它是按照调查人员事先设计好的、有固定格式的标

准化问卷，有顺序地依次提问，并由受访者做出回答。非标准式访谈又称非结构式访问，它事先不制作统一的问卷或表格，没有统一的提问顺序，调查人员只是给一个题目或提纲，由调查人员和受访者自由交谈，以获得所需材料。

在线调查是通过网络进行的调查，被调查者直接通过网站广告或主页回答问题。由于计算机的普及运用，在线调查在经济发达国家和地区得到广泛应用，并开发出各种计算机辅助调查系统。调查数据的处理以及整个调查过程，包括问卷的设计和显示、样本设计、具体的调查、数据处理等都可以由计算机来控制和完成。问题的用字和分类以及问题的输入、优先权的选择都利用计算机控制，可以即时修正编辑上的错误和明显的逻辑错误，从而大大缩短调查的时间、提高调查的效率。

二、数据的预处理及初步分析

（一）数据的预处理

数据的分析是逐渐由单一向多元化、由表面向深层次转变的。大量的分析数据的涌现对于跨境电商卖家是一把"双刃剑"，一方面，这些数据为电商的运营提供了参考依据和数据支撑，另一方面，因为需要花费大量的时间去研究这些数据也增加了电商运营决策的难度，从而要对这些数据在确定分析目标的基础上，进行提取和优化。

1. 数据审核

数据审核就是检查数据中是否有错误。从不同渠道取得的数据，虽然在审核的内容和方法上会有所差异，但一些基本要求都是一样的。首先是数据的真实性。调查资料的来源必须是客观的，要辨别出资料的真伪，把那些违背常理的、前后矛盾的资料舍去。其次是数据的完整性。完整性审核主要是检查应调查的总体或个体是否有遗漏，所有的调查项目是否填写齐全。再其次是数据的准确性，准确性审核主要是检查数据是否有错误，是否存在异常值等。然后是数据的适用性。对于使用者来说，应弄清数据的来源、数据的口径以及有关的背景材料，以便确定这些数据是否符合自己分析研究的需要。最后是数据的时效性。数据所提供的效用依赖于时间并有一定的期限，其价值的大小与提供信息的时间和分析的目的密切相关。对于有些时效性较强的问题，如果取得的数据过于滞后，那么就可能失去实用价值，研究结果也变得没有意义了。

2. 数据筛选

对审核过程中发现的错误应尽可能纠正，在调查结束后，如果对数据中发现的错误不能予以纠正，或者有些数据不符合调查的要求而又无法弥补时，就需要对数据进行筛选。数据筛选包括两方面内容：一是将某些不符合要求的数据或有明显错误的数据予以剔除；二是将符合某种特定条件的数据筛选出来，而对不符合特定条件的数据予以剔除。数据的筛选工作，可以借助于计算机自动完成，利用一些软件，比如 Excel 和 SPSS 进行筛选。

3. 数据排序

数据排序是对数据按照某一个或多个变量的大小进行排列，这将有利于对数据的总体浏览，以便于研究者通过浏览数据发现一些明显的特征或趋势，找到解决问题的线索。除此之外，排序还有助于对数据检查纠错，以及为重新归类或分组等提供方便。在某些场合，排序本身就是分析的目的之一，一方面从外部环境来讲，可以了解自己所处的环境，清楚自己与他人的差距，了解到竞争对手的状况；另一方面从内部来讲，可以清楚自己的优势和劣势，从而有效制定自己发展的规划和目标。对于分类的数据，如果是字母型的数据，习惯按照字母的顺序排列；如果是汉字型数据，排序方式很多，如按汉字的首位拼音字母排序，也可按姓氏笔画的多少进行排序。对于数值型数据的排序只有两种，即递增和递减。

（二）数据的初步分析

在进行跨境电商选品时，我们可以利用网络收集的数据进行初步分析。比如，可以运用 Google Trends 来搜索调查这个类目在市场的需求状况，热度关键词是什么，维度又是什么；可以用 merchantword 关键词搜索工具和 Google AdWords 来搜索这个类目中哪些具体的产品的需求量大，哪些产品是高销量低成本；还可以从这个类目找出 best seller（畅销品）、hot new release（热门新品）等产品进行分析，以此来明确产品定位和产品排名目标和销售目标。对于竞争对手的分析维度比较多，可以根据自己产品的特点和卖家的特点来自选维度，一般可以从卖家定价、市场占有率、Listing 优化程度、review 表现、ranking 表现等多方面来进行综合评估。

具体分析方法主要有以下三种。

1. 差评数据分析法

差评数据分析法是指以抓取平台上热卖商品的差评数据为主，找出客户不满意的地方，然后进行产品改良或选择能解决客户痛点的供应商的产品。差评数据分析法侧重于抓取差评数据，同时也注重分析商品的好评数据，分析出客户真正的需求点和期望值。换言之，差评数据分析法既从产品好评中找参考，也从差评中挖掘出有用的信息。选择能满足客户痛点的产品，产品自然就容易获得相当的曝光，销量也能迅速做起。不过，要获得这些数据并不容易，需要不少时间去采集，并花费大量的时间进行数据分析。

2. 选品组合分析法

选品组合分析法是指以产品组合的思维来选品，即在建立产品线时，规划 20% 的核心产品，用以获取高利润；10% 的爆款产品，用以获取流量；70% 的常态产品，用以互相配合。选品要针对不同的目标客户，不能把所有的产品都选在同一个价格段和同一个品质，一定的价格和品质阶梯能产生更多的订单。这里特别说一下爆款产品。如何选择爆款产品？可以参考跨境电商平台的销售排行榜，参考其中的热门商品来设置爆款产品。此外，不管是核心产品、爆款产品，还是常态产品，选品时都必须评估产品的毛利。如何计算产品的毛利？简单来说，单产品毛利 = 销售单价 - 采购单价 - 单品运费成本 - 平台费用 - 引流成本 - 运营成本。

3. 谷歌趋势分析法

谷歌趋势分析法是指利用谷歌的数据分析工具，对企业外部的行业信息和内部的经营信息进行分析，并挖掘出有价值的信息，以此作为选品参考，即通过 Google Trends 工具分析品类的周期性特点，通过 Keyword Spy 工具发现品类搜索热度和品类关键词，通过 Google Analytics 工具获得已上架产品的销售信息，分析哪些产品销售好，整体动销率如何等。谷歌趋势分析法既要看行业的整体数据和变动趋势，行业内各品牌的销售情况，品类的销售和分布，单品的销售数据和价格，也要看行业内至少 3 家核心店铺和主要竞争对手的销售数据（流量、转化率、跳出率、客单价等）。此外，谷歌趋势分析法强调从选品成功和失败的产品中积累经验，循序渐进成为选品高手。

【案例 3 – 5】

用大数据告诉你，俄罗斯跨境电商市场怎么选品？

阿里旗下的速卖通在俄罗斯发展迅猛。在整个阿里集团资源的支撑下，速卖通已经在俄罗斯市场超过 eBay 和亚马逊，成为俄罗斯排名第一的电子商务网站，买家人数超过 2 200 多万。中国已经成为俄罗斯新经济发展的重要合作伙伴国。据俄罗斯电子商务协会统计，2016 年，俄罗斯跨境网购的海外订单量增加到约 2.45 亿个，其中 90% 来自中国，平均每天有超过 50 万个包裹从中国发到俄罗斯。

目前，速卖通俄语站已开设天猫入口，意味着天猫的生态圈开始辐射到俄罗斯地区，这也将让更多的天猫卖家出海，让更多的俄罗斯消费者能更方便地购买到国内的商品。下面来看一组基于大数据分析的俄罗斯用户画像。

数据显示：每 6 个俄罗斯人就有 1 人在速卖通购物。俄罗斯人最喜欢的中国货是手机、女装、汽车电子设备、男装。小米、大疆无人机和比特币挖矿机等，也通过速卖通成为俄罗斯的"网红商品"。此外，蓝牙无线耳机、LED 汽车灯、汽车空气净化器、不锈钢叠刀、卡通贴纸、山地自行车和 LED 深水捕鱼闪光灯等，是俄罗斯民众购买非常多的商品。

在电子产品上来看，有很多去过俄罗斯的朋友回来反馈的情况是这样的，在当地市场上，科技产品会比国内迟一代，就好像现在我们在用 iPhone8，那么他们那边时下最火的是 iPhone6，iPhone6S 等，所以科技类产品热销也是有原因的。

而对于服装类来说，因为俄罗斯地处北半球，每年的冬天都特别冷，对于像羽绒服这类的产品也是很热销的，像当地的伏特加一样。

资料来源：阿里巴巴全球速卖通，2017 年 10 月 20 日。

三、数据的专业化分析

专业化的数据分析，就是借助数量统计的方法进行分析，也即定量分析方法。采用数量预测或者统计分析预测，是根据前期调研所得出的比较充足的统计资料，运用数学特别是数理统计方法，建立预测模型，对市场未来发展做出定量预测结果的一种方法。运用定量预测方法，一般需要具有大量的统计资料和先进的计算手段。定量预测方法大致可分为时间序列分析法、直线趋势法及因果分析预测法。

（一）时间序列预测法

时间序列是指按时间先后顺序，将某种经济统计指标的数值进行排列所形成的序列。例如，按照月份、季度或者是年份进行排列的产品销售量。时间序列预测法，就是通过编制和分析时间序列，根据过去一段时间序列所反映的发展过程以及发展趋势，分析其特征表现，并据此来预测下一时间周期可能达到的水平。事情的发展大多数有一定的延续性，这种延续性是时间序列预测方法得以广泛运用的基础。比如，过去的统计数据之间存在一定的关系，而且这种关系利用统计方法可以揭示出来；过去的销售状况对未来的销售趋势有重要的影响作用，将销售额作为时间的函数，就可以利用时间序列方法预测未来的销售趋势。

时间序列分析法的主要特点是，以时间推移研究和预测市场需求趋势，不受其他外界因素的影响。但要注意的是在环境发生较大变化，如国家政策发生变化时，根据过去的数据进行预测往往会有比较大的偏差。

1. 时间序列的构成

（1）趋势。趋势特征是人口、资本和技术等方面共同作用的结果。利用过去一段时间的有关销售资料，可以描绘出销售曲线，根据曲线的走势特征就可以看出并预测某种趋势。

（2）周期。根据以往数据描绘出的销售曲线，一般会呈现出某种波状运动的特征。这是因为任何市场的行情，都会受到宏观经济的影响，而宏观经济往往总是呈现出周期性波动的特点。周期性因素，在中长期的预测中尤其重要。

（3）季节。这里所讲的季节区别于一般意义上的含义，是指一年内销售量变动的形式。可以指任何按小时、月份或者季度周期发生的销售量的变动形式。这个组成部分除了气候条件，还跟节假日、习俗、商业习惯等有关。季节因素为预测短期销售提供了基础。

（4）不确定事件。包括自然灾害、突发疫情、流行时尚、恐怖袭击、战争恐慌和其他一些干扰因素。这些因素属于非周期性因素，往往无法预测。在用过去的数据来进行预测的时候，需要剔除掉这些因素的影响。

按照时间序列，将过去的销售序列 Y 进行分解，结合趋势（T）、周期（C）、季节（S）和不确定因素（E）这几个因素的综合考虑，来对未来进行销售预测的话，可以有几种方式。一是可以构成线性模型，即 $Y = T + C + S + E$；二是可以构成乘数模型，即 $Y = T \times C \times S \times E$；三是可以构成混合模型，比如 $Y = T \times (C + S + E)$。

2. 时间序列预测的具体方法

对时间序列进行分析可以达到以下三个目的：一是描述事物在过去某一时间段上的状态或某一时期发展的过程和结果；二是分析其随时间变化的发展趋势，揭示现象发展变化的规律性；三是预测事物未来发展变化的数量大小。在运用时间序列进行预测的时候，对于不同的预测对象或预测对象的不同发展趋势时，应采用不同的方法，配合不同的曲线。主要有以下几种：

（1）水平型发展趋势。即预测对象的发展变化表现为围绕某一水平上下波动。对此，应采用一次移动平均法、加权移动平均法或一次指数平滑法进行预测。

（2）线性变化趋势。即预测对象在各时期的增长量接近于某个常数，与此相对应的预测方法有二次移动平均法、二次指数平滑法和直线趋势法。

（3）二次曲线趋势法。如果时间序列的二次差接近常数，即每期增长量大致相同，这种趋势称为二次曲线趋势，可采用最小平方法、三点法、三次移动平均法、三次指数平滑法，配合二次曲线进行预测。

（4）对数直线趋势。当某个时间序列资料各期的发展速度基本相等，或者说资料在一定时期里增加或减少的百分率接近相等时，应配合对数直线趋势进行预测。

（5）修正指数曲线趋势。这种趋势表现为原始数列初期增长速度快，随后逐渐减慢并且各期的增长速度大体相等，可用三段法配合修正指数曲线进行预测。

（6）"龚佩子"曲线趋势。"龚佩子"曲线可配合一种常见的发展趋势进行预测，即初期增长速度较慢，随后增长速度逐渐加快，到达一定程度后，虽然还有所增长，但是增长率降低，终至平复。例如，在新产品试销时期，销售量增长不快，打开市场销路后，销售量迅速增长，达到一定程度后进入相对稳定的成熟期，增长速度又减慢，最后走向衰退并逐渐被更新的产品所取代。

在选择适宜的时间序列预测方法时必须注意，在长时间内保持固定发展趋势不变的时间序列是不存在的。必须不断调查研究新情况和新问题，根据最新资料去修正趋势线或趋势线的参数，并对预测结果进行必要的调整。

（二）直线趋势法

直线趋势法是运用最小平方法进行预测，用直线斜率来表示增长趋势的一种外推预测方法。现象随着时间的推移会呈现出稳定增长或下降的线性变化规律，如果这种趋势能延续到未来，就可以利用这种趋势预测未来。其预测模型为：

$$y = a + bx$$

式中，a 为直线在 y 轴上的截距；b 为直线斜率，代表年平均增长率；y 为销售预测的趋势值；x 为时间。

根据最小平方法原理，先计算 $y = a + bx$ 的总和，即

$$\sum y = na + b\sum x$$

然后计算 $\sum xy$ 的总和，即

$$\sum xy = na\sum x + b\sum x^2$$

上述两个公式的共同因子是 $\sum x$。为简化计算，可将 $\sum x$ 取 0，其方法是：若 n 为奇数，则取 x 的间隔为 1，将 $x = 0$ 置于资料期的中间一期；若 n 为偶数，则取 x 的间隔为 2，将 $x = -1$ 与 $x = 1$ 置于资料期的中间上下两期。

当 $\sum x = 0$ 时，上述两个公式分别变为：

$$\sum y = na$$

$$\sum xy = b\sum x^2$$

式中，n 为年份的数目。由此可计算出 a，b 的值分别为：

$$a = \sum y/n \qquad b = \sum xy/\sum x^2$$

所以

$$y = \sum y/n + \left(\sum xy/\sum x^2\right) \times x$$

举例说明：假设某企业 2013～2017 年的销售额分别为 480 万元、530 万元、570 万元、540 万元和 580 万元，现需运用直线趋势法预测 2018 年的销售额。由于 $n = 5$ 为奇数，且 x 的间隔为 1，故可将 $x = 0$ 置于资料期的中央一期（2015 年），x 的取值依次为 -2、-1、0、1、2；xy 依次为 -960、-530、0、540、1 160；x^2 依次为 4、1、0、1、4，所以：

$$\sum y = 2\,700 \qquad \sum xy = 210 \qquad \sum x^2 = 10$$

将有关数据代入计算公式，则得：

$y = 2\,700 \div 5 + (210 \div 10)x = 540 + 21x$

由于需预测 2018 年的销售额，所以 $x = 3$，代入上式，得：

$y = 540 + 21 \times 3 = 603$（万元）

即 2018 年的销售额预测将为 603 万元。

（三）因果分析预测法

因果分析预测法是以事物之间的相互联系、相互依存关系为依据的预测方法，是在定性研究的基础上，确定出影响预测对象（因变量）的主要因素（自变量），从而根据这些变量的观察值建立回归方程，并由自变量的变化来推测因变量的变化。因果分析方法的主要工具是回归分析技术，因此又称之为回归分析预测法。

因果分析预测法的主要依据是相关性原则，客观事物、各种现象之间往往存在一定的因果关系。例如，商品销售量与商品的价格、居民收入水平等因素密切相关，这就可以利用因果关系建立回归方程进行预测。如果已知商品价格、居民收入的未来值，就可以推测商品销售额的未来值。

在利用这种方法进行预测时，首先要确定事物之间相关性的强弱。相关性越强，预测的精准度就越高；反之，预测的精准度就较差。同时，还需研究事物之间的相互依存关系

是否稳定。如果不稳定，或在预测期内发生显著变化，则利用历史资料建立的回归模型就会失效。因此，只有特殊情况下的少数几种产品的预测较为简单，如未来需求趋势相当稳定，或没有竞争者存在（如公共事业），或竞争条件比较稳定（如纯粹垄断的产品生产）等。大多数情况下，市场环境是不断变化的，由于这种变化，市场总需求是变化的且不稳定的。需求越不稳定，就越需要精确的预测。这时，准确地预测市场需求就成为成功的关键，因为任何错误的预测都可能导致诸如库存积压或存货不足，导致销售额下降以至于中断等不良后果。

运用回归方程进行分析预测的方法主要有三种：

1. 自回归预测

即用因变量的滞后值作为自变量，建立回归方程进行预测。例如，根据消费者目前的食品消费水平，可以预测下一期的食品消费水平。

2. 一元回归预测

即分析一个自变量与因变量之间的相关关系，利用一元回归方法进行预测。例如，依据居民货币收入的变化预测某种耐用消费品的需求量。一元回归模型从建模到应用的步骤如下：提出自变量与因变量；收集数据；根据数据绘制散点图；设定理论模型；用软件计算、输出计算结果；回归诊断，分析输出结果（包括相关系数、判定系数、标准误差、显著性检验、参数估计、残差分析等内容）；模型的应用（当所建模型通过所有的检验之后，就可以结合实际问题进行应用，如进行因素分析）。

3. 多元回归预测

即分析因变量与若干个自变量之间的相关关系，运用多元回归方程通过若干个自变量的变化去预测因变量的变化。例如，依据区域人口、商品价格、工资水平、银行利率的变化，预测商品销售量。假设把这些影响因素分别记作一系列独立需求变量 X_1，X_2，…，X_n，销售量 Q 视为这些变量的函数，即 $Q = f(X_1, X_2, \cdots, X_n)$。

但是，这些变量同销售量之间的关系一般不能用严格的数学公式表示出来，而只能用统计分析来揭示和说明，即这些变量同销售量之间的关系是统计相关。多元回归技术就是这样一种数理分析统计方法。它运用数理统计工具在寻找最佳预测因素和方程的过程中，可以找到多个方程，这些方程均能在统计学意义上符合已知数据。

在运用多元回归分析时，要注意影响其有效性的一些问题：（1）观察值是否过少；（2）各变量之间是否高度相关；（3）变量与销售量之间的因果关系是否清楚；（4）有没有考虑到新变量的出现。

研究性复习与思考

（1）什么是国际消费市场细分？

（2）结合跨境电商实际，说明国际消费市场细分的依据。

（3）谈谈国际消费市场细分的原则和方法。

（4）跨境电商选品的原则有哪些？

（5）跨境电商选品的方法有哪些？

（6）根据下面的资料思考讨论在亚马逊平台的选品策略。

资料：2016 年，亚马逊国际有哪些变化？

2016 年，亚马逊的招商工作继续火热开展，在低门槛的准入之外，亚马逊对卖家的要求标准却一点也没有放松，反而有不断加强的趋势，既为卖家提供更多的发展机会，又对存在潜在风险的卖家采取坚决措施予以遏制。亚马逊卖家，在 2016 年的发展中，是机会与压力共存的。

一、发展机会

1. 准入门槛依然低，进入很简单，但招商趋势已向实力工厂倾斜

当前注册亚马逊账号，无论是个人自注册还是通过亚马逊中国招商团队进行全球开店申请，注册过程依然比较简单快捷，注册难度不大，但需要注意的是，亚马逊招商团队已经开始发力对实力工厂卖家开店的培养，小卖家已经不再是他们要面对的重点群体。

2. 产品发布优化，更多关键词推送，更加有利于搜索抓取

亚马逊最近对产品发布做了较大幅度的调整，最大的调整无异于把原来产品发布中关键词数量的 250 个字符扩展到 1 000 个字符，这对卖家来说自然是个好消息，填充更多的关键词，让系统能够有更多抓取到你的机会，卖家在发布产品时要充分利用。

3. 更多广告资源支持

自 2015 年 10 月 31 日亚马逊关闭了站外商家在亚马逊站内做广告的服务后，亚马逊也对自己的站内广告做了优化，从原来的下面三条右栏四条的广告展示，变更调整为自然搜索结果中的两条或三条广告加右栏四条广告的展示形式，通过这样的广告展示，出现在自然搜索结果中的广告可以获得更多的点击和转化，同时，在任意产品详情页面，都有两行关联推荐的广告展示，如此多的广告资源，对于计划快速打造一条 Listing 的卖家来说，无疑具有更高的价值。

4. 更加重视品牌建设和品牌保护

亚马逊一直以来重视商品品质和服务，在新的发展形势下，拥有品牌优势和品质优势的卖家将会得到更多的资源支持。

5. 亚马逊 B2B 业务进程开始加速

近日，一些账号表现良好的卖家已经陆续收到了亚马逊邀请加入 B2B 业务计划的邮件，对这部分符合标准的卖家来说，B2B 业务意味着有了更多的销售机会。

二、严厉措施

1. 平衡车事件中相关账号的遗留问题并未结束

受到 2015 年底平衡车事件影响的账号，到现在为止并没有完全洗清，遗留问题导致部分账号受限，情节较轻没有受限的账号，资金被扣押的情况也造成了这部分卖家深受资金压力之苦。

2. 侵权账号直接封停

侵权问题一直是亚马逊平台比较重视的一个问题。最近，亚马逊似乎加大了对新账号侵权问题的监控，听闻不少新卖家反映，新账号侵权问题的处理不再是之前的三次申诉机会，往往一个侵权就导致直接收到亚马逊移除销售权限的邮件，几乎没有申诉的余地。

3. 账号表现差的账号直接封停

部分新卖家在账号处理中，因为取消订单或者邮件回复超时而直接被移除销售权限，且不接受申诉。

4. 刷评评价直接批量删除

最近亚马逊开始对刷评问题进行整顿，部分刷评订单被去掉 Verified Purchase 标识，更有甚者，对于刷评情节严重的 Listing，亚马逊采取直接删除整个时间段内的 Review 的强力措施，已有多个卖家反映说遭遇此种情况，既损失了刷评投入，Listing 也因 Review 被移除等降权而排名大幅降低，销量锐减。

5. 恶意劫持流量和排名以及恶意进行 Listing 捆绑的账号杀无赦

曾经在 2015 年被某些恶意卖家所利用的流量劫持、Listing 捆绑等行为，在亚马逊修补系统漏洞的过程中日渐减少，同时，那些曾经作恶的账号，也几近消亡。

三、发展建议

1. 尽量少跟卖或不跟卖

当前可跟卖的 Listing，已经基本上没有利润空间，随着越来越多的卖家采取品牌保护措施，跟卖已经不可行，从账号安全和长远发展来说，卖家要尽量少跟卖甚至压根不跟卖。

2. 注册品牌，做商标备案

亚马逊是一个"重 Listing，轻店铺"的平台，作为卖家，打造一条爆款 Listing 实属不易，建议尽早注册品牌，从一开始就做好品牌保护措施，避免在辛苦打造起来之后为他人作嫁衣裳。

3. 采用 FBA 发货

当前亚马逊的 Prime 会员约有 6 500 万人，亚马逊平台的所有订单中约有 50% 左右的订单是采用了 FBA 发货。作为卖家，不使用 FBA，意味着你已经落后于一半以上的卖家了，同时，亚马逊的流量是向采用 FBA 发货的 Listing 优先的，所以，采用 FBA 发货一定是个好的选择。

4. 利用站内广告

亚马逊站内广告充分融入了亚马逊 A9 智能搜索的理念，可以精准地将产品推送到潜在顾客的面前，精准推送带来的结果就是高转化率，作为亚马逊卖家，运营过程中非常有必要利用好站内广告。

参 考 文 献

［1］L. G. 希夫曼、L. L. 卡纽克著，俞文钊、肖余春等译：《消费者行为学》（第七版），华东师范大学出版社 2002 年版。

［2］王妙：《市场营销学教程》，复旦大学出版社 2009 年版。

［3］杨树青：《消费者行为学》，中山大学出版社 2015 年版。

［4］闫国庆：《国际市场营销学》，清华大学出版社 2014 年版。

［5］李杰臣、韩永平：《网店数据化运营》，人民邮电出版社 2016 年版。

［6］知乎：《poker 君的跨境干货，亚马逊选品的道与术：选品原则 + 选品依据 + 选品技巧！》，https：//zhuanlan. zhihu. com/p/21898532，2016 - 08 - 06。

［7］知乎：《wish 实习生，跨境电商要怎么选品才能做出爆款？》，https：//www. zhi-hu. com/question/52255192/answer/201948286。

［8］徐静霞：《统计学原理与实务》，北京大学出版社、中国农业大学出版社 2012 年版。

［9］韩琳琳、张剑：《跨境电子商务实务》，上海交通大学出版社 2017 年版。

第四章　跨境电商网店创置基本原理

【学习目标】通过学习了解网店创置的知识，了解敦煌网、速卖通、亚马逊、eBay、唯品会、Wish 平台的概况；掌握敦煌网、速卖通、亚马逊、eBay、唯品会、Wish 的网店注册程序；理解选品的逻辑与原则；理解客户关系管理概念和流程，了解跨境电子商务客户关系管理基本内容。

第一节　跨境电商网店创置基本知识

一、商城类外贸网站建设

（一）网上商城系统建设

网上商城是交易主体之间通过专用网络或互联网，进行数据信息的交换、传递，开展交易活动的网上交易平台。根据交易主体的不同，网上商城可以划分为三种类别：B2B（Business to Business，商家对商家）、B2C（Business to Customer，商家对客户）以及 C2C（Customer to Customer，客户对客户）。也就是说，B2B 是商家与商家之间的电子商务活动，典型的有：阿里巴巴、慧聪网、中国供应商世界工厂网等；B2C 是商家与客户之间的电子商务活动，典型的有：京东商城、天猫商城、卓越亚马逊、当当、亲民商城、凡客诚品等；C2C 是客户与客户之间的电子商务活动，典型的有：淘宝、拍拍、eBay、易趣等。

B2B 网上商城系统具有完善的企业、信息、产品、文章发布和管理功能；灵活的会员权限控制和会员管理系统；灵活的可视化模板引擎可满足企业信息网站形态各异的建站需求；支持省份信息的筛选，满足市场扩展应用需求；可无缝整合 UC/DZ/PW 论坛产品，一站式会员注册、登录。B2B 电子商务平台适用于创业信息网站、企业信息门户网站。

B2C 网上商城系统具有商品分类、品牌管理、商品管理、支付方法管理、配送区域和配送方法设置、商品搜索和分类查询、商品评论、购物车、非会员和会员订单提交、订单管理、在线支付、订单统计、销售统计等网上商店常用的功能。该模块适合企业网站建立在线商品销售栏目，开展 B2C 电子商务。

C2C 网上商城系统采用了缓存更新处理机制；前台支持鼠标拖拽自由排版功能，首页和店铺商品有自助推荐功能；支持团购、拍卖、秒杀及一口价发布商品模式；支付手段支持在线充值、支付宝支付、财付通、银行汇款、网银支付、PayPal 支付、货到付款等多种支付手段；具有新闻发布、广告管理、友情链接、交易邮箱提醒、交易信用评价、站内短信通知、后台分权限管理等功能；系统前端完全遵循 W3C 网页标准，采用 XHTML + CSS 开发，极大地提高了在 IE6/IE7/IE8/IE9/Firefox/Charome/Opera 等主流浏览器下的运行速度；旨在为广大网民消费者提供一个网络公平竞价交易的电子商务平台。

（二）海外域名注册

域名就像一条纽带，将企业和互联网连接起来。而且，它可以像品牌、商标一样具有重要的识别作用，是访问者通向企业网站的钥匙，是一个企业在网络世界存在的一个标志。域名对于开展搜索引擎优化（Search Engine Optimization，SEO）和搜索引擎营销（Search Engine Marketing，SEM）具有重大的作用，被誉为网络时代的"环球商标"[1]。好的域名就像古董一样，越久越值钱。一个好的域名可以让一个企业在互联网上的知名度迅速提高。因此，对于企业而言，如何选取合适的域名就显得至关重要。

国内 IDC 对域名往往有很多的限制条件。相对而言，将域名锁定在国外，注册海外域名会更加的便利。注册海外域名有如下好处：使用海外域名不受国内域名及网站管理监控；操作规范，一次收费，所有服务均无须额外费用；受国外法律保护，尊重域名注册人所有权；国外提供 DNS 解析，海外访问速度快，更好地保护个人权益；方便修改个人注册资料及联系方式。

域名的选取不应太复杂，要尽量简短，且有一定的内涵。一个好的域名应该短而顺口，让人容易记住，且读起来发音清晰，不会导致拼写错误。在国外，使用英文词组来注册域名逐渐成为一种趋势。虽然英语词组的字母很多，略显冗长，但是便于记忆。尤其是对于母语本身是英语的人而言，用英语词组来注册的域名更加容易被接受，且对于英文搜索具有非常好的友好度。

本土化域名具有更高的可信度。本土化域名通常指以当地国家或地区英文缩写命名的域名，比如 hk（香港地区域名）、cn（中国域名）、us（美国域名）等。国外的人和中国人一样喜欢就近原则。如果一个企业的网站和域名在当地，他们就会觉得安全、放心。也就是说，域名的归属问题对于跨境电商的营销具有很重要的影响。例如，一个企业的网上商城所面对的客户集中在美国，那么选择 us 的域名显然就要比 cn 或者 hk 更具有优势。相对而言，美国的客户也会更加信赖 us 的域名，对它更有亲切感。

二、网站设计风格符合国外审美观

网上商城更多的是针对国外客户。因此，网站的设计要符合国外客户的审美观和访问习惯。具体地，欧美国家的网站具有简洁稳重的特点，比较多的网站色调以白蓝色为基调，白色为底色，配以不同深度的蓝色来构成网页的不同区域的划分。韩国的网站风格往往比较华丽，而日本的网站更加注重信息量。总之，网站的设计不能生搬硬套，要根据实际情况变动。如果访问的客户群体以欧美国家为主，那么网站的设计风格就要力求简约，

---

[1]　搜索引擎优化是指在了解搜索引擎自然排名机制的基础上，对网站进行内部及外部的调整优化，改进网站在搜索引擎中的关键词自然排名，获得更多流量，从而达成网站销售及品牌建设的目标；搜索引擎营销是指在搜索引擎上推广网站，提高网站可见度，从而带来流量的网络营销活动。

不必过于追求丰富的色彩和动画。如果访问的客户群体以韩国为主，那么网站的设计就要讲究细节和美感，运用丰富的色彩和动画造成强烈的视觉冲击。

除此之外，网站的设计也要根据产品的不同而不同。比如说，网上商城的营销产品以机械类为主，那么就要认真探究客户的心理。通常地，采购机械的客户相对比较严谨，非常看重机械参数等指标数据。因此，在网站设计上，也要力求严谨，精益求精。为抓住客户的心理，德国营销机械的企业在设计网站时，就会以黄色和蓝色为主基调。而营销母婴用品服饰的企业，在设计网站时，又会采用温馨的粉红色。

总的来说，网站的设计只有从客户的审美观和访问习惯的角度出发，才能设计出令客户流连忘返、印象深刻的网站，才能在跨境电子商务上迈出重要的一步。

三、语言翻译

网上商城是要让国外客户访问，他们的语言习惯和我们使用外文的习惯不一样，这也是为什么我们讲英语时会犯"中式英语"的错误。因此，如果企业在设计网站时不采用专业的、"地道的"语言翻译，而是采用不专业、非常随便的翻译，国外客户在浏览网上商城时就会觉得生硬、别扭，没有亲切感，也就谈不上对网站的信任，更不可能与企业完成交易。当然，选择语言时不能一味地采用国际通用语言——英语，要视情况而定。具体的建议如下：首先，要有针对性。当前我国绝大部分企业的网上商城都是采用英语，缺乏针对性。要先充分了解自己产品和服务的个性特点，从而确定产品和服务是在哪些国家和地区推销，进行准确定位。市场进行合理定位以后，就可以具体选择语言种类。很多情况下，统一采用英语并不适合。比如，俄罗斯、日本、韩国、中东地区（沙特、伊朗、伊拉克、科威特等）以及南美地区等，讲英语的人群还很少。如果产品和服务是想卖到俄罗斯、日本、韩国，那就要相应地选俄语、日语、韩语；如果想推销到中东地区，就要采用阿拉伯语；如果想进军南美地区，就要选用西班牙语或葡萄牙语，等等。只有这样有针对性地选择语言，才会让客户有亲切感。当然，英语是国际通用语言，如果考虑网站的设计成本问题，那么直接采用英语也是无可厚非的。其次，如果对于语言的选择不能有准确的把握，那么最好咨询专业公司，并聘请专业的翻译人才进行不同的语种翻译。

四、提高网站转化率

网上商城的最终目的是提高客户转化率及发送询盘达成销售。因此，一个具有营销功能的网站，才是跨境电商企业的真正需求。网站的设计要具有实用性，方便客户询盘，并提高转化率达成交易。提高网站转换率的技巧如下：

（1）清晰的导航结构、网站地图、站内搜索非常重要。当前网站的信息量过大，内容过多，很多客户往往在网站驻留很长时间，但难以获取到自己想要的信息。这个时候就需要清晰的导航结构和网站地图来给客户引路，以便他们更快找到自己需要的内容。同时，站内搜索的重要性也要充分体现出来，可以让客户少花费时间，迅速获取想要的产品和服务的资讯。这种情况下，订单就更容易达成。

（2）以问答形式发布产品信息。网上的用户大多是在寻找信息，而不是在找商品。有调查显示，搜索引擎中 80% 的关键词是信息类，10% 是导航类，还有 10% 是购买交易类。这就说明，相对于单纯发布产品信息而言，以一问一答的形式捕捉到用户的潜在需求，能够吸引用户对网站产品作进一步的了解，从而形成购买欲望。

（3）使用吸引人的标题和促销信息。在成为老客户之前，客户在浏览网站时更多的是随便看看，而非仔细阅读。因此，为引起客户的注意，满足客户的需求，就需要拟定吸引人的标题和促销信息。

（4）多方位增强产品的信任度。通常情况下，客户在网上商城购买商品并不是一时冲动，而是在充分了解产品信息后，经过深思熟虑的。而且，客户对于网站是充分认可的。举个例子：客户想在网上商城购买一款智能手机。在购买之前，客户会到手机评估网站或其他电子商务网站去了解产品的信息，研究产品的性能、可靠性。在确定几个可选方案以后，客户还可能到社交媒体（微博、论坛等）上面或者网上商城评论区去留言、交流，以期做出更明智的选择。因此，企业不能仅仅关注网站的设计，还需要通过其他途径对自己的产品和服务做宣传，增强自身产品和服务的曝光度和可信度，最大限度地提高客户对产品和服务的喜爱和依赖。

（5）强化产品的卖点和综合服务水平。客户在企业的网上商城购买产品之前，会多渠道了解产品信息以及可替代产品信息，并对比产品的品牌、价格、支付方式、包装、快递费、退换货条款等。因此，企业在设计网站时，要强化产品的卖点以说服潜在的客户购买。而且，产品的售后服务也要不断提高，增强客户体验，以此证明自己的产品和服务都是独一无二的。

五、跨境电商交易平台注册

（一）敦煌网

1. 敦煌网概况

敦煌网成立于 2004 年，是中国首个跨境 B2B 数字贸易平台，也是国内首个与地方政府（义乌）合作为中小企业提供网上在线交易的跨境电子商务平台。而且，敦煌网是集交易、支付、物流、服务、融资于一体的外贸网络服务平台，并致力于服务中小企业。平台覆盖服装、母婴用品、家居与花园、运动与户外产品等多个一级行业类目。敦煌网的核心理念包含使命、愿景、精神和价值观四个方面。其中使命是促进全球通商、成就创业梦想；愿景是全球领先的在线交易平台；精神是梦想高远、脚踏实地；价值观是成就客户、团队合作、持续创新、快乐成长、正直诚信、把事做成。目前，敦煌网已经实现 170 多万个国内供应商在线，770 万种商品，遍布全球 222 个国家和地区以及 1 500 万买家在线购买的规模。每小时有 10 万买家实时在线采购，每 1.6 秒产生一张订单。

该平台根据自身交易平台的数据为敦煌网商户提供无须实物抵押、无须第三方担保的网络融资服务。而且该平台还在行业内率先推出 App 应用，不仅解决了跨境电商交易中的沟通和时差问题，还打通了订单交易的整个购物流程，将传统的外贸电子商务信息平台升级为真正的在线交易平台，提供在线交易及其相关外贸服务，开创了"成功付费"的在线交易佣金模式，即"交易佣金＋服务费"。交易佣金模式的交易方式为：敦煌网提供免费注册，免费上传商品，在买卖双方交易成功后按交易额收取佣金。敦煌网对不同的类目设定了不同的佣金比例，并且实行"阶梯佣金"的方法，根据订单的金额不同，收取不同的平台佣金率。服务费模式交易方式为：为卖家提供营销工具，包括定价广告、竞价广告、展示计划等，同时针对商家提供店铺装修优化、集约化物流、金融、代运营等服务，根据服务类型的不同收取一定费用。

2. 敦煌网注册

（1）注册入口。

登录卖家首页（http：//seller. dhgate. com/），点击页面左上角的"轻松注册"或者下面的"轻松开店"。

（2）填写注册信息。

注册账户需要完成三个步骤：填写账户信息、激活账号、开启赚美金之旅。在进行激活账号时，需要完成邮箱验证或手机验证。如果是邮箱验证，则会收到验证邮件。而如果是手机验证，则会收到手机验证码。在注册过程中，如果遇到一些问题，可以直接点击右侧的"在线咨询"。

（二）速卖通

1. 速卖通概况

全球速卖通是阿里巴巴旗下面向全球市场打造的在线交易平台，被广大卖家称为国际版"淘宝"。中小企业及个体工商户可以直接与全球的消费者在线交易，让中小企业能够以快速出口、小批量的方式进行跨国交易。与淘宝功能类似，速卖通具有商品展示、客户下单、在线支付、跨境物流等多种功能。其平台交易手续费低，与其他竞争对手相比有明显的优势。全球速卖通的核心优势是更多的终端批发零售商直接上网采购、直接向终端批发零售商供货、更短的流通零售渠道、直接在线零售支付付款、拓展小批量多批次产品的利润空间，创造批发零售商的更多收益。平台产品覆盖3C、服装、家居、饰品等共30个一级行业类目，其中优势行业主要有服装服饰、手机通信、鞋包、美容健康、珠宝手表、消费电子、电脑网络、家居、汽车摩托车配件、灯具等。依托丰富的淘宝商品资源，平台的淘代购功能可方便卖家将淘宝商品一键卖向全球，为卖家提供一站式商品翻译、上架、物流等服务。

速卖通于2010年4月上线，凭借阿里巴巴国家站的知名度，再加上各大洲相关联盟站点、谷歌线上推广等渠道，源源不断地引入了优质流量。经过几年的迅猛发展，目前已经覆盖230多个国家和地区的海外买家，主要分布在俄罗斯、美国、西班牙、法国和英国等国家。从2010年上线到2016年，速卖通每年成交额保持300%~500%的增长，在线商品数量已达到亿级。阿里巴巴国际零售销售额也从2011年的2亿元人民币增长到2015年的21亿元人民币。阿里巴巴国际零售业务的收入主要来自速卖通平台收取的佣金。一般情况下，通过支付宝进行的交易佣金比例为交易总额的5%。2015年，速卖通开始陆续对一些商品类目征收技术服务费和年费。2016年，速卖通开始提高平台入驻要求，对全类目征收相应的技术服务费和年费，并制定相应的年费返还制度。卖家成功完成交易，需要缴纳一定的佣金，同时速卖通提供增值服务，如直通车、装修模板等，根据服务的不同收取一定的费用。

从 2016 年起，速卖通开始提高平台入驻要求。一是入驻的卖家身份必须是企业，不可以是个人卖家（包括个体工商户）。同时，申请类目的准入也要有企业身份的账号。二是对卖家售卖的商品逐渐实行品牌资质要求。

2. 速卖通注册

需要注意的是，在注册速卖通之前，提前准备好所需的材料，包括国际通用邮箱、企业相关资料等。具体的注册步骤如下：

步骤一：了解卖家入驻须知和招商规则。打开速卖通主页（www. aliexpress. com），将鼠标移到"卖家入口"，在下拉菜单中点击"入驻须知"。进而了解最新的招商政策（比如关于卖家的经营、收费、经营过程考核、年费结算等）；了解速卖通类目招商及运营考核标准等；对于特殊资质的类目（特殊类目如手机整机、真人发、平板电脑、笔记本、电子烟、储存卡、U 盘、婚纱礼服、运动鞋、骑行、LED 灯具等），需要提供相关材料及证明等。

步骤二：注册卖家账号。在"卖家入口"下拉菜单中点击"卖家频道"按钮，或者直接打开注册网址（seller. aliexpress. com）。点击"立即入驻"按钮，进行注册。完成设置用户名（输入电子邮箱并验证）、填写账号信息和注册成功三个操作程序，即可完成入驻。

步骤三：等待速卖通系统审核。在平台注册以后，卖家账号并不能立即生效，需要等待平台系统审核。审核结果通常会在 15 日内给出。当然，卖家也可以通过"卖家入口"，在下拉菜单中选择"卖家后台"，并完成"账户及认证"，最后在"类目招商准入"中可查看申请进度。

步骤四：签署服务协议，并缴纳相关费用。首先，在通过速卖通系统审核以后，入驻卖家需要在线与速卖通平台签署服务协议。其次，在完成签约以后，入驻卖家需要缴纳技术服务年费。最后，入驻卖家发布商品，并开始网上经营。

（三）亚马逊

1. 亚马逊概况

亚马逊成立于 1995 年，以优质的仓储物流系统和售后服务体系闻名于世，是一家财富 500 强公司。除了自营业务外，亚马逊对第三方卖家开放，在全球 13 个国家拥有电子商务网站。根据卖家选择服务的不同，亚马逊采用不同的收费模式。卖家在亚马逊全球网站开店，亚马逊将收取平台月费和交易佣金，无交易则不收佣金。选择亚马逊物流的卖家加收仓储和物流费用；自主配送的卖家所选配送服务必须符合亚马逊对服务质量的相关要求。2004 年，亚马逊通过收购卓越网正式进入中国市场，开启了"全球开店"项目，为第三方卖家提供出口电商服务。

2. 亚马逊注册

（1）注册账户。

登录亚马逊首页（https：//www. amazon. cn/）。在主页的最下面，合作信息栏目下，点击"我要开店"。

进一步，点击"立即开店"以后，就可以填写相关信息，完成注册。

（2）了解入驻须知。

进入卖家平台以后，需要首先了解入驻须知，比如开店资质、一般要求（作为亚马逊网站的卖家，必须具备并向亚马逊提供中国法律法规所要求的营业执照副本、国税税务登记证，以及商品品牌资质三种相关经营资质文件的电子版）、特别要求（对图书类、美容化妆类、个护健康类、食品类、酒类等，需要提供资质证明）等。

（四）eBay

1. eBay 概况

eBay 在线交易平台成立于 1995 年，是全球领先的线上购物网站，利用其强大的平台优势和旗下全球市场占有第一的支付工具 PayPal 为全球商家提供网上零售服务。目前eBay 拥有 1.45 亿活跃用户，遍布全球 100 多个国家。借助强大平台优势、安全便捷的支付解决方案，eBay 成为中国电商零售出口产业的主力军，推动了跨境电商产业的发展。其盈利模式一项为刊登费，即商家在 eBay 上刊登物品所收取的费用，另一项是成交费用，即当商家交易成功时，收取一定比例的成交费和佣金。

eBay 平台为入驻卖家提供有"售前准备、刊登物品、售出并发货"全套服务的指导，包括跨境交易认证、业务咨询、疑难解答、外贸专场培训及电话培训、外贸论坛热线、洽谈物流热线等，帮助卖家全面理解 eBay 销售政策，迅速熟悉平台操作和销售模式。而且，eBay 平台设有"外贸大学"，数百家优秀外贸企业在此分享成功经验。eBay 利用大数据分析技术对市场进行深入了解和分析，为卖家提供全球市场动态信息，让各位卖家及时了解国际市场动态，准确把握市场商机。

2. eBay 注册

（1）注册账户。

登录 eBay 主页（https：//www.ebay.cn/）。在左上角，点击"注册"。进一步按照要求填写相关信息。

（2）完成邮箱验证或手机验证。

注册以后，需要完成邮箱验证或手机验证。如果是邮箱验证，则会收到验证邮件。而如果是手机验证，则会收到手机验证码。

（五）唯品会

1. 唯品会概况

广州唯品会信息科技有限公司成立于 2008 年 8 月，总部设在广州，旗下网站于同年12 月 8 日上线。唯品会是一家专门做特卖的网站，主营业务为互联网在线销售品牌打折商品，在中国开创了"名牌折扣＋限时抢购＋正品保障"的创新电商模式，并持续深化为"精选品牌＋深度折扣＋限时抢购"的正品特卖模式。即每天早上 10 点和晚上 8 点准时上线 200 多个正品品牌特卖，以低至 1 折的折扣实行 3 天限时抢购，为消费者带来"网上逛街"的愉悦购物体验和超高性价比的购物惊喜。2014 年 9 月，唯品会的"全球特卖"频道亮相网站首页，同时开通首个正规海外快件进口的"全球特卖"业务。经过几年的发展，唯品国际采用"产地直采自营，正品免邮包税"的策略，通过在全球 11 个国家和地区设立买手团队建立的选品优势、规模采购的价格优势，以及全球 12 大海外仓和国内 11

大保税仓的快速配送优势，平台目前订单已实现 100 倍以上的快速增长。2016 年 4 月跨境新税制及正面清单颁布后，"唯品国际"主要从两个方面来优化消费者的体验：首先是全球直采的买手制，与海外品牌直接合作、通过集约化的采购规模降低商品成本；另外通过海外仓、保税仓、国内五大仓储基地以及自有物流配送体系，为消费者节省物流配送成本，从而做到免税包邮。在越来越规范的跨境业务市场中，唯品会正规、大规模、物流健全的跨境电商竞争优势逐渐凸显。

2. 唯品会注册

（1）注册账户。

登录唯品会主页（https：//www.vip.com/）。点击"注册"，并填写相关信息。

（2）完成邮箱验证或手机验证。

注册以后，需要完成邮箱验证或手机验证。如果是邮箱验证，则会收到验证邮件。而如果是手机验证，则会收到手机验证码。

（六）Wish

1. Wish 概况

Wish 成立于 2011 年，于 2013 年进入外贸电子商务领域，仅仅用了 3 年时间就成为北美最大的移动购物平台。与其他跨境电商不同的是，Wish 主战场在移动 App 终端。Wish 能够根据用户喜好，通过精确的算法推荐技术，将商品信息推送到感兴趣用户的手机上，利用移动平台的特点，与 PC 端展开差异化竞争。卖家不用以牺牲产品价格来取胜。Wish 商家入驻，注册方式简便，审核时间快、门槛低，吸引了大量商家进入，成单率高，利润率远高于传统电商平台。在收费方面，目前主要是对每笔成功交易订单收取 15% 的服务费。

但是，Wish 平台也有相当大的弊端。如 Wish 平台对于侵权商品的认定十分严格，只要它认为你的商品属于侵权商品，就可以随意处罚，即使你提交证据也不能幸免。另外，Wish 平台完全偏向买家。只要买家稍微反映产品有瑕疵，Wish 客服就会退款并告知买家不用退货。因为 Wish 的注册地址在美国，所以作为卖家一旦出现纠纷，会变得十分被动。

2. Wish 注册

（1）阅读注册指南。

登录 Wish 主页（https：//www.merchant.wish.com/）。点击"免费使用"后，在"开始创建您的 Wish 店铺"页面下方，点击"查看注册指南"，并仔细阅读。

（2）注册账户。

在"开始创建您的 Wish 店铺页面"，完成填写用户名、填写账号信息、注册完成三个步骤。

第二节　跨境电商网店客户管理

一、客户服务管理

客户服务（customer service）是指一种以客户为导向的价值观，它整合及管理在预先设定的最优成本——服务组合中的客户界面的所有要素。广义而言，任何能够提高客户满意度的内容都属于客户服务的范围之内。

真正的客户服务是根据客户本人的需要，尽量满足客户的要求，解答客户的疑问，最终让客户感受到自己被重视、被尊重，进而给客户留下深刻的印象，并可能成为卖家的忠诚客户。客户服务并不局限于传统的客户服务部门，也不仅仅针对传统概念的客户。客户服务包括为了能够使卖家与客户之间形成一种难忘的互动、亲密关系，而由卖家所做的一切工作。

（一）客户服务理念

1. 客服理念

以客户为中心、以需求为导向的服务营销观念与传统的营销观念相比，最大的区别在于营销的基本要素从原来的 4P 变为 4C，即企业的重点不是讨论生产什么产品，而是研究客户有什么需求；不是讨论产品的定价，而是关注客户的购买成本；不是讨论开展什么促销活动，而是想办法加强与客户的交流；不是讨论怎样建立分销渠道，而是考虑客户购买的便利性。传统的营销是通过销售来获利，而服务营销是通过客户满意来获利。

企业的根本目标是盈利，但是盈利并不代表企业需要一味地宣传、推销。越来越多的企业认为，真正的盈利模式应该是不断地去为客户创造价值。所以，世界上的优秀企业都把自己定位为服务型企业。客服理念也在 21 世纪再次兴起，企业之间的竞争也不再局限于价格和技术等，更在于服务。

2. 客服分类

（1）基本分类。客服可以分为智能客服和人工客服，进一步又可以细分为文字客服、视频客服和语音客服三类。文字客服是指主要以文字的形式和客户进行沟通、交流。视频客服是指主要以语音视频的形式和客户进行沟通、交流。语音客服是指主要以移动电话的形式和客户进行沟通、交流。另外，基于腾讯微信的迅猛发展，客户服务又衍生出微信服务。这是一种全新的客服服务方式。而且，由于微信同时具有文字传输、语音交流、视频交流的功能，因此，微信客服可以集文字客服、视频客服和语音客服于一身，具有无可比拟的优势，备受市场好评。

（2）商业分类。客户服务在商业活动中一般会分为三类，即售前服务、售中服务和售后服务。售前服务一般是在产品售出之前卖家为客户提供的一系列服务活动，包括市场调查、产品设计、提供使用说明书、提供咨询服务等。售中服务是指在产品的交易过程中卖家向客户提供的一系列服务活动，包括接待活动、商品包装服务等。售后服务是指在产品售出以后卖家向客户提供的一系列服务活动，包括退换货服务等。

3. 客户服务内容

客户服务包含的内容非常广泛。基本的客户服务内容主要有以下几个方面：（1）提供技术支持：客服人员主要针对客户提出的关于产品技术方面的问题给予解答。（2）提供客户咨询：在准备购买产品之前，客户会就产品提出一些问题。此时，客服人员应向客户提供相关信息和解答。（3）受理客户订单：当顾客购买产品时，也就是订单，客服人员需要迅速受理。（4）受理客户投诉：客户购买产品以后，如果在使用过程中出现问题，往往会产生不满并进行投诉。此时，客服人员同样需要迅速受理，并有效解决。

4. 客户服务的重要性

伴随竞争的日趋激烈，任何一个企业的生存都离不开客户。企业将客户视为企业生产和发展的重要资源。为客户尽可能地提供周到而满意的服务逐渐成为企业竞争的焦点。在这种形势下，企业提高自身服务质量，增强企业的服务品牌价值已是迫在眉睫。为此，很多企业也投入了相当大的资本。通过提供优质的服务，企业可以赢得客户的信赖和支持，不仅可以留住现有的客户，而且还可以培养起潜在客户。这会为企业带来源源不断的效益。

（1）有利于塑造公司形象。对于一个跨境电商公司而言，客户并不能线下体验产品，也不能看到商家本人，只能通过一张张图片及文字描述来了解产品，很难了解实际情况。因此，客户对卖家和产品往往有距离感和怀疑。在这种情况下，客户服务就显得尤为重要。客户通过与客服交流，可以逐步了解卖家的服务和态度，并在心目中建立起对卖家的信任。

（2）有利于提高成交率。如果客服可以给予客户良好的引导和服务，卖家与客户之间就可以更加顺利地达成订单。因此，跨境电商的客服对于提高订单的成交率具有重要意义。

（3）有助于提高客户回头率。当客户是在客服的良好服务下完成的交易订单，客户就会对客服以及卖家产生非常好的印象，并信赖卖家的商品、物流等。当客户需要再次购买相关产品时，也必然会倾向于选择他所熟悉和了解的卖家，从而提高了客户重复购买的概率。

（4）提供更好的用户体验。电商客服在客户购物过程中扮演着重要的角色。当客户进行线上购物产生疑问和问题时，客服的及时合理解答有助于提高客户整体的购物体验。

5. 客户服务策略

（1）有效使用 FAQ（Frequently Asked Questions）。FAQ 即常见问题解答。在公司的网站上以客户的角度设置问题、提供答案，形成完整的知识库。同时，还应提供检索功能，能够按照关键字快速查找所需内容。

（2）有效使用网络社区。网络社区包括微博、微信朋友圈、相关论坛、讨论组等形式。客户可以在这些网络社区自由发表关于产品的言论，并与使用相同产品的客户交流产品使用心得和维护方法。通过建设网上社区，不但可以让已购买产品的客户自由参与探讨，而且还有利于培养起潜在客户。

（3）有效使用电子邮件。电子邮件是最方便快捷的沟通方式，而且成本低廉。通过让客户使用邮箱注册登录，企业可以建立电子邮件列表，并定期向客户发布产品的最新消息，以及产品的使用体验，加强与客户的联系。

（4）有效使用在线表单。在线表单是网站事先设计好的调查表格，通过在线表单可以调查顾客需求，还可以征求顾客意见。

（5）有效使用网上客户服务中心。在企业营销站点，开设客户服务中心栏目，可以详细介绍企业的服务理念、组织机构。通过顾客登记、服务热线、产品咨询、在线报修等，为客户提供系统、全面的服务。

（6）有效开发网络个性化服务。个性化服务（Customized Service），也叫定制服务，就是按照顾客的个性要求提供的有针对性的服务。个性化服务主要包括三个方面：服务时空的个性化，在顾客希望的时间和地点提供服务；服务方式的个性化，能根据顾客个人爱好或特色来进行服务；服务内容个性化，不再是千篇一律、千人一面，而是各取所需、各得其所。利用网络实施个性化服务符合一对一的现代营销理念，代表未来营销发展的潮流。

电子商务简化了产品的流通环节，突破了时间和空间的局限，大大提高了商业运作效率。当然，客户服务工作永远都在路上，需要有效利用互联网信息平台，充分挖掘客服人员的巨大潜力。

（二）客户服务流程

1. 售前服务

（1）售前服务的含义。

售前服务是指在产品销售之前，为促进卖家和客户之间达成订单，卖家主动提供或客户主动要求的相关服务，包括产品相关信息的介绍或获取、产品的使用说明、产品的试用等。售前服务主要是在卖家和客户之间建立信任。卖家需要尽可能地将产品的相关信息迅速准确地、有效地传递给顾客，以期快速获得客户的好感，取得信任。同时，卖家也可以了解客户的潜在需求或尚未满足的需求，并在自己的能力范围内通过改变选品来满足这些需求。

从服务的角度来说，售前服务是一种以交流信息、沟通感情、改善态度为中心的工作，必须全面、仔细、准确和实际。售前服务是所有企业为获得客户好感，取得信任，培养潜在客户或将潜在客户转化为实际客户的最初活动，更是企业获得更多订单，提高销售业绩的重要环节。因此，售前服务必须引起企业客服人员的足够重视。

（2）售前服务的方式。

一是提供咨询服务。客户在购买产品之前都会或多或少有疑问。这就需要企业的客服人员为其提供专业的咨询服务，让客户可以充分了解产品的性能、结构、功能、技术水平和品牌等。只有替客户解答好这些疑问，消除客户心中的顾忌，才能吸引客户购买产品，达成订单。二是提供情报，服务决策。为企业或客户提供情报，是售前服务的主要内容之一。它的作用主要体现在两个方面。一方面，为企业提供目标客户群体的有关情报，可以帮助企业充分了解客户，进而使企业努力开发新品，有针对地满足客户的需求。另一方面，为客户提供目标企业的有关情报，可以让客户更好地了解企业的产品或服务，进而正确选择企业，购买到自己心仪的产品。总的来说，有效的情报既帮助了客户，也成全了企业。很多企业也正是因为对情报的成功运用，而做出了准确的服务决策，开拓了新的市场。三是突出特点，稳定销售。

2. 售中服务

（1）售中服务的概念。

售中服务是指企业推销人员在销售产品的过程中所提供的一些服务活动。售中服务是企业推销人员在推销现场与客户进行沟通交流，深入了解客户需求，协助客户选取最合适产品的活动。

（2）售中服务的目标。

售中服务的目标是为客户提供性价比最高的产品。针对客户的售中服务，主要体现为销售过程管理和销售管理。销售过程是以销售机会为主线，围绕着销售机会的产生、销售机会的控制和跟踪、合同签订、价值交付等一个完整销售周期而展开的，既是满足客户购买商品欲望的服务行为，又是不断满足客户心理需要的服务行为。

优秀的售中服务将为客户提供享受感，从而可以优化客户的购买决策。融洽而自然的销售服务还可以有效地消除客户与企业销售、市场和客户关怀人员之间的隔阂，在买卖双方之间形成一种相互信任的气氛。销售、市场和客户关怀人员的服务质量是决定客户是否购买的重要因素。因此，对于售中服务来说，提高服务质量尤为重要。

（3）售中服务的流程。

售中服务的流程可以分为两个方面。首先，如果物流信息没有更新，那么要跟客户说明情况，并确认是否发货成功。如果没有发货，要向客户说明原因；如果已经发货，要向物流公司询问物流信息没有及时更新的原因。如果物流信息有更新，客户没有收到产品，那么可以断定是疑难件。如果是因为距离问题，则请求客户耐心等待。如果不是距离问题，要及时联系物流公司，尽快配货。其次，如果收件地址有错误，要通知客户及时更换地址，但是第二次配送的费用需要客户自行承担。如果收件地址没有任何错误，就需要查看物流单或联系物流公司及时解决问题，同时向客户说明问题并表示歉意。

3. 售后服务

（1）售后服务的含义。

售后服务（after-sales service）是指企业对客户购买产品以后提供的多种形式服务的总称。其目的在于提高客户的满意度，培养客户的忠诚。西方管理学者认为在电子商务环境下的售后服务质量是指在虚拟网络市场上，客户对服务提供的优越性和质量的总体评价和判断。

（2）售后服务特点。

不可感知性（intangibility）。电子商务模式下的售后服务是具体的"表现"而非实物，是某种形式的"客户体验"。所以，必须有效地让客户感受到，比如可以通过售后服务咨询、产品注意细节、产品故障维修咨询等把服务的质量"有形"地提供给客户。

移动性（mobility）。Internet 应用的局限之一就是缺乏移动性。目前绝大多数的客户必须使用计算机才能通过 Internet 进行网上交易。但是相应的售后服务却必须提供到在不同地理位置的客户身上，服务才算完成。

灵活性（flexibility）。电子服务被西方学者比喻为"积木式"的功能设计。这个比喻恰当地体现了电子服务的灵活性——大规模地定制。为客户量身打造个性化产品与服务是一种以客户为中心的管理办法，也是电子商务成功必须采取的经营方式。根据客户的要求适时提供或者改变服务的内容和方式，是提高客户满意度的有效方式。

此外，电子商务模式下的售后服务在某些方面与传统售后服务相似，比如不可分离性（inseparability）、差异性（heterogeneity）、不可贮存性（perishability）等。

（3）售后服务存在的问题。

缺乏网络认知度。虽然目前人们对网络交易已经比较接受和认可，但普遍局限于家庭日用品等价格低廉的产品，交易金额很小。而对于家庭耐用消费品等价格昂贵的产品，交易金额很大，人们仍然持有谨慎的态度。

没有安全感。从心理学角度来看，人们心理上的安全期望可以用视觉、听觉、嗅觉、触觉等方式表达。但是我们在网络中只能看到图片和简单的一串交易代码，很难适应这种发自内心地对未知事物产生的怀疑态度。

操作繁杂。购买的产品出现问题以后，传统的售后服务是客户直接到实体店进行退换货，操作便捷。而电子商务售后服务需要客户填写反馈单，并等待客服人员的联系。因此，相对而言，电子商务售后服务具有局限性和操作复杂性。

专业性差。很多企业的售后服务人员并没有经过严格的专业培训。因此，在向客户提供售后服务时，他们难免会出现判断标准缺失的情况，导致售后保障难以有效实施。

效率低。相对于商场的及时、便捷、轻松的退换货制度，电子商务的售后服务就显得烦琐，退换货效率低下。从填写反馈信息到最终确认，再到退货，到卖家重新发货，以及再次确认，这个过程无疑是漫长痛苦和令人难以接受的。

依赖性强。电子商务的快速发展很大程度上依赖于物流业的发展。同样地，售后服务也是离不开物流业的。这也导致很多卖家有时候会因为物流的不尽如人意，比如送货速度慢、产品包装破裂等，接到客户的投诉。

维权成本高。产品出现问题以后，客户在向企业进行维权时，往往需要付出一定的代价，比如运费成本、时间成本、机会成本等，导致客户维权成本高的问题。客户也会因此减少对卖家的评分。

（4）解决方法。

优化电子商务流程。优化电子商务流程可以一定程度上消除心理上的不确定性，增强安全感。可以利用交易流水号，在每件商品上印上独有的识别码。这样就为客户所要求的售后服务提供了保障，也可以在交易过程中与商家就后来的售后服务达成相关协议，比如淘宝网上商家一般都有 7 天内退货的承诺。

组建网络小型专家团队。这个主要是针对售后服务专业性差这一特点提出的。可以在网上组建一个涵盖各行各业的小型专家团队，通过在线问答等方式解决特殊商品的验证问题，避免了客户与商家因为商品的判断标准缺失而引发的纠纷。同时也可以由专家小组向卖家直接索取新的产品并将退换后的产品送货上门，这样就为客户提供了极大的便利。

虚实相间的双轨模式。第一，实体＋电子商务结合。"实体＋网络"是中国发展电子商务的必经之路。虽然在美国，大多数 B2C 网站都是纯粹的网络化经营，比如最近兴起的 PPG 服装公司，没有实体店面，也没有生产工厂，仍然可以盈利。但是，这种模式在国内并不能完全实现。美国的诚信体系相对较为完善，每一笔交易都会受到诚信系统的监控。因此，违约的现象较少发生。而在中国，诚信系统并没有完全建立起来，"无商不奸"的现象也仍然存在。完全进行虚拟交易，客户必然会存在芥蒂心理，比如客户在淘宝购买商品时，支付以后就会担心商家是否会如约发货。也就是说，"实体＋网络"可以避免这种现象的发生，可以有效控制违约现象，也有利于促进电子商务的健康发展。第二，建立售后服务实体站。在比较发达的城市，买家可以建立售后服务实体站，接收所有的售后服务信息，提供相应的售后服务甚至上门服务。售后服务实体站将大大提高售后服务效率，让客户在体验售后服务时更加便利，真正感受到卖家的诚意，进而提高客户的满意度和忠诚度。同时，通过客户反映的问题，卖家可以对产品进行各方面的改进。

完善退货服务流程。退货服务是电子商务售后服务的一个特殊环节，也是卖家提高客户满意度和忠诚度的一个重要服务项目。由于国内现行的规定、制度无法保证退货的真实性，所以当产品出现问题时，客户需要经过三个环节完成退货。首先，申请退货；其次，寄回商品；最后，等待处理。在第三个环节，卖家会对产品进行检测，以确认是否满足退货的条件。因此，客户在等待处理时，会有两种结果：卖家接受退货，并退款或重新发货，或者卖家拒绝退货。相对于国内而言，国外的电子商务退货服务已经比较完善和成熟。由于国外的信用制度也比较完善，很少出现顾客无故退货的现象。退货服务也比国内更快捷，而且多是由外包的第三方物流公司进行上门服务，客户只需要将打印好的条形码退货单贴在需要退货的商品包装上。因此，国外的退货流程更简单，客户的满意度也比较高。

建立售后服务处理数据库。建立售后服务处理数据库，并收录客户的相关信息、产品信息以及客户要求的售后服务信息。在进行统一处理后，可以集中安排售后服务工作。这样也可以更好地进行客户关系处理，并提高处理速度和客户满意度。

二、客户关系管理

（一）客户关系管理概述

从 1999 年开始，客户关系管理（customer relation management）得到了诸多媒体和企业的关注。由于企业经营策略和电子商务发展的需要，国内外很多软件商（如 Oracle、开思等）推出了以客户关系管理命名的软件系统。也有一些企业开始实施以客户关系管理命名的信息系统。客户关系管理的兴起与下述三方面的因素有难以割舍的关系。

（1）需求的拉动。

从 20 世纪 80 年代开始，我国很多企业在信息化方面做了大量工作，收到了很好的经济效益。然而也有很多企业，销售、营销和服务部门的信息化程度越来越不能适应业务发展的需要。越来越多的企业要求提高销售、营销和服务部门日常业务的自动化和科学化。这是客户关系管理应运而生的需求基础。

（2）技术的推动。

办公自动化程度、员工计算机应用能力、企业信息化水平、企业管理水平的提高都有利于客户关系管理的实现。很难想象，一个管理水平低下、员工意识落后、信息化水平很低的企业从技术上实现客户关系管理。信息化、网络化的理念在我国很多企业已经深入人心，很多企业有了相关的信息化基础。电子商务正改变着企业做生意的方式，企业可通过 Internet 开展营销活动，向客户销售产品，提供售后服务，以很低的成本收集客户信息。客户信息是客户关系管理的基础、数据仓库、商业智能、知识发现等技术的发展，使得收集、整理、加工和利用客户信息的质量大大提高。在这方面有一个经典的案例：一个大型仓储式超市对顾客购买清单信息的分析表明，刮胡刀和尿布经常同时出现在客户的购买清单上，原来，很多男士在为自己购买刮胡刀的时候，还要为自己的孩子购买尿布，而在这个超市的货架上，这两种商品离得很远。因此，这个超市重新分布货架，使得购买刮胡刀的男人很容易地看到尿布。

（3）管理理念的更新。

在互联网时代，仅凭传统的管理思想已经不够了。互联网带来的不仅是一种手段，它触发了企业组织架构、工作流程的重组以及整个社会管理思想的变革。在引入客户关系管理的理念和技术时，不可避免地要对企业原来的管理方法进行改变。变革、创新的思想将有利于企业员工接受变革。业务流程重组则提供了具体的思路和方法。当前，一些先进企业的重点正在经历着从以产品为中心向以客户为中心的转移。有人提出了客户联盟的概念，也就是与客户建立共同获胜的关系，达到"双赢"（Win – Win）的结果，而不是千方百计地从客户身上谋取自身的利益。

（二）客户关系管理的含义

最早提出客户关系管理概念的高德纳公司（Gartner Group Inc）将客户关系管理定义为：为企业提供全方位的客户视角，赋予企业更完善的客户交流能力和最大化的客户受益率所采取的方法。客户关系管理的目的在于建立一个系统，使企业在客户服务、市场竞争、销售及售后支持等方面形成彼此协调的全新的关系。其最终目标是吸引新客户、保留老客户以及将已有客户转变为忠实客户，增加市场份额。对客户关系管理可以从不同角度、不同层次来理解。

1. 客户关系管理是一种管理理念

客户关系管理的核心思想是将企业的客户作为最重要的企业资源，通过完善的客户服务和深入的客户分析来满足客户的需求，保证实现客户的终身价值。在引入客户关系管理理念和技术时，不可避免地要对企业原来的烦琐管理进行改变。创新的思想将有利于企业员工接受改革，业务流程重组则提供了具体的思想和方法。互联网触发了企业组织架构、工作流程的重组以及整个社会管理思想的变革。所以，客户关系管理首先是对传统管理理念的一种更新。

2. 客户关系管理是一种新型的管理机制

客户关系管理实施于企业的市场营销、销售、服务与技术支持等与客户相关的领域，通过向企业的销售人员、客户服务人员提供全面、个性化的客户资料，强化企业对客户的跟踪服务和信息分析的能力，使得企业与客户能够协同建立和维护"一对一"的关系，从而有利于企业提供更快捷和周到的客户服务，提高客户满意度，吸引和保持更多的客户，从而增加营业额。另外，实施客户关系管理，企业通过信息共享和优化内部流程能够有效地降低企业的经营成本。

3. 客户关系管理也是一种管理技术

客户关系管理是将市场营销的科学管理理念通过信息技术的手段集成在软件上面，并得以在全球大规模地普及和应用。它将商业模式和数据挖掘、数据仓库、一对一营销、销售自动化以及其他信息技术紧密结合在一起，为企业的销售、客户服务和决策支持等领域提供了一个业务自动化的解决方案。

综上所述，客户关系管理有三个含义：是现代经营管理理念；是创新企业管理的模式和运营机制；是企业管理中信息技术、软硬件系统集成的管理方法和应用解决方案的总和。因此，客户关系管理是指通过管理客户信息资源，提供客户贸易的产品和服务，与客户建立起长期、稳定、相互信任、互惠互利的密切关系的动态过程和经营策略。

（三）客户关系管理的特点

客户关系管理注重的是与客户的交流。企业的经营以客户为中心，而不是传统的以产品或市场为中心。为方便与客户的沟通，客户关系管理可以为客户提供多种交流的渠道。它具有以下特点：

（1）能集中企业内部原来分散的各种客户数据，从而形成正确、完整、统一的客户信息为各部门所共享；

（2）客户能得到来自企业任何一个部门的一致的信息；

（3）由于企业内部的信息处理是高度集成的，客户可选择多种方式（如电子邮件、电话、传真等）与企业联系并都能得到满意的答复；

（4）由于客户与公司交往的各种信息都能在数据库中得到体现，因此能最大限度地满足客户个性化的需求；

（5）公司可以充分利用客户关系管理系统，准确判断客户的需求特性，以便有针对性地开展客户服务，提高客户忠诚度。

（四）电子商务环境下的客户关系管理

电子商务环境下，企业的客户关系管理也发生了相应的变化，产生了电子客户关系管理，即 e 客户关系管理。

1. 电子客户关系管理的概念

电子客户关系管理（e 客户关系管理）是企业借助网络环境下信息获取和交流的便利，充分利用数据库和数据挖掘等先进的智能化信息处理技术，把大量客户资料加工成信息和知识，用来辅助企业经营决策，以提高客户满意度和企业竞争的一种过程或系统解决方案。

e 客户关系管理的产生和发展归功于网络技术的快速发展和普及。企业关注与客户的及时交互，而 Internet 及电子商务提供了最好的途径。企业可以充分利用基于 Internet 的销售和售后服务渠道，进行实时的、个性化的营销。互联网把客户和合作伙伴的关系管理提高到一个新阶段。

随着 Internet 的迅猛发展，越来越多的企业开始将目光转向一些自助服务渠道，如 Web 电子邮件以及聊天室。无论是营销、销售或是服务，均可通过电子沟通的方式管理与客户交互的每一个细节。因此，企业正在寻求那些能使客户的网上体验更具个性化的技术与工具。

2. e 客户关系管理的驱动因素

在全球激烈竞争的市场环境下，客户对"产品与服务的种类、获得的时间、地点以及方式"具有了完全支配的权利。随着竞争压力的不断加剧，企业必须以"互联网的速度"听到客户的心声并做出及时的回应，才能保持好与客户原来的关系。在这样的背景下，可以看到 e 客户关系管理主要的驱动因素包括：

（1）通过网络提升客户体验；

（2）实施自助系统用以提升服务质量，从而能在增加客户满意度和客户忠诚度的同时又能降低营销成本、销售成本以及客户服务成本；

（3）协作型服务质量管理数据库建设要求整合各个渠道客户交互的每一个细节，其中包括电子化渠道或其他的一些传统渠道，将这些整合的信息汇总到一个集中的数据库，产生一个完整的客户观察数据库。

3. e 客户关系管理的三种应用程序结构

e 客户关系管理设计中不可避免地要考虑网络应用程序的结构问题。企业在如何最佳地满足 e 客户关系管理所有用户的程序要求上往往大费周折。随着网络技术的发展，新一代的网络应用程序结构在为用户分配应用程序上可以不再让企业费心去考虑。现在的情况下，e 客户关系管理系统可以采用三种应用程序结构：

（1）程序外挂型（网上型）。应用程序连接到网上主页，适用于在已有 C/S 结构上实现 e 客户关系管理系统。

（2）浏览器增强型。是指利用内置于浏览器的技术（如动态 HTML）来实现更多的程序功能。

（3）网络内置型（网络增强型）。是指需要借助操作系统和虚拟机的功能，以及动态HTML、ActiveX、Java 等技术来满足应用程序的要求。

企业只能在系统应用程序内置还是外挂之间做出平衡的选择。优秀的 e 客户关系管理系统的设计是围绕最终用户开展的。因此在选择备选方案的过程中，企业是选择由内到外还是由外到内开展 e 客户关系管理集成需要慎重考虑。由内到外的 e 客户关系管理集成的解决方案是在传统的企业内部系统中加上了标准的浏览器界面，向客户提供网络交互渠道。这种系统更适用于公司内部的流程作业；由外到内的 e 客户关系管理集成是指一方面对客户管理工作开展"任务替代"，另一方面，关注使客户交互的工作流程的自动化和简易化。

三、跨境电子商务客户关系管理

从国内外正在使用的客户关系管理系统情况来说，客户关系管理实施的实际情况并不理想，人们描述的客户关系管理应用的美好前景——客户可以随时随地通过电话、传真、网络等方式进行查询，要求服务；企业可以在任何时间、任何地点及时响应客户的需求，并且积极主动地提供客户服务——并没有实现。

由于国与国之间的贸易较为复杂，在跨境电子商务环境下，客户关系管理的应用和实施就更加困难，受到很多因素和问题的困扰而导致实施效果不佳。具体原因有很多，总的来说主要有三方面：技术因素、人的因素和过程管理的因素。

（一）跨境电子商务客户关系管理的关键技术要求

1. 信息的全面性、及时性、共享性

实施跨境电子商务的客户关系管理，首先要解决的是全面、及时地收集分散在各个国家的客户资料以及各部门、分公司的资料，建立集中的信息数据仓库，实现数据的共享。片面、滞后的客户数据会使企业无法提供有针对性的个性服务，从而失去与客户建立良好关系的基础。因此，良好的客户关系管理系统必须注重使客户信息得到全面、及时地收集、传递和充分地共享，使与每一位客户的接触和互动都能从对客户的全面了解开始，并且当客户改变与企业互动的途径和渠道时，不会因为信息上的缺陷而失败。

企业可运用大数据技术，通过设计页面浏览数量、用户访问数量和平均停留时间等指标，进行网站分析，重点关注会员客户的活跃率、服务及时率及客户满意度情况，跟踪客

户访问及购买情况并进行分析，把握需求规律，逐步提升平台的客户黏合度，构建有序的商业生态环境。

2. 业务流程的优化调整和整合

要实现业务流程的自动化，跨境电子商务的客户关系管理需要通过对企业特定的业务流程（市场营销、销售、服务）进行分析，研究企业现有的营销、销售、服务等业务流程，发现问题并找出改进的方法，重新设计出一套规范的有助于提高客户满意度、工作质量、效率的工作程序。在规范的工作流程基础上，跨境电子商务的客户关系管理才能对营销、销售、服务活动进行自动化的过程管理。不同的企业由于其行业、产品、市场、客户、管理基础等方面的不同，其业务流程也就不同。这都需要企业和客户关系管理系统软件供应商、咨询公司详细分析业务流程，设计出合理的、具有可行性的、符合企业实际情况的业务流程和与之匹配的软件系统。

在流程管理上，企业要突出平台思维，按照细分后的客户群体组建会员中心；以需求管理、设计管理、价格管理为重心建设交易中心；按照不同行业的商品发布、上架、下架及价格制定等重点实施商品管理，建立商品中心；以订单触发、订单执行到收发货过账的订单流管理为核心建设订单中心；以财务管理为核心建设支付中心；以供应商、客户评价、订单评价为中心建设评价中心；提供仓储物流组织的物流中心；以退换货、咨询投诉及退款为主的服务中心。这些管理单元扁平化设置，减少管理层级，内部分工协作，共同为客户服务。

客户购买商品、寻求售后服务时常常不断与呼叫中心、市场营销、销售、客户服务部门打交道，这就需要将这些部门的业务流程进行整合，使客户与企业之间实现连接、统一、高效的互动，这对提高客户满意度有极大帮助。

3. 真正基于 Internet 平台

网络化是不可阻挡的发展趋势，客户会越来越依赖网络进行快速的查询、购买、交流、学习。网络销售、网络服务、网络经营很快会成为客户对企业的基本要求。另外，企业雇员也可方便地利用网络查询资料、获得技术支持和业务培训。因此，跨境电子商务客户关系管理的各项业务要真正做到基于 Internet 平台，才能保证客户关系管理的方便性和时效性。依托互联网开展营销活动，企业就要强化互联网的"体验思维"。企业要建设界面友好的互动社区，通过 App、微信、微博、社交圈等平台，发布信息、回复帖子、推出软件文章、开展社交圈管理等，跟踪客户采购业务运行情况，建立在线互动体系，实施动态商机管理。

4. 与 ERP、SCM 功能的集成

与 ERP、SCM 功能的集成是跨境电子商务客户关系管理系统实施过程中的难点，也是关键点。ERP（企业资源计划）是对企业内部资金流、信息流与物流进行的一体化管理，而 SCM（供应链管理）主要是控制和协调物流在企业内部和上下游企业之间的业务流程和活动。在以客户为中心的管理模式下，要求以客户的需求、偏好拉动企业的生产和原材料的供应。只有将跨境电子商务客户关系管理与 ERP 集成，才能利用企业前台客户关系管理系统获取的客户信息和各种分析数据以指导产品的设计、生产，才能使企业及时把握商机，生产出符合市场需求的产品。客户关系管理系统与 ERP、SCM 的集成还提高了生产制造系统、物料供应系统对市场变化的响应速度和质量，降低企业经营风险。客户关系管

理系统的集成也解决了订单承诺（货物规格、数量、交付时间等）和履行的可靠性问题。客户关系管理定义的客户包括供应链的下游企业，因此客户关系管理也是供应链成员关系管理的重点。客户关系管理系统与 ERP、SCM 的集成真正解决了企业供应链中的上下游供应链的管理问题，将客户、经销商、供应商、企业生产部门、销售部门全部整合到一起，实现企业对客户个性化需求的快速支持。

（二）跨境电子商务客户关系管理对企业员工的要求

许多跨境电子商务公司的客户关系管理系统效果欠佳，其中一个重要原因是忽视了人的因素，认为只要安装和使用了客户管理软件就能实现软件供应商承诺的美好前景。事实上，在任何技术的应用中最关键的因素是人，技术只是对人的行为的促进和帮助。如果实际使用技术的人对技术不关心、不重视，那么技术再好也只能被闲置。在客户关系管理实施中，人的因素同样至关重要，主要集中在以下几点。

1. 客户为中心的管理理念

客户关系管理系统不仅是一种软件技术，更是以客户为中心的管理理念和管理方法。在实施客户关系管理系统之前，企业就应向员工反复灌输以客户为中心的管理理念，尤其是一些特别注重产品质量和服务水平的客户，要努力建立为客户服务的企业文化，使从公司管理层到普通员工都了解到客户是"企业最具有商业价值的资产"，与客户之间的接触都是了解客户的过程，也是客户体验企业的机会，任何一次接触既可能产生机会，也可能失去客户。以客户为中心的管理理念的培养，除了通过培训、宣传，还需要相应的惩罚机制，来引导、促进"为客户服务"的员工行为。

2. 与业务流程变革相配套的激励机制

客户关系管理系统是对过程而非结果的自动化管理，它涉及业务流程的优化、调整、整合。客户关系管理系统与 ERP、SCM 的集成，要涉及大范围的业务流程改革。任何业务流程的变革和组织机构的调整，可能带来利益的冲突、工作量增加、空闲时间减少，权利被减弱等，这都需要新的激励机制或者新的薪酬机制，来保证新业务流程的贯彻执行。新的激励机制或者新的薪酬机制应起到减少抵触、鼓舞士气、增加员工坚持新业务流程信心的作用，使他们顺利渡过客户关系管理实施之初的适应期。

3. 业务骨干的全程参与和企业最高管理层的全力支持

客户关系管理的实施不但需要客户关系管理软件供应商的技术人员，还需要市场营销、销售、服务、技术、生产、采购、运输财务等部门的业务骨干参与。因为他们最熟悉企业的实际状况，可以准确指出现有业务流程中存在哪些不足，知道哪些设想的改进措施不符合企业的实际情况而不能采用。同时，还能对各业务最需要改进的部分排列先后顺序，供企业配置客户管理系统软件时，根据财力有针对性地进行配置。通过相关部门成员的参与，企业在正式实施客户关系管理之前就能获得必要的资源支持并推动相关部门的合作，帮助他们接受客户关系管理。客户关系管理实施过程中可即时将每一阶段的信息传递给有关部门，强调实施客户关系管理带来的好处，这样能最大限度地减少各方面的阻力，增加成功的机会。高层管理者对客户关系管理项目实施的支持、理解与承诺是项目成功的关键因素之一。缺乏管理者支持与承诺会对项目实施带来很大的负面影响，甚至可能使项目在启动时就已经举步维艰。要得到管理者的支持与承诺，首先要求管理者必须对项目有相当的参与程度，进而能够对项目实施有一定理解。客户关系管理系统实施所影响到的部门高层领导应成为项目的发起人或发起的参与者，客户关系管理系统的实现目标、业务范围等信息应当经由他们传递给相关部门和人员。

4. 员工培训

员工培训是客户关系管理系统成功实施的必要条件，除了各种技能、业务培训，还应进行为客户服务的价值观的培训，并向员工详细介绍新的企业文化、以客户为中心的公司愿景、新的技术、他们在客户关系管理系统中充当的角色以及系统对他们的要求。甚至在考虑实施客户关系管理系统之前，企业应就这些信息与员工进行一次沟通和交流，征求他们的意见和看法，解除他们的抵触、焦虑情绪。

（三）跨境电子商务客户关系管理的过程管理

客户关系管理系统的功能是软件供应商所需要努力的，但是有些企业即使使用了功能强大的客户管理软件也没有得到很好的效果，主要原因是对实施过程管理的忽视。购买前期通过谨慎的选择、激烈的竞标，但购买后没有认真实施或是认为没有必要花费人力物力实施，使得客户关系管理软件没有经过多长时间就束之高阁。因此，科学地管理实施过程，是客户关系管理成功的关键。

1. 根据企业现行业务状况进行需要分析

实施的目标不是越高越好，实施的范围也不是越大越好，应根据企业的实际情况，分析企业目前存在的主要问题，使企业明确自己的实际需求，如软件应具有的功能、这些功能应解决的问题、目前暂时不需要的功能。在此基础上，企业才能明确客户关系管理实施的目标，才能有针对性地选择适当的软件供应商和软件产品。

2. 建立客户关系管理团队

建立高质量的项目实施团队是项目实施成功的关键因素之一。项目团队应由企业最高层管理者领导，成员则由客户关系管理涉及的各部门经理和业务骨干组成。团队应全程参与客户关系管理的实施，加强与软件技术人员的沟通，积极提供各种专业意见，推动项目实施高效有序地完成。

3. 设计项目总体方案和制订项目实施计划

根据企业实际需要，按照确定的实施目标，设计出详细的项目总体方案。并在此基础上编制详细的实施计划和步骤，对实施过程进行分段管理，对各个阶段的实施内容、衡量标准（时间、质量、费用）进行详细规划，以确保项目的成功实施。在这个环节中，项目的投入产出效益分析和风险的预测防范是企业过去实施客户关系管理时经常遗漏的步骤，也是这些企业实施客户关系管理失败的主要原因之一。加强项目的成本费用管理，对项目的投资回报率进行分析，判断项目经济上的合理性，这些财务角度的分析是项目成功实施必不可少的环节。这有助于企业根据自己的资金实力选择实施的目标和范围，保证资金用于解决企业最急迫的问题，避免项目费用的无限膨胀，保证企业以有限的预算获取最大的利益。项目实施将面对各种各样的风险，在实施之前应对风险进行充分的分析预测，并考虑适当的风险防范措施，以降低项目实施的风险。

4. 实施

在这个阶段，企业应完成客户关系管理系统的配置和客户化，满足各种业务需求。在系统实施之后，还需要对系统进行相关的测试，检测系统设置是否确实无误，改进后的业务处理流程是否合理、流畅，与其他信息系统是否实现了有效整合等。只有在所有测试结果正确无误后，系统才可投入运行。同时，应对企业员工进行培训，企业的员工应能够熟悉系统安装过程和所安装系统的各个方面。

5. 系统运行、维护、评估、优化

系统运行的实际环境与测试环境总存在一定的差异。因此，系统在投入运行后，还需经过一段时间的试运行。在试运行阶段，软件供应商提供相应的系统维护和技术支持工作，及时有效地解决系统运行中出现的各种问题。在正式运行后，企业应会同软件供应商对系统性能、投资效益等进行评估，总结项目实施过程的经验教训，并分析系统目前仍存在的问题，采取改进、优化的措施，促进系统不断完善。

研究性复习与思考

（1）完成敦煌网、速卖通、亚马逊、eBay、唯品会、Wish 的网店注册。
（2）如何有效地做好售前服务以促进商品成交？
（3）如何利用 Google Trends 进行数据分析并选品？
（4）谈谈客户关系管理在电子商务环境下发生了哪些变化？

参 考 文 献

［1］于立新：《跨境电子商务理论与实务》，首都经济贸易大学出版社 2017 年版。
［2］鲁丹萍：《跨境电子商务》，中国商务出版社 2015 年版。
［3］邓志超、崔慧勇、莫川川：《跨境电商基础与实务》，人民邮电出版社 2017 年版。
［4］韩琳琳、张剑：《跨境电子商务实务》，上海交通大学出版社 2017 年版。
［5］李志勇：《跨境电子商务教程》，北京理工大学出版社 2015 年版。
［6］张永捷、姜宏、李冰：《跨境电子商务新手攻略》，对外经贸大学出版社 2015 年版。

第五章　跨境电子商务网络营销基础

【学习目标】通过本章学习，了解跨境电子商务营销概念、特点；理解跨境电子商务营销的策略，包括跨境电商消费者偏好策略、品牌策略、定价策略、渠道策略、沟通策略、客户关系管理策略；了解跨境电子商务网络各类营销的主要方式，从各类营销方式中得到启迪。

第一节　跨境电子商务网络营销概述

一、跨境电子商务网络营销概述

（一）跨境电子商务网络营销概念

互联网发展是网络营销产生的技术基础，20 世纪 90 年代以来互联网飞速发展，作为多媒体通信的交流工具，互联网被称为继广播、报纸、杂志、电视之后又一新的媒体，受到众多商家的青睐。与传统媒介不同，互联网是一个开放的媒介，任何人、任何时间、任何地点、任何事情都可以通过互联网交换信息，在网络上没有国家地域的限制，没有距离感，传输信息快。这些特点对于商业活动来说是极其珍贵的，于是，互联网作为信息沟通渠道在商业上的潜力被挖掘出来，商业活动链上的产品制造商、批发商、零售商、消费者、银行、服务业者、进出口商及政府管理部门在互联网虚拟空间中找到自己的位置，虚拟空间形成了一个名副其实的虚拟社会、虚拟市场，既然有市场就必然会产生营销活动。

跨境电子商务网络营销（Cross – Boarder E – Commerce Marketing）是以现代国际市场营销理论为基础，利用互联网技术、借助数字化的信息和网络媒体的交互性来实现企业营销目标的一种营销方式或手段。跨境电子商务网络营销贯穿于营销的全过程，涉及从信息发布、市场调查、客户关系管理到产品开发、制定网络营销策略、进行网上采购、销售及售后服务、国际物流等各种活动。

（二）跨境电子商务网络营销内涵

1. 跨境电子商务网络营销是以互联网技术为依托

跨境电子商务具有因特网本身所具有的开放性、全球性、低成本、高效率的特点，电子商务大大超越了作为一种新的贸易形式所具有的价值，它不仅改变企业本身的生产、经营、管理活动，而且影响到整个社会的经济运行与结构。跨境电子商务网络营销是企业营销实践和现代通信技术、计算机网络技术相结合的产物，是企业以电子信息技术为基础，以计算机网络为媒介和手段而进行的商业活动。它包括网上市场调查、网络营销策略的制定、网络价格营销策略、网络渠道的选择以及网络促销和网络广告。

2. 跨境电子商务网络营销是以国际营销理论为基础

跨境电子商务网络营销是根据国外顾客的需求，将生产的产品或提供的服务通过互联网提供给国外的顾客，最终获得利润的贸易活动。这种跨境商业行为，既受到世界经济技术发展的影响，又受到目标市场的国家或地区的政治、社会、文化、法律等营销环境的影响。从营销理论的发展来看，商业服务在竞争中的作用日益突出。从 20 世纪 60 年代的 4P 理论，即产品（product）、定价（price）、分销（place）、促销（promotion）为企业市场营销的基本运营方法，到 80 年代的 4Cs 营销理论，即从消费者的需要与欲望（consumer wants and needs）、消费者愿意支付的成本（cost）、消费者交易的便利性（convenience）、消费者沟通（communications），注重以消费者需求为导向，再到最新的4R 理论，即关联（relevance）、反应（reaction）、关系（relationship）、回报（return）的营销新理论。

3. 跨境电子商务网络营销是企业营销策略的重要组成部分

跨境电子商务网络营销活动不可能脱离一般的营销环境而独立存在。不同类型的企业网络营销地位不同，传统的工商企业中，网络营销通常处于辅助地位，在企业的营销实践活动中，传统市场营销与网络营销并存。而跨境电子商务网络营销由于针对跨国消费主体，企业经营策略主要以网络营销为主。另外，跨境电子商务网络营销不等于网上销售，网上销售只是网络营销的一个主要组成部分，跨境电子商务网络营销的目的是扩大网上销售和非网上销售，虽然它并不一定使网上直接销售量大幅度上升，却可以促进产品及服务总销售量的增长。

4. 网上经营环境的营造贯穿于营销的全过程

开展跨境网络营销需要一定的网络环境，如企业网站、国际顾客、网络服务商、合作伙伴、供应商、销售商、相关行业的网络环境等。开展网络营销活动就是与这些环境因素建立关系，合理理顺国际商务活动链上的关系，网络营销才能取得成效。跨境电子商务网络营销的内涵很广泛，核心是电子化交易，即通过电子媒介实现企业经营目标的一种营销方式或手段。

二、跨境电子商务网络营销的特点

跨境电子商务网络营销是借助互联网技术的发展而诞生的一种国际贸易新的市场营销方式，它具备传统市场营销所具有的某些特性，呈现出新的特点。

（一）具有鲜明的理论性

跨境电子商务网络营销是在众多新的营销理念的积淀、新的实践和探索的基础上发展起来的。它吸纳了众多新的营销理念的精髓，但又不同于任何一种营销理念。计算机科学、网络技术、通信技术、密码技术、信息安全技术、应用数学、信息学等多学科的综合技术，给予了跨境电子商务网络营销以厚实的技术铺垫。半个世纪以来多种营销理念的积极探索，给了网络营销以丰富的内涵。1953 年，尼尔·博登（Neil Borden）在美国市场营销学会的就职演说中创造了"市场营销组合"（Marketing mix）这一术语；1967 年，菲利普·科特勒（Philips Kotler）在《营销管理：分析、规划与控制》一书中进一步确认了以 4P 为核心的营销组合方法；1990 年，美国劳特朋教授（R. F. Lauterborn）提出了与传统营销的 4P 相对应的 4C 理论。

（二）市场的全球性

网络的连通性决定了跨境电子商务网络营销的跨国性，网络的开放性决定了网络营销市场的全球性。在此以前，任何一种营销理念和营销方式，都是在一定的范围内去寻找目标客户。而跨境电子商务网络营销是在一种无国界的、开放的、全球的范围内去寻找目标客户。市场的广域性、文化的差异性、交易的安全性、价格的变动性、需求的民族性、顾客的偏好性、法律规则的多样性，给网络经济理论和网络营销理论研究提供了广阔的发展空间和无尽的研究课题，而且这种市场的全球性带来更大范围成交的可能性，更广域的价格和质量的可比性，将使得市场具有更强的竞争力，全球性也使得销售业绩呈几何级变化的时间更短。

（三）资源的整合性

数字经济时代，资源的整合决定着行业、企业成败。跨境电子商务网络营销的过程中，对多种资源进行整合，对多种营销手段和营销方法进行整合，对有形资产和无形资产的交叉运作和交叉延伸进行整合。这种整合的复杂性、多样性、包容性、变动性和增值性具有丰富的理论内涵，整合所产生的增值效应，对传统市场营销理念带来重大突破和重要发展。

（四）明显的经济性

依托互联网为基础，以数字交换技术为手段，为供求双方提供交流互动所需的数字化电子信息，实现以数字化信息为贸易标准的商业模式具有快捷性、经济性。数字贸易将极大地降低经营成本，提高企业利润。如资源的广域性，地域价格的差异、交易双方的最短连接性，市场开拓费用的锐减性，无形资产在网络中的延伸增值性，以及所有这一切对网络营销经济性的关系和影响，都将极大地降低交易成本，给企业带来经济利益。

（五）极强的实践性

跨境电子商务网络营销是一门实践性很强的学科，体现在对国际营销理念的参悟，对数字经济时代信息的抓取、统计、分析，对不同国家法律文化的理解，对现代网络营销方法和手段的创新，具有极强的实践性特征，包括信息抓取、信息发布、商情调查、销售渠道开拓、品牌扩展和延伸、营销服务，如图 5 - 1 所示。

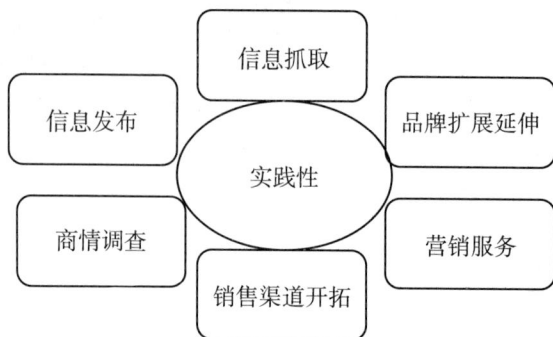

图 5 - 1 跨境电子商务营销实践性

第二节 跨境电子商务网络营销策略

一、跨境电子商务网络营销策略概述

跨境电子商务网络营销策略是指跨境电商企业根据自身在市场环境中所处地位不同而采取网络营销组合的总体设想和总体规划，它包括消费者偏好策略、品牌策略、定价策略、销售渠道策略、沟通策略和顾客服务策略等。其目的是利用数字化的信息和网络媒体的交互性来辅助国际营销目标的实现。

互联网时代的数字经济，就是以消费者为中心，以互联网技术为依托的经济活动。由于信息技术的使用，跨境电商企业得以充分了解境外消费者的信息，特别是消费者的需求、偏好，从而决定产品设计走向。体现在以下几个方面：

（一）消费者参与产品设计

跨境电子商务网络营销把境外消费者当作伙伴，利用网络上与消费者之间的互动，直接了解需求意图，改进和生产的产品更易于为消费者接受，并缩短产品进场的时间，最大化满足不同文化消费者的多样化需求。

（二）消费者需求迅速得到满足

境外消费者可通过互联网络在跨境电商企业的引导下对产品和服务进行选择，跨境电商企业可以根据消费者的需求及时进行生产和提供服务，这使得消费者可以跨时空得到所要求的产品和服务，从而使消费者价值最大化。

（三）采用敏捷制造系统实现大规模定制

通过对消费者的直接反应缩短了与企业的距离，一方面提高境外消费者的满意度；另一方面，使企业表现出很强的整体柔性，根据市场变化灵活地调整经营策略。

二、跨境电子商务网络营销品牌策略

（一）品牌概念

品牌的英文"brand"的原意并不是品牌的意思，而是烙在牛马身上的烙印。在古代，人们为了证明牲口的所有权，就在牲口的屁股上打上烙印。在 1865 年之前"brand"只是用来指代烙印，没有品牌的含义，直到 20 世纪 50 年代现代意义上的品牌概念才由美国奥美广告公司创办人大卫·奥格威第一次提出。品牌是把企业产品特定的现象通过某种手段深刻地印入消费者心中。具体讲，品牌是一种识别标志、一种精神象征、一种价值理念，是一种名称、术语、标记、符号或图案，或是它们的相互组合，用以识别企业提供给消费者的产品或服务，并使之区别于竞争对手的产品或服务。

品牌反映了一个产品、服务或者主体的属性、利益、文化个性及消费者类型，体现的是一个产品、服务或者主题的核心价值、差异化、质量和信誉的保证及其溢价能力。因此，品牌是一个差异化的精神标识。

（二）品牌营销的价值

品牌不仅是企业、产品、服务的标识，更是一种反映企业综合实力和经营水平的无形资产。无论对于传统企业还是电商企业，唯有用品牌、操作品牌，才能赢得市场。加入WTO 后国外跨国公司与知名品牌已大举进入我国市场，我国电商产品与世界知名品牌的产品在同一市场角逐，产品的竞争实际已过渡到品牌的竞争。因此，积极开展品牌营销，对于跨境电商企业是当务之急。品牌营销对跨境电商企业的重要性主要体现在以下 4 个方面：

（1）培养消费者忠诚。品牌一旦形成一定的知名度和美誉度后，跨境电商企业就可以利用品牌优势扩大市场，促成消费者品牌的忠诚。

（2）稳定产品价格。强势品牌能够减少价格弹性，增强对动态市场的适应性，减少未来的经营风险。

（3）降低新产品投入市场风险。新产品进入市场风险是相当大的，而且投入成本也相当高，但是企业可运用品牌延伸将新产品引入市场，采用现有的强势品牌，利用其知名度和美誉度推出新产品，使风险大大降低。

（4）有助于抵御竞争者的攻击。畅销的新产品很容易被竞争者模仿，但品牌是企业特有的知识产权资产，通过注册的品牌得到法律保护，品牌忠诚是竞争者通过模仿无法达到的。

中国货物出口贸易自 2009 年超越德国以来，就一直居于世界首位。然而，中国出口的货物技术含量还不是很高，很多机电及高新技术产品、电子产品都属于加工贸易；核心部件自主率低或缺乏，在国际竞争中容易被各种因素制约，影响企业生存和发展。培育和塑造品牌是一个不断创新的过程，通过这一过程，企业能够巩固原有的品牌资产，进而多层次、多角度、多领域地参与竞争，在全球化市场上立于不败之地。

（三）跨境电子商务网络营销品牌策略

1. 品牌产品开发策略

品牌营销是市场经济高度竞争的产物，经过多年实践，已经发展得相当成熟，形成一个以"品牌经理制"为代表的完整管理体系。因特网所具有的交互、快捷、全球性、媒体特性等优势对于提高企业知名度、树立企业品牌形象、更好地为用户服务等都提供了有利的条件，这些网络本身固有的特性对于每一个企业都是公平的。因此，企业应该根据自身的产品与服务特点，利用网络资源创建自己的网络品牌，网络营销可以选择任何实物产品与服务，但在目前我国电子商务的发展状况下，一些产品成为企业开展网络营销的首选产品。

（1）名牌产品；

（2）与计算机技术相关的产品；

（3）便于配送的产品；

（4）网络营销费用远低于其他渠道销售费用的产品；

（5）不容易设实体店的特殊产品；

（6）市场容量较大的产品；

（7）消费者可以从网上了解较多产品信息，从而做出购买决定的产品。

2. 网络品牌的定位策略

品牌定位是定位理论中最核心、最基础和最早的概念和观点，正是定位这个概念和观点奠定了定位理论的基础，以至于人们把这种视心智为战场、打造品牌就是要在这场心智战争中取得主导地位的理论称为定位理论。品牌定位就是对品牌进行总体的规划、设计，明确品牌的方向和基本活动范围，进而通过对企业资源的战略性配置和对品牌理念持续性的强化传播，获取市场的认同，实现预期的品牌优势和品牌竞争力。

3. 网络品牌的保护策略

对品牌进行定位是为了使潜在的消费者能够对品牌产生有益的认知，从而形成对品牌的偏好和持续的购买行为。美国的著名营销学者杰克·特劳特（Jack Trout）认为：定位的基本原则不是去塑造新而独特的东西，而是去操作原已在人们心目中的想法，打开联想之门，目的是在顾客心目中占据有利的位置。所以，掌握品牌定位的策略方法就十分必要。

（1）类别定位。依据产品的类别建立起品牌联想称作类别定位。类别定位力图在消费者心目中形成该品牌等同于某类产品的印象，以成为某类产品的代名词或领导品牌。如七喜汽水、"非可乐"就是借助类别定位的一个经典案例。

（2）比附定位。比附定位是以竞争者品牌为参照，依附竞争者定位。比附定位是通过品牌竞争提升自身品牌的价值与知名度。如20世纪60年代，赫兹公司占据了美国汽车租赁市场份额的55%，为了避免与其有正面交锋，安飞士公司在其广告中发出了著名的"老二宣言"，因为巧妙地与市场领导建立了联系，安飞士的市场份额大幅上升了28%。

（3）档次定位。不同的品牌常被消费者在心目中分为不同的档次。品牌价值是产品质量、消费者心理感受，以及各种社会因素如价值观、文化传统等的综合反映，档次具备了实物之外的价值，如给消费者带来自尊和优越感等。高档次品牌往往通过高价位来体现其价值。例如，劳力士表价格高达几万元人民币，是众多手表品牌中的至尊，也是财富与地位的象征，拥有它无异于表示自己是一名成功人士或上流社会的一员。

（4）消费者定位。将产品与某类消费者的生活形态和生活方式的关联作为定位的基础，深入了解消费者希望得到什么样的利益和结果，然后针对这一需求提供相对应的产品和利益。例如，海尔刚推出自己的手机时，为能体现出海尔国际化品牌的定位，提出了"听世界、打天下"的口号。海尔手机瞄准的是都市里一大批正在奋斗的年轻人，而这些人都满腹豪情，希望能打出自己的天空。所以"听世界、打天下"最终取得了良好业绩。

（5）比较定位。比较定位的策略是指企业为了突出品牌的特性，抓住知名竞争对手的弱点来向消费者推销自己的优点，从而获取市场认可的方法。

（6）功能性定位。功能性定位是将品牌与一定环境、场合下产品的使用情况联系起来，以唤起消费者在特定情景下对该品牌的联想。如"白加黑"感冒药将感冒药的颜色分为白、黑两种形式，"白天吃白片，不瞌睡；晚上吃黑片，睡得好"，以此为基础改革了传统感冒药的服用方式，获得了不错的市场反应。

三、跨境电子商务网络营销定价策略

（一）选择定价目标

在经济学中，定价是通过边际分析法，将生产企业成本和产量、消费者效用、收入的因素综合计量，得出获得利润最大化的策略。按照消费者需求进行定制是网络时代满足客户个性化需求的基本形式。由于网络沟通费用极低，除了专线连接的费用和上网的电话费以及基本的连线和设备外，不需额外支付费用，因此，整体营销费用的低廉就会反映到产品的价格上。在传统的营销体系中，遵循的是一对一的价格体系，即一个产品通常在进入同一市场时也采取单一的价格，而且价格由商家制定，在国际商务网络营销中，由于用户的资源空前丰富，鼠标一点，所有的产品及其价格都会出现在同一个页面上，用户拥有绝对的主动权，因此，商家必须将价格定在用户愿意支付的水平，也就是说用户掌握了定价的主动权。

（二）定价方式

1. 低于进价销售

由于采取此种定价方式能吸引很多消费者，供货商乐于在商场做广告以图多销商品，这种定价方式主要适用于价格弹性较大的日用品。

2. 差别定价策略

对不同消费主体采用不同的价格。通过"黑箱操作"，厂家与每一顾客的交易价格可以是不透明的。例如，定价 6 000 元可能会有 100 人买，定价 5 000 元可能会有 1 000 人买，如果希望销售 1 000 台的话，只能按统一的价格 5 000 元出售，虽然有人愿意出更高的价钱，但这部分利润是挣不到的，而在网上，对不同的人定不同的价格，把每一分可能挣的钱都挣到却可能成为现实。

3. 高价策略

相对而言，网上商品价格的透明度比传统市场高，价格会比传统营销方式低。但是对一些独特的商品或对价格不敏感的商品，比如艺术品，在传统营销方式中，由于顾客群相对很小因而价格上不去；而在网上，面向全球消费者，同一类消费群体之间互不认识，售价更高。

4. 竞价策略

网络使日用品也普遍能采用拍卖的方式销售，厂家可以只规定一个底价，然后让消费者竞价。采用竞价策略，厂家所花费用极低，甚至免费；除销售单件商品外，还可以销售多件商品。

5. 集体砍价

集体砍价是网上出现的一种新业务。随着每一个新的购买者（竞标者）加入，原定价格就会下跌一些，竞买的人越多，价格越低，呈滑梯曲线。即参加竞买的人越多，商品的价格就会越低。这种由于购买人数的增加，价格不断下降的趋势，正是典型的网络需求趋势。

6. 折扣定价策略

折扣定价是指对基本价格做出一定的让步，直接或间接降低价格，以争取顾客扩大销量。其中，直接折扣的形式有数量折扣、现金折扣、功能折扣、季节折扣，间接折扣的形式有回扣和津贴。它通过对购买来的产品按照市场价格进行折扣定价，如 Amazon 的图书价格一般都要进行打折。

7. 免费价格策略

免费价格策略是市场营销中常用的营销策略，主要用于促销和推广产品，这种策略一般是短期和临时性的。在网络营销中，免费价格不仅仅是一种促销策略，它还是一种非常有效的产品和服务定价策略。免费价格策略是将企业的产品和服务以零价格形式提供给顾客使用，满足顾客的需求。免费价格形式有完全免费策略、限制性免费策略、部分免费策略等。

四、跨境电子商务网络营销销售渠道策略

网络营销销售渠道策略是营销系统的重要组成部分，与传统的营销渠道通过大量的独立中间商和代理中间商的营销渠道不同，网络营销渠道的作用是多方面的。网络营销渠道是信息发布的渠道，企业的概况、产品的种类、质量和价格等，都可以通过渠道告诉用户；网络营销渠道是销售产品提供服务的快捷途径，用户可以从网上直接挑选和购买自己需要的商品，并通过网络支付款项；网络营销渠道是企业间洽谈业务、开展商务活动的场所，也是进行客户技术培训和售后服务的理想园地。跨境电子商务网络营销销售渠道策略有不同的形式：

（一）网络营销渠道按照分销方式分类

1. 直接分销渠道

直接分销渠道即网络直销，是指生产厂家通过网络直接把商品出售给最终消费者的分销渠道，目前做法有两种。一是企业在因特网上建立自己独立的站点，申请域名，制作主页和销售网页，由网络管理员专门处理有关产品的销售事务。另一种是企业委托信息服务

商在网点上发布信息，企业利用有关信息与客户联系，直接销售产品。

2. 间接分销渠道

间接分销渠道是生产者通过流通领域的中间环节把商品销售给消费者的渠道。形式是生产者—中间商—消费者。间接分销渠道是社会分工的结果，中间商的介入分担了生产者经营风险，但可能增加商品交易的成本。中国商品交易中心、中国外经贸网等都是这类中介机构。另外，比较购物代理也是一种间接分销，它使用专门设计的比较购物代理软件，为消费者提供网络导购、商品价格比较、销售商信誉评估等服务。国外著名的比较购物代理系统有便宜搜寻器、网络多重代理分类广告系统、萤火虫购物代理等。

3. 混合分销渠道

混合分销渠道是指企业同时使用网络直接分销渠道和网络间接分销渠道，以达到销售量最大的目的。在买方市场的现实情况下，通过两条渠道推销产品比通过单一渠道更容易实现"市场渗透"。无论是直接分销渠道还是间接分销渠道，网络营销的渠道结构较之传统营销的渠道结构，大大减少了流通环节，有效地降低了交易成本。

分销方式如图5-2所示。

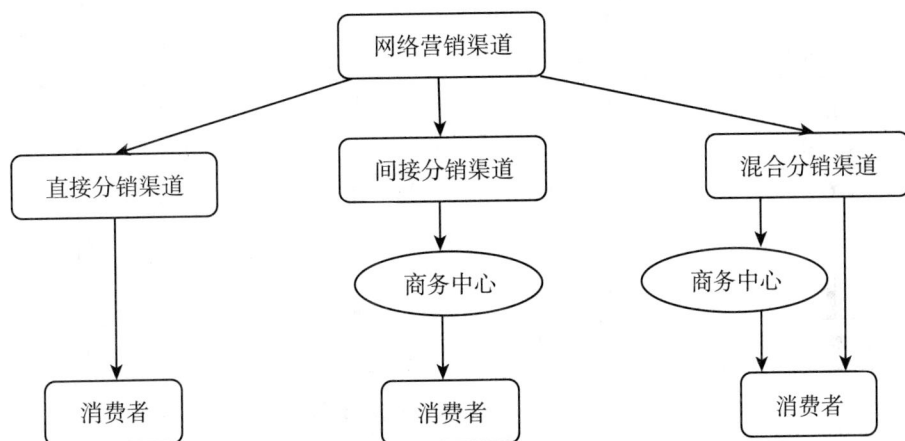

图5-2　分销方式

（二）网络营销渠道按拓展方向分类

1. 长渠道与短渠道的营销渠道

长渠道是指生产者经过两道或两道以上的中间环节，把产品销售给消费者。长渠道的优点是渠道长、分布密、触角多，能有效地覆盖市场，从而扩大产品销售，有利于商品远购远销，在全社会范围内调剂余缺、沟通供求。缺点是：由于环节多，销售费用增加，不利于生产者及时获得市场情报，迅速占领市场。短渠道是指产品在从生产者向消费者转移过程中，只经过一道环节的分销渠道。短渠道有利于加速商品流通，缩短产品的生产周期，增加产品竞争力，减少商品损耗，有利于开展售后服务，便于生产者和中间商建立直接、密切的合作关系，维护生产者信誉。

2. 宽渠道与窄渠道的营销渠道

营销渠道的"宽度"取决于渠道的每一个层次中使用同种类型中间商数目的多少。宽渠道能够增加销售网点，提高产品的覆盖面，提高市场占有率，通过多数中间商大范围地将产品转移到消费者手中。宽渠道有利于生产者选择效率高的中间商而淘汰效率低的中间商，提高销售效率。窄渠道是指生产者在特定市场上只选用一个中间商为自己推销产品的分销渠道，通常叫作独家销售。一般来说，生产资料和少部分专业性较强或较贵重的消费品适合于窄渠道销售。窄渠道能促使生产者与中间商通力合作，排斥竞争产品进入同一渠道，但如果生产者对某一中间商依赖性太强，在发生意外情况时，容易失去已经占领的市场。各大跨境电商都在进行分销渠道探索。

渠道拓展方向分销方式如图 5-3 所示。

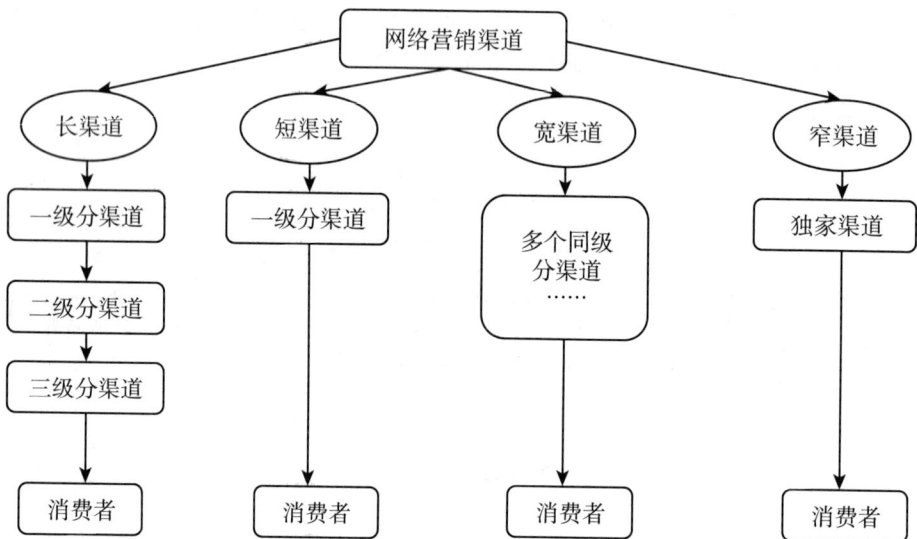

图 5-3　渠道拓展方向分销方式

五、跨境电子商务网络营销沟通策略

在传统的市场营销中，沟通是促进客户购买产品的推动力，同样，在跨境电子商务网络营销中沟通也是必不可少的，只是沟通方式与传统市场营销的沟通存在着差异，需要企业别出心裁，以独特的视角吸引客户的注意力。网络营销沟通策略是跨境电商企业利用各种信息与目标市场进行商业性质的传播活动，包括广告、公关、营业推广和促销在内的所有活动的集合，其目标是实现与顾客的互动交流，这种交流方式不是传统促销中"推"的形式而是"拉"的形式，不是传统的"强势"营销而是"软"营销。网络沟通手段有很多，主要有网络互动、网络广告、网络促销、网络推广、网络公共关系营销等。

（一）网络互动沟通策略

从压迫式促销转向加强与顾客的互动、沟通和联系，其核心是处理好与顾客的关系，通过对客户服务的高度承诺，把服务、质量和营销有机地结合起来，通过与顾客建立长期稳定的关系实现长期拥有客户的目标。所谓的互动包含两个层面：一是消费者与品牌之间的互动；二是消费者与消费者之间的互动。消费者与品牌之间的互动是指新一代的消费者不喜欢单向性强制地接受媒体的信息传播，他们希望自己在体验中主动感受。消费者与消费者之间互动是指他们需要与别人分享、交换自己的体验，在消费者为核心的时代，对互动的要求越来越强烈。

销售前服务是营销与销售之间的纽带，营销人员应尽量翔实地为客户解答疑问，以免在交易过程中出现纠纷；销售过程中的服务是在产品销售过程中为客户提供的服务，营销人员要热情地为客户介绍、展示产品，详细说明使用方法，为客户挑选商品出谋划策，这是促进成交的核心环节；在售后服务中，要认真听取客户的意见和要求，并以诚恳的态度为客户解决问题，还要做好各项后续服务。很多企业不注重售后服务，认为把产品销售出去就一切都结束了，其实不然，这正是建立良好口碑的重要一环，同时通过与客户的交流，也能发现自身的不足，促进自身的进步与提高。

（二）网络广告策略

网络广告形式的创新能力很强、成本低廉、更新快，以新颖活泼的形式吸引消费者的兴趣使他们主动点击，增强消费者的关注效果。通过网络搜索商品时，根据商品和消费者所提交的关键词相匹配的情况来得到搜索结果，因此，在确定商品名称描述信息时，应尽可能将买家会使用的、与本商品相关的关键词都写在标题中，以提高消费者搜索到的机会。在 B2B 和 C2C 等网络中介发布商品信息时，这种做法显得非常重要，比如，卖数码相机电池的商家将产品取名为"尼康 3200/佳能 600d 数码相机电池，全新原装"，消费者用"尼康""联想""3200""600d"等多个关键词都可以搜索到该产品。此外，为商品添加一个形象、富有个性的分类名称，也能吸引消费者的注意力，提高消费者对商品的兴趣，激发消费者的购买欲望。

（三）网络促销策略

网络促销是指利用现代化的网络技术向虚拟市场发布有关产品和服务的信息，为激发消费者的需求欲望，刺激消费者购买产品和服务，扩大产品销售而进行的一系列宣传介绍、广告信息刺激等活动。网络促销工具包括导购、有奖促销、赠品促销、积分促销、虚拟货币促销、折扣促销、免费资源与服务促销等。随着消费者需求变化的日益加快，消费者的个性越来越突出，企业可以通过营销数据库自动将定制化的广告直接送给顾客。还可根据消费者的购买偏好，根据不同的商品、购买方式展开促销活动，这种促销活动是针对消费者的个性化的活动。

（四）网络推广策略

网络推广主要通过搜索引擎营销、合作推广、友情链接、目录门户网站等方式向客户推广目标，赢得更多的有效访问和点击率。网络推广交流主要是为了提高品牌的知名度，提升产品在消费者心中的信任度。需要注意的是企业的宣传应保证诚信，不能有虚假信息、夸大产品功效的情况。沟通的技巧有多种，一是通过网页传递信息；二是通过 BBS、新闻组传递信息；三是通过电子邮件传递信息。

（五）网络公共关系策略

网络公共关系是指充分利用各种网络传媒技术，宣传产品特色，树立企业形象，唤起公众注意，培养人们对企业及其产品的好感、兴趣和信心，提升知名度和美誉度，为后续营销活动做良好的感情铺垫。网络公共关系包括非广告、促销或交易性的网络新闻、公益活动、在线社区、博客和在线客户服务等。企业利用这些工具对消费者进行公关，提高企业或品牌在消费者心中的形象。沟通交流一定要及时，企业为促进与消费者之间的交流，提高自身的服务水平，可通过网络开展多种形式的即时交流，如在线咨询和解答系统、QQ在线服务等。注意设立在线即时交流时要保持通道的畅通，回答要及时，最好是客户直接点击代表人员的头像就可以咨询，不需要进行任何别的安装工作。

六、跨境电子商务网络营销客户关系管理策略

现代企业在激烈的竞争环境下已越来越意识到与顾客之间建立起坚固的纽带对企业长期发展的重要性。为了使电子商务网站能够与顾客长期保持友好关系，客户关系的管理就显得十分重要了。客户关系管理包含两层基本概念，即客户关系和客户管理。

（一）客户关系管理策略

1. 客户关系管理

客户关系管理（Customer Relationship Management，CRM）最早产生于美国，由Gartner Group首先提出CRM这个概念。20世纪90年代以后伴随着互联网和电子商务的大潮得到了迅速发展。学者或商业机构对CRM的概念有不同的看法，一般认为CRM是指企业通过了解客户需求，发展有效市场战略，改善产品及服务，获得顾客满意而增加销售，追求最大盈利的一种营销管理。其最终目标是吸引新客户、保留老客户以及将已有客户转为忠实客户，扩大市场。CRM有三层含义：一是体现为新态企业管理的指导思想和理念；二是创新企业管理模式和运营机制；三是企业管理中信息技术、软硬件系统集成的管理方法和应用解决方案的总和。

2. 客户关系管理策略

客户关系管理策略（CRM strategy）是按照客户的分类情况有效地组织企业资源，培养以客户为中心的经营行为以及实施以客户为中心的业务流程，以此为手段来提高企业盈利能力、利润以及顾客满意度的计划或方案。它包括几个程序：

（1）确立业务计划。跨境电商企业在考虑部署"客户关系管理（CRM）"方案之前，首先确定利用这一新系统实现具体的生意目标，如提高客户满意度、缩短产品销售周期以及增加合同的成交率等。

（2）建立CRM员工队伍。为成功地实现CRM方案，管理者还须对企业业务进行统筹考虑，并建立一支有效的员工队伍。每一准备使用这一销售系统方案的部门均需选出一名代表加入该员工队伍。

（3）评估销售、服务过程。在评估一个CRM方案的可行性之前，使用者需花费一些

时间，详细规划和分析自身具体业务流程。广泛地征求员工意见，了解他们对销售、服务过程的理解和需求；确保企业高层管理人员的参与，以确立最佳方案。

（4）明确实际需求。充分了解企业的业务运作情况后，需从销售和服务人员的角度出发，确定其所需功能，并令最终使用者寻找出对其有益的及其所希望使用的功能。从产品销售分析可知，企业中存在着两大用户群：销售管理人员和销售人员。其中，销售管理人员对国际市场预测、销售渠道管理以及销售报告的提交感兴趣；而销售人员则希望迅速生成精确的销售额和销售建议、产品目录以及客户资料等。

（5）选择供应商。确保所选择的供应商对企业所要解决的问题有充分的理解，了解其方案可以提供的功能及应如何使用其 CRM 方案。确保该供应商所提交的每一软、硬设施都具有详尽的文字说明。

（6）开发与部署。CRM 方案的设计，需要企业与供应商两个方面的共同努力。为使这一方案得以迅速实现，企业应先部署当前最为需要的功能，然后再分阶段不断向其中添加新功能。其中，应优先考虑使用这一系统的员工的需求，并针对某一用户群对这一系统进行测试。另外，跨境电商企业还应针对其 CRM 方案确立相应的培训计划。

（二）客户关系管理策略的系统功能

客户关系管理策略的系统功能有三个方面：市场营销中的客户关系管理、销售过程中的客户关系管理、客户服务过程中的客户关系管理。

1. 市场营销功能

客户关系管理系统在市场营销过程中，可有效帮助市场人员分析现有的目标客户群体，如主要客户群体集中行业、职业、年龄层次、地域等，从而帮助市场人员进行精确的市场投放。客户关系管理有效分析每一次市场活动的投入产出比，根据与市场活动相关联的回款记录及举行市场活动的报销单据做计算，就可以统计出所有市场活动的效果报表。

2. 销售功能

销售是客户关系管理系统中的主要组成部分，主要包括潜在客户、客户、联系人、业务机会、订单、回款单、报表统计图等模块。业务员通过记录沟通内容、建立日程安排、查询预约提醒、快速浏览客户数据有效缩短了工作时间，而大额业务提醒、销售漏斗分析、业绩指标统计、业务阶段划分等功能可以有效帮助管理人员提高整个公司的成单率、缩短销售周期，从而实现最大效益的业务增长。

3. 客户服务功能

服务主要是用于快速及时的获得问题客户的信息及客户历史问题记录等，这样可以有针对性并且高效地为客户解决问题，提高客户满意度，提升企业形象。主要功能包括客户反馈、解决方案、满意度调查等。应用客户反馈中的自动升级功能，可让管理者第一时间得到超期未解决的客户请求，使全公司所有员工都可以立刻提交给客户最为满意的答案，而满意度调查功能又可以使最高层的管理者随时获知本公司客户服务的真实水平。

客户关系管理策略系统如图 5 - 4 所示。

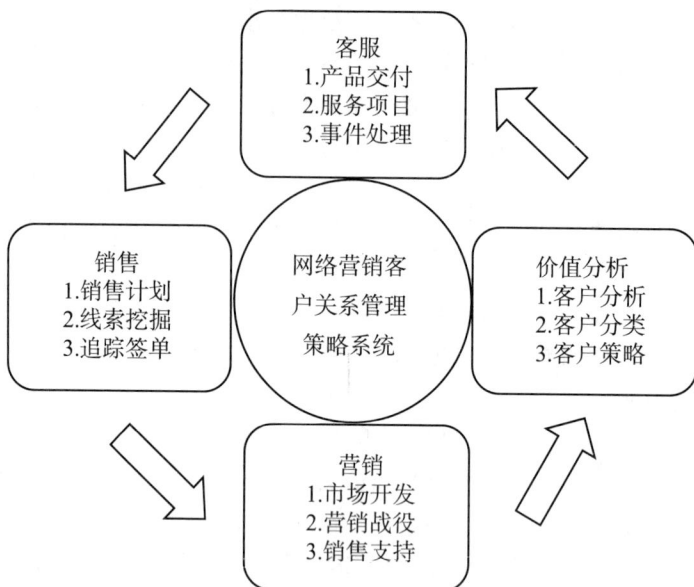

图 5 - 4　客户关系管理策略系统

第三节　跨境电子商务网络营销主要方式

由于互联网通信技术突飞猛进，极大地改变了人们的交流方式，网络营销手段花样百出，形式不断创新，本节集中介绍了近些年来跨境电子商务网络营销的方式。

一、搜索引擎营销

搜索引擎营销的英文为 Search Engine Marketing，简称 SEM。搜索引擎以一定的策略在互联网中搜集、发现信息，对信息进行理解、提取、组织和处理，并为用户提供检索服务，起到信息导航的作用。搜索引擎营销分两种：SEO 与 PPC SEO，即搜索引擎优化。

SEO（search engine optimization）是通过对网站结构（内部链接结构、网站物理结构、网站逻辑结构）、高质量的网站主题内容、丰富而有价值的相关性外部链接进行优化而使网站对用户及搜索引擎更加友好，获得在搜索引擎上的优势排名，为网站引入流量。PPC SEO（pay per click SEO）是指购买搜索结果页上的广告位来实现营销目的，各大搜索引擎都推出了自己的广告体系，相互之间只是形式不同而已。搜索引擎广告的优势是相关性，由于广告只出现在相关搜索结果或相关主题网页中，因此，搜索引擎广告比传统广告更加有效，客户转化率更高。

搜索引擎营销的基本思想是让用户发现信息，并通过搜索引擎搜索点击进入网站或网页进一步了解所需要的信息。目前国内用户使用的搜索引擎主要有两类：英文引擎和中文引擎。常用的英文搜索引擎包括 Google、Yahoo、MSN 等，常用的中文搜索引擎主要有百度、一搜、中搜、搜狗、网易等。搜索引擎营销模式主要有：

（一）搜索引擎竞价排名

搜索引擎竞价排名关键有两点：一是按竞价排名，二是按效果付费。竞价排名是指同类企业按出价高低决定排名顺序；按效果付费是指企业按照用户点击的次数付费；企业也可以根据点击情况判断自己产品的受关注程度。

（二）搜索引擎优化

搜索引擎优化是指企业通过了解各类搜索引擎如何抓取互联网页面、如何进行索引、如何确定其对某一特定关键词的搜索结果排名等，来对企业网页进行优化，从而提高网页在搜索引擎的排名位次，达到提高网站访问量、最终实现营销目标的搜索引擎营销模式。不同的搜索引擎对页面的抓取和索引、排序的规则都不一样。

1. 站内搜索优化策略

站内搜索优化策略包括优化搜索框、优化搜索小工具、优化搜索结果三个方面。优化搜索框就是搜索框应该放在访客所希望的位置，搜索框必须足够长去容纳搜索词，至少30个字符，以便在访客点击"搜索"前能够查到搜索词的大部分内容，确认是想要的搜索词。限定搜索范围，可以帮助用户在特定区域进行搜索。应注意搜索区域要在整站范围而不是某个特定区域。

站内搜索优化策略还有优化搜索小工具和优化搜索结果，站内搜索效果的好坏直接决定着国际网站商品的销量，是研究了解网站用户行为的一个有效工具，通过分析用户的行为，有针对性地改进网页布局。

2. 站外优化策略

站外推广是对站内优化的补充，主要包括搜索引擎和分类目录推广、软文推广、博客推广、邮件推广、论坛推广、友情链接推广、新闻编辑推广等。网站链接数量和质量是搜索引擎判定网站排名的重要因素之一，站外优化做得好，可以加速关键词的排名，特别对于实力相对较弱、内容较少的企业网站意义更大。

（三）搜索引擎付费广告

搜索引擎服务商可以根据网络广告的点击量，按照事先约定的单价向厂商收取一定的费用。这种服务对商家来说好处是可以方便地修改广告关键词信息，广告的价格变得更加便宜，能够很快地建立自己的广告并且方便管理。

二、社交网站营销

社交网站营销英文为 Social Networking Services，简称 SNS，也称社交网站服务，专指旨在帮助人们建立社会性网络的互联网应用服务。1967 年，哈佛大学的心理学教授斯坦利·米尔格拉姆（Stanley Milgram，1934 ~ 1984 年）创立了六度分隔理论，认为"你和任何一个陌生人之间所间隔的人不会超过 6 个，也就是说，最多通过 6 个人你就能够认识任何一个陌生人"。按照六度分割理论，每个个体的社交圈都不断放大，最后成为一个大型网络。由于六度理论的特性，使得 SNS 网站中信息传播的速度特别快，也更容易让人信任与接受。与传统营销以销售导向型相比，现代营销则倾向于关系导向，强调与消费者的互动，国际知名的 SNS 社交平台有 Facebook、Twitter、Pinterest、Instagram 等。例如，Facebook 是全球最大的社交网站，2017 年月活跃用户数达 20 亿人，2016 年第二季度财务报告广告收入达 62.4 亿美元，净利润突破 20 亿美元。借助 Facebook 开展海外营销受到越来越多跨境电商从业者的关注。

三、其他形式营销

（一）电子邮件营销

电子邮件营销英文为 Email Direct Marketing，简称 EDM，是在用户事先许可的前提下，通过电子邮件的方式向目标用户传递价值信息的一种网络营销手段。电子邮件营销是以订阅的方式将行业及产品信息通过电子邮件提供给所需要的用户，以此建立与用户之间的信任与信赖关系。大多数公司及网站都已经利用电子邮件营销方式，毕竟邮件已经是互联网基础应用服务之一。开展邮件营销需要解决三个基本问题：向哪些用户发送电子邮件、发送什么内容的电子邮件以及如何发送这些邮件。邮件营销的优势是精准高效、个性化定制、信息丰富、全面具备追踪分析能力。

（二）病毒式营销

病毒营销英文为 Viral Marketing，又称病毒式营销、病毒性营销、基因营销或核爆式营销，是利用公众积极性和人际网络，让营销信息像病毒一样快速复制、迅速传播给数以万计、数以百万计的受众。病毒营销是一种常见的网络营销方法，常用于进行网站推广、品牌推广等。病毒式营销并非利用病毒或流氓插件来进行推广宣传，而是通过一套合理有效的积分制度引导并刺激用户主动进行宣传，是建立在有意于用户基础之上的营销模式，前提是拥有一定规模、具有同样爱好和交流平台的用户群体，它成本低、没有固定模式，最直接有效的做法就是许以利益。

（三）公告板服务营销

公告板服务营销英文为 Bulletin Board System，简称 BBS，又称电子公告板或者公告板服务（Bulletin Board Service）。论坛是互联网诞生之初就存在的形式，历经多年洗礼，其作为一种网络平台，不仅没有消失，反而越来越焕发出巨大的活力。人们早就开始利用论坛进行各种各样的企业营销活动，当论坛成为新鲜媒体出现时，就有企业在论坛里发布企业产品的一些信息，其实这也是论坛营销的一种简单的方法。论坛营销可以成为支持整个网站推广的主要渠道，尤其是在网站刚开始的时候，是个很好的推广方法。利用论坛的超高人气，可以有效地为企业提供营销传播服务。由于论坛话题的开放性，所有的营销诉求都可以通过论坛传播得到有效的实现。论坛营销是以论坛为媒介，参与论坛讨论，建立自己的知名度和权威度，并顺带着推广一下自己的产品或服务。

论坛营销的主旨，无疑是讨论营销之道，论坛营销应在多样化的基础上，逐渐培养和形成自己的主流文化或文风。比如设一些专栏，聘请或培养自己的专栏作家和专栏评论家，就网友广泛关心的话题发言。不是为了说服别人或强行灌输什么，而是引导论坛逐渐形成自己的主流风格。海纳百川，有容乃大。营销论坛，包容多样化的观点，多样化的文风，是营销人强烈自信心的表现。

（四）博客营销

博客营销英文为 Blog Marketing，是利用博客网络应用形式开展网络营销。博客营销可以是企业自建博客或者通过第三方 BSP（全称 Board Support Package，也称为板级支持包）来实现，企业通过博客来进行交流沟通，达到增进客户关系、改善商业活动的效果。企业博客营销相对于广告是一种间接的营销，企业通过博客与消费者沟通、发布企业新闻、收集反馈和意见、实现企业公关等，虽然没有直接宣传产品，但是让用户接近、倾听、交流的过程本身就是最好的营销手段。博客营销的特点：博客是一个信息发布和传递的工具；博客文章的内容题材和发布方式灵活；博客传播具有更大的自主性，并且无须支付费用；博客信息量更大，表现形式灵活，文章更正式，可信度更高。因此，在博客网站上可以做广告，发表专业文章用来和公众沟通，通过公关公司发布博客日记来影响主流媒体的报道，同时监测博客网站。

（五）播客营销

播客营销英文为 Podcast Marketing，是以在广泛传播的个性视频中植入广告或在播客网站进行创意广告征集等方式来进行品牌宣传与推广，如"百事我创，网事我创"的广告创意征集活动等，知名公司通过发布创意视频广告延伸品牌概念，使品牌效应不断地被深化。对于广告主而言，成本低廉是播客最大的吸引力，只需要一点费用就可以把产品信息推到特定消费群体中去。同时由于播客的目标群体有很明显的共性，使得播客广告的效率也相当高。尽管播客营销有着这样那样的优点，但由于受限于技术的发展，播客在信息检索和快速浏览方面还不如文字博客那样方便。

（六）聚合内容营销

聚合内容营销英文为 Really Simple Syndication，简称 RSS，是指利用 RSS 这一互联网工具传递营销信息的网络营销模式，是在线共享内容的一种简易方式。RSS 技术诞生于1999 年的网景公司。网景公司定义了一套描述新闻频道的语言 RSS，目的是用它建立一个整合各主要新闻站点内容的门户，将订户订阅的内容传送给他们，用户在访问网站时可以点击或订阅他们的新闻，一旦有新内容发布，订阅者就可以打开阅读。当网站有新内容发布时，用户的 RSS 阅读器就会接受并显示链接。所以不断更新新闻内容是 RSS 营销的关键。对订阅者进行跟踪分析收集用户的点击行为，分析他们的爱好、阅读习惯等信息，为制定网络营销策略提供数据基础。RSS 营销是一种相对不成熟的营销方式。

（七）社会化网络营销

社会化网络营销英文为 Social Network，简称 SN 营销，是互联网 web2.0 的一个特制之一。SN 营销是基于圈子、人脉、六度空间这样的概念而产生的，即主题明确的圈子、俱乐部等进行自我扩充的营销策略，一般以成员推荐机制为主要形式，为精准营销提供了可能，而且实际销售的转化率较好。

（八）创意广告营销

创意广告营销是营销策划人员通过思考、总结、执行一套完整的借力发挥的营销方案，创意广告营销给广告主带来了意想不到的收获。与其他营销模式最大不同在于，它将统一的创意理念贯穿于产品的研发、生产、推介和销售等各个环节，避免了传统模式中生产与营销脱节的弊病。内容包括微电影、BC 剧、静态电影、电影、电视栏目、真人漫画及其他辅助产品。

（九）事件营销

事件营销英文为 Event Marketing，是企业通过策划、组织和利用具有新闻价值、社会影响以及名人效应的人物或事件，吸引媒体、社会团体和消费者的兴趣与关注，以求提高企业或产品的知名度、美誉度，树立良好品牌形象，并最终促成产品或服务销售目的的手段和方式。事件营销可以说是炒作，通过平台内或平台外进行炒作的方式来提高影响力。事件营销的特性应该有针对性、主动性、保密性、不可控的风险、可亲性、趣味性等。

（十）口碑营销

口碑营销英文为 Word of Mouth Marketing，是指企业努力使消费者通过其亲朋好友之间的交流将自己的产品信息、品牌传播开来。这种营销方式的特点是成功率高、可信度强，这种以口碑传播为途径的营销方式，称为口碑营销。要诀是"口碑传播"要提供能与目标顾客的心理形成共鸣的材料，使顾客升级为口碑传播大使，做好长期推展的心理准备，让客户对商品或服务进行亲身体验，最大限度地运用可以诱发口碑传播的宣传工具将产生口碑传播的接触点作为焦点。

（十一）形象营销

形象营销英文为 Image Marketing，是指基于公众评价的市场营销活动，是企业在市场竞争中，通过与现实已经发生和潜在可能发生利益关系的公众群体进行传播和沟通，使其对企业营销形成认知，从而建立企业营销形象基础，形成企业营销宽松的社会环境的管理活动过程。形象营销可分为三个阶段：第一阶段是以产品外在形象为中心阶段；第二阶段是以产品概念形象为中心阶段；第三阶段是以企业识别形象为中心阶段。企业形象不是一朝一夕建立起来的，它需要的是一个有始有终、自始至终的过程。

（十二）网络整合营销

网络整合营销英文为 Electronic Integrated Marketing Communication，简称 E - IMC，是一种对各种网络营销工具和手段的系统化结合，根据环境进行即时性的动态修正，以使交换双方在交互中实现价值增值的营销理念与方法。即整合各种网络营销方法，与客户的客观需求进行有效匹配，给客户提供最佳的一种或者多种网络营销方案。网络整合营销传播是 20 世纪 90 年代以来在西方风行的营销理念和方法。它与传统营销"以产品为中心"相比，更强调"以客户为中心"，它强调营销即是传播，即和客户多渠道沟通，和客户建立起品牌关系。

（十三）网络视频营销

网络视频营销英文为 Network Video Marketing，是通过数码技术将产品营销现场实时视频图像信号和企业形象视频信号传输至 Internet 网上。客户只需上网登录公司网站就能看到对产品和企业形象进行展示的电视现场直播。它是在网站建设和网站推广中，为加强浏览者对网站内容的可信性、可靠性而独家创造的。

企业或者组织机构利用各种网络视频，比如科学视频、教育视频、企业视频等发布企业的信息、企业产品的展示、企业的各种营销活动，以及各种组织机构，利用网络视频把最需要传达给最终目标客户的信息通过各种网络媒体发布出去，最终达到宣传企业产品和服务，在消费者心目中树立良好的品牌形象的营销目的。

（十四）图片网络营销

图片网络营销英文为 Picture Network Marketing，是指将公司提供的产品、服务以及公司的联系方式等信息制作成静态或动态的图片，通过多样的网络平台将信息传递到客户手中，并使客户产生需求。图片根据其表现形式分为静态图片和动态图片两种，静态图片主要使用的格式为 JPG 格式，动态图片主要使用的格式为 GIF 格式，制作图片的常用工具有 Photoshop、Fireworks 等。图片网络营销的优点是使用的平台广，制作成本低，具有较强的感性认知，传播速度快，传播范围广。实施的步骤是确定目的、图片制作、图片命名、图片推广、效果评估。

（十五）微博营销

微博营销英文为 Microblog Marketing，是近些年推出的一个网络营销方式，微博的火热，催生了微博营销。每一个人都可以在新浪、网易等注册一个微博，然后更新自己的微型博客。就每天更新的内容跟大家交流，或者讨论大众感兴趣的话题，以达到营销的目的，这样的方式就是新兴的微博营销。

微博营销的特点如下：一是立体化，可以借助先进多媒体技术手段，以文字、图片、视频等展现形式对产品进行描述，从而使潜在消费者更形象直接地接收信息；二是传播速度快，微博最显著的特征之一就是其传播迅速，一条关注度较高的微博在互联网及与之关联的手机 WAP 平台上发出后短时间内就可以抵达微博世界的每一个角落，达到短时间内最多的目击人数；三是便捷性，微博营销优于传统的广告，发布信息的主体无须经过繁复的行政审批，从而节约了大量的时间和成本；四是广泛性，通过粉丝关注的形式进行病毒式的传播，影响面非常广泛，同时，名人效应能够使事件的传播量呈几何级放大。

研究性复习与思考

（1）跨境电子商务网络营销发展的历史背景有哪些？

（2）跨境电子商务网络营销的内涵以及特性是什么？

（3）跨境电子商务网络营销有哪些策略？每种策略各有哪些特色？以你的角度评价这

些策略。

（4）梳理比较跨境电子商务网络营销方式，你最感兴趣的是哪些方式？为什么？

（5）谈谈微博营销，收集了解微博营销的相关规则与政策。

参 考 文 献

［1］陈致中、金璐瑶：《跨境电商平台的病毒营销策略分析》，载于《现代管理科学》2016 年第 9 期，第 33～35 页。

［2］孟昭宇：《跨境电商群直播商业模式下品牌营销策略》，载于《对外经贸实务》2017 年第 5 期，第 59～62 页。

［3］孟凡会、常鹏、黄山青：《提升客户满意度的网络营销策略研究——基于让渡价值理论的分析》，载于《价格理论与实践》2012 年第 11 期，第 80～81 页。

［4］张永捷、姜宏、李冰：《跨境电子商务新手攻略》，对外经贸大学出版社 2015 年版。

［5］张式锋、陈珏：《跨境电商基础》，立信会计出版社 2017 年版。

［6］于立新：《跨境电子商务理论与实务》，首都经济贸易大学出版社 2017 年版。

［7］柯丽敏、洪方仁：《跨境电商理论与实务》，中国海关出版社 2016 年版。

［8］韩琳琳、张剑：《跨境电子商务实务》，上海交通大学出版社 2017 年版。

［9］邓志超、崔慧勇、莫川川：《跨境电商基础与实务》，人民邮电出版社 2017 年版。

［10］鲁丹萍：《跨境电子商务》，中国商务出版社 2015 年版。

［11］李志勇：《跨境电子商务教程》，北京理工大学出版社 2015 年版。

第六章　跨境电子商务网上交易

【学习目标】通过本章学习，了解网上采购的概念、类型；理解网上采购合同的特征、内容以及程序；理解和掌握电子商务合同的概念、内容，了解电子签名的性质、功能，了解我国关于电子合同的相关法律法规。

第一节　跨境电子商务网上采购

一、网上采购基础知识

（一）网上采购的内涵及主要类型

1. 网上采购的内涵

网上采购是电子商务发展的一种具体形式。要了解网上采购，首先要对采购管理有一定的了解。采购管理顾名思义就是从计划下达、采购单生成、采购单执行、到货接收、检验入库、采购发票的收集到采购结算的采购活动的全过程。采购管理包括采购计划、订单管理及发票校验三个组成部分。网上采购也叫网络采购，是以计算机、网络媒体和网络技术为载体，通过网络成熟、便利的工具寻找产品及供应商资源，利用网络信息交流的便捷与高效进行产品的性能价格对比，并将网上信息处理和网下实际采购操作过程相结合的一种新的采购模式。因此，网上采购实际上就是使与采购相关的数据、信息、流程实现电子化，最终达到的目标与传统采购没有差别，在充分利用网络的基础上达成采购各个环节的任务。这种采购模式是网络时代增强企业竞争力、降低成本、提高经济效益的最佳模式。

网上采购的兴起根源于互联网的快速发展。随着信息科技的迅速发展，互联网日益在全球得到了普及与应用。特别是自 20 世纪 90 年代以来，互联网的飞速发展在全球范围内掀起了互联网应用热，世界上各大企业纷纷利用互联网进行相关产品信息的发布，开展产品的电子销售，提供各种信息服务。此外，物流技术的快速发展、国际化人才的参与、信息与支付技术的进步也为跨区域的网上采购提供了良好的支撑，随着供应链的不断延长，生产与贸易已经打破了区域和国界的限制，采购范围日益拓展，网上采购的便捷性、高效性更加得到体现。由此网上采购这种建立在互联网基础上的全新采购方式得到了广泛应用和推广，成为网络时代企业竞争优势的新来源。

网上采购是传统采购技术在当代网络环境下的延伸和发展，它可以避免传统采购的不足，更有利于政府及企事业单位的采购与采购管理，充分体现采购在不同部门、不同单位运行中的重要地位和作用，有利于更好地完成采购的目标任务。网上采购将网上信息处理与网下采购操作过程有机地结合起来。其主要功能包括：（1）利用网络来寻找货源、供应商以及有共同需求的采购者；（2）利用网络来进行产品的或原料的性能价格比较；（3）利用网络展开团购、拍购等一系列技术性贸易磋商，压低企业原材料、零部件或商品的采购价格；（4）根据具体情况，采用具体的采购操作过程。

对于政府和企事业单位来说，可以利用公共采购平台进行网上采购，也可以自行建立网络采购平台进行网上采购。网上采购能够加速商务信息的传输和共享，改善市场和交易信息的不充分性和不对称性，有助于稳定市场秩序，优化整个市场的调节和配置，提高商业流通链效率。它改变了企业原有的采购流程和运作方式，给企业带来了新的竞争潜力。

2. 网上采购的主要类型

按照不同的标准可以将网上采购划分为不同的类型，主要包括：

（1）按网上采购参与的对象划分。

按网上采购参与的对象不同进行划分，可以将网上采购分为政府网上采购和企业网上采购。

政府网上采购是指政府利用在线网络对所需求的采购品实行网上公告、发售标书、开标、评标、定标以及签订电子合同，实现电子化结算，甚至直接进行网上谈判来达到政府网络采购目标的一种方式。政府采购不是以盈利为目的，它行使着管理人的职能。政府采购的资金来自税收等财政收入，采购程序规定较为严格，必须按照相关法律法规的要求进行开支。因此，政府网上采购是公开透明的，要受到公众和新闻媒体等的监督。

企业网上采购是指企业单位利用在线网络进行商品采购的一种方式。与政府网上采购相比，企业网上采购是以盈利为目的的，不像政府采购有诸多限制，企业可以将投标机会限制在少数几个供应商之间。企业通过网上采购，分析采购模式、监控存货与补货延误，更好地制订生产周期和销售计划。

（2）按网上采购信息的来源划分。

按网上采购信息的来源划分，网上采购可分为国际采购和国内采购。国际采购还可进一步按国别细分，国内采购也可细分为中央采购、地方采购。

（3）按网上采购过程的管理划分。

按网上采购过程的管理划分，网上采购可分为集中采购和分散采购。集中采购是由各国各级政府或者其授权的机构确定并公布的采购项目，一般来说，要求集中采购的项目的采购金额是有规定的，如《中华人民共和国政府采购法》第七条、第八条中就有相关规定。

（4）按网上采购进行的方式划分。

按网上采购进行的方式划分，网上采购可分为卖方主导型、买方主导型和中介型。

卖方主导型。卖方为增加市场份额，以计算机网络为销售渠道而实施的电子商务系统，卖方在网站上列出销售品目录、设置在线销售系统或在线拍卖系统，让买方选购或竞买。如戴尔、英特尔、苹果、联想集团等网上销售系统。买方登录卖方主导型系统通常是免费的，卖方保证采购的安全。使用这种系统的好处是访问容易，能直接接触供应商，对于买方来说，无须做任何投资。缺点是难以跟踪和控制采购开支。这种系统是采购人员开始网上采购而又不担风险的理想工具。

买方主导型。买方自己控制的电子商务系统，在买方自己的网站上列出要采购的产品和服务目录，设置在线采购招标系统，由卖方进行竞卖。如美国三大汽车公司联合开发的全球汽车零配件供应商网络、中国石化物资采购电子商务平台、海尔集团的网上招标和上下游供应商等。买方主导型系统通常是连接到企业的内部网，或企业与其贸易伙伴形成的企业外部网，通常由一个或多个企业联合建立，目的是把市场的权力和价值转向买方。这种系统的好处是快速的客户响应、节省采购时间和容许对采购开支进行控制和跟踪，缺点是需要大量资金投入和系统维护成本。

中介型。中介型网上采购是中介机构设立的公共采购平台，将买卖双方要采购的或能提供的产品和服务目录列出来，买卖双方通过网上交易平台可以享受到各类信息查询、信用查询、贸易洽谈、签订合同、支付结算等在线服务。中介型网上采购平台通常有综合市场中介和行业市场中介两种类型，前者如 Ariba、Commerce One、Free Markets 和国内的中国企业采购在线、企业采购在线网等；后者如专门买卖金属（特别是钢材）的 Metal Site、专门经营石油化工和塑料制品的 CheMatch、国内最权威的钢材采购网站中国钢铁采购网等。

（二）网上采购的优势及重要性

1. 网上采购的优势

传统采购是企业一种常规的业务活动过程，即企业根据生产需要，首先由各需要单位在月末、季末或年末，编制需要采购物资的申请计划；然后由物资采购供应部门汇总成企业物资计划采购表，报经主管领导审批后，组织具体实施；最后，所需物资采购回来后验收入库，以满足企业生产的需要。传统采购存在市场信息不灵、库存量大、资金占用多、库存风险大的不足，经常可能出现供不应求，影响企业生产经营活动正常进行，或者库存积压、成本居高不下，影响企业的经济效益。网上采购是 20 世纪 90 年代兴起并发展起来的一种批发和采购商品的方式，相比传统的去批发市场或线下市场采购来说更加方便、省力、快捷，而且种类比较齐全，容易找到。

具体来看，与传统采购相比，网上采购主要有以下几个方面的优势：

一是公正透明。网上采购利用网络平台使采购信息公开化、过程透明化、竞争公平化、中标公正化，由于招标信息在网上发布迅捷、公开、通畅，能够有效扩大竞价范围，确保采购产品价格清晰明了，交易账单记录在案，可以避免很多的暗箱操作，保证政府和企事业单位采购产品的品质；

二是效率高。通过网上采购，采购过程中的关键环节全部实现标准化和电子化，采购流程更加合理有序，大大缩短采购周期。且网上采购主要是线上操作，不用派遣多个采购员跑所有的地方去选购物品，而直接可以在网上浏览不同地区的所有商品，工作内容更加简单，采购效率自然提高；

三是竞争性强。网上采购可以帮助企业实现本地化采购向全球化采购的转变。网上采购平台将市场竞争扩大到全球范围，企业可以更为便利地找到更低的采购价格，根据价格找到最为合适的供应商，而不限制在某一个地方。参加竞争的供应商有同等的机会赢得订单。在激烈的市场竞争中，合格的供应商将来会被邀请参加当前的顾客所发起的网络采购，另外也有更多机会赢得来自新客户的业务。因此，参加网络采购的供应商能看到市场价格并验证自身的竞争能力；

四是节约成本。由于网上采购可以节省人力，很大程度上避免人力浪费，而且省钱省时，可以定时交货，免费送货上门。因此，网上采购能够有效地降低采购费用及相关成本，备受政府和企业青睐。

五是交易模式更为简便。交易模式不像传统的采购需要采取亲自上门的采购模式，网上采购是一种在家就能直接采购的便捷模式。

六是有利于加强对供应商的评价管理。网上采购系统对各个供应商的资料均有记录，有利于政府和企业及时准确地掌握供应商的变化，为政府和企业最终的采购决策提供帮助。

2. 网上采购的重要性

网上采购能够有效地降低采购费用以及材料和服务成本，显著增强企业的竞争力。企业和政府在网上寻找合适的供应商，从理论上讲具有无限的选择性。这种无限选择的可能性将导致市场竞争的加剧，从而能够享受到供应商的供货价格降低的好处。著名的 Mercer 管理顾问咨询公司分别对施乐、通用汽车、万事达信用卡三个具有行业代表性的企业做了一次详尽的电子化采购调查，比较了其运用互联网技术前后的采购流程成本控制，结论是：施乐公司下降83%、通用汽车公司下降90%、万事达信用卡下降68%。B2B网上采购已经成为控制成本的一个有效解决办法。网上采购对降低成本、提高效率、增强企业竞争力等方面起着重要作用。跨境电商采购环节重点在于把握消费者偏好，在此基础上保证产品适销、具备品质保证及价格竞争优势。

（三）网上采购的发展现状及存在的问题①

1. 网上采购发展的现状

（1）网上采购数量日益增加。目前，国内电子商务的发展已经经过了一个前期的普及过程，得到了社会的普遍认同，把电子商务作为网上采购的突破口，选择专业的电子商务网站作为自己的供货伙伴，利用互联网来完成任重量大的采购工作，建立专门的网站为买卖双方搭建沟通桥梁已成为大势所趋。以政府采购为例，据不完全统计，国内建立的政府采购网站的数量有300多家，几乎所有省市一级的城市都已有相关网站，一些县乡级采购部门和第三方的机构也有不少的采购网站。由财政部主办开发的政府采购网站就达126个，其中中央级网站一个，即中国政府采购网，省级、计划单列市级网站37个，地市级网站88个，最终将形成一个以中国政府采购网为中心，覆盖全国的政府采购网络系统。网上采购已成为政府采购改革的热点。政府采购也为竞争激烈的电子商务行业发展带来了新的机遇，越来越多的电子商务网站开始把政府采购当作自己最大的市场增长点。供应商开始逐渐熟悉和积极参与到政府采购中来，许多电子商务网站专门设立了政府采购部门，指派专门人员或销售团队负责政府采购工作。

（2）网上采购水平不一。虽然网上采购已成为一个风潮，但是，国内网上采购的模式却不相同，每个网站之间的水平相差较大，总体上说，国内采购网站采购平台发展得还不

---

① 网络采购发展现状及未来趋势：http://www.360doc.com/content/17/0628/20/7288840_667296224.shtml。

尽如人意，有待完善。纵观国内采购网站，多数采购网站功能较为单一，无法适应迅速发展的网上采购形势，而少数几个网上采购平台虽然具备较为全面系统的功能，但是其远远无法满足市场需求。

（3）采购平台日趋规范。网上采购发展的不断深入和扩大使得市场对网上采购平台的要求日益规范化。但目前多数采购平台或多或少均存在不足之处，据调查，国内现有的绝大多数采购平台都不具备区域集中的功能，这个问题值得关注。同时，国内不少企业逐步进入网上采购平台搭建的项目中，开通信息咨询、业务规划和结合各自特点进行采购流程和模式的设计等，为相关部门和企业服务。对于国内网上采购模式的发展，网上采购应该有多种形式，包括针对不同标的物、阶段等的招标平台；拍卖和反拍卖竞争性平台；单纯谈判平台和目录式采购等。据研究机构分析，更具竞争性的拍卖平台模式已经成为各国比较注重的企业网上采购的模式。

2. 当前网上采购存在的主要问题

基于互联网的网上采购在我国处于刚刚起步阶段，实施的企业也不多，主要是一些大型企业，而且也主要是用于采购直接物料。大量的中小企业还没有实施网上采购。不可否认，在全球网上采购这一方面，我国的起步较晚，发展较慢，而且也存在许多问题：

（1）网上采购形式化。尽管大多数的企业都声称网上采购是其"正在进行着的商业计划的一部分"，但其实只有极少数企业对其供应链中的网上采购有一些粗略的计划。只有很少一部分企业利用网络平台购买办公材料。尽管许多公司都意识到了B2B交易的重要性，但是许多公司目前所做的也仅仅是些最基本的说明书发放或网络宣传之类的小事。

（2）网上采购无法"网络化"。许多公司抱怨，尽管可以利用网络，但是网络与企业传统体系之间存在隔膜。企业可以从在线价目表中选择产品，但是仍不得不采用与过去同样的人力和有纸化的文件及订单程序。

（3）电子采购的"非普遍性"。尽管今天媒体关于电子化、网络经济、互联网等的宣传铺天盖地，但事实上，大部分中小企业仍然无法获得在线服务；而对于另一些小型企业，通过网络进行电子采购的概念还只是最近才听说，还没来得及去体会其真正含义。

（4）相关立法比较滞后，法律规范不健全。我国网上采购的法律规范正在逐步建设中，互联网信息相关的立法比较滞后，采购网络化后，如何保障采供双方的利益，如何进行有效的监督，如何依法避免浪费等，成为重要的问题。

（5）网络相关平台建设和安全问题亟待解决。网上采购没有原来直接面对面进行招标采购的场面，采供双方直接通过网络联系。其最大的缺点就是不能现场看货，只能靠网上的图片来辨别商品的质量，而且交易双方都不清楚对方的虚实，安全性较低。网络可以说关系着每个人的信息安全和利益，因此网上采购的网络平台建设和安全性成为人们关心的问题。在各地运营过程中，对供应商的资质审核对网上采购的正常运营起着重要作用，同时采购平台的相关软件的研发和更新也急需提上日程。若买家选择在网上进行采购，需要寻找信用度高、服务好的商家，只有这样的商家才是长远合作发展的好伙伴，买家不能单看价格低就被吸引进去。

（6）网上采购的标准未能统一规范化。我国网上采购现处于发展初期，缺乏一个基本的网上采购标准，而这正是网上采购规范化所必需的。国内一些企业开发了一些基于反拍卖采购技术的应用软件平台，但终究不能够统一标准。有关部门需要着手从制度上、技术标准上建立一个统一的标准。

（四）网上采购的发展趋势①

1. 从为库存而采购到为订单采购

在商品短缺的状态下，为了保证生产，必然形成为库存而采购，但在如今供大于求的状态下，为订单而采购则成了一条铁的规律。在市场经济条件下，大库存是企业的万恶之源，零库存或少库存成为企业的必然选择，制造订单是在用户需求订单的驱动下生产的，然后制造订单驱动采购订单，采购订单再驱动供应商，这种准时化的订单驱动模式可以准时响应用户的需求，从而降低库存成本，提高物流的速度和库存周转率。

2. 从一般买卖关系发展成战略协作伙伴关系

在传统的采购模式中，供应商与需求企业之间是一种简单的买卖关系，因此无法解决一些涉及全局性、战略性的供应链问题，而网上采购为解决这些问题创造了条件。由于供需双方建立起了一种长期的、互利的战略伙伴关系，因此供需双方可以及时把生产、质量、服务、交易期的信息实现共享，使供方严格按要求提供产品与服务，并根据生产需求协调供应商的计划，以实现准时化采购。最终使供应商进入生产过程与销售过程，实现双赢。

3. 从采购方式单元化到多元化

网上采购方式可以使全球化采购与本土化采购相结合，迅速向多元化方向发展。跨国公司生产的区域布局更加符合各个国家的区位比较优势，而其采购活动也表现为全球化的采购，即企业以全球市场为选择范围，寻找最合适的供货商，而不是局限于某一地区。

总之，网上采购现阶段虽然存在一些问题，但其发展前景依然较好。顺应其发展趋势才能更好地适应当代社会的竞争形势，提高企业竞争力。

（五）网上采购的实施步骤

在经济全球化和国际分工不断深化的背景下，网上采购成为一种必然趋势。网上采购的具体实施步骤如下：

第一步，要进行采购分析与策划，对现有采购流程进行优化，制定出适宜网上交易的标准采购流程。

第二步，建立网站。网站是进行网上采购的基础平台，按照采购标准流程来组织页面。可以通过虚拟主机、主机托管、自建主机等方式来建立网站，特别是加入一些有实力的采购网站，通过它们的专业服务，可以享受到非常丰富的供求信息，起到事半功倍的作用。

第三步，采购单位通过互联网发布招标采购信息（即发布招标书或招标公告），详细说明对物料的要求，包括质量、数量、时间、地点等，对供应商的资质要求等。也可以通过搜索引擎寻找供应商，主动向他们发送电子邮件，对所购物料进行询价，广泛收集报价信息。

第四步，供应商登录采购单位网站，进行网上资料填写和报价。

---

① 网络采购发展现状及未来趋势：http://www.360doc.com/content/17/0628/20/7288840_667296224.shtml。

第五步，对供应商进行初步筛选，收集投标书或进行贸易洽谈。

第六步，网上评标，由程序按设定的标准进行自动选择或由评标小组进行分析评比选择。

第七步，在网上公布中标单位和价格，如有必要对供应商进行实地考察后签订采购合同。

第八步，采购实施。中标单位按采购订单通过运输交付货物，采购单位支付货款，处理有关善后事宜。

按照供应链管理思想，供需双方需要进行战略合作，实现信息的共享。采购单位可以通过网络了解供应单位的物料质量及供应情况，供应单位可以随时掌握所供物料在采购单位中的库存情况及采购单位的生产变化需求，以便及时补货，实现准时化生产和采购。网上采购是一种非常有发展前景的采购模式，它主要依赖于电子商务技术的发展和物流技术的提高，依赖于人们思想观念和管理理念的改变。我国目前已经有不少企业以及政府采用了网上采购的方式，对降低采购成本，提高采购效率，杜绝采购腐败起到了十分积极的作用，因此应该大力提倡这一新的采购方式。

二、采购合同知识

（一）采购合同的概念与特征

1. 采购合同的概念

采购合同是供需双方经过谈判协商一致同意而签订的"供需关系"的法律性文件，合同双方都应遵守和履行，并且是双方联系的共同语言基础。签订采购合同的双方都有各自的经济目的，采购合同是经济合同，双方受"合同法"保护。采购合同是有偿合同，其实质是以等价有偿方式转移标的物财产所有权，即出卖人转移标的物所有权于买方，买方向出卖人支付货款。在采购合同中，买方和卖方都享有一定的权利，承担一定的义务，且双方的权利和义务存在对应关系。采购合同自双方当事人意思表达一致，就可以生效，不需要交付标的物，因而是诺成合同。

2. 采购合同的特征

采购合同有以下主要特征：

（1）采购合同是转移标的物所有权和经营权的合同。采购合同的基本内容是出卖人向买受人转移合同标的物的所有权或经营权，买受人向出卖人支付相应的货款，因此它必然导致标的物的所有权或经营权转移。

（2）采购合同的主体比较广泛。从国家对流通市场的管理和采购实践来看，除生产企业外，流通企业也是采购合同的重要主体，其他社会组织和具有法律资格的自然人也是采购合同的主体。

（3）采购合同与流通过程密切联系。流通是社会再生产的重要环节之一，对国民经济和社会发展有着重大影响，重要的工业品生产资料的采购关系始终是国家调控的重要方面。采购合同是采购关系的一种法律形式，以采购这一客观经济关系作为设立的基础，直接反映采购的具体内容，与流通过程密切联系。

（二）采购合同的主要内容

合同具有法律效力，合同上规定签约者应履行和应获得的权利和义务。因此，签订合同既是一种经济活动，同时也是一种法律行为，签约双方之间达成的一致意见的各项条款构成合同的主要内容。因此，企事业单位之间签订的采购合同的条款构成了采购合同的内容，应当在力求具体明确、便于执行、避免不必要纠纷的前提下，具备以下主要条款：

1. 商品的品种、规格和数量

商品的品种应具体，避免使用综合品名；商品的规格应具体规定颜色、式样、尺码和牌号等；商品的数量多少应按国家统一的计量单位标出。必要时，可附上商品品种、规格、数量明细表。

2. 商品的质量和包装

合同中应规定商品所应符合的质量标准，注明是国家或颁布标准；无国家和颁布标准的应由双方协商凭样订（交）货；对于副、次品应规定出一定的比例，并注明其标准；对实行保换、保修、保退办法的商品，应写明具体条款；对商品包装的办法，使用的包装材料、包装式样、规格、体积、重量、标志及包装物的处理等，均应有详细规定。

3. 商品的价格和结算方式

合同中对商品的价格要做具体的规定，规定作价的办法和变价处理等，以及规定对副品、次品的扣价办法；规定结算方式和结算程序。

4. 交货期限、地点和发送方式

交（提）货期限（日期）要按照有关规定，并考虑双方的实际情况、商品特点和交通运输条件等确定。同时，应明确商品的发送方式是送货、代运，还是自提。

5. 商品验收办法

合同中要具体规定在数量上验收和在质量上验收商品的办法、期限和地点。

6. 违约责任

签约一方不履行合同，必将影响另一方经济活动的进行，因此违约方应负物质责任，赔偿对方遭受的损失。在签订合同时，应明确规定，供应商有以下三种情况时应付违约金或赔偿金：

（1）不按合同规定的商品数量、品种、规格供应商品；

（2）不按合同中规定的商品质量标准交货；

（3）逾期发送商品。

购买者有逾期结算货款或提货，临时更改到货地点等，应付违约金或赔偿金。

7. 合同的变更和解除条件

合同中应规定，在什么情况下可变更或解除合同，什么情况下不可变更或解除合同，通过什么手续来变更或解除合同等。

此外，采购合同应视实际情况，增加若干具体的补充规定，使签订的合同更切实际，行之有效。

（三）采购合同的谈签

采购谈判是由一系列谈判环节组成的。一般来说，采购谈判要经过询盘、发盘、还盘和接受四个环节。

（1）询盘。所谓询盘是指批发商为采购某项商品而向供应商询问该商品交易的各项条件。询盘不是正式谈判的开始，而是联系谈判的环节。在国内的批发采购中，询盘一般没有特定的询盘对象，通常是利用广播、电视、报纸、互联网等公开询盘。在国际采购中，由于距离相对较远、信息传递较为困难，一般有特定的询盘对象。

（2）发盘。发盘就是供应商为出售某种商品而向批发商或者说采购方提出采购该商品的各种交易条件，并表示接受这些交易条件而订立合约。发盘可以由批发商或供应商发出，但多数由供应商发出。

（3）还盘。还盘是指企业在收到发盘后，对发盘内容不同意或存在异议，反过来向供应商提出需要变更内容或建议的表示。按照这一规定，在企业做出还盘时，实际上就是要求供应商答复是否同意企业提出的交易条件，这样供应商成了新的发盘人；其还盘成了新发盘，而原发盘人成了受盘人，原发盘人的发盘随之失效。

（4）接受。接受是指交易的一方在接到另一方的发盘后，表示同意。接受必须在一项发盘的有效期限内表示，且必须以声明的形式或其他行为的形式表示出来并传给对方。

在企业接受发盘之后，就是采购合同的签约，即交易双方签订采购合同，并按照采购合同的权利义务要求来履行合同。

（四）采购合同的管理

采购合同在企业发展过程中发挥的作用越来越重要，因此必须加强对采购合同的管理。采购合同的管理应当做好以下几方面的工作：

（1）加强对公司采购合同签订的管理。加强对采购合同签订的管理，一是要对签订合同的准备工作加强管理，在签订合同之前，应当认真研究市场需要和货源情况，掌握企业的经营情况、库存情况和合同对方单位的情况，依据企业的购销任务收集各方面的信息，为签订合同、确定合同条款提供信息依据。二是要对签订合同的过程加强管理，在签订合同时，要按照有关的合同法规规定的要求，严格审查，使签订的合同合理合法。

（2）建立合同管理机构和管理制度，以保证合同的履行。企业应当设置专门机构或专职人员，建立合同登记、汇报检查制度，以统一保管合同、统一监督和检查合同的执行情况，及时发现问题，采取措施，处理违约，提出索赔，解决纠纷，保证合同的履行。同时，可以加强与合同对方的联系，密切双方的协作，以利于合同的实现。

（3）处理好合同纠纷。当企业的采购合同发生争议或纠纷时，受损一方在争议发生后，可以向违约一方提出赔偿的要求，违约一方应受理受损一方所提出的赔偿要求。双方当事人可协商解决合同争议。协商不成时，企业可以向国家工商行政管理部门申请调解或仲裁，也可以直接向法院起诉。

（4）信守合同，树立企业良好形象。合同履行情况的好坏，不仅关系到企业经营活动的顺利进行，而且也关系到企业的声誉和形象。因此，加强合同管理，有利于树立良好的企业形象。

三、网络商务沟通

语言是沟通的桥梁，沟通是人与人相处的最好方式。跨境电商卖家们要建立好与客户的关系，就要重视沟通这门艺术。网络商务沟通是跨境电商与客户进行信息沟通的主要方式。网络商务沟通主要由网络客服或在线客服来实现。网络客服是基于互联网的一种客户服务工作，是网络购物发展到一定程度细分出来的一种职业，主要是指在开设网店这种新型商业活动中，充分利用各种网上通信工具，为客户提供相关服务的人员。

（一）网络商务沟通的主要形式

常见的网络商务沟通有以下几种形式：

（1）电子邮件。电子邮件又称电子邮箱，它是一种用电子手段提供信息交换的通信方式，可以采用文字、图像、声音等各种格式，运用十分广泛。通过电子邮件系统，用户可以用较低的成本、较快的速度与世界上任何一个地方的网络用户取得联系。电子邮件沟通还比较安全，有的用户比较注重隐私方面的考虑，所以比较偏向于采用邮箱来交流，因此网站的联系方式或者版权的地方应该留一下电子邮箱，以方便沟通交流。

（2）网络电话。网络电话目前也是一种常见的方式，浏览者只要在网页中输入自己的电话号码即可，然后网站运营方的电话就可以主动地拨打过来进行沟通交流。目前市面上网络电话也比较多，但是资费标准、使用情况也各不相同，总体来说资费标准还是比较低的。

（3）网站留言咨询。网站留言咨询这种方式是网站以前最流行的互动方式了，现在用的不是非常的广泛，有的用户嫌打字太麻烦或者只是想简单地了解一下而已。这个时候应该经常的关注留言后台并及时地处理浏览者的留言。

（4）网络传真。网络传真（Network fax）是基于 PSTN（电话交换网）和互联网络的传真存储转发，也称电子传真。它整合了电话网、智能网和互联网技术。原理是通过互联网将文件传送到传真服务器上，由服务器转换成传真机接收的通用图形格式后，再通过PSTN 发送到全球各地的普通传真机上。随着 Internet 的发展和相磁技术的进步，使用极为便利、费用极为低廉、传递速度极快和传输质量极佳的网络传真服务及配套产品，将会更快地在全球普及。

（5）即时通信。即时通信（instant message，IM）是指能够即时发送和接收互联网消息等的业务，是目前 Internet 上最为流行的通讯方式。它的应用方式比较多，现在应用比较广的应该还是 Wechat、QQ 等，所以网站上面应该有可以非常方便找到的用 Wechat、QQ交流的按钮，而且应该是直接点击按钮就可以实现沟通。当前，即时通信已不再是一个单纯的聊天工具，已经发展成集交流、资讯、娱乐、搜索、电子商务、客户服务等为一体的综合化信息平台。

（二）网络商务沟通的优势

1. 沟通更加便捷化

网络这一智能化、个性化、数字化的传输媒介及其强大的交互特性满足了不同文化背景下的经济活动主体对信息的不同需求，为跨文化商务沟通领域的多元文化交流营造了和谐氛围与有利契机。通过网络使商务交流的方式更加多元化，同时也更加高效和便捷，来自各个国家各个文化背景的商务个体或企业都可以通过网络进行有效的交流。

2. 大大降低沟通成本

网络商务沟通的一大优势就是能够有效降低沟通的成本。在过去，跨地区之间的企业进行经济活动时必须借助交通工具才能实现，这样不仅需要花费更多的时间，同时还需要更大的经济成本。而网络商务沟通则能有效避免这一问题，其所花费的成本很小，并且能够为企业的经营管理节约更多的时间，从而使企业能够创造更大的经济效益。

3. 有利于增进文化交流

网络商务沟通具有更大的开放性和融合性，使得不同地区之间的文化差异能够被逐渐消除。网络"虚拟"的信息传输空间将原有的体态、表情、语调等直接交流方式转变为富有艺术色彩的字符、代码、图谱等网络交际语言，可间接、有效地避免跨文化商务沟通中出现的"语言障碍"和"文化冲突"，提高商务管理效率，实现企业营销利润的最大化。同时也能使商务人员感受其他地区的文化，这就更能促使其之间合作关系的达成，对于提高企业的管理效率和创造更大的经济效益起着十分重要的促进作用。

四、跨境电子商务网上交易概览

跨境电子商务是"网购"时代向境外扩散的一种表现形式，被称为"网上丝绸之路"。今天，传统的与现代的通商渠道，正纷纷与互联网结合，实现了"互联网＋"的再创业，跨境电子商务就是在这样的背景下诞生的。

跨境电商正在凭借着全球化、网络化、便捷、直接等优势，成为国内外贸发展新的增长点，从而对贸易畅通、资金融通、民心相通起到非常重要的作用。《2016 年度中国电子商务市场数据监测报告》显示，2016 年中国跨境电商交易规模 6.7 万亿元，同比增长 24%。其中，出口跨境电商交易规模 5.5 万亿元。而电子商务研究中心发布的《2017 年度中国出口跨境电商发展报告》进一步显示，中国跨境电商发展势头正盛，出口仍占主导地位。2017 年，中国出口跨境电商交易规模为 6.3 万亿元，同比增长 14.5%，出口跨境电商卖家品类主要分布在 3C 电子产品、服装服饰、家居园艺、户外用品、健康美容、鞋帽箱包等。目前中国跨境电商平台迅速发展，主要有 B2B 类和 B2C 类两种。前者如阿里巴巴国际站、TOOCLE3.0（生意宝）、中国制造网、大龙网、敦煌网等；后者则有全球速卖通、eBay、亚马逊、兰亭集势、米兰网、跨境通等。这些平台成为中国和全球商家的中介，有效促进了资源的全球流通。

2017 年"双十一"全球狂欢节创下了 1 682 亿元交易额的新纪录，这其中离不开跨境电商的贡献。根据阿里巴巴的数据，有 225 个国家和地区的人们参与了这场狂欢，共产生 8.12 亿物流订单，而当天售出的商品覆盖到全球 52 大核心商圈、超 100 万商家。通过跨境电商平台，消费者和商家真正实现了"买全球、卖全球"。

根据中国电子商务市场数据监测报告预测，中国跨境电商交易规模仍能保持年均 20.1% 的复合增速，到 2020 年跨境电商交易规模达到 12 万亿元，占整体货物进出口比重超过 37%。随着互联网技术的不断提升，目前海外电商在交易的便捷性、功能的丰富性等方面也对线下零售展示出自身的优势。以中国货品的主要出口地美国、欧洲为例，美国在 2016 年电商销售额超过 3 500 亿美元。而欧洲作为一个整体，其 B2C 电商市场规模在 2016 年达到 5 100 亿欧元，同比增长 12.1%。

根据《2016 年度中国电子商务市场数据监测报告》显示，近年来受劳动力成本上升冲击，中国传统贸易出口增速不断放缓，我国产品主要出口地美国、欧盟、东盟、日本都出现了出口额下滑现象。而与之相对应的，这些地区也是我国跨境出口电商的主要市场，且跨境出口电商在这些市场的增长速度非常可观。与传统贸易相比，跨境出口电商竞争力的核心就是效率，这种效率来源于缩减贸易中间环节。传统的贸易模式下，中国制造商先将货物销售给出口商，出口商再经跨境贸易将货物销售给境外渠道商，境外渠道商再将货物销售给零售企业，最后再向消费者进行售卖。传统贸易模式环节众多主要是在信息相对闭塞、交易方式落后、跨境法律政策差异背景下，跨境贸易需要通过多层分工来保证顺利完成。而跨境电商网上交易就可以有效规避这些问题，因此具有良好的发展前景。

第二节　跨境电子商务电子合同签订

一、电子合同

（一）电子合同概述

1. 电子合同的概念

合同（contract），又称为契约、协议，是平等的当事人之间设立、变更、终止民事权利义务关系的协议。合同作为一种民事法律行为，是当事人协商一致的产物，是两个以上的当事人意思表示相一致的协议。只有当事人所作出的意思表示合法，合同才具有国家法律约束力。依法成立的合同从成立之日起生效，具有国家法律约束力。当前，合同已成为保障市场经济正常有序运行的重要法律手段。

通常，纸质合同在传统的商业交易里使用较为常见，需要签订合同当事人双方约定时间和约定地点，派合法的代表人进行合同的审核与签订，当签字仪式完成之后，这笔交易即产生约束双方行为的法律效力。在商业活动中，合法的纸质合同的签订，是安抚买卖双方完成交易活动的定心丸。

随着互联网和信息技术的发展，电子合同因其传输方便、节约、高效等优点得以迅速发展，电子合同的使用看起来更加符合社会的发展潮流。电子合同的使用部分替代了纸质合同的效力。听到电子合同这个概念，有人就会产生疑问：什么是电子合同；使用电子合同是否安全，是否合法有效；是否能够与纸质合同产生一样的法律效力，能够保证交易的安全；电子合同要怎么使用。这一系列的问题困扰了部分使用者和正在考虑使用电子合同的经济主体。

电子合同，又称电子商务合同，根据联合国国际贸易法委员会《电子商务示范法》以及世界各国颁布的电子交易法，同时结合我国《合同法》的有关规定，电子合同可以界定为：电子合同是双方或多方当事人之间通过电子信息网络以电子的形式达成的设立、变更、终止财产性民事权利义务关系的协议。简单理解，电子合同即是合同当事人通过电子信息网络，全程以电子形式签字的有效协议。电子合同在跨境电商交易过程中将会越来越实用和普及。电子合同与传统的合同有着显著的区别，电子合同当事人的确认、要约、承诺及合同的效力问题都是现代立法中的难点。

2. 电子合同的基本要素

传统的商务合同成立有以下四个基本要素：

（1）合同内容：合同的内容即合同的当事人订立合同的各项具体意思表示，具体体现为合同的各项条款。没有合同内容，不能反映交易各方的意思表达。

（2）合同载体：通常使用纸张作为合同载体。

（3）合同签名或盖章：签名或盖章表示合同签署者对合同条款达成合意。

（4）合同文本的交换方法：经常使用当面传递或邮寄的方法交换合同文本。

上述四个基本要素是相互关联，缺一不可的。根据功能等同原则[①]，若要在交易活动中使用电子合同，也必须同时具备传统合同的四个基本要素，电子合同才能够具有法律效力。只是在网络环境下，传统合同的四个基本要素的形式发生了变化。电子合同的四个基本要素分别表现为：

（1）合同内容：在合同内容上，电子合同与传统合同没有区别，但电子合同应注意合同内容的完整性和不可更改性。

（2）合同载体：电子合同使用数据电文作为合同的载体。

（3）合同签名或盖章：电子合同的签名或盖章可以使用电子签名或电子盖章。

（4）合同文本的交换方法：电子合同使用电子通信交换合同文本。

3. 电子合同的分类

合同的分类就是将种类各异的合同按照特定的标准所进行的抽象性区分。一般来说，依据合同所反映的交易关系的性质，可以分为买卖、赠与、租赁、承揽等不同的类型。我国《合同法》就以此为标准，建立了有关合同的法律制度。当然，合同的分类还可以有其他不同的标准。电子合同作为合同的一种，也可以按照传统合同的分类方式进行划分，但基于其特殊性，还可以将其分为以下几种类型：

（1）从电子合同订立的具体方式的角度，可分为利用电子数据交换订立的合同和利用电子邮件订立的合同。

（2）从电子合同标的物的属性的角度，可分为网络服务合同、软件授权合同、需要物流配送的合同等。

（3）从电子合同当事人性质的角度，可分为电子代理人订立的合同和合同当事人亲自订立的合同。

（4）从电子合同当事人之间的关系的角度，可分为 B2C 合同，即企业与个人在电子商务活动中所形成的合同；B2B 合同，即企业之间从事电子商务活动所形成的合同；B2G 合同，即企业与政府进行电子商务活动所形成的合同。

其中，电子数据交换和电子邮件是电子合同订立的两种最主要的形式。电子数据交换，也称 EDI（electronic data interchange）。根据国际标准化组织（ISO）的定义，EDI 是"将商务或行政事务按照一个公认的标准，形成结构化的事务处理或文档数据格式，从计算机到计算机的电子传输方法"。例如，国际贸易中的采购订单、装箱单、提货单等数据的交换。电子邮件（E-mail）是以网络协议为基础，从终端机输入信件、便条、文件、图片或声音等，最后通过邮件服务器将其传送到另一端的终端机上的信息。它也是因特网上

---

① 功能等同原则指电子单证、票据或其他文件与传统的纸面单证、票据或其他文件具有同等的功能时就应当肯定其法律效力并在法律上同等对待。

最频繁的应用之一。电子邮件具有快捷、方便、低成本的优势，在许多方面都超过了传统的邮件投递业务。较之 EDI 合同，以电子邮件方式所订立的合同更能清楚地反映订约双方的意思表示。但电子邮件在传输过程中易被截取、修改，故安全性较差。为此，在电子交易中，应当鼓励订约双方使用电子签名，以确保电子邮件的真实性。

4. 电子合同的特征

电子合同这种民事法律行为是双方或者是多方民事主体的法律行为，当事人之间以电子的方式设立、变更、终止财产性民事权利义务为目的，当事人之间签订的这种合同是合同的电子化，是合同的新形式。根据《电子商务示范法》中有关规定，电子合同是以财产性为目的的协议，该示范法列举了大量商业性质的关系。

由于电子合同的意思表示是由计算机通过数字转化来完成的，因此电子合同也被称为数字合同。它由物质的流动转变为电子的流动，以电子数据、电子单据、数字货币、电子银行等取代有形的合同书、票据、纸币、银行等。同传统的合同相比，它有着不同的特征，主要表现为：

（1）交易主体虚拟和广泛。电子合同订立的整个过程所采用的是电子形式且符合易保全的特性，通过电子邮件、EDI 等方式进行电子合同的谈判、签订及履行等。这种合同方式大大地节约了交易成本，提高了经济效益。电子合同的交易主体可以是地球村的任何自然人和法人及其相关组织，合同的签订和履行不受时间空间的限制，这种交易方式当然需要提供一系列的配套措施，如建立信用制度，让交易的相对人在交易前知道对方的资信状况，在世界经济全球化的今天，信用权益必将成为一种无形的财产。

（2）技术化、标准化。电子合同是通过计算机网络进行的，有别于传统的合同订立方式，电子合同的整个交易过程都需要一系列的国际国内技术标准予以规范，如电子签名、电子认证等。这些具体的标准是电子合同存在的基础，如果没有相关的技术与标准电子合同是无法实现和存在的。

（3）合同订立电子化。电子合同的签订都是通过网络进行的，是电子化、无纸化的运作过程。我国《合同法》规定合同的订立需要有要约和承诺这两个过程，电子合同同样也需要具备这些要件。传统的合同的要约和承诺采用的方式不同于电子合同，电子合同中的要约和承诺均可以用电子的形式完成，它只要输入相关的信息符合预先设定的程序，计算机就可以自动做出相应的意思表示。

（4）合同中的意思表示电子化。意思表示的电子化，是指在合同订立的过程中通过相关的电子方式表达自己的意愿的一种行为，这种行为的表现方式是通过电子化形式实现的。《电子商务示范法》中将电子化的意思表示称为"数据电文"。

（5）合同履行的无纸化。合同履行的无纸化即所谓的在线经营，它是通过网上信息传递来代替合同的实物履行，用电子流代替物质流，合同履行内容中（付款、交货、提供劳务服务等）除必须实物交货和提供劳务的电子合同外，其他电子合同均可直接在网上履约。电子货币、电子钱包、网上银行、电子票据完全可以实现支付功能。以计算机软件、图纸、音乐等为内容的无形产品，可以通过网上下载、电子邮件的方式进行交货；技术咨询、教育培训等提供服务类的合同也可以通过网络数字信息的传递来完成。

（二）电子合同的操作知识

1. 电子合同的订立与成立

订立合同一般要经过要约和承诺两个步骤，因此要约的确定具有重要的法律意义。要约是希望和他人订立合同的意思表示，该意思表示应当符合两个条件：一是要内容具体明确；二是要表明经受要约人承诺，要约人即受该意思表示约束。所谓内容具体明确，是要求要约的内容应当具备合同成立所必需的条款。在合同内容具体明确的基础上，只要受要约人作出承诺，合同就成立了。我国《合同法》第二十一条规定："承诺是受要约人同意要约的意思表示"。意思表示是否构成承诺需具备以下几个要件：首先，承诺必须由受要约人向要约人做出；其次，承诺必须是对要约明确表示同意的意思表示；再其次，承诺的内容不能对要约的内容做出实质性的变更；最后，承诺应在要约有效期间内做出。

因此，电子合同的订立就是指缔约人做出意思表示并达成合意的行为和过程。任何一个合同的签订都需要当事人双方进行一次或者是多次的协商、谈判，并最终达成一致意见，合同即可成立。电子合同的成立是指当事人之间就合同的主要条款达成一致的意见。关于电子合同中要约的形式，联合国的《电子商务示范法》第 11 条规定：除非当事人另有协议，合同要约及承诺均可以通过电子意思表示的手段来表示，并不得仅仅以使用电子意思表示为理由否认该合同的有效性或者是可执行性。要约的形式，既可以是明示的，也可以是默示的。

电子合同作为合同的一种特殊形式，其成立与传统的合同一样，同样需要具备相关的要素和条件。世界各国的合同法对合同的成立大都减少了不必要的限制，这种做法是适应和鼓励交易行为，增进社会财富的需要，所以说在电子合同的成立上，只要当事人之间就合同的主要条款达成一致的意见即可成立。

2. 网上交易中的要约与要约邀请

要约邀请不同于要约，要约邀请是指希望他人向自己发出要约的意思表示。在电子商务活动中，从事电子交易的商家在互联网上发布广告的行为到底应该视为要约还是要约邀请？在该问题上学界有不同的观点，一种观点认为是要约邀请，他们认为这些广告是针对不特定的多数人发出的。另一种观点认为是要约，因为这些广告所包含的内容是具体确定的，其包括了价格、规格、数量等完整的交易信息。

要约一旦做出就不能随意撤销或者是撤回，否则要约人必须承担违约责任。我国《合同法》第十八条规定："要约到达受要约人时生效。"由于电子交易均采取电子方式进行，要约的内容均表现为数字信息在网络上传播，往往要约在自己的计算机上按下确认键的同时对方计算机几乎同步收到要约的内容，这种技术改变了传统交易中的时间和地点观念。为了明确电子交易中何谓要约的到达标准，《合同法》第十六条第二款规定："采用数据电文形式订立合同，收件人指定特定系统接收数据电文的，该数据电文进入该特定系统的时间，视为到达时间；未指定特定系统的，该数据电文进入收件人的任何系统的首次时间，视为到达时间。"

根据电子交易的形式和国内外的法律规定，可以分为三种类型来分析要约、要约邀请与承诺。

（1）通过访问页面进行交易。此类多为 B2C（Business to Consumer）交易，消费者进入商家页面，浏览商品，将选中的商品放入购物车，然后进入结账页面，消费者可以看到购买物品的清单，在点击"确定"后，商家提供若干种付款方式供消费者选择：第一种是在线支付，在线交货（下载）；第二种是在线支付，离线交货；第三种是离线交货，货到付款。如果卖方向消费者发出通知，表示收到要约并接受，则是承诺；如果卖方未在页面上做出承诺的表示或发出承诺，而是做出送货或发货的行为，则该行为也是承诺。

（2）通过网络交易中心交易。此类交易主要是 B2B（Business to Business），买方可以选择在线支付，卖方利用货物配送系统来履行。这种交易方式类似于口头协商，与传统交易中的要约承诺别无二致。

（3）在线订立合同或发布广告。根据联合国《通信公约》第 11 条，通过一项或多项电子通信提出的订立合同提议，凡不是向一个或多个特定当事人提出，而是向可供使用信息系统的当事人一般查询的，包括使用交互式应用程序通过这类信息系统发出订单的提议，应当视作要约邀请，但明确指明提议的当事人打算在提议获承诺时受其约束的除外。比如，在纸面环境中，报纸、广播电视、商品目录、产品手册、价目表或其他媒体上的广告，如果是普遍面向公众的，而不是针对某一个或多个特定的人，一般都视为要约邀请。对网上交易采用的办法不应有别于对纸面环境中同等情形所采用的办法。

3. 网上交易中要约的撤回和撤销

要约的撤回，是指要约人在发出要约后，到达受要约人之前，取消其要约的行为。我国《合同法》第十七条规定："要约可以撤回，但撤回要约的通知应当在要约到达受要约人之前或者同时到达受要约人。"虽然按照法律的规定，网上交易的要约在理论上也是可以撤回的，但是，由于电子信息传输的高速性，要约人采用快速通信的方法发送信息，实际上基本不可能在要约到达受要约人之前或者同时到达受要约人的情况下撤回要约。

要约的撤销是指在要约生效后使要约失效的行为。我国《合同法》第十八条规定："要约可以撤销，但撤销要约的通知应当在受要约人发出承诺通知之前到达受要约人。"在线交易中，要约能否撤销取决于交易的具体方式。根据《合同法》的规定，受要约人在收到要约后有一个考虑期，这个期限的长短可以由要约人在其要约中说明或由交易习惯决定。在受要约人未承诺前，要约人可以撤销要约。因此，要约人能否撤销要约取决于受要约人的回应速度。如果当事人采用电子自动交易系统从事电子商务，承诺的做出是即刻的，要约人就没有机会撤销要约；如果当事人在网上协商，可能因为讨价还价形成新要约，这时候要约人在受要约人做出承诺前是可以撤销要约的。

4. 电子合同的生效

（1）电子合同的成立时间。电子合同的成立时间是指电子合同开始对当事人产生法律约束力的时间。在一般情况下，电子合同的成立时间就是电子合同的生效时间，合同成立的时间是对双方当事人产生法律效力的时间。一般认为收件人收到数据电文的时间即为到达生效的时间①。联合国《电子商务示范法》第 15 条和我国的《合同法》第十六条的规定基本相同：如收件人为接收数据电文而指定了某一信息系统，该数据系统进入该特定系统的时间，视为收到时间。如收件人没有指定某一特定信息系统的，则数据电文进入收件

---

① 关于生效时间的法律规定有两种：一是大陆法系采用到达主义，即以信件到达接受人处为生效；二是英美法系采用发送主义，只要发出人将信件投邮即生效。在当前的信息技术条件下，发送与到达的时间差越来越小，到达主义与发送主义的差别所产生的利弊也大大淡化，二者的实际效果越来越接近。

人的任一信息系统的时间为收到时间。对于什么是"进入"，一项数据电文进入某一信息系统，其时间应是在该信息系统内可投入处理的时间，而不管收件人是否检查或者是否阅读传送的信息内容。

（2）电子合同的成立地点。确定电子合同成立的地点涉及发生合同纠纷后由何地、何级法院管辖及其适用法律问题。我国《合同法》第三十四条规定，承诺生效的地点为合同成立的地点。采用数据电文形式订立合同的，收件人的主要营业地为合同成立的地点；没有主要营业地的，其经常居住地为合同成立的地点，当事人另有约定的，按照其约定。我国立法对电子意思表示采取的是"到达主义"，所以规定以收到地点为合同成立的地点，其原因是考虑到当事人意思自治原则和特殊性问题。我国《合同法》第三十四条之所以这样规定，主要是因为电子交易中收件人接收或者检索数据电文的信息系统经常与收件人不在同一管辖区内，上述规定确保了收件人与视为收件地点的所在地有着某种合理的联系，可以说我国《合同法》这一规定充分考虑了电子商务不同于普遍交易的特殊性。

（3）电子合同的生效要件。电子合同的成立只是意味着当事人之间已经就合同内容达成了一致的意思表示，但合同能否产生法律效力，是否受法律保护还需要看它是否符合法律的要求，即合同是否符合法定的生效要件。因此，电子合同的成立并不等于电子合同的生效。在法律效力上，当一份电子合同由要约人发出要约，受要约人向要约人作出承诺时，合同即可以成立，同时电子合同作为一种典型的民事法律关系，其生效还应当具备以下几个要件：①行为人具有相应的行为能力；②意思表示真实；③不违反法律或社会公共利益。这三个条件是电子合同生效的一般要件，电子合同满足这三个条件即可发生与纸质合同相同的法律效力。当然，有些电子合同可能还需要具备特殊的要件。目前，我国电子合同的使用仍然参考《合同法》，与纸质合同参考的法律权利和法律义务一样。

5. 电子合同的监督管理

网上广告、网上购物、网上合同、网上支付等新型网上交易活动给工商行政管理机关提出了新的要求。工商行政管理机关对电子合同进行监督管理责无旁贷，对电子合同监管能促进网络市场交易的公平性、安全性、经济性，能有效地保护消费者和经营者的合法权益，能减少合同争议和违法合同，提高合同的履约率，维护市场交易安全，促进经济的发展。

当前，工商管理部门应着重从以下几个方面加强对电子合同的监督管理：

（1）建立电子合同监管平台。工商行政管理机关应该按照所辖区域设立电子合同监管平台，各级工商行政管理机关应该对所辖区域的经济主体、经济情况对公众公开，以备市场相对人进行查询和了解。这种信息包括企业的信用、资金、企业产品质量，有无违规经营等一切公众资料，涉及企业商业秘密的未经权利人同意的不能公开。

（2）对电子合同的监管应该是对电子合同是否违反法律、法规、规章进行审查。纠正电子合同中违法行为，查处利用电子合同进行违法交易的行为，以及违约的处罚。

（3）完善我国物流配送体系，加强电子合同依法履行的监管工作，促进电子合同交易的成功率。

（4）建立电子合同签证网。电子合同签证是对合同签证的延伸，电子合同签证网的建立能有效地弥补书面签证的缺陷，减少人力、物力和财力方面的支出，提高工作效率。

（5）建立网上电子合同监管投诉中心，及时反映合同监管中的问题，保护消费者的合法权益。

（6）加强有关电子合同法律法规的研究制定工作，建立有效的网络监管体制，维护网上交易市场安全。

（7）加强执法人员的培训工作，提高执法人员的监管水平。电子合同监管是一项技术性很强的工作，涉及的知识面广，需要不断地学习和更新知识结构，才能更好地加强电子合同的监管。

二、电子签名

（一）电子签名提出的背景

我国的《合同法》第三十二条规定："当事人采用合同书形式订立合同的，自双方当事人签字或者盖章时合同成立。"当事人的签字或者盖章，意味着自然人或者法人在合同书上签名或者是加盖公章合同才发生法律效力。在电子商务合同中，由于交易的主体之间可能互不相识，或者相隔万里，在整个交易过程中甚至未能见面，要在这种电子合同书上签字或者盖章是很困难的。所以，在实践中用何种技术来解决签名和盖章问题是电子合同成立与生效的关键。而电子签名这种用来证明交易主体各自身份的电子签字机制应运而生。联合国《电子商业示范法》确认在使用纸张的环境中签字所起的功能时，考虑到签字的下述功能：确定一个人的身份；肯定是该人自己的签字；使该人与文件内容发生关系。除此之外，视所签文件的性质而定，签字还有多种其他功能。例如，签字可以证明一个当事方愿意受所签合同的约束，证明某人认可其为某一案文的作者；证明某人同意一份经由他人写出的文件的内容；证明一个人某时身在某地的事实。

1997年和1998年，在联合国国际贸易法委员会电子商务工作组第30次、第31次会议上，委员会根据《电子商业示范法》不偏重任何技术的原则，确定在数据电文的签名中，任何一种签名方法不应妨碍其他认证技术的使用，并提出应当就数字签名和其他电子签名日益普遍使用而引起的新的法律问题达成一致。从这一立场出发，委员会决定起草《电子签名示范法》，从而开始了对电子签名的深入研究。

（二）电子签名的概念及功能

1. 电子签名的概念

电子签名是现代认证技术的泛称，美国《统一电子交易法》规定，"电子签名"泛指"与电子记录相联的或在逻辑上相联的电子声音、符号或程序，而该电子声音、符号或程序是某人为签署电子记录的目的而签订或采用的"；联合国《电子商务示范法》中规定，电子签名是包含、附加在某一数据电文内，或逻辑上与某一数据电文相联系的电子形式的数据，它能被用来证实与此数据电文有关的签名人的身份，并表明该签名人认可该数据电文所载信息；欧盟的《电子签名指令》规定，"电子签名"泛指"与其他电子记录相联的或在逻辑上相联并以此作为认证方法的电子形式数据。"通俗点说，电子签名就是通过密码技术对电子文档的电子形式的签名，并非是书面签名的数字图像化，它类似于手写签名或印章，也可以说它就是电子印章。从上述定义来看，凡是能在电子通信中，起到证明当事人的身份、证明当事人对文件内容的认可的电子技术手段，都可被称为电子签名，电子签名即现代认证技术的一般性概念，它是电子商务安全的重要保障手段。

与电子签名密切联系的一个概念是电子认证。电子认证与电子签名一样都是电子商务中的安全保障机制，是由特定的机构提供的，对电子签名及其签署者的真实性进行验证的服务。电子认证，是指由特定的第三方机构通过一定的方法对签名及其所做的电子签名的真实性进行验证的一种活动。电子认证是电子政务和电子商务中的核心环节，可以确保网上传递信息的保密性、完整性和不可否认性，确保网络应用的安全。

2. 电子签名的功能

以纸张为基础的传统签名主要为了履行下述功能：（1）确定一个人的身份；（2）肯定是该人自己的签名；（3）使该人与文件内容发生关系。为了保证电子商务活动的正常进行，需要具有书面签名功能的电子签名。调查各种正在被使用或仍在研制开发中的签名技术，可以发现，所有这些技术的共同目的都是为手写签名和在纸质环境中的其他认证方式（如封缄或盖章）提供功能相同的替换物。但在电子商务环境中，这些技术还可能实现别的功能，这些功能是从签名功能中产生的，但在纸质环境中却不能找到严格类似的替代物。

为了确保须经过核证的电文不会仅仅由于未按照纸质文件特有的方式加以核证而否认其法律价值，联合国《电子商业示范法》确定了在何种情况下数据电文可视为经过了具有足够可信度的核证，而且可以生效执行，使之达到了签名要求。《电子商业示范法》第7条规定：

（1）如法律要求要有一个人签名，则对于一项数据电文而言，倘若情况如下，即满足了该项要求：第一，使用了一种方法，鉴定了该人的身份，并且表明该人认可了数据电文内含的信息；第二，从所有各种情况来看，包括根据任何相关协议，所用方法是可靠的，对生成或传递数据电文的目的来说也是适当的。

（2）《电子商业示范法》同时规定，无论本条第1款所述要求是否采取一项义务的形式，也无论法律是不是仅仅规定了无签名时的后果，该款均将适用。

《电子商业示范法》第7条侧重于签名的两种基本功能：一是确定一份文件的作者；二是证实该作者同意了该文件的内容。第1款第1项确立的原则是，在电子环境中，只要使用一种方法来鉴别数据电文的发端人并证实该发端人认可了该数据电文的内容，即可达到签名的基本法律功能。在保证安全可靠的基础上，第1款第2项提出了灵活性原则，数据电文的发端人与收件人之间的任何协议只要可靠，就适宜于生成或传递该数据电文所要达到的目的。

因此，电子签名是电子合同实现的技术方式。具有法律效力的电子合同，必须具备以下两个条件：合同签署各方都经过实名认证，且是根据《电子签名法》认可的可靠电子签名，这份电子合同则具备和纸质合同手写签章同等的法律效力。第一个条件可能大家都很容易理解，而第二个条件理解起来会有点困难，可以参照如下解释：根据《电子签名法》第五条～第八条规定，锁定签约主体真实身份、有效防止文件篡改、精确记录签约时间的电子合同才被法律认可。意思就是说，有效电子签名必须：①采用国家机构认证技术，确保电子合同签署主体真实身份；②防篡改技术：采用国际通用哈希值技术固化原始电子文件数据，轻松识别文件是否被篡改；③第三方取时技术：精确记录签约时间。做到以上几点，才能确定电子合同是合法有效的。目前第三方电子合同平台基本上都能满足以上条件，出具的电子合同都为合法有效的，可以放心使用。

（三）电子签名常用的技术——数字签名

1. 数字签名的含义

数字签名是只有信息的发送者才能产生，别人无法伪造的一段数字串，它同时也是对发送者发送的信息的真实性的一个证明。ISO 7498 - 2 标准对数字签名是这样定义的：附加在数据单元上的一些数据，或是对数据单元所做的密码变换，这种数据或变换允许数据单元的接收者用以确认数据单元来源和数据单元的完整性，并保护数据，防止被人（如接收者）伪造。数字签名是目前电子商务、电子政务中应用最普遍、技术最成熟、可操作性最强的一种电子签名方法。所谓"数字签名"就是通过某种密码运算生成一系列符号及代码组成电子密码进行签名，来代替书写签名或印章。它采用了规范化的程序和科学化的方法，用于鉴定签名人的身份以及对一项电子数据内容的认可。它还能验证出文件的原文在传输过程中有无变动，确保传输电子文件的完整性、真实性和不可抵赖性。

2. 数字签名的作用

数字签名要发挥的作用是平常手写签名作用的延伸与拓展。数字签名不仅可以发挥手写签名的作用，还具有以下一些功能：

（1）信息传输的保密性。交易中的商务信息均有保密的要求。如果信用卡的账号和用户名被别人获悉，就可能被盗用；订货和付款的信息被竞争对手获悉，就可能丧失商机，因此在电子商务的信息传播中一般都有加密的要求。

（2）交易者身份的可鉴别性。网上交易的双方很可能素昧平生，相隔万里。对于商家要确认客户端不是骗子，而客户也要相信网上的商店不是一个玩弄欺诈的黑店，因此能方便而可靠地确认对方的身份是网上交易的前提。为顾客或用户开展服务的银行、信用卡公司和销售商店，为了做到安全、保密、可靠地开展服务活动，都需要进行身份认证的工作。对有关的销售商店来说，不知道顾客的信用卡号码，只能把信用卡的确认工作完全交给银行来完成。银行和信用卡公司可以采用各种保密与识别方法来确认顾客的身份是否合法、确认订货和订货收据信息的同时还要注意防止发生拒付款等问题。

（3）数据交换的完整性。交易文件是不能被修改的。比如订购黄金，供货方在收到订单后，发现金价大幅上涨了，如果它能改动订单内容，将订购数 1 吨改为 1 克，则可大幅受益，而订货方就会因此而蒙受损失。因此电子交易文件也要做到不可修改，以保障交易的严肃性和公正性。

（4）发送信息的不可否认性。由于商情的千变万化，交易一旦达成是不能被否认的，否则必然会损害一方的利益。再如订购黄金，订货时金价较低，但收到订单后，金价上涨了，如果供货方否认收到订单的实际时间，甚至否认收到订单的事实，则订货方就会蒙受损失。因此电子交易通信过程的各个环节都必须是不可否认的。

（5）信息传递的不可重放性。如在日常生活中，A 向 B 借了钱，同时写了一张借条给B；当 A 还钱的时候，肯定要向 B 索回他写的借条并撕毁，不然，恐怕 B 会挟借条要求 A 再次还钱。在数字签名中，如果采用了对签名报文添加流水号、时戳等技术，可以防止重放攻击。

数字证书的用途很广泛，它可以用于方便快捷安全地发送电子邮件、访问安全站点、网上招标投标、网上签约、网上订购、网上公文的安全传送、网上办公、网上缴费、网上缴税、网上购物等安全电子事务处理和安全电子交易活动。在网络应用中，数字签名比手工签字更具优越性，数字签名是进行身份鉴别与网上安全交易的通用实施技术。当然，网络环境还有很多其他威胁，要由其他专门技术解决，如防火墙技术、反病毒技术、入侵检测技术等。在网络应用中，凡是要解决伪造、抵赖、冒充、篡改与身份鉴别的问题，都可运用数字签名来处理。

（四）我国电子签名的立法及主要内容

为了规范电子签名行为，确立电子签名的法律效力，维护有关各方的合法权益，中华人民共和国第十届全国人民代表大会常务委员会第十一次会议于 2004 年 8 月 28 日通过了《中华人民共和国电子签名法》（以下简称"《电子签名法》"），自 2005 年 4 月 1 日起施行。2015 年 4 月 24 日第十二届全国人民代表大会常务委员会第十四次会议对《电子签名法》进行了修正。《电子签名法》中明确规定：电子签名是指数据电文中以电子形式所含、所附用于识别签名人身份并表明签名人认可其中内容的数据。而数据电文是指以电子、光学、磁或者类似手段生成、发送、接收或者储存的信息。这部法律规定，可靠的电子签名与手写签名或者盖章具有同等的法律效力，市场交易主体可用手写签名、公章的"电子版"、秘密代号、密码或指纹、声音、视网膜结构等安全地在网上"付钱""交易"及"转账"。而可靠的电子签名要符合以下条件：首先，电子签名制作数据用于电子签名时，属于电子签名人专有；其次，签署时电子签名制作数据仅由电子签名人控制；再其次，签署后对电子签名的任何改动能够被发现；最后，签署后对数据电文内容和形式的任何改动能够被发现。《电子签名法》重点解决了五个方面的问题。一是确立了电子签名的法律效力；二是规范了电子签名的行为；三是明确了认证机构的法律地位及认证程序，并给认证机构设置了市场准入条件和行政许可的程序；四是规定了电子签名的安全保障措施；五是明确了认证机构行政许可的实施主体是国务院信息产业主管部门。

研究性复习与思考

（1）什么是网上采购？主要包括哪些类型？

（2）与传统采购相比，网上采购具有哪些优势？

（3）网上采购未来发展的趋势如何？

（4）试分析跨境电商网上交易发展状况。

（5）网上采购的具体实施步骤有哪些？

（6）采购合同的主要内容有哪些？

（7）采购合同是如何谈签的？

（8）网络商务沟通的主要形式有哪些？

（9）电子合同的概念及基本要素是什么？

（10）电子合同的主要特征有哪些？

（11）电子合同如何订立？其生效要件有哪些？

（12）什么是电子签名？其有何功能？

参 考 文 献

［1］李志勇、吴威、戴敏华：《跨境电子商务教程（助理跨境电子商务师）》，北京理工大学出版社 2015 年版。

［2］杨立钒、杨坚争、万以娴：《跨境电子商务教程》，电子工业出版社 2017 年版。

［3］于立新等：《跨境电子商务理论与实务》，首都经济贸易大学出版社 2017 年版。

［4］汤兵勇、熊励：《中国跨境电子商务发展报告（2015—2016）》，化学工业出版社 2017 年版。

［5］刘敏：《跨境电子商务沟通与客服》，电子工业出版社 2017 年版。

［6］鲁丹萍：《跨境电子商务》，中国商务出版社 2015 年版。

［7］高富平：《电子合同与电子签名法研究报告》，北京大学出版社 2005 年版。

［8］杨俊峰、叶子：《跨境电商连接网上丝绸之路》，载于《人民日报海外版》，2018 年 6 月 12 日。

［9］王姝丽：《网络环境下跨文化商务沟通研究的嬗变》，载于《学术交流》2012 年第 2 期。

［10］高华、杨本芳、赵清：《网络环境下的商务沟通研究》，载于《企业改革与管理》2017 年第 16 期。

第七章　跨境电子商务支付基础

【学习目标】通过本章学习，理解跨境电子商务支付发展进程，理解和掌握跨境银行转账、信用卡支付、第三方跨境支付概念、内容以及流程，了解跨境电子商务支付的风险与监管方式，理解跨境电商进出口政策以及退税政策等。

第一节　跨境电子商务支付概述

一、跨境电子商务支付发展概况

(一) 跨境支付

跨境支付 (cross-border payment) 指在两个及两个以上国家或地区之间因国际贸易、国际投资或其他方面所产生的国际债权债务，需要借助一定的结算工具或支付媒介实现资金在不同国家或地区之间转移的行为。跨境支付产生的主要原因是国际商务活动，少数原因是非商务活动的资金移动。目前，我国跨境支付模式主要是电汇、银联国际、国际卡组织和第三方支付。

电子商务与跨境电子商务迅速发展拉动了跨境支付方式的创新，一种新型的跨境支付方式出现，即跨境电子支付或称跨境互联网支付，它是指以互联网为媒介，为不同国家或地区的交易双方提供基于互联网的在线支付服务。跨境电子支付属于跨境支付的一类，在跨境电子商务快速发展背景下，为跨境电子商务所服务对象的支付均为跨境电子商务下的跨境支付。

(二) 中国跨境支付基本情况

近几年来中国电子商务发展迅猛，2017 年全国电子商务交易额超过 29 万亿元，跨境电子商务整体交易规模（含零售及 B2B）达到 7.6 万亿元，2018 年可增加到 9 万亿元。在这一态势下，跨境支付发展随之加速跟进，仅仅十年间，从 1999 年初创期进入 2017 年的成熟期。

1. 初创期：1999~2004 年

我国第三方支付开始于 1999 年，首信、环讯等第三方支付公司成立。2004 年支付宝成立标志着行业初期结束。其间，第三方支付主要在做银行网关和一些便民增值业务，用户访问只能使用 IE 浏览器。

2. 发展期：2005～2011 年

2005 年之后，国内一系列平台建立起来，第三方支付在自己的优势领域不断尝试，2005～2011 年是第三方支付发展的黄金期，监管部门对第三方支付的态度发生改变，决定实施牌照制，2011 年 5 月发放第一批牌照。支付宝快捷支付的成功实现，给使用者带来良好的支付体验。此时，支付平台模式为账户式支付模式，买卖双方必须在第三方支付平台注册会员、建立新账户并充值，资金从用户银行卡划转到第三方支付公司的银行账户，即备用金账户，用户消费时从虚拟账户进行扣除，并不涉及实体资金的划转。该模式模仿了美国第三方支付 PayPal 模式。

3. 调整期：2012～2016 年

2012 年之后这一期间是国家金融政策调整期，第三方支付公司跟监管部门和传统金融机构的关系非常微妙，监管部门态度摇摆不定，先是叫停二维码支付方式，最终又放开，让二维码支付变成移动支付体系的有效补充。这个阶段最大的创新是 2013 年支付宝推出的余额宝，它将货币基金份额包装为账户余额进行支付，余额宝支付实际包含两个子交易，一是货币基金份额赎回交易，二是余额支付交易，而余额支付交易流程与账户支付的处理流程是一致的。在这个阶段，支付系统架构变成金融账户的支付模式。

4. 成熟期：2017 年至今

2017 年以后国家政策逐渐明晰，相关条例不断完善。网联成立之后，所有线上支付全部要借助网联，第三方支付市场份额趋于固化，主要支付市场由支付宝、微信、银联三大巨头支配，小型支付公司只能错位发展，要么待价而沽。由于国内业务已经快到"天花板"，支付宝和微信支付都在积极进行海外布局，把中国领先的移动支付复制到全球。

（三）跨境电商支付发展的趋势

跨境电子商务发展与跨境电子商务支付发展是相互影响与相互推动的。伴随着跨境电子商务发展与需求刺激，跨境电子商务支付不再局限于货到付款，银行卡跨境网上支付和第三方支付等非现金支付方式得到普遍应用，德国和美国非现金支付方式接近 80%。在跨境电子商务发展刺激下，跨境支付方式不断创新，电子钱包成为英国、德国、美国市场跨境支付的主流，在一些新兴经济体如印度、俄罗斯、墨西哥等国家，电子钱包、移动支付、第三方支付等快速兴起。在跨境电子商务成熟市场，第三方支付、移动支付、电子支付方式种类丰富，如德国的 ELV、Giropay、Sofortuberweisung，美国的 Secure Vault、Click and Buy 及 Affirm、Allied Wallet、Amazon Payments、Bill Me Later、Dwolla、Ebates、eBillme、eLayaway、Get Financing、GreenDot、Google Wallet、Mazooma、MyECheck、Open-bucks、Payfone、PayltSimple、Paymate、SafetyPay、Skrill、TeleCheck、UnionPay、WePay、Zipmark、ZipZap 等。许多国家都在加快支付系统的建设，PayPal、支付宝、财付通、Amazon 钱包、Pay Zipp、Stripe 等第三方支付机构发力跨境支付业务，Facebook、微信、QQ、Twitter 等社交平台也增加了支付功能。当前，跨境电商支付发展呈以下趋势：

（1）美欧是两个最大的互联网支付市场。目前欧美规模约占全球互联网支付的八成，他们有一个共同特征是跨境交易占比很高，并在不断增长。来自 Amazon 等大型电子商务提供商的交易数据显示，美欧近三年的跨境交易量从 45.21% 上升到 46.63%，占交易总量的近一半。

（2）中国是发展最快的跨境支付市场。根据中国旅游研究院、携程发布的《2017 出境旅游大数据报告》，2017 年中国公民出境旅游突破 1.3 亿人次，花费达 1 152.9 亿美元，保持世界第一大出境旅游客源国地位。经商务部初步估算，目前我国居民一年去境外购物消费大约 2 000 亿美元，大量使用银行卡境外消费。凯捷咨询公司（Capgemini）发布的《2017 年全球支付报告》显示，2014～2015 年全球非现金交易量增长 11.2%，达到 4 331 亿美元，是过去十年来最大的增长。有两个地区推动这一增长，一个是新兴亚洲，增长率为 43.4%；另一个是中欧、中东和非洲，增长率为 16.4%。在非现金交易量的十大市场中，中国攀升至第三，交易量为 381 亿美元。报告指出，非现金交易增长正在发生，因为政府法规改变了支付流程、业务模式和解决方案。监管机构采取了一种变革性的方式，在支付服务之间注入竞争和创新。关键的监管和行业举措（KRIIs）有可能在标准化和透明度方面取得实质性成果，这有望刺激创新的客户解决方案。

（3）境外购物网站的扩张将加速网络支付发展。由于互联网信息技术发展，人们消费观念与消费方式发生改变，传统贸易方式出现危机，不少依赖于出口贸易的企业遇到了前所未有的困境，这些企业既要开源又要节流，跨境电子商务无疑成为跨越跨境的主要路径，很多境外的企业和商户纷纷将橄榄枝投向境内支持跨境网购的支付工具，知名度和美誉度成为各网上支付工具提供商最为关注的产品评价标准。银行卡组织方面，VISA 在 2008 年推出了 OneNow.Com，借助双币信用卡开拓中国的跨境消费群体；中国银联 2009 年与日本最大的网上支付第三方 SBI 推出了"佰宜杰"购物网站，并于 2010 年 6 月与全球最大的网上支付服务提供商 PayPal 合作，为银联卡持卡人提供全球 800 万家网上商户的服务。第三方机构通过研究细分市场，推进产品与服务创新，它们通过与境内外银行卡组织合作，为境内用户海外网购提供服务。如 2009 年，财付通与支付宝两家第三方支付企业获得国家外管局批准可以开办境外收单业务；银联在线 2011 年与 PayPal、三井住友、东亚银行等境外主流银行卡机构合作，支付范围覆盖中国香港、日本、美国等全球主要地区。

（4）支付产品将依托自身优势不断创新。境外网上消费已经受到各界的广泛关注，网络经济效应越发明显，银行卡组织、第三方企业和银行在跨境网上支付业务上均有其各自的优势和局限，长期的"竞合"关系还将继续保持。支付产品为了获取用户的支持和商户的青睐，就要拥有不断创新的能力，着力于产品的完善和创新，以维护、巩固和发展核心竞争力。这一过程将会培养消费者的网上支付习惯，促使网上支付的工具更加先进、网购服务设施不断完善、法律和监管体系持续健全，最终使网上支付的服务体系得到全方位的发展，让更多的消费者在金融危机时体验到网上支付的优势，促进跨境网络购物市场繁荣发展。

二、跨境电子商务支付面临的问题

（一）跨境支付与跨境电子商务发展不匹配

跨境支付受到汇率、税费、政策、基础设施等制约外，还涉及货币之间能否通用、能否实现通汇通兑、不同货币间的汇率波动，跨境支付的方式以及普及率也制约了跨境电子商务发展。

1. 跨境支付水平参差不齐

在跨境电子商务成熟市场如欧美地区，信用卡普及率较高，电子支付发展较快，其接受度与普及也较高；在拉美等发展地区，信用卡与电子支付普及率较低；印度及非洲地区偏好货到付款，尤其是货到现金付款。

2. 跨境支付工具及习惯差异大

各类跨境支付工具在各地区应用各不相同。从全球看，跨境支付工具除了货到付款外还有信用卡支付、预付卡支付、电子支付、网络银行、电子钱包各类移动支付工具等。就第三方支付工具的典型方式电子钱包而言，各地方使用差异也较大，在欧美市场偏好使用PayPal，在中国市场使用支付宝、微信支付等工具，在俄罗斯偏好使用本土运营商提供的电子钱包支付工具，如 Yandex Dengi、Qiwi Wallet 与 Web Money 等。

3. 移动支付使用规模参差不齐

随着移动电子商务发展，尤其是一些新兴市场移动支付增速较高，在中东、拉美地区移动支付在 2014 年增速明显高于欧美等成熟市场。移动支付使用规模表现参差不齐，亚太地区使用人数最多，非洲的使用规模也不容忽视。在非洲、俄罗斯、印度等发展中市场，用户基于对电子支付工具的不信任，大部分用户偏好使用货到付款，尤其是货到现金支付方式，与其较高的网络普及率和移动网络普及率极不匹配。在印度，50% ~75% 的网络订单都是通过货到付款进行的，剩下的多是信用卡或银行转账支付，印度网民尚不习惯在进行购物时提前支付货款。

（二）跨境电子商务支付发展给外汇管理带来的挑战

1. 交易虚拟化和无纸化导致传统单证审核不适应

在跨境电子商务中，双方交易信息和契约要素均以电子形式予以记录和传递，而电子单证很容易被修改而不留任何线索和痕迹，导致传统的单证审核方式难以跟上新的形势变化。而虚拟特性更为突出的虚拟游戏物品等交易产品，其交易的真实性和可测性更是难以把握。如果按照传统服务贸易那样向外汇指定银行提交贸易纸质单证，则难做到相应配套，同时也无法体现出跨境电子商务的优势，即信息流、物流、资金流的高效性和便捷性。

2. 跨境电子商务支付国际收支申报存在困难

一方面通过电子支付平台，境内外电商的银行账户并不直接发生跨境资金流动。另一方面，不同的交易方式下对国际收支申报主体也产生不同的影响。例如，代理购汇支付方式实际购汇人为交易主体，应由交易主体进行国际收支申报，但实施起来较为困难。线下统一购汇支付方式实际购汇人为第三方支付机构，可以第三方支付机构为主体进行国际收支申报，但此种申报方式难以体现每笔交易资金实质，增加了外汇审查和监管难度。与传统货物贸易相比，跨境电子商务的物流方式以快递为主，难以取得海关报关单据等合法凭证，同时也难以获得与资金流相匹配的货物流数据，进而增加了外汇监管工作的复杂性和工作量。

3. 银行难以直接审核跨境电子商务收支

跨境电子商务的虚拟化、无纸化导致外汇管理部门对跨境电子商务交易的真实性、支付资金的合法性难以审核，增大了跨境资金异常流动和反洗钱监管的难度。第三方支付机构的介入，使银行难以看出国际商务收支关联的繁杂交易。由于缺乏对交易双方资讯的了解，指定银行无法直接进行贸易真实性审核。例如，在境外收单业务中，客户的支付指令由支付机构掌握，银行按照支付机构的指令，将资金由客户账户划入人民币备付金账户，通过银行购汇入外汇备付金账户，再将资金由外汇备付金账户汇入目标账户，即便发生在同系统，银行也很难确定各项电子交易的因果关系。

跨境电子商务收支还涉及国际税收、国际税收管辖权以及国际税收协调问题。

第二节 跨境电子商务支付方式

在跨境电子商务各个环节中，支付是非常重要的一个环节，支付不仅会影响到买家的购物体验，还会影响到卖家收取货款的成本，因此，选择正确的支付方式对于买卖双方来说都是重要的交易程序。跨境电子商务支付涉及不同货币之间的转换，不管是卖家还是买家，了解收汇与结汇也是一项重要的交易程序。在跨境电子商务支付中，各国关于跨境支付的规则方式千差万别，形式多种多样，主要有银行转账、信用卡支付、第三方支付等。

一、跨境银行转账

(一) 跨境电汇

跨境电汇，简称 TT，英语全称是 telegraphic transfer，即通过电报办理汇兑。TT 是国际贸易结算术语，是汇款人将一定款项交存汇款银行，汇款银行通过电报或电传给目的地的分行或代理行（汇入行），指示汇入行向收款人支付一定金额的一种汇款方式。电汇是国际汇兑结算方式的一种。电汇 TT 结算适用于国内异地单位之间、单位和个人之间的款项划拨。电汇业务流程如图 7-1 所示。

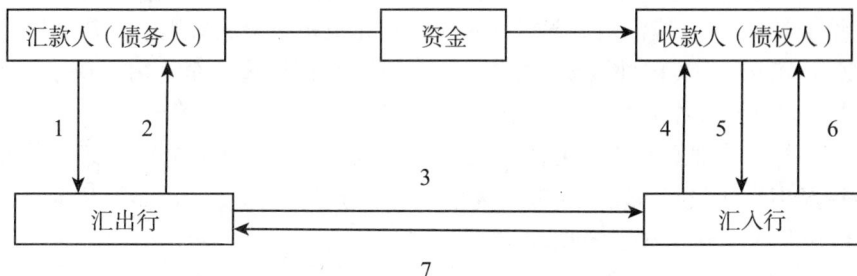

图 7-1 电汇业务流程

流程说明：

（1）电汇申请书交款付费；（2）电汇回执；（3）加押电报、电传、SWIFT；（4）电汇通知书；（5）收款人收据；（6）付款；（7）付讫借记通知书

专栏 7 - 1

SWIFT：

SWIFT 是 society for worldwide interbank financial telecommunications（环球同业银行金融电信协会或环球银行间金融通信协会）的缩写，是国际银行同业间的国际合作组织，也被称为 SWIFT 组织。这是一个国际银行间非营利性的国际合作组织，它依据全世界各成员银行金融机构相互之间的共同利益，按照工作关系将其所有成员组织起来，按比利时的法律制度登记注册，总部设在比利时的布鲁塞尔。其成立于 1973 年，目前全球大多数国家大多数银行已使用 SWIFT 系统。SWIFT 的使用，为银行的结算提供了安全、可靠、快捷、标准化、自动化的通信业务，从而大大提高了银行的结算速度。由于 SWIFT 的格式具有标准化，目前信用证的格式主要都是用 SWIFT 电文。

电汇结算具有交款迅速、安全性高的特点，有利于资金的充分利用，但费用较高。在跨境电子商务进出口实践中，T/T 分为预付、即期和远期，最多的做法是买方先预付 30% 或 70% 即期。T/T 支付有三种情况：

（1）先收款、后发货。通常情况下买方在卖方发货前先预付一部分货款，这种方式对于卖方来说风险比较大。

（2）先发货、后收款。全部发货后买方才付款，一般来说发生在卖方对买方信用认可度较高的时候，或是长期国外交易的客户，同样的这种方式对卖方存在不可预知的风险。

（3）先定金、后余款。国际商务活动中，老客户一般采用 T/T 结算方式比较多，发货前预付一部分如 30% 货款作为定金，余款在发货后付清，买方以见到提单付款复印件后支付余款。对于卖方来说，买方支付的定金比例越大，相对地出口风险就越小。

（二）速汇金业务

速汇金业务英文称为 Money Gram，是一种个人间的环球快速汇款业务，十余分钟可完成由汇款人到收款人的汇款过程，具有快捷便利的特点。速汇金在国内的合作伙伴是中国银行、中国工商银行、交通银行和中信银行。速汇金与西联汇款业务相似，但速汇金只针对个人业务。通过速汇金系统办理汇出款业务，目前仅限于美元。

2017 年 1 月 26 日，速汇金业务以约 8.8 亿美元被蚂蚁金服并购。2018 年 1 月 2 日蚂蚁金服与速汇金表示，美国外资投资委员会（CFIUS）以国家安全为由否决了二者的合并计划。速汇金付款流程如下：

（1）准备外汇管理要求的有关证明文件（如需），到"速汇金"办理柜台填写申请表；（2）持经柜台处理后的表格到现金区缴款；（3）持表回"速汇金"办理柜台办理汇出，并自留一联底单；（4）通知收款人。

"速汇金"取款业务流程如下：

（1）收款人本人持速汇金业务参考号码和有效身份证明到"速汇金"柜台；（2）根据金额大小，按"速汇金"柜台要求提供相关资料；（3）核对无误后，办理取款，自留一联底单。

速汇金业务优势：

（1）汇款速度快。在速汇金代理网点（包括汇出网点和解付网点）能够正常受理业务的情况下，速汇金汇款在汇出后十几分钟即可到达收款人账户。

（2）收费合理。速汇金的收费采用的是超额收费标准，在一定的汇款金额内，汇款的费用相对较低。无其他附加费用和不可知费用：即无中间行费、无电报费。可事先通过网上查询手续费，用户通过 Money Gram 的网站，点击左侧的"How to send money"，然后点击右边的"How much"，输入汇款金额即可知道要付多少手续费。

（3）手续简单。汇款人无须选择复杂的汇款路径，收款人无须先开立银行账户，即可实现资金划转。如果汇美元支取人民币，此业务为结汇业务，无论境内个人还是境外个人，何种事项的结汇，每人每年凭本人有效身份证件可结汇等值 5 万美元（含）。即不再限制单笔结汇金额，只要当年不超过等值 5 万美元即可。所以当客户告知汇了一笔 Money Gram 的时候，只要向客户索取 reference number（汇款密码）八位数；sender's first name（汇款人名字）；sender's surname（汇款人姓），然后到当地有专门的 Money Gram 柜台的相关合作银行的当地支行，填制收款表格，填上客户及自己的相关资料，带上自己的身份证就可以取到钱。

速汇金业务在国内的局限性：（1）速汇金仅在工作日提供服务，而且办理速度缓慢，一年中，可以办理速汇金业务的天数不超过 300 天，而西联汇款 365 天营业。（2）速汇金合作伙伴银行对速汇金业务部不提供 VIP 服务，而西联提供全国 VIP 专窗服务。

参阅资料：百度百科，速汇金业务[①]。

（三）西联汇款

西联汇款是国际汇款公司（Western Union）的简称，是世界上领先的特快汇款公司，迄今已有 150 年的历史，它拥有全球最大最先进的电子汇兑金融网络，代理网点遍布全球近 200 个国家和地区。西联公司是美国财富五百强之一的第一数据公司（FDC）的子公司。中国光大银行、中国邮政储蓄银行、中国建设银行、浙江稠州商业银行、吉林银行、哈尔滨银行、福建海峡银行、烟台银行、龙江银行、温州银行、徽商银行、浦发银行等多家银行是西联汇款中国合作伙伴。

西联汇款的优点是安全性，先收钱后发货，对商家最有利。缺点是汇款手续费按笔收取，对于小额收款手续费高；新买家的信任危机；属于传统型的交易模式，不能很好地适应新型的国际市场。西联汇款分为现金即时汇款和直接到账汇款两类，现金即时汇款包括西联网点、网上银行和银联在线三种方式，付款步骤流程如下：（1）填写汇款表单；（2）支付汇款手续费；（3）签名并接收收据；（4）通知收款人；（5）填写《境外汇款申请书》进行国际收支申报。

跨境电商企业选择西联汇款收款时，取款步骤如下：（1）与发汇人核实汇款人姓名、汇款金额、汇款监控号码及发出汇款国家；（2）收到汇款通知书后，到就近代理西联汇款业务的银行网点兑付汇款；（3）提交《收回申请书》；（4）提取汇款；（5）境外个人的每笔汇款及境内个人等值 2 000 美元以上（不含）的汇款，需要填写《涉外收入申报单》进行国际收支申报。

与普通国际汇款、速汇金业务相比，西联汇款具有比较明显的优点。首先不需开立银

行账户，1 万美元以下业务不需提供外汇监管部门审批文件；其次，汇款在 10 分钟之内就可以汇到，简便快捷。而普通国际汇款需要 3~7 天才能到账，2 000 美元以上还须外汇监管部门审批。

参阅资料：见中国西联，https：//www.westernunion.com/CN/en/wu-in-china-cn.html，西联汇款业务。

二、信用卡支付

国际上有六大信用卡组织，分别是威士国际组织（VISA International）及万事达卡国际组织（MasterCard International）两大组织及美国运通国际股份有限公司（America Express）、中国银联股份有限公司（China UnionPay Co.，Ltd.）、大来信用卡有限公司（Diners Club）、JCB 日本国际信用卡公司（JCB）四家专业信用卡公司。具有较大影响力的是万事达卡国际组织发行的 MasterCard 信用卡和威士国际组织发行的 VISA 信用卡，这两种信用卡是欧美最流行的支付方式，拥有庞大的用户群。跨境电商平台可通过与 MasterCard、VlSA 等国际信用卡组织合作，或直接与海外银行合作，开通接收海外银行信用卡支付的端口。

（一）万事达卡与威士卡

1. 万事达卡（MasterCard）

万事达卡英文为 MasterCard，是由万事达卡国际组织（Mastercard International）对会员银行发行的，信用卡统一使用以红、黄两色圆圈为标志的国际商标，统称万事达卡，是全球第二大信用卡国际组织。1966 年美国加州的一些银行成立了银行卡协会（Interhank Card Association），并于 1970 年启用 Master Charge 的名称及标志，统一了各会员银行发行的信用卡名称和设计，1978 年再次更名为 MasterCard。万事达卡国际组织拥有 MasterCard、Maestro、Mondex、Cirri 等品牌商标。万事达卡国际组织本身并不直接发卡，MasterCard 品牌的信用卡是由参加万事达卡国际组织的金融机构会员发行的。中国农业银行、中国工商银行、中国银行、中国建设银行先后成为万事达国际组织的成员，并分别发行了金穗万事达卡，发行量达 100 万张。

2. 威士卡（VISA）

威士卡英文为 VISA，又译为维萨、维信、汇财卡，是一个信用卡品牌，由位于美国加利福尼亚州旧金山市的 Visa 国际组织（Visa International Service Association）负责经营和管理。VISA 是全球支付技术公司，运营着全球最大的零售电子支付网络，连接着全世界 200 多个国家和地区的消费者、企业、金融机构和政府，促进人们更方便地使用数字货币，代替现金或支票。Visa 的前身是 1900 年成立的美洲银行信用卡公司，1974 年美洲银行信用卡公司与西方国家的一些商业银行合作，成立了国际信用卡服务公司，并于 1977 年正式改为威士（VISA）国际组织，成为全球性的信用卡联合组织。威士国际组织拥有 VISA、ELECTRON、INTERLINE、PLUS 及 VISA CASH 等品牌商标。VISA 不向消费者发卡，也不向消费者提供货款和设定持卡人的卡费及利率，客户关系属于其金融机构的网络直接由金融机构负责管理。

（二）信用卡支付流程

VISA、Master 等国际信用卡在全球的发卡量超过 20 亿张，潜在客户群体庞大，这个巨大的商机对于做外贸的商家很有吸引力。信用卡在线支付安全、快捷、方便，而且符合欧美国家消费习惯，是广大商家必选的一种外贸收款方式。商家直接让第三方支付平台安装一个网关接口到自己的网站上面，国外买家在网站上面订购产品可直接在线下单，在线用信用卡支付这笔订单款项，安全快捷。

信用卡交易流程如图 7 - 2 所示。

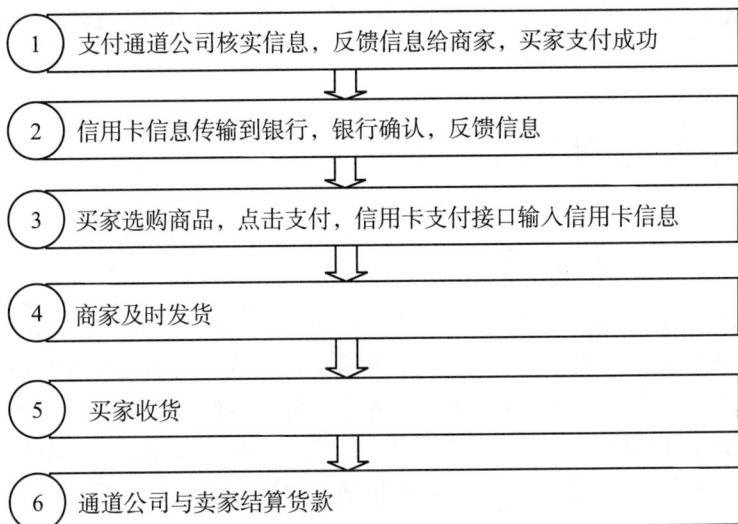

1　支付通道公司核实信息，反馈信息给商家，买家支付成功

2　信用卡信息传输到银行，银行确认，反馈信息

3　买家选购商品，点击支付，信用卡支付接口输入信用卡信息

4　商家及时发货

5　买家收货

6　通道公司与卖家结算货款

图 7 - 2　VISA 或 Master 信用卡交易流程

流程说明：

（1）国外买家在商家的网站选购商品，点击支付，在页面信用卡支付接口中输入他的信用卡信息。

（2）信用卡信息经支付通道传输到银行，银行确认信息后，反馈给支付通道。

（3）支付通道进一步确认信息的真实有效性，反馈信息给商家，国外买家支付成功。

（4）商家根据国外买家留下的信息，及时发货。

（5）货物到达后，国外买家签收，交易成功。

（6）国外买家签收后，通道公司跟商家结算货款。

参阅资料：百度百科，国际信用卡在线支付①。

（三）信用卡交易优缺点

使用 VISA 或 Master 等信用卡交易的优缺点，如表 7 - 1 所示。

① https：//baike. baidu. com/item/%E5%9B%BD%E9%99%85%E4%BF%A1%E7%94%A8%E5%8D%A1%E5%9C%A8%E7%BA%BF%E6%94%AF%E4%BB%98/15713288。

表 7 – 1   VISA 或 Master 等信用卡交易优缺点

项目	内容
优点	迎合国外买家的消费习惯，使支付更方便
	潜在客户多，全球超过 20 亿发卡量，几乎涉及全球所有国家
	用银行信用，银行作担保，保证买卖双方利益
	国外信用体系健全，如果客户恶意拒付，会在银行终身留记，影响一生
	体现方便，只要提供一张国内银行借记卡便可提取现金
缺点	通道维护费用高，技术费、年费从几千元到上万元，前期投入比较大

三、第三方跨境支付

(一) 第三方跨境支付概述

第三方支付是指基于各种网络，提供线上和线下的支付渠道，完成从用户到商户的货币汇兑、互联网支付、移动电话支付、固定电话支付、数字电视支付等网络支付以及预付卡的发行与受理、银行卡收单和其他支付服务等系列过程的一种支付交易活动。

第三方跨境支付是具有一定信誉和实力，且独立于商户和银行，为境内外消费者提供有限服务的一种支付活动。为第三方跨境支付活动而成立的支付机构称为第三方跨境支付平台。

第三方跨境支付活动流程如图 7 – 3 所示。

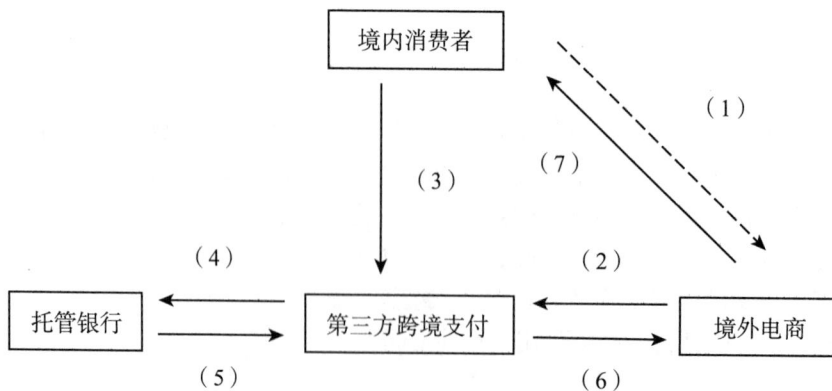

图 7 – 3　第三方跨境支付活动流程

说明:

(1) 确定购买商品和服务，下订单。

(2) 境外电商提供商品信息。

(3) 境内消费者确认购买信息。

（4）第三方跨境支付平台通知托管银行支付信息。

（5）反馈购汇信息。

（6）第三方跨境支付平台提供购汇款信息。

（7）境外电商提供商品、物流等相关服务。

第三方跨境支付的出现存在一定的必然性，一方面，随着跨境支付市场不断扩大，出现了一系列问题制约着跨境电子商务的发展，如收付汇、结售汇等，这需要一种可以解决的支付方式，第三方支付机构应运而生。与此同时，外汇业务得到监管部门的规范性松绑，支付汇兑得到进一步解决。另一方面，很多国内支付平台为了拓展国际市场，增加业务收入，纷纷涉足跨境支付业务。在跨境电子商务的飞速发展以及竞争日趋白热化的国内第三方支付市场，一些第三方支付企业将发展跨境支付业务作为其拓展市场的巨大商机，以此来规避市场逐渐趋向同质化竞争的缺点。当前，第三方跨境支付业务主要包含三个方面：境内消费者的境外网站支付、境外消费者的境内网站支付、境外消费者的境外网站支付。

（二）第三方跨境支付方式

1. PayPal

PayPal 是一个国际第三方在线支付平台，是美国 eBay 公司的全资子公司。1998 年 12 月由彼得·蒂尔（Peter Thiel）及麦克斯·拉夫琴（Max Levchin）建立，总部在美国加利福尼亚州圣荷西市的互联网服务商。它允许在使用电子邮件来标识身份的用户之间转移资金，避免了传统的邮寄支票或者汇款的方法。PayPal 和一些电子商务网站合作，成为它们的货款支付方式之一。

PayPal 优势：（1）可以高效拓展海外市场，它可以覆盖到国外 85% 的买家；（2）降低相关成本，相对西联汇款、T/T 和信用卡，PayPal 针对单笔交易在 10 000 美元以下的小额交易；（3）可以增强买家对商家的信任度，国外买家对 PayPal 的认可接受度高；（4）比银行的传统汇款要省时省力得多，支持即时到账；（5）商家因欺诈所遭受的平均损失仅为其他信用卡支付方式的 16%；（6）支持包括国际信用卡（Visa、Mastercard）在内的多种付款方式；（7）只有产生交易才产生付费佣金，没有任何开户费及年费和其他费用。

PayPal 风险控制主要的方式是用资金池。何为资金池方式？资金池是对每笔的交易资金额度，抽取一部分资金留在账户中作为风险出现时的先行赔付。比如，100 美元的一次交易，让卖家先收 90 美元，剩下 10 美元在 30 天或 45 天后可以提现。多次积累以此类推第二次、第三次、第四次，第 n 次之后就会积蓄部分资金形成可以先行赔付的资金池。

PayPal 账户遭限制和查封原因：（1）利用不真实的虚假信息注册；（2）一个自然人连续注册多个同类型账户；（3）库存货物不足，不能及时发货；（4）多次遭到国际买家投诉或有相对比较高的投诉率；（5）过度滥用 PayPal 采购商保护机制；（6）和其他受限制 PayPal 或 eBay 账户之间有关联；（7）PayPal 内的余额不足以支付国际采购商的赔偿请求或者信用卡额度不足退单；（8）销售产品涉及侵权、违规，销售违禁物品；（9）登录 IP 出现异常情况。

风险控制点：对于国际买家和采购商基本没有大的风险，可对于中国供应商就会有不可控制的风险点。例如：在亚马逊、eBay 等交易网站中，中国的供应商被投诉有知识产权的问题，PayPal 不由分说直接先把在资金池中的资金冻结，然后双方各自举证，如果确实存在侵权盗版知识产权的问题，不仅用资金池的资金先行赔付，还要直接关闭中国供应商在 PayPal 中的账户。如果中国供应商直接应诉，在证据清楚事实明白的前提下举证，判定确实无误，账户会在大约 180 个工作日以后才解冻相应的风险控制资金。不管是否侵权，首先都要限制账户使用，这对中国供应商都是巨大的风险，在这点上至今没有有效的解决方案。所以要先期全面了解 PayPal 的使用方式，才可以减少这种风险发生。

2. 国际支付宝

国际支付宝也称为阿里巴巴 Escrow Service，是由阿里巴巴和支付宝联合开发的第三方支付担保服务，英文全称 Alibaba. com's Escrow Service，专门服务国际贸易的跨境支付，该服务已全面支持航空快递、海运、空运常见物流方式的订单。使用国际支付宝进行交易，最大的作用是能够解决买卖双方的信任问题，能较为有效地防范国际贸易中买家付款后收不到货，或者卖家发货后收不到钱的风险。

国际支付宝的基本流程：国际支付宝针对不同的运输方式流程有所不同。如果运输方式是海运，则流程如下：（1）买卖双方在阿里巴巴网站签订线上买卖合同，双方同意用"国际支付宝"方式结算；（2）买方付款至阿里巴巴 Escrow 账户；（3）卖方看到买方已经付款到阿里巴巴 Escrow 账户的提示后发货，并在阿里巴巴网站上传合同约定的单据给买方；（4）买家确认提单等出运单据并同意放款，"国际支付宝公司"放款给卖方。若符合放款条件 15 天后，阿里巴巴系统上仍未收到买家任何回复或指示，"国际支付宝公司"自动放款给卖方；

如果运输方式是航空/快递，那么国际支付宝的基本流程是：（1）买卖双方在阿里巴巴网站签订线上买卖合同，双方同意用"国际支付宝"方式结算；（2）买方付款至阿里巴巴 Escrow 账户；（3）卖方看到买方已经付款到阿里巴巴 Escrow 的提示后发货；（4）买家收到货物，确认收货，"国际支付宝公司"发出放款指令，货款从 Escrow 账户划到卖方账户上。如果自卖家声明全部发货之时起，买家在超时时间内都未做确认也不提出任何异议，且在物流妥投的情况下，"国际支付宝公司"也会放款给卖家。

国际支付宝 Escrow 的优势：

（1）多种支付方式。国际支付宝（Escrow）支持的支付方式有信用卡、T/T 银行汇款、PayPal 等，今后将会有更多的支付方式加入进来。

（2）安全保障。国际支付宝（Escrow）是一种第三方支付担保服务，而不是一种支付工具。对于卖家而言它的风险控制体系可以保护卖家在交易中免受信用卡盗卡的风险，只有国际支付宝（Escrow）收到了买家的货款，才会通知卖家发货，这样可以避免卖家在交易中使用其他支付方式。

（3）方便快捷。使用国际支付宝（Escrow）收款无须预存任何款项，速卖通会员只需绑定国内支付宝账号和美金银行账户就可以分别进行人民币和美金的收款。国际支付宝（Escrow）提现无须申请，买家确认收货且物流妥投，国际支付宝（Escrow）直接把钱汇到用户的国内支付宝账户或绑定的银行账户中。

（4）品牌优势。国际支付宝 Escrow 依靠阿里巴巴和支付宝两大品牌，国际市场品牌优势明显。

专栏 7 - 2

Escrow 的来历

Escrow 是英美法系中一个民商法范畴的法律名词，它的基本含义是指由第三人保存、待条件成就后交付受让人的契据。由于它在经贸活动中具有增进当事人之间的信任、保障合同履行的功能，因而被广泛采用，而且无论其内涵抑或外延均得到很大的扩展，被赋予新的法律特征，成为一项法律制度。其核心内容为：债务人或出让人或承诺人将书面文件、契据、钱款、证券或其他财产交给独立的第三人（通常也称作 Escrow 代理人，下文简称第三人）保管，当约定的条件达成时或者法律事件发生时，由该第三人将其保管之书面文件、契据、钱款、证券或其他财产交给债权人或受让人或受诺人。据此，我们知道，只有约定的条件达成时，如文件已签署或钱款已支付或货物已交付等，或者约定的法律事件发生时，如某人死亡或丧失行为能力等，第三人才能将其保管的书面文件、契据、钱款、证券或其他财产交给指定的债权人或受让人或受诺人，否则应返还给本人。例如，某发展商要求工程承包商在开始施工前向其支付质量保证金，而承包商则请求某银行监管该保证金，只有发展商开始向承包商支付工程款时，发展商方可动用该保证金。在本例中，银行（第三人）将保证金交给发展商的条件是发展商开始向承包商支付工程款。

3. 其他跨境支付方式

（1）Moneybookers。Moneybookers 是一家极具有竞争力的网络电子银行，它诞生于 2002 年 4 月，是英国伦敦 Gatcombe Park 风险投资公司的子公司之一。Moneybookers 电子银行里的外汇可以直接转到国内银行账户。只要有 Email 地址就可以注册，无须信用卡。它是世界上第一家被政府官方认可的电子银行。

（2）Payoneer。Payoneer 成立于 2005 年，总部设在美国纽约，是万事达卡组织授权的具有发卡资格的机构。数千家联盟以及数百万收款人的加入使 Payoneer 成为支付行业的领先者。Payoneer 的合作伙伴涉及的领域众多并已将服务遍布到全球 210 多个国家。Payoneer 有三大优势：一是便捷，用中国身份证号即可完成 Payoneer 账户在线注册，并自动绑定美国银行账户和欧洲银行账户；二是合规，像欧美企业一样接收欧美公司的汇款，并通过 Payoneer 和中国支付公司的合作完成线上的外汇申报和结汇；三是便宜，电汇设置单笔封顶价，人民币结汇最多不超过 2%。Payoneer 适用于单笔资金额度小、客户群分布广的跨境电商网站或卖家。

（3）Paysafecard。Paysafecard 是欧洲比较流行的预付卡支付方式，用户可以在超过 40 000 家在线商店使用 Paysafecard 支付，它也是全球范围的一种支付方式。Paysafecard 主要用于购买虚拟类产品，比如游戏充值、skype 充值等。国内很多销售到欧美的游戏币交易网站已经支持 Paysafecard 支付。对于没有信用卡或者银行账户的国内用户来说，如果想要把游戏币或者游戏装备卖给国外买家，Paysafecard 是一个不可或缺的支付方式。用户可以在线下或线上商店购买 Paysntecard，随后会得到 16 位的 PIN 码，支付的时候用户只需要输入这 16 位的 PIN 码即可。Paysafecard 的面值一般在 10 欧元到 100 欧元之间，大额交易用户可以使用多张卡组合，但最高不超过 1 001 欧元。

（4）WebMoney。WebMoney 是由成立于 1998 年的 WebMoney Transter Techology 公司开发的一种在线电子商务支付系统。WebMoney 是俄罗斯最主流的电子支付方式，在俄罗斯各大银行均可自主充值取款，其支付系统可以在包括中国在内的全球 70 个国家使用。

（5）CashU。CashU 于 2003 年由 Maktoob 在约旦安曼成立（Yahoo 于 2009 年完成对 Maktoob 的收购），主要用于支付在线游戏、VoIP 技术、电信、TT 服务和外汇交易。Cashu 允许使用 17 种任何货币进行支付，但该账户将始终以美元显示资金。CashU 现已为中东和独联体国家广大网民所使用，是中东和北非地区运用最广泛的电子支付方式之一。CashU 在迪拜和安曼设立办事处。

（6）QIVVI Wallet。QIVVI Wallet 是俄罗斯最大的第三方支付工具，其服务类似于支付宝。QIVVI Wallet 电子支付系统于 2007 年年底在俄罗斯推出，该系统使客户能够快速、方便地在线支付水电费、手机话费，进行网上购物、银行贷款等。

（7）Neteller。Neteller（在线支付或电子钱包）于 1999 年在加拿大成立，是在线支付解决方案的"领头羊"。它可供免费开通，为全世界数以百万计的会员提供网上转账服务，可以把它理解成一种电子钱包。2015 年，Neteller 完成了对欧洲最大的在线支付系统之一、世界上最大的独立数字钱包提供商之一 Skrill Group 的收购，实现了全球支付行业的转型交易。

第三节　跨境电子商务支付风险与监管

一、跨境电子商务支付发生的变化

（一）电子化、虚拟化程度越来越高

相对于传统国际贸易，作为一项依托互联网技术的新兴业务，跨境电子商务将传统的国际贸易流程电子化、数字化，订购、支付甚至数字化品的交付都通过网上操作，交易合同中作为销售凭证的各种票据和运输单据都以电子形式存在。随着网络游戏产业的扩张，虚拟物品跨境交易日渐频繁。

（二）第三方支付机构参与结算过程

在跨境电子商务中，境内外交易双方互不见面，第三方支付机构的参与有效地解决了交易双方信用缺失的问题。支付机构成为跨境电子商务结算双方之间的中介，与传统国际贸易中买卖双方直接通过银行进行结算有着明显的区别。

（三）非现金支付使用比重也逐渐增大

跨境电子商务的发展使得跨境支付形式不断创新，支付的方式不再局限于货到付款、银行转账、第三方支付等，非现金支付方式得到迅速推广，非现金支付愈发频繁，使用比重也逐渐增大，中国、韩国、德国、美国等跨境电子商务成熟市场的非现金支付比重过半，德国与美国更接近 80%。信用卡与借记卡在跨境支付中被广泛应用，电子钱包成为跨境主流支付方式之一，PayPal 等第三方支付工具被普遍应用，德国的使用率为 20%，美国为 15%。

（四）跨境支付方式的使用成本高

使用成本包括时间成本与资金成本。跨境电子商务在货款回收方面可能存在着海外资金结汇困难、周转慢、提款费率高、汇率变动风险等使用成本问题，跨境支付方式的使用成本已成为影响跨境支付方式选择的重要因素。资金成本包括交易的手续费、汇率的成本等。不同支付方式交易的手续费各不相同，目前，跨境支付的交易手续费一般为1.7%～5%不等，如PayPal，除了每笔0.3美元的收款手续费、35美元的提现费外，还有3.4%～4.4%的收款手续费和2.5%的货币转换费等。国际支付宝（Escrow）也存在跨境支付方式资金成本问题。

（五）跨境电子商务支付业务类型细化

现有从事跨境支付业务的组织可以划分为以下几类：

（1）传统银行业拓宽产品类型，涉足跨境支付市场，如网银在线、跨境转账业务等；

（2）专业信用卡机构涉足跨境支付业务，如维萨（VISA）信用卡、万事达信用卡、美国运通卡；

（3）专业第三方支付企业从事的跨境支付业务，如PayPal、支付宝、财付通、Yandex Dengi、Qiwi Wallet等。相对来说，第三方支付企业发展迅速，逐渐成为跨境支付行业主流；

（4）社交媒体新增跨境支付，如微信支付、QQ钱包、Facebook、Twitter的跨境支付业务；

（5）手机企业开发跨境支付业务，如苹果的ApplePay、三星的Samsung Pay、小米支付等；

（6）电商平台辐射跨境支付业务，如Amazon Wallet、京东钱包、Snapdeal等；

（7）互联网企业从事跨境支付业务，如Google Wallet、网易宝等；

（8）物流企业附带货到付款业务，如国际快递企业、中国国内快递公司等。

二、跨境电子商务支付风险与监管

（一）跨境电子商务支付的风险

1. 信息真实性审核风险

跨境电商支付关系到个人和企业交易的信息安全，涉及金融稳定。若支付机构不能审核虚假交易信息，将导致跨境电商交易沦为欺诈盛行之地，成为逃避监管的法外"飞地"，以及跨境洗钱、网络赌博、隐瞒贪污贿赂、网络诈骗等各种犯罪滋生的温床。所以，需要特别关注交易的真实性。同时，交易真实性也是国际收支申报、个人结售汇管理、反洗钱义务履行的前提和保证。交易真实性包括交易主体的真实性和交易内容或背景的真实性。与一般进出口贸易相比，跨境电商支付的真实性更加难以把握。主要原因是第三方支付机构缺乏法律管辖权，强行要求跨境主体提供真实的信息，并采取有效手段进行身份识别，很难做到"了解你的客户"。

2. 备付金管理风险

第三方支付的主要优势在于通过支付机构的自身信用来弥补交易双方信息不对称造成的信用缺失问题。按照第三方支付规则，交易资金不可避免地会在支付机构账户上停留一定时间而成为沉淀资金。资金在"非金融机构"沉淀有可能产生诸多风险。一是资金被挪用。在跨境支付业务中，由于信息不对称，监管部门难以掌握支付机构备付金管理和使用情况，支付机构也无须缴纳存款准备金，支付机构可以轻易挪用客户备付金；二是流动性风险。在跨境支付业务中，支付机构需要在不同备付金账户之间，包括境内外不同备付金账户之间进行资金调度，以满足正常的客户资金结算需要。支付机构有可能因操作失误、调度不及时、汇率变化等原因引发流动性风险。

3. 汇率风险

在客户付款、商家收款期间，汇率是随着市场变化而波动的，支付机构在收到资金后，一般在 T + 1 个工作日集中进行结汇和售汇，若消费者在这一期间要求退货，则货物资金存在兑换不足的风险。另外，在不同货币的使用过程中，收、付、取款时间差必然涉及国际汇率变化，这使买卖双方、第三方支付机构均存在汇率问题。

4. 法律风险

跨境电子商务的迅速发展带来了诸多法律上的难题，从而引发了一系列的法律风险，如电子支付和电子凭证的有效性，密码技术代签章及数字签名的合法性，与电子支付有关的纠纷、索赔、保险等。由于支付环节涉及不同的国家，国际法规的订立以及法律冲突的解决至关重要，从国际上看，法律法规的制定落后于跨境结算的发展。

5. 支付技术风险

跨境电商结算的核心是提供支付服务，产业链中的任何一个环节出现问题，都可能转移到支付服务供应商，对于提供支付服务的供应商而言，其安全级别不及银行的安全级别。从国外的实践来看，支付的经营者有相对一部分的收入比例用于解决安全性问题。支付系统掌握着大量用户数据，数据安全影响到用户的人身和财产安全。对数据的采集、加密、存储、查询、使用、备份等环节目前没有统一、规范的国际、国内标准。

（二）跨境电子商务支付的监管

跨境电商监管涉及海关、国际物流、国际税收、银行、第三方支付机构、各国法律、国际贸易规则等诸多领域和国家，监管工作复杂难度无法想象，必须逐步推进与完善。从中国跨境电商发展状况分析，建立跨境电子商务监管应该由多部门联手，建立联动工作机制，构建适宜的监管和服务体系，制定出相应的行业标准规范，优化监管服务体系，对跨境电商支付平台进行全面监管，实现信息流、资金流和物流的匹配和统一。

1. 风险控制与贸易便利化寻求平衡

第三方跨境支付不仅为进出口企业提供了网上交易及支付的便利途径，还通过第三方支付机构的信用中介功能，降低了国内企业进入新市场的信用风险，推动了我国贸易便利化的进程。但是，第三方跨境支付从多个方面突破了我国现有的监管体系，第三方支付机构与境外支付机构合作形成监管灰色地带，产生资金流动的新风险。对此，监管机构应在严控风险与促进跨境电子商务发展之间取得平衡，找准风险点制定具有针对性、可行性、可操作性的监管措施，保障第三方跨境支付行业的平稳有序发展。

2. 引领建立全球跨境电子商务支付法律规则

跨境电子商务资金是通过第三方支付平台完成流转的，在跨境支付过程中出现的任何问题应由第三方支付平台承担。但是第三方支付机构作为一个市场主体，是按照市场法律规则运行，不应当赋予其监管机构的职责而让其承担监管责任或承担较轻的监管责任。这就需要出台制定第三方跨境支付机构和监管部门各自的法律规则，明确各自责任。机构明确、权责统一是实现有效监管的基本前提。中国作为世界上第二大经济体、第一大货物贸易国，有义务和责任引领世界其他国家和地区探讨专门建立有关跨境电子商务支付的法律规则，规范跨境电子商务支付结算中的行为，促进全球跨境电子商务顺利发展。

3. 完善国际收支申报制度

现行的国际收支申报制度及其主要规定是建立在传统货物贸易方式上的，随着越来越多的贸易由线下转移到线上、服务贸易占比例逐渐攀升，虚拟商品大量出现，已经出现了一些贸易找不到对应的国际收支统计项目。需要对国际收支统计申报项目进一步细化，保证国际收支统计的准确，缩小国际收支统计误差；另外，需要在网上监控境内外的交易，加强对个人外汇账户真实性审核。可以将跨境电子商务外汇收支纳入经常项目外汇管理范畴。参照货物贸易和服务贸易外汇管理模式，全面采集支付机构订单、物流数据和国际收支申报逐笔数据，按照交易项目分别纳入货物贸易外汇监测系统和服务贸易外汇业务非现场监管系统管理，在此基础上实行总量核查和非现场监管。

4. 构建"三流合一"的信用全监管体系

跨境电子商务和跨境第三方支付管理涉及工商、海关、税务、商务及外汇管理等多个部门。外汇管理部门在对跨境外汇资金流动制定监管措施时，既要充分考虑我国外汇管理的工作实际，也要积极主动地与相关部门进行协调，不断推动跨境电子商务和第三方支付行业的全方位监管体系的建立和完善。在具体操作上，可考虑联合相关部门，制定可信标准，建立跨境电子商务信用监管公共服务平台。商户主动将订单、支付和物流等数据上传至平台，由平台对其网上交易记录进行认证，将订单流、资金流和物流"三流合一"，交叉核对，保障交易的真实性和合法性。纳入可信体系的商户可享受海关、工商、税务及外汇管理等部门提供的便捷服务。

第四节 跨境电子商务进出口政策

跨境电子商务的全球性、无国界性、高技术性、电子商务属性促使跨境电子商务成为企业避税的"温床"，也为国际避税提供了前所未有的"土壤"。跨境电子商务引发了国际税收管辖权冲突，产生国际重复征税，加剧国际偷税漏税与国际避税。跨境电子商务伴随着 2016 年 4 月 8 日施行的《关于跨境电子商务零售进口税收政策的通知》的发布，导致行邮税的终止，在税收上跨境电商已等同于普通贸易，但是跨境电子商务属于网络虚拟经济形式，在征税与退税方面有新特点。

一、跨境电子商务进口政策

2018 年 2 月 10 日，首届世界海关跨境电商大会在北京闭幕，大会发布《北京宣言》，倡议各方坚持包容、审慎、创新、协同的管理理念，支持跨境电商平衡、透明、非歧视、可持续发展，积极应对当前及未来挑战。《宣言》倡议进一步加强合作，共同促进新贸易规则的探索和制定，并建议每两年在不同地区召开一次全球跨境电子商务大会。大会就进一步完善《世界海关组织跨境电商标准框架》原则达成基本共识。《框架》是首个世界海关跨境电商监管与服务的指导性文件，由中国海关牵头制定，为跨境电商可持续发展提供中国经验，贡献中国智慧。

（一）监管新政策模式

跨境电商进口贸易发展为规范管理提供了必然，自 2014 年以来，海关出台新的贸易监管方式：1239、1210、9610 监管代码，规范了进出口贸易行为。

1. 保税电商 A 模式

"保税电商 A" 全称 "保税跨境贸易电子商务 A"，海关监管方式代码 "1239"，是海关总署发布《2016 年第 75 号公告》出台的政策，适用于境内电子商务企业通过海关特殊监管区域或保税物流中心（B 型）一线进境的跨境电子商务零售进口商品。区别于"1210"监管方式，上海、杭州、宁波、郑州、重庆、广州、深圳、福州、平潭、天津 10 个试点城市暂不适用"1239"监管方式开展跨境电子商务零售进口业务。

保税电商 A 模式有两种方式：一种是保税模式；另一种是直邮模式。保税电商 A 模式如图 7-4、图 7-5 所示。

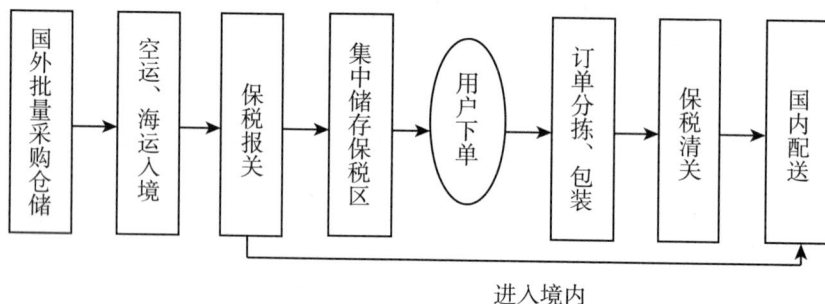

图 7-4　保税电商 A 模式——保税模式

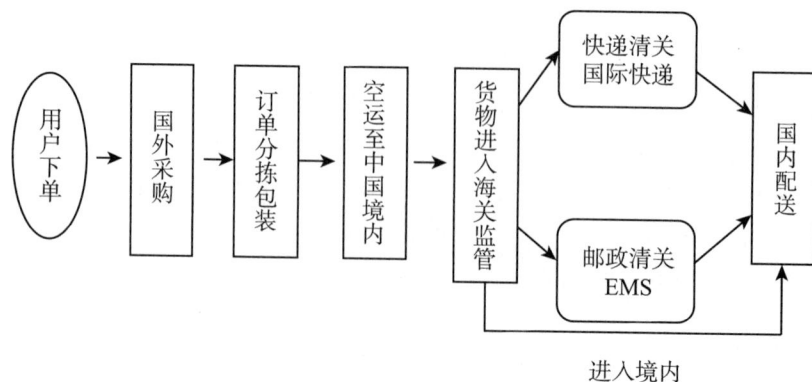

图 7-5　保税电商 A 模式——直邮模式

2. 直购进口模式

直购进口模式俗称"集货模式"，全称"跨境贸易电子商务"，简称"电子商务"。海关总署发布《2014 年第 12 号公告》表示，为促进跨境贸易电子商务零售进出口业务发展，方便企业通关，自 2014 年 2 月 10 日起，增列海关监管方式代码"9610"，该模式适用于境内个人或电子商务企业通过电子商务交易平台实现交易，并采用"清单核放、汇总申报"模式办理通关手续的电子商务零售进出口商品。因为跨境电商有着小额多单的特点，传统 B2C 出口企业在物流上主要采用航空小包、邮寄、快递邮政小包、快件等方式，报关主体是邮政或快递公司，该模块贸易都没有纳入海关统计，海关新增的"9610"代码将跨境电商的监管独立出来，有利于规范和监管。总之，商家将多个已售出商品统一打包，通过国际物流运送至国内的保税仓库，电商企业为每件商品办理海关通关手续，经海关查验放行后，由电商企业委托国内快递派送至消费者手中。每个订单附有海关单据。直购进口模式的优点是不需要提前备货，相对于快件清关而言，物流通关效率较高，整体物流成本有所降低；缺点是需在海外完成打包操作，海外操作成本高，且从海外发货，物流时间稍长。该模式适合于业务量迅速增长阶段，每周都有多笔订单。

直购进口模式如图 7 – 6 所示。

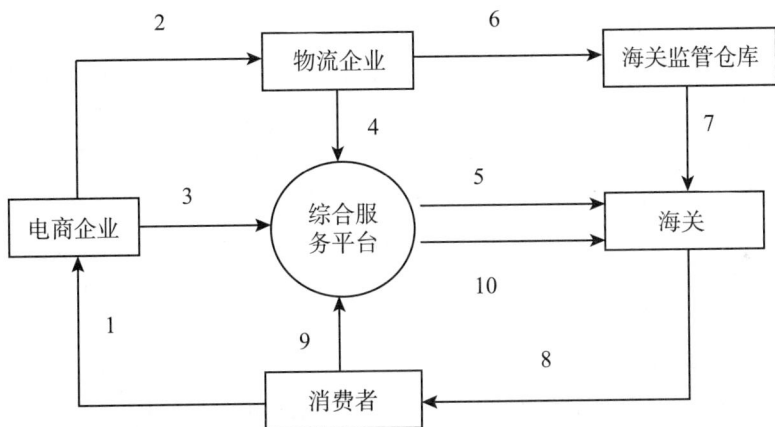

图 7 – 6　直购进口模式

流程说明：

（1）消费者在跨境电商平台下单。

（2）跨境电商企业委托物流清关。

（3）电商企业向跨境电商服务平台发送订单、支付信息。

（4）物流企业发送运单信息。

（5）跨境电商服务平台生成清单并发送至海关。

（6）通知货物进入监管仓库。

（7）运抵理货。

（8）审核放行派送。

（9）签收。

（10）确认签收。

跨境电商新政策后，国内保税进口分化成两种：一是新政前批复的具备保税进口试点的 10 个城市；二是新政后开放保税进口业务的其他城市。由于新政策后续出现了暂缓延期措施，且暂缓延期措施仅针对此前的 10 个城市，因此海关在监管时，将二者区分开来，对于免通关单的 10 个城市，继续使用 1210 代码；对于需要提供通关单的其他城市（非试点城市），采用新代码 1239。

（二）跨境电子商务零售进口税收政策

为营造公平竞争的市场环境，促进跨境电子商务零售进口健康发展，国务院于 2016 年 3 月批准出台了《关于跨境电子商务零售进口税收政策的通知》，针对跨境电子商务零售（企业对消费者，即 B2C）进口税收做了明确规定。

1. 跨境电商零售进口性质

跨境电子商务零售进口商品按照一般货物进口方式，征收进口关税和进口环节增值税、消费税，计税依据是实际成交价格，与一般货物计税价按照 CIF 价为基础的海关审定价格不同，跨境电商零售进口实际成交价格包括货物零售价格、运费和保险费作为完税价格。购买跨境电子商务零售进口商品的个人作为纳税义务人，而进口的电子商务企业、电子商务交易平台企业或物流企业可作为代收代缴义务人。

2. 跨境电商零售进口货物课税对象

跨境电子商务零售进口税收政策适用于从其他国家或地区进口的，《跨境电子商务零售进口商品清单》范围内的以下商品：（1）所有通过与海关联网的电子商务交易平台交易，能够实现交易、支付、物流电子信息"三单"比对的跨境电子商务零售进口商品；（2）未通过与海关联网的电子商务交易平台交易，但快递、邮政企业能够统一提供交易、支付、物流等电子信息，并承诺承担相应法律责任进境的跨境电子商务零售进口商品；（3）不属于跨境电子商务零售进口的个人物品以及无法提供交易、支付、物流等电子信息的跨境电子商务零售进口商品，按现行规定执行。

3. 跨境电商零售进口税率

跨境电子商务零售进口商品的单次交易限值为人民币 2 000 元，个人年度交易限值为人民币 20 000 元。在限值以内进口的跨境电子商务零售进口商品，关税税率暂设为 0%；进口环节增值税、消费税取消免征税额，暂按法定应纳税额的 70% 征收。超过单次限值、累加后超过个人年度限值的单次交易，完税价格超过 2 000 元限值的单个不可分割商品，均按照一般贸易方式全额征税。

跨境电子商务零售进口商品自海关放行之日起 30 日内退货的，可申请退税，并相应调整个人年度交易总额。跨境电子商务零售进口商品购买人（订购人）的身份信息应进行认证；未进行认证的，购买人（订购人）身份信息应与付款人一致。

二、跨境电子商务出口政策

（一）跨境电子商务出口现状

随着"一带一路"倡议和全球经贸一体化的不断深化融合，跨境电商呈现出巨大的发展潜力。中国跨境电商发展势头正盛，出口仍占主导地位。出口跨境电商是带动我国外贸发展不可或缺的主要力量之一，出口电商发展逐渐走向成熟，由"中国制造"向"中国智造"跨越。国际政策差异化为中国跨境电商带来新机遇和新挑战。电子商务研究中心2018年5月21日发布的《2017年度中国出口跨境电商发展报告》显示，2017年中国出口跨境电商交易规模为6.3万亿元，同比增长14.5%。从跨境电商平台模式分析，出口跨境电商B2B占80.9%，网上零售占19.1%，B2B仍旧是当前业务的主导模式，原因是传统贸易下我国生产商未能塑造出自身品牌的国际影响力，而更多的是以国际品牌代工厂的身份出现，但随着互联网、电子商务的发展以及产品质量和服务的提升，国外消费者对国内品牌的认可度逐步提高。

出口跨境电商卖家主要集中在广东（24.8%）、浙江（16.8%）、江苏（11.3%）、北京（8.6%）、上海（6.5%）、福建（5.4%）、山东（3.6%）、河南（3.2%）、其他（19.8%）。从区域分布情况数据来看，广东3C电子品类优势明显，浙江家居用品突出，江苏、福建服装鞋帽等产业已经成为特色产业。在数字贸易的助推下，产业带加速由"中国制造"向"中国智造"发展。

出口跨境电商的主要目的国占比是：美国15%、俄罗斯12.5%、法国11.4%、英国8.7%、巴西6.5%、加拿大4.7%、德国3.4%、日本3.1%、韩国2.8%、印度1.6%、其他30.2%，这说明新兴市场仍然有待发展，新兴市场如东南亚、南美、非洲等市场都处于初级阶段。拉美、中东欧、中亚、中东、非洲是快速增长的新兴市场，跨境电商发展市场仍较为广阔，而在新兴市场国家（地区），由于互联网的大量普及，新兴市场国家（地区）的网购习惯逐渐形成，提供了一个发展潜力、空间巨大的跨境电商需求空间。

（二）跨境电子商务出口政策

从《2017年度中国出口跨境电商发展报告》统计数据分析，我国目前还是以出口传统贸易（B2B）为主，本章不再做进一步分解，本章着重讨论B2C方式下的跨境电商零售出口政策。2013年8月29日，国务院办公厅转发商务部等部门《关于实施支持跨境电子商务零售出口有关政策的意见》（以下简称《意见》），《意见》的主要目的是要解决我国迅速发展的跨境电子商务，特别是在跨境电子商务企业对消费者的模式下，现行管理体制、政策、法规及现有环境条件已无法满足其发展要求，以支持跨境电子商务零售出口健康快速发展的问题。《意见》对跨境电子商务零售出口进行定义。跨境电子商务零售出口是指我国出口企业通过互联网向境外零售商品，主要以邮寄、快递等形式送达的经营行为，即跨境电子商务的企业对消费者出口。

我国出口企业与境外批发商和零售商通过互联网线上进行产品展示和交易，线下按一般贸易等方式完成的货物出口，即跨境电子商务的企业对企业出口，本质上仍属传统贸易，仍按照现行有关贸易政策执行。政策主要体现下列内容：

（1）确定电子商务出口经营主体。经营主体分为三类：一是自建跨境电子商务销售平台的电子商务出口企业；二是利用第三方跨境电子商务平台开展电子商务出口的企业；三是为电子商务出口企业提供交易服务的跨境电子商务第三方平台。经营主体要按照现行规定办理注册、备案登记手续。在政策未实施地区注册的电子商务企业可在政策实施地区被确认为经营主体。

（2）建立电子商务出口新型海关监管模式并进行专项统计。将电子商务出口纳入海关统计。

（3）建立电子商务出口检验监管模式。对电子商务出口企业及其产品进行检验检疫备案或准入管理，利用第三方检验鉴定机构进行产品质量安全的合格评定。实行全申报制度，以检疫监管为主，一般工业制成品不再实行法检。实施集中申报、集中办理相关检验检疫手续的便利措施。

（4）支持电子商务出口企业正常收结汇。

（5）鼓励银行机构和支付机构为跨境电子商务提供支付服务。支付机构办理电子商务外汇资金或人民币资金跨境支付业务，应分别向国家外汇管理局和中国人民银行申请并按照支付机构有关管理政策执行。

（6）实施适应电子商务出口的税收政策。对符合条件的电子商务出口货物实行增值税和消费税免税或退税政策，具体办法由财政部和税务总局有关部门另行制订。

（7）建立电子商务出口信用体系。严肃查处商业欺诈，打击侵犯知识产权和销售假冒伪劣产品等行为，不断完善电子商务出口信用体系建设。

（三）监管新政策模式

1. 一般出口模式

为促进跨境贸易电子商务零售进出口业务发展，方便企业通关，规范海关管理，实现贸易统计，2014年2月7日海关总署发布《关于增列海关监管方式代码的公告》，决定增列海关监管方式代码"9610"，全称"跨境贸易电子商务"，简称"电子商务"，适用于境内个人或电子商务企业通过电子商务交易平台实现交易，并采用"清单核放、汇总申报"模式办理通关手续的电子商务零售进出口商品（通过海关特殊监管区域或保税监管场所一线的电子商务零售进出口商品除外）。以"9610"海关监管方式开展电子商务零售进出口业务的电子商务企业、监管场所经营企业、支付企业和物流企业应当按照规定向海关备案，并通过电子商务通关服务平台实时向电子商务通关管理平台传送交易、支付、仓储和物流等数据。

"9610"出口海关监管方式也称为一般出口模式，采用"清单核放、汇总申报"的方式，电商出口商品以邮、快件方式分批运送，海关凭清单核放出境，定期把已核放清单数据汇总形成出口报关单，电商企业或平台凭此办理结汇、退税手续。一般出口模式如图7-7所示。

流程说明：

（1）海外消费者向跨境出口电商平台发出订单、支付、物流信息；国内厂家向中国海关进行企业备案、商品备案；发货至电商平台仓库。

（2）跨境电商平台发出订单、支付和物流信息；将商品暂时存入海关监管仓库。

（3）海关实施清单核放、汇总申报。

（4）海关监管出口完成清单审核，将监管商品放行，由国际物流运送至海外消费者。

2. 保税出口模式

保税出口模式俗称"备货模式"，全称"保税跨境贸易电子商务"，简称"保税电商"，由海关总署发布《关于增列海关监管方式代码的公告》增列海关监管方式代码"1210"，

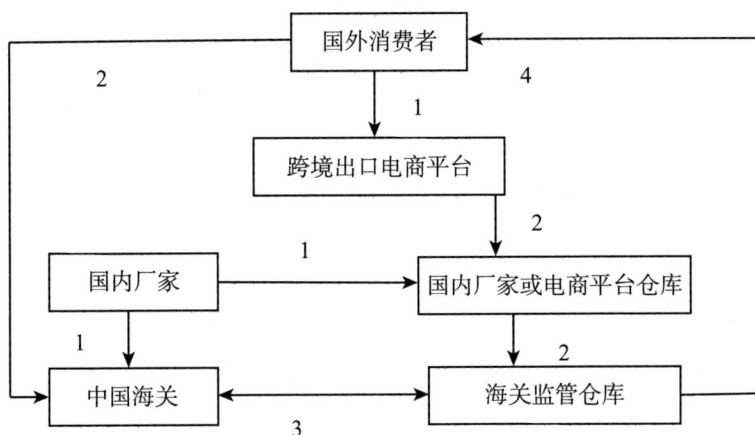

图 7-7 一般出口模式

要求开展区域必须是跨境贸易电子商务进口试点城市的特殊监管区域，从 2013 年开始开展跨境电商试点城市，第一批有上海、杭州、宁波、郑州、重庆、广州、深圳，后扩展至福州、平潭、天津，这些城市在国家政策支持下发展跨境电商。具体做法是商家将商品批量备货至海关监管下的保税仓库，消费者下单后，电商企业根据订单为每件商品办理海关通关手续，在保税仓库完成贴面单和打包，经海关查验放行后，由电商企业委托物流配送至消费者手中。保税出口模式优点是提前批量备货至保税仓库物流成本低，有订单后可立即从保税仓发货，通关效率高，并可及时响应售后服务需求，用户体验好。缺点是使用保税仓库有仓储成本，备货占用资金大。这种模式适用业务规模大、业务量稳定的企业。针对缺点可通过大批量订货或备货降低采购成本，逐步从空运过渡到海运以降低国际物流成本。保税出口模式如图 7-8 所示。

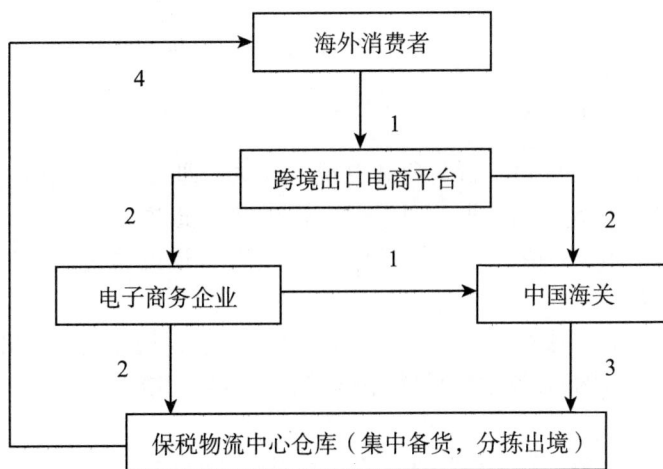

图 7-8 保税出口模式

流程说明：

（1）海外消费者向跨境出口电商平台发出订单、支付、物流信息；电子商务企业向中国海关进行进出口报关。

（2）跨境电商平台发出订单、支付和物流信息；电子商务企业将海外货物整批入仓（B2B）；将商品暂时存入海关监管仓库。

（3）海关实施审核商品放行。

（4）保税物流中心仓库根据订单信息将国际货物出口运送到海外消费者。

三、跨境电子商务出口退税政策

（一）出口退税概述

出口退税是指对出口货物退还其在国内生产和流通环节实际缴纳的增值税、消费税。一般分为两种：一是退还进口税，即出口产品企业用进口原料或半成品，加工制成产品出口时，退还其已纳的进口税；二是退还已纳的国内税款，即企业在商品报关出口时，退还其生产该商品已纳的国内税金。

出口退税主要是通过退还出口货物的国内已纳税款来平衡国内产品的税收负担，使本国产品以不含税成本进入国际市场，与国外产品在同等条件下进行竞争，从而增强竞争能力。出口退税政策为世界各国所采用，是一个国家税收的重要组成部分。

（二）出口退税货物应具备的条件

一是必须属于增值税、消费税征税范围的货物；二是必须是报关离境的货物；三是必须是在财务上做销售处理的货物；四是必须是出口收汇并已核销的货物。

国家规定外贸企业出口退税货物必须要同时具备以上4个条件；生产企业（包括有进出口经营权的生产企业、委托外贸企业代理出口的生产企业、外商投资企业，下同）申请办理出口货物退（免）税时除具备4个条件外，还必须增加一个条件，即申请退（免）税的货物必须是生产企业的自产货物或视同自产货物才能办理退（免）税。

（三）出口退税的方法

（1）对外贸企业出口货物实行免税和退税的办法，即对出口货物销售环节免征增值税，对出口货物在前各个生产流通环节已缴纳增值税予以退税。

外贸企业应退税额＝增值税专用发票所列进项金额×退税率（采购发票上的税率和国家规定退税率的较低者）

（2）对生产企业自营或委托出口的货物实行免、抵、退税办法，对出口货物本道环节免征增值税，对出口货物所采购的原材料、包装物等所含的增值税允许扣减其内销货物的应缴税款。

出口货物增值税"免、抵、退"计算方法相对于外贸企业更复杂一些，具体如"免"是指生产企业出口的自产货物、免征本企业生产销售环节增值税；"抵"是指生产企业出口的自产货物所耗用的原材料、零部件、燃料、动力等所含应予退还的进项税额，抵顶内销货物的应纳税额；"退"是指生产企业出口的自产货物在当月内应抵顶的进项税额大于应纳税额时，对未抵顶完的部分予以退税。

（四）跨境电商的出口退税

1. 适用退（免）税、免税政策的企业

根据财政部、国家税务总局《关于跨境电子商务零售出口税收政策的通知》规定，适用跨境电子商务出口企业退（免）税、免税政策的有：（1）自建跨境电子商务销售平台的电子商务出口企业；（2）利用第三方跨境电子商务平台开展电子商务出口的企业。不适用为电子商务出口企业提供交易服务的跨境电子商务第三方平台。

2. 适用电子商务出口企业出口退税的条件

电子商务出口企业出口货物（财政部、国家税务总局明确不予出口退（免）税或免税的货物除外，下同），同时符合下列条件的，适用增值税、消费税退（免）税政策：（1）电子商务出口企业属于增值税一般纳税人并已向主管税务机关办理出口退（免）税资格认定；（2）出口货物取得海关出口货物报关单（出口退税专用），且与海关出口货物报关单电子信息一致；（3）出口货物在退（免）税申报期截止之日内收汇；（4）电子商务出口企业属于外贸企业的，购进出口货物取得相应的增值税专用发票、消费税专用缴款书（分割单）或海关进口增值税、消费税专用缴款书，且上述凭证有关内容与出口货物报关单（出口退税专用）有关内容相匹配。

3. 不符合退税条件，但同时符合下列条件的，适用增值税、消费税免税政策

一是电子商务出口企业已办理税务登记；二是出口货物取得海关签发的出口货物报关单；三是购进出口货物取得合法有效的进货凭证。

政策规定了电子商务出口货物适用退（免）税、免税政策的，由电子商务出口企业按现行规定办理退（免）税、免税申报。

（五）出口退税率

目前，国家规定不同货物的退税率不同，主要有17%、14%、13%、11%、9%、5%六档退税率，一般跨境电商的热销品的退税率都在11%～17%。

研究性复习与思考

（1）跨境支付与跨境电商支付有何区别？我国跨境电商支付面临哪些问题？

（2）跨境银行转账、信用卡支付、第三方跨境支付各有什么特点或不足？

（3）跨境电子商务支付存在风险，如何减少或避免风险？我国跨境支付监管有哪些不足？

（4）请梳理近年国家有关跨境电商进出口的政策。

（5）什么是跨境电商退税？中小型跨境电商企业在退税上有哪些障碍？

参考文献

［1］智研咨询集团：《2018～2024中国第三方支付行业运营态势与发展前景研究报告》，2017年11月版，http：//www.chyxx.com/research/201711/582057.html。

［2］智研咨询集团：《2017～2022年中国第三方支付市场专项调研及投资战略研究报告》，2017年6月版，http：//www. chyxx. com/research/201706/535578. html。

［3］张夏恒：《跨境电子商务生态系统研究》，经济科学出版社2017年版。

［4］电子商务中心网：《（跨境数据）2017年中国跨境电商交易规模7.6万亿元》，http：//www. 100ec. cn/detail—6436223. html。

［5］凯捷咨询公司：《2017年全球支付报告》，http：//wemedia. ifeng. com/35032269/wemedia. shtml，2017-10-29。

［6］方芳：《跨境电子商务支付对外汇管理带来的挑战及政策改进》，载于《黑龙江金融》2015年第2期。

［7］无忧支付网：《第三方跨境支付方案优化分析》，http：//www. wyzhifu. com/yj-wendang/1138. html。

［8］柯丽敏、红方仁：《跨境电商理论与实务》，中国海关出版社2017年版。

［9］张夏恒：《跨境电子商务支付表征、模式与影响因素》，载于《企业经济》2017年第7期。

［10］周莉萍、于品显：《跨境电子商务支付现状、风险与监管对策》，载于《上海金融》2016年第5期。

［11］王健：《跨境电子商务基础》，中国商务出版社2015年版。

［12］电子商务研究中心网：《跨境电商进出口四类通关监管模式析》，http：//www. 100ec. cn/detail—6460283. html，2018-07-18。

［13］何盛明：《财经大辞典》，中国财政经济出版社1990年版。

第八章 跨境电子商务与物流

【学习目标】通过本章学习，掌握四大跨境电子商务物流方式特点及物流运费的计算方法；掌握跨境电子商务物流中报关的操作流程；掌握海外仓模式的定义、优缺点、操作流程；了解跨境电子商务物流中的困难与应对方法。

在跨境电子商务中，物流扮演着重要角色，它是连接跨境商家与消费者的通道。目前，跨境物流分为邮政物流、商业物流、专线物流及海外仓四种方式。面对各种各样的跨境物流方式，要挑选最适合的方式，就需要卖家对跨境物流方式及特点有所了解。

第一节 跨境电子商务物流概述

一、跨境电子商务与物流的关系

随着跨境电子商务的发展，物流作为连接国内外交易双方的重要手段和线下的主要配送活动，涉及通关、运输时间、运输方式等一系列问题，跨境电子商务物流的有效应用为跨境交易的顺利可靠完成提供了保障。单件商品的运费、递送速度、破损及丢包率等都是交易双方选择跨境电子商务物流的重要考量因素，在获得消费者认可并提高满意度方面发挥着重要作用。2016 年 11 月 PayPal 和 Ipsos 联合发布的《2016 第三届全球跨境贸易报告》显示，在被调查的跨境电子商务消费者中，物流成本和担心不能收货是跨境电子商务消费者最关心的问题。

（一）跨境电子商务的发展为物流业带来发展机遇

随着互联网技术的广泛应用，跨境电子商务在外贸行业飞速发展，因其具有碎片化、环节少、低成本等传统贸易无法比拟的优势，成为传统外贸的重要补充并在世界范围内迎来黄金时代。2012 年中国跨境电子商务进出口交易额为 2.3 万亿人民币，而当年中国进出口贸易额高达 24.3 万亿人民币，跨境电子商务占全国进出口贸易额比例仅为 9.6%。随着国家政策的推动，跨境电子商务的发展始终保持较高的增长速度。2014 年和 2015 年，跨境电子商务的同比增长速度分别实现 29.2%、30.0%。2016 年中国跨境电子商务进出口交易额为 6.5 万亿元人民币，同比增长 25.3%，跨境电子商务占全国进出口额的比例已经增至 18.9%。贸易与物流相伴共生，两者间也是相互影响、相互制约。跨境电子商务的发展，必然刺激跨境物流的兴盛。跨境物流模式也逐步向正规化、合法化及多样化转变，并从传统的国际邮政小包或专人托带模式向国际快递、海外仓等多种新模式转变。

（二）物流是跨境电子商务发展的重要保障

跨境电子商务包括网络平台、支付、物流等环节，各环节相互制约发展。随着信息技术的发展，跨境电子商务在网络平台和支付环节的发展较快，并相应地要求跨境物流的效率和质量的提升。消费者的需求不再局限于商品的运输与送达，对时间、安全、价格及服务提出了更高的要求并衍生出各类物流增值服务需求。物流的成本、效率及可达性都会制约消费者对跨境电子商务的满意度和跨境电子商务的可持续发展。首先，从物流成本上看，跨境电子商务消费者大多对价格敏感，而跨境电子商务单次成交量（额）相对于传统外贸较少，物流成本难以摊薄，较高的物流成本会制约跨境电子商务发展；其次，从物流效率上看，物流周期越长，货物交付周期越长，既会降低对客户的吸引，又会涉及国际支付的货币面临汇率变动的风险；再其次，从物流可达性上看，跨境电子商务的终端客户分布在全球各地，物流服务是否能如期到达，到达所耗费的时间长短，会影响客户的消费体验和评价；最后从物流服务上看，国际物流运输过程相对国内物流运输，距离远，风险高，又涉及相应的通关手续相对复杂，商品运输过程中的货损率、是否具有可跟踪性等影响终端客户的体验。因此，物流是决定跨境电子商务发展的关键因素，低成本、高效率和服务完善的物流支撑体系是跨境电子商务发展的重要保障。

（三）跨境电子商务与物流的协同发展

跨境电子商务与跨境物流是相辅相成的协同系统。跨境电子商务刺激与推动跨境物流的发展，伴随着跨境电子商务的发展与成熟，对跨境电子商务物流的要求越来越高，从基本的商品空间位移功能的实现，到要求实现时间更短、成本更低廉、服务更优质、更多增值服务等。而跨境物流的发展与成熟，也反向推动与制约着跨境电子商务的发展。跨境物流的满意度提升跨境电子商务的满意度，跨境物流水平越高，越能推动跨境电子商务的进一步发展，反之，较长的时间、较高的成本、较低的服务水平与物流增值服务的缺乏等，会阻碍跨境电子商务的发展，甚至严重制约跨境电子商务的成长。

二、跨境电子商务物流的内涵及特点

（一）跨境电子商务物流的内涵

跨境电子商务物流是指两个或两个以上国家间进行的物流服务，是物流服务发展到高级阶段的一种表现形式。由于跨境电子商务的交易双方分属不同国家，商品需要从卖方所在国通过跨境物流方式实现空间位移，在消费国实现最后的物流与配送。根据商品空间的位移轨迹，跨境电子商务物流可分为国内物流、国际物流、消费国物流与配送三环节。与国内物流相比，跨境物流涉及供应商海关及消费者海关，需要进行的清关、商检工作较为复杂烦琐，单纯依靠传统的物流企业难以完成这部分业务。

(二) 跨境电子商务物流的特点

1. 受多国多方面影响大

跨境电子商务物流与国内物流相比，除具备相应的共性外，还具有国际性的特点。由于跨境电子商务物流不仅与多个国家的社会经济生活紧密相关，还易受多个国家多方面、多因素影响；商品供应国与最终消费国间在物流硬件环节与软件环节都存在国家差异，且不同国家间的标准也不相同，因而物流运输环节的衔接中存在障碍，无法像国内系统那样构建统一的软硬件标准。同时，由于各国物流环境存在差异，导致在跨境物流、运输与配送过程中，需要面对不同的法律、文化、习俗、观念、语言等软环境，这些都增加了跨境物流的运行难度与系统的复杂性。此外，关税、非关税壁垒、物流成本、空间距离等，也直接或间接影响、制约跨境物流的顺利运行。由于各国的政策及服务业对外开放程度不同，跨境电子商务物流中涉及的大数据传递、云计算信息平台、跨境物流金融等各方面都难以有效衔接，跨境物流整体的可视化、信息透明度等较国内物流都有较大的挑战。

2. 跨境电子商务物流与海关、商检、运输等环节协同发展

协同强调的是系统中各个要素间的协调、同步、合作与互补。1971 年赫尔曼·哈肯（Hermann Haken）正式提出协同学概念，协同学肯定了整个环境中各系统间存在相互影响又相互合作的关系。物流网络的协同指物流系统的各要素、各环节在资源、目标、运作等方面彼此协调、同步、合作与互补，物流网络系统、服务对象与外部环境之间协调配合，以实现物流网络整体价值增值和功能提升的过程。从功能上看，跨境物流不仅包括仓储、运输、商检等环节，还包括国际运输、海关等环节。在清关与商检环节，由于不同国家标准与要求不一致，执行人员水平与要求也存在差异，国际物流采用的多式联运也涉及多种运输方式，各种运输方式涉及的商品的种类、形状、体积、重量等要求不同，运输方式及工具衔接中存在问题与风险，不同国家间物流设施与水平差异也较大，仓储与"最后一公里"的配送对专业性的要求也较高，这些都要求跨境物流网络系统中各要素与环节间存在有效协同与配合，实现跨境物流网络的整体价值增值。

3. 跨境物流相对国内物流运输周期长且快递运费高昂

跨境电子商务物流需要从供应国经过本国物流发送到海关，经海关检验检疫等环节后再发往消费国，经过消费国海关商检最终通过物流配送到消费者手中，中间环节多，不可控因素大大增加，因而一个跨境电子商务订单从下达确认到发货大致需要 1 ~ 5 个工作日，以便卖家成批发货节约物流成本。跨境电子商务运输周期也很长，一般情况下发往北美的快件耗时 2 周左右，发往澳洲需要 1 周左右，在销售旺季，受业务量大的影响，物流周期甚至会长达 1 个多月。同时，国际通用的快递尽管运输速度快，但价格昂贵。例如，一件约 300g 的小商品从北京运往澳大利亚，选择国际 EMS，需要 5 ~ 7 天，用 DHL 包裹则仅需 2 ~ 4 天，但 DHL 包裹费用是国际 EMS 费用的 2 倍。昂贵的快递运费制约了海外消费者的选择。

4. 具体业务环节较一般电子商务物流更为复杂

跨境电子商务具有跨境的特点，因而其物流服务环节的具体业务和物流体系构成要素的具体内容较一般电子商务更为复杂。主要体现在：一是由于交易主体分居不同国家（地区），因而在物流服务环节上增加了语言和报关服务；二是物流系统构建上同时建设国内、国外两套物流系统；三是为了实现订单快速响应，需要在不同国家建设自贸区、保税区、保税库等保税设施；四是为了完成商品交付的跨境过程，因而物流企业需要增加报关清关代理类服务及增设海外代理类物流企业。

三、跨境电子商务物流的主要功能

跨境电子商务物流隶属物流的一种模式，因而在运输、储存保管、包装、装卸搬运、流通加工、配送、物流信息管理七项物流基本功能上又兼具特点，其主要功能主要有：

（一）运输功能

运输是物流最重要的功能要素，是物流的关键。运输一般分为输送和配送。产品只有通过运输，才能从生产者手中最终送至消费者手中，从存在价值转化为使用价值。运输可以划分为两段：一段是生产厂到流通据点之间的运输，批量比较大、品种比较单一、运距比较长，这样的运输称为"输送"；另一段是流通据点到用户之间的运输，一般称为"配送"，即根据用户要求，将各类商品按不同类别、不同方向和不同用户进行分类、拣选、组配、装箱，按用户要求的品种、数量配齐后送给用户，其实质在于"配齐"和"送达"。跨境电子商务物流在输送环节主要涉及航空运输、铁路运输、船舶运输、公路运输。在配送环节，相较其他物流方式，更强调风险把控、中转环节的精简。在跨境电子商务的配送流程中，通常涉及转手转包，风险呈几何倍数增加，一旦货物发生丢失毁损，则会发生权责不清互相推诿事件。由于跨境电子商务物流企业需要独立面对终端消费者，承担运输合同规定的责任与义务，这就要求跨境电子商务物流企业需要强化风控能力，提高合作伙伴的选择标准，尽量精简中转环节。

（二）仓储功能

在物流中，运输承担了改变商品空间状态的重任，储存则承担了改变商品时间状态的重任。跨境电子商务物流仓储通常属于第三方外包仓储物流，为了快速响应客户需求，快递企业通常会在全世界各货源地建立货仓，搭建一张覆盖全球的仓储网络，这就要求建立标准化管理仓库和科学的仓储管理办法。由于跨境电子商务的货物数量少，品种多，因而要求仓库与使用者能通过互联网等现代通信技术对库存进行遥控，物流企业能提供智能简易的操作系统，让非物流专业使用者可以方便管理库存，实现信息流与物流的无缝对接。

（三）包装功能

包装既是生产的终点，又是企业物流的起点。其作用是按单位分开产品，便于运输，并保护在途货物。在物流系统中，包装可以承受商品在装卸、运输、保管过程中各种力的作用，避免在移动和储存过程中发生货损货差。商品保护程度的高低，涉及包装是否满足商品要求及包装材料是否适合。因而包装是保证整个物流系统流程顺畅的重要环节之一。包装可大体划分为两类。一类是工业包装，或叫运输包装、大包装；另一类是商业包装，或叫销售包装、小包装。工业包装是为保持商品的品质，商业包装是为使商品能顺利抵达消费者手中，提高商品价值、传递信息等。

（四）物流信息处理功能

物流信息是连接运输、储存、装卸、包装各环节的纽带，没有各物流环节信息的通畅和及时供给，就没有物流活动的时间效率和管理效率，也就失去了物流的整体效率。通过收集与物流活动相关的信息，就能使物流活动有效、顺利地进行。

信息包括与商品数量、质量、作业管理相关的物流信息，以及与订货、发货和货款支付相关的商流信息。不断地收集、筛选、加工、研究、分析各类信息，并把精确信息及时提供给决策人员，以此为依据判断生产和销售方向，制定企业经营战略，以便做出高质量的物流决策。

与物流信息密切相关的是物流信息系统，即管理人员利用一定的设备，根据一定的程序对信息进行收集、分类、分析、评估，并把精确信息及时地提供给决策人员，以便他们做出高质量的物流决策。物流信息系统的目的是不但要收集尽可能多的信息，提供给物流经理，使他们做出更多的有效的决策，还要与公司中销售、财务等其他部门的信息系统共享信息，并将有关的综合信息传至公司最高决策层面，协助他们形成战略计划。

第二节　跨境电子商务物流模式

跨境出口电商的主要运输模式分为两大类，一类是直邮模式，另一类是海外仓模式。直邮模式下的物流方式主要为邮政包裹、国际快递、专线物流三种模式。邮政包裹通过邮政部门运输派送，国际快递主要分为 UPS 等商业快递和国际邮政速递两类，专线物流是指通过航空包舱的方式运输货物。

一、邮政包裹

邮政物流是指各国邮政部门所属的物流系统，通过万国邮政联盟和卡哈拉邮政组织实现商品进出口，运用个人邮包形式进行发货。相对其他物流渠道，邮政物流范围更为广泛。据不完全统计，中国出口跨境电子商务 70% 的包裹都是通过邮政系统投递。中国卖家使用的以中国邮政为主，约占 50% 的业务，其他邮政包括香港邮政、新加坡邮政等。邮政包裹网络基本覆盖全球，业务上相对国际快递有绝对优势。中国邮政旗下一般适用出口电商的国际物流服务包括大包、小包，其中邮政小包因其时效快、价格低的综合特质而使用最为广泛。但邮政包裹运输时间长，丢包率高，适合销售价值低、不追求时效的货品的出口电商及销售淡季。

专栏 8-1

万国邮政联盟：联合国下设的一个关于国际邮政事务的专门机构，通过一些公约法规来改善国际邮政业务，发展邮政方面的国际合作。

卡哈拉邮政组织：万国邮政联盟由于会员众多，而且会员国之间的邮政系统发展很不平衡，因而难以促成会员国之间的深度邮政合作。2002 年，邮政系统相对发达的 6 个国家和地区（中、美、日、澳、韩以及中国香港地区）的邮政部门在美国召开邮政 CEO 峰会并成立了卡哈拉邮政组织，后来西班牙和英国也加入了该组织。卡哈拉组织要求所有成员国的投递时限要达到 98% 的质量标准。如果货物没能在指定日期投递给收件人，那么负责投递的运营商要按货物价格的 100% 赔付客户。这些严格的要求都促使成员国之间深化合作，努力提升服务水平。例如，从中国发往美国的邮政包裹，一般 15 天以内可以到达。

（一）中国邮政小包

中国邮政小包（China Post Air Mail）即中国邮政航空小包，又称"中邮小包""航空小包""空邮小包"，是指单件邮件重量小于 2kg（寄往阿富汗限重 1kg）、通过邮政空邮服务寄往国外的小包裹，业务包括挂号和平邮服务。中国邮政挂号小包较中国平邮小包需要多缴纳 8 元挂号费，但可以跟踪报告信息，丢件率非常低，而中国邮政平邮小包丢件率较高。通常情况下，若卖家货物价值在 5 美元以下，可以选择平邮小包，5 美元以上选择挂号小包。

1. 中国邮政小包的优势

第一，范围广泛。中国邮政航空小包可以将产品送达全球大部分国家或地区的客户手中（只要有邮政网点都可以送达）。第二，价格优势。资费低，直接按首重 50g 续重 1g 计算，首重最低 5 元即可以发到国外。第三，手续便捷。投递卖家根据要求在箱身粘贴航空标签、报关单、地址和挂号单号码后，就可以完成投递，商品投递之后所有的手续包括报关、商检都可以由邮政公司代为完成。对于中小跨境电子商务企业而言，这是门槛最低的物流配送方式。第四，适用平台广。eBay、速卖通、亚马逊、敦煌、兰亭集势、Wish 等平台都可以使用，除了国际违禁品、危险品、鲜活动植物及易腐烂产品以外，一般无特别的邮寄限制。

2. 寄送要求

中国邮政小包寄送要求具体如表 8 – 1 所示。

表 8 – 1　　　　　　　　　　　　中国邮政小包寄送要求

重量	不超过两 kg（挂号寄往沙特阿拉伯≤1kg）
规格	非圆筒货物：长 + 宽 + 高≤90cm，单边长度≤60cm，长度≥14cm，宽度≥9cm 圆筒形货物：直径的两倍 + 长度≤104cm，单边长度≤90cm，直径的两倍 + 长度≥17cm，长度≥10cm
其他要求	清楚的收件人地址和邮编； 按照规定填写报关单及包面，申报物品要中英文

3. 资费标准

中国邮政小包资费标准具体如表 8 – 2 所示。

表8-2　　　　　　　　　　　　　　中国邮政小包资费标准

区域	国家或地区	资费标准（元）	挂号费（元）
1	日本	62	8
2	新加坡、印度、韩国、泰国、马来西亚、印度尼西亚	71.5	8
3	奥地利、克罗地亚、保加利亚、斯洛伐克、匈牙利、瑞典、挪威、德国、荷兰、捷克、希腊、芬兰、比利时、爱尔兰、意大利、瑞士、波兰、葡萄牙、丹麦、澳大利亚、以色列	81	8
4	新西兰、土耳其	85	8
5	美国、加拿大、英国、西班牙、法国、乌克兰、卢森堡、爱沙尼亚、立陶宛、罗马尼亚、白俄罗斯、斯洛文尼亚、马耳他、拉脱维亚、波黑、越南、菲律宾、巴基斯坦、哈萨克斯坦、塞浦路斯、朝鲜、蒙古国、塔吉克斯坦、土库曼斯坦、乌兹别克斯坦、吉尔吉斯斯坦、斯里兰卡、巴勒斯坦、叙利亚、阿塞拜疆、亚美尼亚、阿曼、沙特、卡塔尔	90.5	8
6	俄罗斯	96.3	8
7	南非	105	8
8	阿根廷、巴西、墨西哥	110	8

4. 资费标准计算

挂号资费：总额 = 标准资费×实际重量×折扣 + 挂号费8元

平邮资费：总额 = 标准资费×实际重量×折扣

例如，400g到韩国，当前折扣为7折标准资费为71.5元/kg

平邮：71.5元/kg×0.4kg×7折 = 20.02（元）

挂号：71.5元/kg×0.4kg×7折 + 8元挂号费 = 28.02（元）

备注：挂号件，每件加收挂号费8元

5. 寄送时效

当日中午12点以前交寄邮局，一般晚8时后可以在中国邮政官网查询包裹状态信息。其运输时效大致为：到亚洲邻国5~10天；到欧美主要国家7~15天；到其他地区和国家7~30天。

专栏8-2

　　为适应跨境电子商务轻小件业务寄递需要，中国邮政速递物流公司于2010年7月推出了国际e邮宝业务（ePacket）。通过与跨境电子商务平台合作和系统对接，国际e邮宝业务采取在线打单（电子面单）、线上派单、上门揽收和单独网络组织、邮政EDI清关等操作方式，为中国出口轻小件卖家提供操作简捷、时限稳定、全程可视的物流解决方案。相较邮政小包，国际e邮宝运送时效更快，运费更便宜。

　　在开办eBay平台业务的基础上，国际e邮宝还从2012年起与阿里速卖通、PayPal、亚马逊、敦煌、兰亭集势、Wish 等电商平台合作，服务超过 2 万个卖家。业务量从 2010 年的 267 万件增长到 2015 年的 1.3 亿件。截至目前，国际 e 邮宝已经开办美国、英国、澳大利亚、加拿大、俄罗斯等 12 个路向。

（二）中国邮政大包

中国邮政大包服务是中国邮政区别于中国邮政小包的新业务，包括航空大包、水路运输大包、空运水陆运输大包。本书所提及的仅为航空大包。航空大包是中国邮政国际普通邮包裹三种服务方式中的航空运输方式服务，可寄达全球 200 多个国家，对时效性要求不高而重量稍重的货物，可选择使用此方式发货。国际大包分为普通空邮（Normal Air Mail，非挂号）和挂号（Registered Air Mail）两种。前者费率较低，邮政不提供跟踪查询服务，后者费率稍高，可提供网上跟踪查询服务。

1. 中国邮政大包优势

第一，价格比 EMS 稍低，且和 EMS 一样不计算体积重量，没有偏远附加费；第二，以首重 1kg，续重 1kg 的计费方式结算；第三，成本低。相对于其他运输方式（如 EMS、DHL、UPS、Fedex、TNT 等）来说，中国邮政大包服务有绝对的价格优势。采用此种发货方式可最大限度地降低成本，提升价格竞争力。

2. 规格限制

寄往各国邮政大包的最大尺寸限度分为两种。第一种尺寸：最长一边不超过 150cm，长度与长度以外的最大横周①合计不超过 300cm。第二种尺寸：最长一边不超过 105cm，长度与长度以外最大横周合计不超过 200cm。中国邮政大包最小尺寸限制：最小边长不小于 0.24m、宽不小于 0.16m。

3. 计费方式

总额 = 首重 1kg 的价格 + 续重 1kg 的价格 × 续重的数量 + 8 元/件

其中，包裹总量不能超过 30kg（其中部分国家不能超过 20kg），计费时不计算体积重量，没有偏远附加费和燃油附加费。需要收取每件 8 元报关手续费。

（三）新加坡邮政小包

新加坡邮政小包又叫新加坡邮政航空小包裹、新加坡挂号小包，是新加坡邮政推出的一项针对货物重量在 2kg 以下的邮政小包服务，时效好、通关能力强，可寄达全球各个邮政网点。

1. 新加坡邮政小包的优势

第一，价格低，相对于其他运输方式（如 DHL、UPS、Fedex、TNT 等）来说，小包服务有绝对的价格优势；第二，速度快，到达多数国家的正常运输时间为 7 ~ 15 个工作日；第三，安全性高，新加坡邮政提供的国际小包服务是世界认可的优质产品，掉包率低，既快速又安全；第四，可以发带电池商品。

2. 基本运费

平邮运费计算方法为：105 元/kg × 重量 + 0.5 元/件处理费；挂号运费计算方法为：

---

① 横周计算公式：2 倍高度 + 2 倍宽度 + 长度。

71.5 元/kg × 重量 + 12，其中挂号费为 12 元。

3. 规格限制

重量限制：在 2kg 以内；体积限制：方形货物的长 + 宽 + 高不超过 90cm，单边长度不超过 60cm；卷轴状货物直径的两倍加上长度之和不超过 104cm，单边长度不超过 90cm；此外，方形货物的表面尺码不得小于 9cm × 14cm。

二、商业快递

商业快递主要包括国际快递公司，如 UPS、FedEx、DHL、TNT 等，不同的国际快递公司具有不同的特点，在资费、服务、时效上也有所区别。国内快递的国际化服务也在提高，如申通、顺丰等，但目前覆盖的海外市场相对有限。目前国际电商中较为主流的国际快递公司有 DHL、UPS、FedEx 和 TNT。

（一）DHL

DHL 是德国邮政旗下的快递业务，在中国经营时间久，覆盖目的地国家广，是中国用户使用最多、最为熟知的国际快递服务。DHL 支持一票多件（multiple package shipment, MPS）。收费方面，DHL 按体积重量收费。21kg 以下以每 0.5kg 计费，超过 21kg 以每 kg 计费。DHL 对于单边超过 120cm 或重于 68kg 的包裹收取超重费，对于部分国家偏远地区可能会加收偏远地址费。

DHL 分为普通和特殊渠道，普通渠道不支持电池、液体、名牌产品或商标、粉末（包括但不限于）的配送，特殊渠道可以配送电池和品牌商品。DHL 普通和特殊渠道时效快，在绝大部分国家和地区，DHL 可以在 5 个工作日左右抵达。欧洲，北美，澳洲可在 3 个工作日送达。由于 DHL 速度快、出口口岸多、拥有特殊渠道并支持一票多件，适合对价格不敏感、有以上需求的客户。

（二）UPS

UPS（United Parcel Service）是世界知名的快递公司，但在中国来说，UPS 的经营力度不如 DHL 和 Fedex。UPS 支持发往全世界绝大部分国家和地区，发往欧美等地的时效快，通常在 4 个工作日左右。UPS 支持 Multiple package shipment（MPS），即中文的一票多件。UPS 按体积重量收费，21kg 以下以每 0.5kg 计费，超过 21kg 以每 kg 计费。UPS 会对体积超大物品收取超重费，部分国家偏远地区可能会加收偏远地址费。

UPS 不支持（包括但不限于）电池、液体、名牌产品或商标、粉末的配送。由于 UPS 可覆盖的国家和地区广、速度快、支持一票多件，适合对速度有要求或在 UPS 优势价格区域内（英国、法国、德国、荷兰、意大利、比利时和西班牙）的用户使用。

（三）FedEx

联邦快递（FedEx）是全球最具规模的快递运输公司，为全球超过 235 个国家及地区提供快捷、可靠的快递服务。作为一家国际性速递集团，FedEx 提供隔夜快递、地面快递、重型货物运送、文件复印及物流服务，总部设于美国田纳西州。2011 年联邦快递在广州建立了亚太快件处理中心，目前超过 40% 的联邦快递包裹可做到广州直发。在中国，联邦快递提供国际经济（international economy）和国际优先型（international priority）两种服务。国际优先型服务在非繁忙时段较国际经济型节约 20%～30% 的时间，在繁忙时段，延迟的概率也较国际经济型低。联邦快递按体积重量收费，运费标准是 21kg 以下以每 0.5kg 计费，超过 21kg 以每 kg 计费，如：4.21kg 的包裹，是按 4.5kg 计算，而 25.1kg 的包裹，需要按 26kg 计算。对于配送至北美（美、加、墨）私人住址的客户加收 30 元一票的地址费。联邦快递对物品配送的限制较为严格。（包括但不限于）电池、液体、名牌产品或商标、粉末均不能交由联邦快递配送。联邦快递的优势：性价比高，价格优惠，速度较快，在北美、东南亚、欧洲部分地区的大部分国家或地区的价格优势明显，且支持一票多件。适合发普货，重量 21kg 以上的货物到东南亚、注重性价比的客户。

（四）TNT

TNT 是荷兰邮政旗下的快递业务，在世界主要国际快递公司中，是经营国内快递最久的一家。TNT 按体积重量收费。20kg 以下以每 0.5kg 计费，超过 20kg 以每 kg 计费。TNT 快递单箱限制的最大重量为 70kg，对于部分国家偏远地区可能会加收偏远地址费。但相对其他公司，TNT 的价格不具优势。此外，TNT 提供国际经济（TNT Economy）和国际特快（TNT Express）的服务，国际经济可于 6～7 个工作日抵达欧美主要地区，国际特快较国际经济快 1～3 个工作日不等。但 TNT 不支持（包括但不限于）食品、液体、粉末、电池、品牌和一切中华人民共和国限制出口的商品。TNT 具有速度快，西欧国家通关有优势，澳大利亚新西兰等国家价格有优势，支持一票多件等优点。如果卖家需要对西欧发送一些比较重要的货物，又要时间快、通关力强，若不考虑价格因素，建议可选择 TNT。

（五）国内快递

国内快递主要指 EMS、顺丰和"四通一达"。在跨境物流方面，EMS 的国际化业务最完善，依托邮政渠道，可实现直达全球 60 多个国家，费用相对四大快递巨头更低，国内出关能力强，到达亚洲国家 2～3 天，到欧美国家通常需要 5～7 天。圆通和申通布局较早，中通、汇通和韵达则刚刚开始启动跨境物流业务。顺丰的国际化业务则更为成熟，目前已经开通到美国、韩国、日本、澳大利亚、东南亚等国家或地区的快递业务，发往亚洲国家一般 2～3 天可送达。

专栏 8 - 3

四通一达，是申通快递、圆通速递、中通快递、百世汇通、韵达快递五家民营快递公司的合称。2012 年时，这五家公司总的从业人员是 21.6 万，年销售额近 300 亿元，占据了中国快递市场总收入的半壁江山。

三、专线物流

国际专线是物流行业内用于区分国内专线及全球性的国际快递服务、传统的国际空运代理、国际海运散货拼箱服务的一种称谓。跨境专线物流一般是通过航空包舱方式将货物运输到国外，再通过合作公司进行目的地国国内派送，是比较受欢迎的一种物流方式。物流总费用包括前期的空运单位费用加上后期的本土物流费用。这种方式通过规模效应降低成本，但在国内的揽收范围相对有限，覆盖地区有待扩大。根据货物收件地和发件地之间的物流业务量，确定是否有必要开通专线物流。

目前，业内使用相对普遍的物流专线包括美国专线、欧洲专线、澳洲专线、俄罗斯专线等，也有不少物流公司推出了中东专线、南美专线。EMS 的"国际 E 邮宝"、中环运的"俄邮宝"和"澳邮宝"、俄速通的 Ruston 的中俄专线都属于跨境专线物流推出的特定产品。此外，根据从事专线物流的公司所属行业，可以分为跨境电子商务平台企业专线物流和国际物流企业专线物流。其中，跨境电子商务平台企业专线物流大多在国内建仓，专业为在该平台内的中小企业解决物流问题而开发的物流项目，他们大多在国内建仓，专业为该平台内从事跨境电子商务的中小企业提供物流解决方案，平台内 B2C 企业发货可以享受运费优惠，操作简单。国际物流企业专线物流是从物流配送的专业化角度开发的专线物流，更重视地区性和专业性。

专线物流运送时间较邮政小包短，运输费用便宜，保证清关。专线物流大多在出口区域中心城市拥有出口仓库，在仓库完成国内快递寄送物品的理货、分拣、配送和包装，并根据货物去向统一订购航空舱位，通过统一分拣发货，能够大大降低成本，提高速度。但专线物流的缺点也较为明显，其覆盖范围相对窄，主要集中于传统欧美市场和新兴俄罗斯市场。同时，专线物流公司大多不接受退货服务。整体而言，专线物流在其覆盖区域，因较短的时效和专业的清关能力，相较快递物流，更具有优势。

（一）俄速通

中俄航空的俄速通（Ruston）以俄语系国家为起点，是阿里巴巴全球速卖通的对俄跨境电子商务服务机构。旗下的俄罗斯航空小包是针对跨境电子商务客户物流需求的小包航空专线服务，其渠道实效快速稳定，可实现全程物流跟踪服务。

Ruston 的主要优势有：一是经济实惠。"Ruston—航空小包"以克为单位精确计费，无起重费，可使卖家将运费做到最低。二是可邮寄范围广泛。"Ruston—航空小包"产品是联合俄罗斯邮局推出的服务产品，境外递送环节全权由俄罗斯邮政承接，递送范围覆盖俄罗斯全境。三是运送时效快。Ruston 俄速通开通了"哈尔滨—叶卡捷琳堡"中俄航空专线货运包机，大大提高了配送时效，使中俄跨境电子物流平均时间从过去的近两个月缩短到 13 天。一般货物运送时效为 16～35 天到达俄罗斯全境，80% 以上包裹 25 天内到达。四是全程可追踪。48 小时内上网，货物全程可视化追踪。

Ruston 对包装与重量的要求是，方形包裹最大为长、宽、厚长度之和 <90cm，最长一边长度 <60cm；最小为至少有一面的长度 >14cm，宽度 >9cm；圆柱状包裹最大为 2 倍直径及长度之和 <104cm，长度 <90cm，最小为 2 倍直径及长度之和 >17cm，长度 >10cm。（以上尺寸标准公差在 2mm 以内，重量小于 2kg（不包含））。Ruston 的揽收区域为广东省、福建省、江苏省、浙江省、上海市，5 件起免费上门揽收。小于或不在揽收区域范围内的，卖家需自行发货至集货仓。

（二）燕文航空挂号小包

燕文航空挂号小包（Special Line—YW）的物流商北京燕文物流有限公司是国内最大

的物流服务商之一。可通过速卖通后台、第三方软件（如全球交易助手、速卖打单宝、速卖 ERP、普源网店精灵、订单精灵等）对接线上发货 API 接口，通过自有 ERP 进行线上发货操作，最终可实现通达 40 国的航空挂号产品。

燕文航空挂号小包具有以下优势：一是时效快。燕文在北京、上海和深圳三个口岸直飞各目的国，避免了国内转运时间的延误，并且和口岸仓航空公司签订协议保证稳定的仓位。全程追踪，派送时效在正常情况下 10～35 天，特殊情况下 35～60 天到达目的地[①]。二是交寄便利。燕文航空挂号小包在北京、深圳、广州（含番禺）、东莞、佛山、杭州、金华、义乌、宁波、温州（含乐清）、上海、昆山、南京、苏州、无锡、郑州、泉州、武汉、成都、葫芦岛兴城、保定白沟提供免费上门揽收服务，揽收区域之外可以自行发货到指定集货仓。三是赔付保障。燕文航空挂号小包在邮件丢失或损毁时提供赔偿，可在线发起投诉，投诉成立后最快 5 个工作日完成赔付。

燕文航空挂号小包的规格要求是：方形包裹须小于 2kg（不包含），最大体积限制是长＋宽＋高≤90cm，单边长度≤60cm；最小体积限制为至少有一面的长度≥14cm，宽度≥9cm。圆柱形包裹也须小于 2kg（不包含），最大体积限制为交货地为华东的，体积限制为：2 倍直径及长度之和≤104cm，单边长度≤90cm；交货地为华南的，体积限制为：单边长度≤60cm，德国单边长度≤55cm（长＋宽＋高≤90cm）；最小体积限制为 2 倍直径及长度之和≥17cm，单边长度≥10cm。

（三）Aramex

Aramex 是以国际快递为核心业务的中东地区专业快递公司。其主要业务涵盖国际快递、货代、国内快递以及杂志和报纸递送等。该公司成立于 1982 年，是第一家在纳斯达克上市的中东国家公司，在全球拥有超过 353 个公司，12 300 位员工。其服务目前支持中东、印度次大陆、东南亚、欧洲及非洲航线。目前发货目的国有 22 个且均为全境服务。

Aramex 快递是国际货物邮寄中东国家的首选。时效非常有保障，正常时效为 3 个工作日，一般时间均为 2～5 天。其主要优势有：一是运费价格优势。寄往中东、北非、南亚等国家价格具有显著的优势，是 DHL 的 60% 左右；二是时效优势：时效有保障，包裹寄出后 3 到 5 天可以投递，大大缩短了世界各国间的商业距离；三是无偏远优势：世界各国无偏远，抵达全球各国都无须附加偏远费用。四是包裹可在 Aramex 官网跟踪查询，状态实时更新信息，寄件人每时每刻都跟踪得到包裹最新动态。

卖家接到交易订单后，可以使用 Aramex 线上发货服务。在线填写发货预报，将货物发至阿里巴巴合作物流仓库，在线支付运费，仓库就能将货物递交给 Aramex，由其送达买家手中。

Aramex 快递对寄运的要求：一是运单填写。运单填写需包含：收件人信息、货品信息、申报价值、件数及重量等详细资料，单票货物申报不得超过五万美元。寄件人信息统一打印，所有资料必须以英语填写；二是单件重量不得超过 30kg，单边长度不得超过 120cm×50cm×50cm；如单件重量超过 30kg 则尺寸必须小于 240cm×190cm×110cm；三是国际件的实际重量和体积重量，两者取较大值收取费用，其中，体积计算公式为长×

---

① 燕文航空挂号小包物流商承诺货物 60 天（巴西 90 天）内必达（不可抗力及海关验关除外），时效承诺以物流商揽收成功或签收成功开始计算。

宽×高/5 000（单位：cm）。同时，危险品，易燃易爆物品以及有放射性的物品，国家规定不能流通的物品如文物、货币、古董等物品，液体、粉末、压缩气体及航空公司和目的地海关规定不能邮寄的物品是禁止邮寄的。

第三节 海外仓概述

一、海外仓的定义及特点

尽管我国跨境物流这几年的发展速度快，相较跨境电商还是有所滞后。尽管中国邮政速递物流、顺丰速运等国内企业都有开展跨境物流快递的服务项目，但在国际覆盖范围、物流配送效率、物流信息采集等方面与国际物流快递公司相比还存在较大差距，与当前我国跨境电商企业需求并不匹配。从出口商角度而言，卖家难以掌控物流，确保货物能够及时完好到达消费者手中，并实现更便捷的退换货流程和提供堪比实体零售店的售后服务，使消费者获得更好的购物体验。以往传统物流快递方式费用较高、物流周期较长、退换货麻烦，还可能会出现海关查扣、快递拒收等难以预计的情况，严重影响客户体验，对卖家扩张商品销售品类也有不小的限制，如一些体积大、重量重、批量小的商品难以开展销售。而海外仓模式恰恰解决了这一问题。

海外仓模式指的是在本国以外的国家或者地区建立仓库，为跨境电商卖家提供以仓储为核心的综合跨境物流，主要包括散装集中运输、货物集中清关、个性化订单包装及配送服务等功能，是一种综合力极强的跨境电商物流模式。海外仓针对跨境电商卖家提供仓储、分拣、包装、运输的综合服务。首先，卖家根据国外消费需求，将货物运输并存储在海外仓库。通过信息管理系统，对货物库存进行管理控制，根据销售情况及时增减库存。当境外客户购买商品时，卖家按照订单，可以直接将商品从海外仓通过当地快递方式寄送至客户手中。这种模式使境外客户可以享受到安全可靠、及时、低成本的物流一体化服务。

（一）海外仓的优势

1. 简化商品跨境运送流程

通过海外仓，卖家可以将货物提前存储到海外市场当地仓库，当海外消费者有需求时，直接从当地仓库进行货物分拣、包装以及配送等，原本复杂的跨境运送流程就可以简化为"分拣—投递"两个环节，相当于国内快递，免除因跨境运输造成的包裹丢失、清关障碍等风险，时效性相较于其他跨境物流模式得到大幅度提升，大大缩短了物流时间，提高了物流效率。货物能够快速到达客户手中，也节省客户的时间成本。

2. 有效避开跨境物流高峰

在一些节日前后通常会有大量订单，从而导致节日前后集中大量发货的情况，这种超负荷的货量运转必然会影响国际物流商的发货速度，从而导致未发货货物的大量囤积，延长了正常的物流周期，极大地影响了跨境贸易的正常进行，甚至会影响到消费者的购买欲望，导致不愿漫长等待而造成的海外客户流失。如果使用海外仓，就可以根据往年同期销售情况来预算未来一段时间可能的销售量,提前在海外仓备好一定数量的货物,从而有效地规避了因跨境物流高峰期造成的各种负面影响。

3. 降低物流成本

海外仓的头程运输采用的是传统的国际物流运输方式,大批量货物办理清关手续,因此货物的总量、体积、价格不受限制,则货物平均运输成本低于小批量多批次的国际邮政和国际快递运输。海外仓采用的这种整箱集中运送方式可以使单件商品的平均运费大大降低,特别对于那些重量大于400g的商品,采用海外仓这一方式更具有优势,能够直接降低跨境运输成本。而且,卖家只需在收到订单后将发货信息发给当地仓库,有专业的仓库管理人员可以代替卖家完成接下来的物流配送工作。通过使用海外仓,得益于其专业的仓库管理,卖家可以节省大量人力,还能有效降低货物分拣发送环节的差错率,从而能够降低跨境物流管理成本。而且,由于货物已事先存储在海外仓,当有消费者下订单时,卖家就可以第一时间做出快速响应并通过当地仓库发货,节省货物跨境运输所浪费的时间;在跨境运输中对货物合理的拼装和拆分,还可以节省物流费用。

4. 更注重专业性和服务性

随着物流行业的不断发展成熟,物流行业竞争也主要是服务方面的竞争;海外仓的推广对服务质量的要求越来越高;海外电商对电商税务的要求合法化也是一个重要原因;同时,不仅是消费者,卖家对物流时效和服务也越来越看重,这对海外仓服务的专业性和服务性有更高的要求。而随着海外仓的不断发展,跨境电商可选的海外仓也越来越多,因此,一部分海外仓企业已经开始不只是注重单纯的价格战,而是专注于做出自己的品牌,提供更受欢迎的个性化服务。

5. 提升消费者购物体验

海外仓的使用还能实现更便捷的退换货方式。当买家遇到售后问题时,可以与当地海外仓直接联系,退换货程序比国际快递简单快捷得多,客户只需要将商品寄回到当地海外仓,免去报关退税清关等一系列麻烦。由于卖家不需为跨境退换货付出额外的物流成本,也能大大降低运送中货物损坏和丢失的风险。除此之外,企业也可以利用海外仓提供一些增值服务,如维修、安装等。

随着海外仓使跨境购物体验得到大幅度提升,购物重复率得以提升,有利于突破跨境电商销售额瓶颈,继而获取更广阔的海外市场,最终提升跨境电商的盈利水平。

(二) 海外仓的劣势

海外仓的最大劣势在于初期建设成本高,不管是租用还是自建,大多数中小企业难以靠自己的资金力量完成海外仓建设。海外仓物流系统包括头程运输、仓储管理、当地配送三个步骤,卖家首先将大量的货物通过传统运输方式运往销售地,存储在海外仓库中,等待买家下单进行配送。若仓储管理不当容易产生库存问题,如果没有稳定的消费者群体,极易产生货物积压问题;而当销售情况良好导致预存不够时,极易引发客户流失问题。所以海外仓物流模式对商品需求预测有着更高的要求。

(三) 海外仓的功能

1. 代收货款功能

由于跨国交易存在较大的风险,因此为解决交易风险和资金结算不便、不及时的难题，在合同规定的时限和佣金费率下，海外仓在收到货物的同时，可以提供代收货款增值业务。

2. 拆包拼装功能

对一般国际 B2C 跨国电子商务模式而言，订单数量相对较小、订单金额相对较低，频率较高，具有长距离、小批量、多批次的特点，因此为实现运输规模效应，可对零担货物实行整箱拼装业务运输。货物到达海外仓之后，由仓库将整箱货物进行拆箱，同时根据客户订单要求，为地域环境集中的用户提供拼装业务，进行整车运输或配送。

3. 保税功能

当海外仓经海关批准成为保税仓库时，其功能和用途范围更为广泛，可简化海关通关流程和相关手续。同时，在保税仓库可以进行转口贸易，以海外仓所在地为第三国，连接卖方和买方国家，这种方式能够有效躲避贸易壁垒。在保税海外仓内，还可以进行简单加工、刷唛等相应增值服务，能有效丰富仓库功能，提升竞争力。

4. 运输资源整合功能

海外仓系统提供商针对国际贸易 B2C 订单数量相对较小、频率较高的问题，为对国内仓库的上游供应商资源和国外仓库下游的客户资源进行整合，更好满足物流高时效的配送要求，分别将国内仓库作为共同配送的终点、海外仓作为共同配送的起点，实现对运输资源的有效整合，达到运输的规模效应，降低配送成本。

一般难以实现规模运输的产品，通过海外仓服务一方面可以实现集中运输，有效减少运输成本；另一方面，在海外通过共同配送，可以更好地搭建逆向物流的运输平台，提高逆向物流货品的集货能力，降低成本费用。因为一旦逆向物流产生阻滞，将面临高额的返程费用和关税征收，而海外仓储的建立可以在提高逆向物流速度的同时，增加客户满意度，提升客户价值。

二、海外仓的建设模式

（一）自建模式

1. 概述

（1）卖家自建。这种模式就是由大卖家自己在海外市场建设仓库。从事跨境电商的卖家经过一段时间的运作以后，有了一定的资金与客户群体基础，同时随着跨境电商的迅猛发展，提高物流配送效率刻不容缓。这些卖家就投入资金在客户较为集中的地区自建海外仓，以实现其本地发货，提升货物配送速度。

（2）电商转型。这种类型由规模比较大的、有自营海外仓的电商企业转型而来，这类海外仓比较了解跨境电商的情况和需求，对跨境电商的发展趋势也有较为准确的把握，因此这类海外仓往往在市场营销方面做得比较出色。同时，因为它们自身也是电商，所以在其仓库的不仅有其他电商客户的商品，也有它们自营的商品。

2. 优势

（1）控制长期成本。自建海外仓模式能保证物流整体环节在自己的控制范围之内，直接控制和负责商品，并为电商客户和消费者提供更加优质的服务。如果海外仓库在长期都能得到充分利用，就可以有效降低单位货物的仓储成本，在某种意义上说这也是规模经济的体现。

（2）提高库存周转率。电商自建海外仓储物流有利于商品的及时发货和迅速配送，从而更好地满足目标市场消费者的需求，同时也能提高消费者满意度，树立良好的品牌形象。除此之外，也有利于提高电商企业的库存周转率，能够及时回收货款，从而保证电商企业有充足的现金流量。电商自建海外仓对消费者、电商平台供应商和跨境商家都大有益处。

（3）便于物流管理。因为自建海外仓归跨境电商卖家所有，所以卖家能对海外仓实现最大程度的控制，而且有利于与其他物流系统进行协调，从而实现更加灵活地对跨境物流进行管理。同时，也正是由于电商企业是自建海外仓的所有者，所以海外仓的设计和布局也可以以企业自身的情况和商品特点为依据，使得管理更加方便。

（4）利于树立品牌形象。自建海外仓模式除了能给电商企业带来便利，还能最大程度表现电商企业的实力。企业将商品储存在自建海外仓中，能让客户感觉到该企业长期以来经营情况良好，能在客户面前树立实力强、经营十分稳定、可靠的良好形象，从而对企业更加信任并给予支持，这对于企业竞争力的增强非常有利。

（二）与第三方合作模式

1. 概述

与第三方合作模式是指跨境电商企业与第三方公司合作，由外部公司提供海外仓储服务的建设模式，这种模式能为电商企业提供专业化的高效服务。这种类型的海外仓设计水平通常比较高，并且能符合一些特殊商品高标准、专业化的运送要求。从事跨境电商的企业事先与提供海外仓储服务的外部公司联系，将货物以集中托运的方式运送至海外目标市场仓库，货物在扫描入库后，就会在海外仓的信息化系统中有所记录，并和跨境电商企业的销售系统相连接，当有消费者下单，当地仓库就会迅速得到指令，从仓库调货并送至消费者手中。这种类型的海外仓建设模式主要有以下两种：

（1）租用。直接租用第三方公司现有的海外仓库，利用第三方海外仓自有的信息系统和管理技术对仓储进行管理。电商企业需要向第三方公司支付操作费用、物流费用和仓储费用。

（2）合作建设。指电商企业与第三方公司合作建设海外仓，并自行投入设备、系统等。采用这种方式，电商只需支付物流费用，但需要电商企业和第三方公司共同对海外仓的管理和系统完善投入更多的精力。

2. 优势

（1）可降低电商企业运营风险和资产投入。第三方海外仓储一方面可帮助电商企业降低运营所需的管理成本，减少电商企业资产投入，有效规避运营中的风险。据美国供应链及采购协会所提供的数据看，使用第三方海外仓可以降低约13%的资本投入，降低成本3.7%。而客户体验的提升、对物流供应链管理的完善所带来的隐性利润的增加，是数字所无法统计和衡量的。另一方面，第三方海外仓储企业可同时处理不同电商客户的大量商品，对货物进行整箱拼装作业后可通过集中运输来节省运输成本。

（2）第三方物流更具专业性。第三方海外仓储相比电商自建物流更有经验、更专业且更有实力，能够提供更低的成本和更好的服务，所雇用的管理人员往往拥有更具创新性的管理和分销理念，能够帮助电商企业建立效率更高的物流系统。此外，第三方海外仓储的选址具有战略性，能够帮助电商企业更好地扩大海外市场。

（3）解决跨境电商企业后顾之忧。物流对企业而言，是继劳动力和自然资源之后的"第三利润源泉"。高效的物流能够帮助跨境电商企业减少人力资源投入，简化经营运作环节，使效率得到提高并有效降低成本，从而增强企业的实力和竞争力。在全球化竞争日益激烈、信息技术日新月异的今天，电商企业之间的竞争将越来越多地围绕物流成本与效率方面展开。把跨境物流这样一个对一些电商企业来说相对薄弱的环节交给对物流管理更专业的第三方公司去完成，有助于电商企业毫无后顾之忧地将精力聚焦于品牌、产品、营销的发展，从而使企业具备更多的竞争优势。

（三）一站式配套服务模式

1. 概述

一站式配套服务该模式是以海外仓为基础，为电商企业提供跨境物流整体解决方案服务的模式。这种模式基于海外仓，但不局限于海外仓。通过这种模式可以根据不同电商企业的差异化需求，提供在售前环节不同的头程解决方案，并可以提供集物流管理、供应链优化、贸易合规及金融管理服务于一体的、服务透明、质量稳定的整体解决方案，从而帮助跨境电商解决物流、贸易、金融、推广等各方面的难题。跨境电商物流服务很难实现标准化，因为不同买方国家法律政策都有所不同，而且不同国家的消费者在所需商品品类和消费习惯方面存在差异。部分电商企业在实际运营中发现对于物流服务的有些需求海外仓不能完全实现，这表明，当前跨境物流的客户对于物流服务的个性化需求，已经对海外仓服务提供商提出了新的要求。于是，这种提供个性化服务的海外仓模式开始兴起。

2. 优势

（1）更好地进行资源整合。一站式配套服务模式将海外仓作为现有市场上所有物流运输方案整合的载体，从而形成一站式的解决方案。此类海外仓对物流行业资源具有较高的掌控能力，同时对市场也具有高度敏感性，能对数据进行收集和分析，并通过分析数据来帮助跨境电商降低成本，增加赢利。同时，通过整个海外仓在整个供应链的影响力，在解决电商企业物流的基础上，能够整合各类社会资源，从而实现物流信息的共享与社会物流资源的充分利用。

（2）完善跨境电商供应链。供应链管理涉及物流、商流、资金流、信息流四个维度，与国内电商的供应链管理有所不同的是，跨境电商的供应链管理还会牵涉到进出口流程、各个国家法律法规制度的差异以及跨国事务的管理。这种海外仓模式汇集人流、技术流、信息流、资金流等多重要素，在跨境电商供应链布局中是重要的节点，通过一站式配套服务模式能够整合运输资源，并利用跨境电商供应链上各方的需求和信息的反馈来优化跨境电商供应链。

（3）提升服务体验。一站式配套服务模式可根据不同电商企业实际情况提供一整套符合其发展的物流解决方案，同时，在跨境物流流程非常复杂的现实状况下，为电商企业提供有效的供应链管理服务和咨询服务，有针对性地满足他们对于物流服务的需求。这种模式不仅为电商企业提供一站式服务，也为消费者提供了本土化服务，使海外仓客户和消费者都可以获得更好的服务体验。

（4）对跨境物流具有引领作用。一站式配套服务模式能够克服跨境电商中的物流痛点，并引领跨境物流向专业化、标准化方向发展。这种基于海外仓为服务平台的整体物流解决方案，是一个不断优化升级服务强项、不断调整改变服务弱点的过程。这种基于海外仓储为服务平台的跨境物流服务，本身就是一套不断适应乃至不断引领跨境物流的解决方案。

第四节　跨境电子商务物流通关

通关是出口跨境电子商务物流必不可少的一个环节，产品通过海关查验并放行后才能顺利进入目的国，再通过物流送至买家手中。

一、我国跨境电子商务通关管理现状

跨境电子商务已成为外贸产业中的一匹"黑马"，成为推动中国外贸增长的重要力量。2013 年，国家税务总局公布的《关于跨境电子商务零售出口税收政策的通知》，以及 2014 年海关总署增列跨境贸易电子商务监管代码"9610"和发布《关于跨境贸易电子商务进出境货物、物品有关监管事宜的公告》，旨在对跨境贸易电子商务进出口商品规范监管，引导和促进跨境电子商务有序发展。但日益活跃的市场，突如其来的新生事物，在没有可参看借鉴的模式情形下，如何有效监管依旧是目前管理层棘手的问题。

（一）传统邮递商品和快件通关存在的问题

在我国试点跨境贸易电子商务之前，我国的跨境电子商务平台使用企业自建平台或借用第三方平台实现交换信息。根据我国法律规定，跨境电子商务的商品可用邮递、快件或按照普通货物出入境的方式送达。但是跨境电子商务物流的主体一般都具有批量较小、批次具体数量不固定的特点，所以大多数此类商品用邮寄的方式来申报进出口，因而需要辨别是个人购买物品还是交易的货物，这一点结论的不同关系到征税税率以及办理程序的巨大差别。根据我国相关规定，个人购买物品 50 元以下是免征税，但如是跨境交易的货物关税可免，增值税和消费税是不免的。因而有不少企业选择以个人购买物品报关，因此海关监管就需要辨识商品具体属性，即按照我国规定只有自用或者在合理范围内的出入境旅客分离携带的物品，而且还要遵守一定的限额的物品才能按照个人物品算，超出范围或者不符合规定的就应当按货物报关。所以在跨境电子贸易时，如果以快件通关该物品属于个人物品还是贸易货物现在还没有明确的划分标准。所以即便理论上能够对跨境电子商务商品的属性予以界定分析，但在实际通关中报关员还是难以区分货物会不会再次进入贸易程序，因为仅仅凭借外观或者是经验是没有办法了解货物真实状况的。尤其是在 B2C 模式或者 C2C 模式中，这两种模式的跨境电子商务过程无须固定场所，导致没有准确的便于提取的交易信息，这就大大增加了海关对该交易活动予以监管的难度。

（二）企业管理定性模糊

《中华人民共和国海关企业分类管理办法》把企业主体划定为进出口货物收发货人、报关企业（生产型和代理型）两类，并实施差别化管理政策。跨境电子商务涉及众多市场主体，包括电商企业、物流企业、支付企业、生产企业、报关企业、自然人。以电商企业为例，其性质与海关规定的两类企业都有区别，从市场主体责任来看，可能同时承担进出口货物收发货人、报关企业的所有责任。但海关目前并没有对跨境电子商务企业给予单独的企业管理备案类型，导致企业参与跨境电子商务经营的积极性受到打压，同时导致以下问题：一是限制小微跨境电子商务企业发展。跨境电子商务企业备案资金要求较高，但跨境电子商务企业属于新兴行业，大部分参与者并不具备雄厚的资金实力，且跨境电子商务活动本身属于经营性，对流动资金要求较高，而固定资产较少，甚至可以不需要固定资产，直接进行海关监管仓内经营，因而较高的备案资金会限制部分小微企业进入跨境电子商务行业。二是跨境电子商务企业备案渠道不畅。跨境电子商务企业属于"互联网＋"行业类别，其多数工作都在互联网上完成，现实中的现场备案业务流程会增加部分新入企业的进入成本，从而影响备案热情。三是公共服务平台征信系统尚未完善。当前试点地区使用的公共服务平台对个人身份信息验证功能不完善，无法对既往信用历史进行追溯，资源整合和信息共享机制不健全，对跨境电子商务市场风险防控能力较差，不利于后续管理。

（三）法规制度不健全影响跨境电子商务的发展

1. 跨境保税备货业务通关代码业务规定不健全

目前海关对存储跨境电子商务商品的海关监管区的建设标准还不明确，硬件建设标准、软件管理要求、账册管理方式、海关职能管理等均需要明确。在已经开展的跨境保税备货业务的试点口岸也出现了一些不良现象，如常见的"刷单"行为，即通过将超出免税标准的应税货物人为拆单，通过分批购买或更换非实际买受人身份证，将购买分拆至免税标准以内，已经接近了走私行为，实属违规违法。此外，由于跨境电子商务的海关通关代码（9610、1210）出台时间不长，而且后续并没有及时跟进标准化解释，也没有实际的操作规程，甚至一线的海关关员由于缺乏培训，同时试点城市较少，导致跨境电子商务企业过度集中，海关基层单位通关压力较大，也是出现问题的一个主要原因。

2. 海关进出口税则更新速度跟不上跨境电子商务需要

随着跨境电子商务这种新兴业态的蓬勃发展，越来越多的新产品进出口成为常态，审单现场也开始遇到越来越多的归类错误问题，导致大量非企业主观故意造成的申报错误，不仅影响海关统计，还会对企业资信造成不必要的影响，更增加了海关审单人员工作量。此外，一些商品由于没有列明的条目对应，国家对于该类兜底条款采用的是平均税率法，将造成海关监管丧失掉自身的通过税率调节商品进出口行为的机制，不利于海关监管作用的发挥。

3. 海关现行行邮税制尚不健全

跨境电子商务多采用邮件、快件等运输方式来进行。而海关现行行邮税制尚不健全、监管模式还不适应，造成了执法中缺乏统一性，也无法完全发挥税收的杠杆作用。如部分海关管理法律法规相对滞后，商品价格认定仍然以海关为主导，并没有真正遵照符合市场规律和发展现状，易造成通关效率低、企业和消费者不理解。一是海关以设定完税价格表作为行邮物品的价格认定依据，但实际中商品种类繁多、更新换代快，因购买的时间、方式不同，价格差异非常明显，完税价格表并不能穷尽所有情况。同时根据《关税条例》，完税价格由成交价格以及运输及其相关费用、保险费为基础审查确定。而行邮税海关完税价格表的价格是根据市场调研得来，并不能真实反映实际成交价格，不符合公平原则。二是跨境电子商务的快速发展，带来了个人邮运量的快速增长。但现在邮包限值至今仍沿用1994年修订的限值，随着经济水平的不断提高，个人邮寄物品的价值随之不断增加，邮件的价值限在1 000元以内不符合新的经济形势，在政策合理性上出现了偏差。对于超出1 000元限值的邮件予以退运或者按货物报关处理，相当一部分的消费者因为没有进出口经营权，无法办理相关手续，又因为退运成本高，造成没有退路，影响邮件通关速度。三是电商为了节约成本需要，往往采取多收件人、多种商品统一邮寄的方式，由于邮件收件人多、商品种类多，海关查验时，必须验证每件商品是否符合免税限额，并分别计征税款，往往因无法确认而采取统一以一般贸易报关。

二、跨境贸易电子商务监管的相关政策解读

（一）货物与物品监管的区别待遇

跨境电子商务逐渐从B2B向B2C、B2B2C和C2C发展，导致个人（或小规模采购商）在最终收货人中所占比例不断提高，从而使得交易主体越来越多，单笔交易商品数量越来越少，并且交易的物权转移是发生在线上，因此产生了以物品代替货物来报关的需求。海关总署在2014年2月为跨境电子商务增列海关监管方式代码"9610"。在7月又接连出台公告，给出了具体的通关政策，使跨境网购的交易属性区别于线下的传统国际贸易，在自用合理数量内的个人物品可以按进出境个人邮递物品有关规定办理征免税手续。因此，跨境电子商务监管的重点是区分货物和物品的监管条件、方法和报关待遇。货物与物品报关的具体差异包括：

1. 程序上的差异

货物报关有的需要进出口许可证，而物品除了管制品以外不需要进出口许可证；货物信息需要填报10位海关商品编码，而物品信息则是物品8位税号；物品报关不需要提供每个交易订单的合同，但需要报关人提供收件人的身份、地址、电话以及商品名称和交易订单编号等详细信息，以便监管和后续追责，而货物报关对收发货人的相关信息要求较少。

2. 税收待遇方面的差异

货物进口需要征收关税、增值税、消费税、销售税等，而个人物品只涉及行邮税。虽然行邮税的税率可能比货物关税要高一些，但由于不涉及其他税种，因此所承担税负明显降低。个别生活必需品的行邮税率甚至比货物关税还低，再加上个人物品征行邮税有50元起征点，存在低报货值逃税的可能。这也是很多跨境电商要走邮政通关的主要原因之一。

（二）我国跨境电子商务零售进口税收新政策

2016 年我国实行跨境电子商务零售进口税收新政之前，跨境电商的税收方式一直采用行邮税。所谓行邮税，是海关对入境旅客行李物品和个人邮递物品征收的进口税，主要是针对旅客携带和个人邮寄的自用物品，强调其中的"非贸易性"。此前，跨境电商零售进口一直按照"行邮税"征收，执行 10%、20%、30% 和 50% 四档税率，同时还享有一定的免税额，即对税额在 50 元人民币以下的邮递物品予以免征。实行税改后，增值税统一为 17%，消费税按不同商品分类分别计算，针对个人寄送物品的行邮税调整为 15%、30%、60% 三个梯度。其中，15% 税率对应最惠国税率为零的商品；60% 税率对应征收消费税的高档消费品；其他商品执行 30% 税率。具体如表 8-3 所示。

表 8-3　　　　　　　　　　部分商品新政前后税率变化（1 000 元以下）

序号	产品品类	税改前	税改后
1	食品、母婴、电子等	税款 ≥50 元 10%；税款 <50 元免税	11.9%
2	相机、服装、自行车等	税款 ≥50 元 20%；税款 <50 元免税	11.9%
3	奢侈品、高档手表等	税款 ≥50 元 30%；税款 <50 元免税	32.9%
4	烟、酒、化妆品等	税款 ≥50 元 50%；税款 <50 元免税	32.9%

资料来源：根据国家相关税收政策整理。

对消费者而言，新政的实施，会导致部分商品的价格上涨，但其也有有利的一面。首先，跨境电商销售的产品种类延伸，用户能够买到的商品种类会更多。其次，用户"海淘"商品通关将会更便捷，物流时间会缩短，由目前的 1~2 个月缩短至 1~2 个星期。最后，由于纳入政策商品有完整的交易、支付、物流等电子信息可查，便于用户退换货，有利于保障用户合法权益。

对跨境电商企业而言，未来一些跨境电子商务平台将会被市场淘汰，市场将会进入巨头时代。

采用海外直邮模式的电商企业，由于是根据订单来发货，可以较为灵活地节约成本，受影响较小。采取保税模式的电商平台，由于跨境电商企业通过集中海外采购，统一由海外发至国内保税仓库，此时的货物全部是未征税的，并由海关监管，直到消费者网上下单时由物流公司直接从保税仓库配送至客户。适合垂直类跨境电商企业节约成本，以价格取胜。税改后，这部分商品将面临价格上涨的压力。对于传统的 B2C 采取的电商直接采购来讲，由于走的是进出口流程受的影响会稍小，但成本会增加，将淘汰出一批资本实力弱的电商平台。

从长远看，跨境电商的价值核心在于效率和贸易全球化，而非免税价差。跨境电子商务综合实验区是制度高地，税改会打消跨境电商未来的不确定性，也将对中国的零售业产生新的革新。

专栏 8-4

我国自 2016 年 4 月 8 日起实施跨境电子商务零售进口税收政策并调整行邮税政策，为营造公平竞争的市场环境，促进跨境电子商务健康发展，经国务院批准，自 2016 年 4 月 8 日起①，我国将实施跨境电子商务零售（企业对消费者，即 B2C）进口税收政策，并同步调整行邮税政策。

目前，个人自用、合理数量的跨境电子商务零售进口商品在实际操作中按照邮递物品征收行邮税。行邮税针对的是非贸易属性的进境物品，将关税和进口环节增值税、消费税三税合并征收，税率普遍低于同类进口货物的综合税率。跨境电子商务零售进口商品虽然通过邮递渠道进境，但不同于传统非贸易性的文件票据、旅客分离行李、亲友馈赠物品等，其交易具有贸易属性，全环节仅征收行邮税，总体税负水平低于国内销售的同类一般贸易进口货物和国产货物的税负，形成了不公平竞争。为此，政策将对跨境电子商务零售进口商品按照货物征收关税和进口环节增值税、消费税。

在对跨境电子商务零售进口商品按照货物征税的同时，考虑到大部分消费者的合理消费需求，政策将单次交易限值由行邮税政策中的 1 000 元（港澳台地区为 800 元）提高至 2 000 元，同时将设置个人年度交易限值为 20 000 元。在限值以内进口的跨境电子商务零售进口商品，关税税率暂设为 0%，进口环节增值税、消费税取消免征税额，暂按法定应纳税额的 70% 征收。超过单次限值、累加后超过个人年度限值的单次交易，以及完税价格超过 2 000 元限值的单个不可分割商品，将均按照一般贸易方式全额征税。为满足日常征管操作需要，有关部门将制定《跨境电子商务零售进口商品清单》并另行公布。

考虑到现行监管条件，暂时将能够提供交易、支付、物流等电子信息的跨境电子商务零售进口商品纳入政策实施范围。不属于跨境电子商务零售进口的个人物品以及无法提供有关电子信息的跨境电子商务零售进口商品，仍将按现行规定执行。

同时，为优化税目结构，方便旅客和消费者申报、纳税，提高通关效率，我国将同步调整行邮税政策，将目前的四档税目（对应税率分别为 10%、20%、30% 和 50%）调整为三档，其中，税目 1 主要为最惠国税率为零的商品，税目 3 主要为征收消费税的高档消费品，其他商品归入税目 2。调整后，为保持各税目商品的行邮税税率与同类进口货物综合税率的大体一致，税目 1、2、3 的税率将分别为 15%、30%、60%。

两项政策的实施，将有利于支持新兴业态与传统业态、国外商品与国内商品公平竞争，提高市场效率，促进共同发展。政策实施后，将为国内跨境电子商务的发展营造稳定、统一的税收政策环境，引导电子商务企业开展公平竞争，有利于鼓励商业模式创新，推动跨境电子商务健康发展，并将有利于提升消费者客户体验，保护消费者合法权益。

跨境电子商务企业对企业（B2B）进口，线下按一般贸易等方式完成货物进口，仍按照现行有关税收政策执行。

资料来源：财政部关税司。

---

① 2016 年 4 月 8 日后，考虑到跨境电商零售进口增加了国内市场的有效供给，推动了供给侧结构性改革，促进了国内消费升级；缩小进口消费品境内外价差，吸引了境外消费回流，满足了消费者多元化需求；保持政策环境的连续稳定有利于总结行业特点、发展趋势，完善相关制度，新政延期两年。

三、跨境电子商务出口通关

（一）跨境电子商务出口模式

跨境电子商务出口通关模式可以分为保税出口模式、直邮 BC 模式、义乌出口通道模式及中央结算仓模式。

1. 保税出口模式

所谓保税集货出口模式，是指运营企业采用境外货物 B2B "整进" 保税物流中心集中备货、分拣包裹后 B2C "散出" 离境的运作方式。

商品经集中采购，在海关、检验检疫查验后进入保税仓库储存，生产企业提前退税，当国外消费者网上下单时，商品在海关、检验检疫监管下完成清关查验，由物流公司从保税仓库经双流国际机场直接配送至海外消费者。通过这种方式，让海外消费者网购中国商品时效性更高、生产企业退税更便捷。

其中，保税出口 "批次进出、集中申报" 的模式可以直接缩短国内出口货物通关的时间，从而节约整体物流成本。此外，该模式不需要集中报关，每批货物入区后即可退税。

专栏 8 - 5

拓 展 阅 读

早在 2015 年海关就已在东莞保税物流中心推出跨境电子商务保税备货出口。2016 年 11 月 29 日，中国（杭州）跨境电子商务综合试验区诞生了保税集货出口模式下的第一单业务，产品为百叶帘。2017 年 4 月 1 日，四川也正式走通跨境保税出口模式首单。成都某公司通过成都双流自贸试验区以跨境电子商务保税备货出口模式通关放行，并发到加拿大消费者手上。从消费者下单到商品清关发货，只需要不到 6 个小时。

2. 直邮 BC 出口模式

直邮 BC 出口模式采用的是整批货物放行模式。跨境电子商务委托的物流公司的系统可实现与海关对接，物流公司先把电商的出口清单、产品名称、数量、价格以及收货人等相关信息推送给海关，海关审核后自动放行货物。在此过程中，海关可抽检该批次货物中的货物。相对于过去逐个包裹放行的传统模式，直邮 BC 出口模式效率更高，且可以实现出口退税操作。

3. 义乌出口通道模式

义乌出口通道模式是跨境电子商务企业由市场商户采购商品后，通过义乌出口新通道，只需以前端进项为基准征收 3.36% 的税（其中 0.36% 为代征），过后再退回 3% 的税，在这过程中，市场商户就会给该跨境电子商务企业开具进项发票。通过 "征三退三" 的跨境出口电子商务新通道可以解决企业 "阳光化" 的问题。例如，若跨境电子商务的产品价格为 100 元，里面有 80 元为前端进项（包括购进货物或应税劳务、外购货物或应税劳务、以物易物换入货物、抵偿债务收入货物、接受投资转入的货物、接受捐赠转入的货物以及在购销货物过程当中支付的运费等）。通过义乌新通道，跨境电子商务企业仅需缴税 80 × 3.36% 元，过后退税 80 × 3% 元，并获取约 80 元的发票。

在传统贸易行为中，卖家卖出去的产品，前端环节由原料供应商、工厂和供货商等组成，前一个环节会给下一个环节发票来抵扣进项，最终卖家只需按自己环节的"增值"来缴所得税即可。然而，在目前跨境电子商务出口模式中，因为大部分跨境电子商务并无进项税发票，因此所销售产品均被认为"无成本"来征收所得税（如上述例子就是按100元来征收所得税），这对于跨境电子商务企业而言必然是额外的"成本"。所以，尽管目前有部分地区已经实现"免征不退"，但免征不退仅是免去了企业贸易行为中的增值税，企业还得面临企业所得税。而义乌"征三退三"的新通道中，跨境电子商务企业是可以得到市场商户开具的进项发票的，因此仅需按照进项来缴纳个人所得税（如上述例子就是按20元来征收所得税）。通过这个新通道让跨境出口变得更加"阳光化"成了该模式的主要特色。

但是，义乌的新通道也有一定的局限性：其必须为跨境电子商务向市场上商户采购商品，且必须要通过9610跨境电子商务零售出口从9610通关方式出来报关单后，通关单品类跟市场商户采购商品品类一致才能开具发票和退税。

值得注意的是，该模式与义乌的特殊性有关。实际上，从通过市场商户开具发票解决进项发票问题的方式上看，义乌的新模式有点类似于"市场采购模式"和"跨境电子商务零售模式"的混合体。

4. 中央结算仓模式

"中央结算仓"并不是一般的保税仓，它扮演的是一个进出口货物监管中心的"角色"，以国家层面进行跨境电子商务的集中采购和监管。目前，"中央结算仓"的设立主要是为了实现对跨境电子商务进口和出口的产品的监管。由于市场上商品鱼龙混杂，假冒商品众多，产品的有效期、质量也无法保证，通过"中央结算仓"，进出口商品可以以G2G（国与国）的方式进行贸易，简单来说，政府成了"大买手"，在全球选购优质产品，其品质把关会更有保障一些。跨境电子商务企业可以通过"中央结算仓"寻找货源，在品质和价格上也更有优势。

此外，"中央结算仓"未来还将建立"资金池"，当上下游企业有资金短缺、融资难的问题时，可以通过"资金池"来帮他们解决。目前，国内首个"中央结算仓"项目已落户余杭临平星桥镇。

（二）跨境电商企业出口报关流程

1. 向海关和国检备案

开展跨境B2C出口业务需要向海关和国检备案，需要的资料有工商营业执照、组织机构代码证、税务登记证、银行开户许可证、海关登记证、ICP截图、法人代表身份证复印件、海关备案申请表/国检备案申请表、国检质量声明承诺书。

2. 企业通过海关通关平台报关

首先由电商企业向海关备案和实现系统对接，即电商企业准备证件资料，到海关国检进行现场确认和提交证件，在通关平台申请电子备案，之后获取电商企业的海关和国检备案号、海关技术接口文档。之后电商企业技术代表根据接口文档进行平台调试，环境上线。

在电商平台产生了订单后，电商企业通过海关通关平台将电子订单传给海关申报，同时，将此电子订单传给物流企业去仓库拣货，而支付企业接到电商的电子订单后生成支付单也推送给海关，海关实行三单（电商企业的电子订单、支付企业的支付单、物流企业的物流运单）核实放行后，由快递企业将此订单的货物派送给消费者。

专栏 8 - 6

跨境贸易电子商务通关服务平台系统

跨境贸易电子商务通关服务平台系统是由中国电子口岸数据中心开发的，方便电子商务企业等单位向海关报送通过电子商务模式成交的进出境物品的通关数据。目前，仅实现了出口业务的申报功能。该系统于 2014 年 6 月正式上线运行。

该项目以"依托地方电子口岸，优化通关监管模式，提高通关管理和服务水平，实现外贸电子商务企业与口岸管理相关部门的业务协同与数据共享"为手段来解决以邮、快件运输出境的跨境贸易电子商务预售商品快速通关、结汇、退税问题。

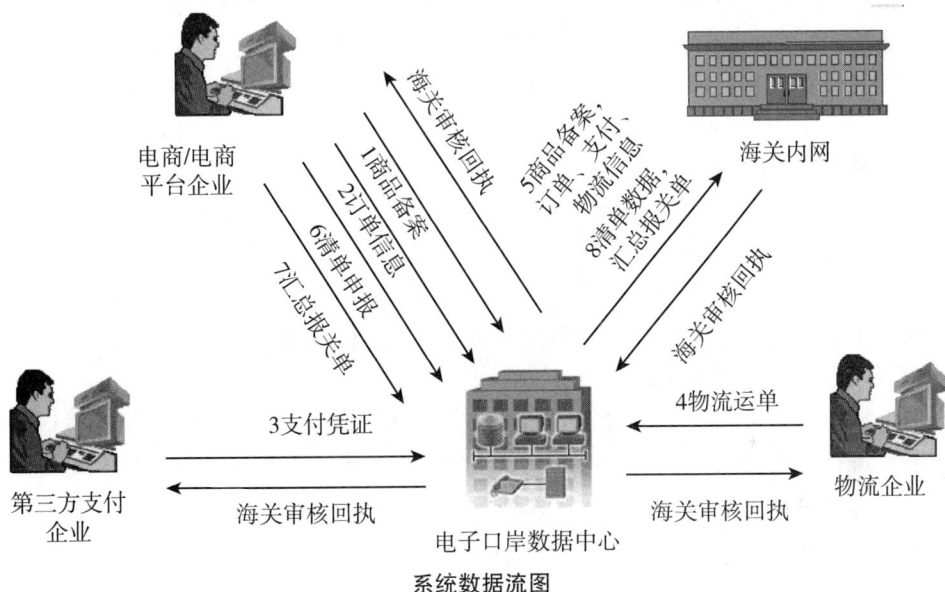

系统数据流图

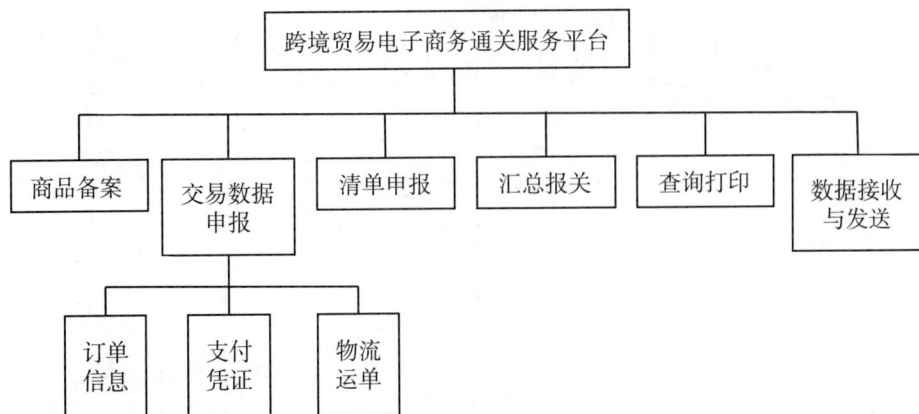

系统功能结构图

系统功能：该系统用户在企管系统中完成企业备案操作，海关审批通过后，电商企业/电商平台系统首先要在跨境贸易电子商务通关服务平台上向海关申报商品备案，并获得批准。实际销售发生时，电商企业/电商平台要向海关申报消费者的订单信息，第三方支付企业向海关发送消费者的支付信息，负责物流的邮、快件企业申报相关物品的运单信息。之后，电商企业/电商平台申报清单数据，定期向海关申报汇总申请单，生成报关单，在报关申报系统中，向海关申报报关数据，以完成后续的出口结汇、退税等操作。

资料来源：中国电子口岸。

3. 国际贸易"单一窗口"的报关

"单一窗口"意指参与国际贸易和运输的各方，通过单一的平台提交标准化的信息和单证以满足相关法律法规及管理的要求。即通过无纸化电子口岸系统，一次性将海关、检验检疫、海事、边检等部门的各种手续集中在一个平台上办理，实现"一单四报"，简化了原有申报手续，提高企业通关效率。"单一窗口"目前已经实现三流合一（指交易流、物流和资金流）、三单备控，电商企业把数据发送到"单一窗口"以后，"单一窗口"按照标准的指量数据推送给商检和海关，所有进、出口的实时状况会回传"单一窗口"。

四、跨境电子商务进口通关

（一）跨境电子商务进口模式

跨境电子商务进口通关模式主要分为网购保税进口模式和直邮进口模式。

1. 网购保税进口通关模式

网购保税进口通关模式是跨境电子商务先从海外大批量采购商品运至保税区备货暂存，当消费者在电商网站上下单时，订单、支付单、物流单等数据同样实时传输给了海关监管部门，完成申报、征税、查验等通关环节。最后，跨境商品直接从保税仓库发出，通过国内物流运达消费者手中，具体如图8-1所示。

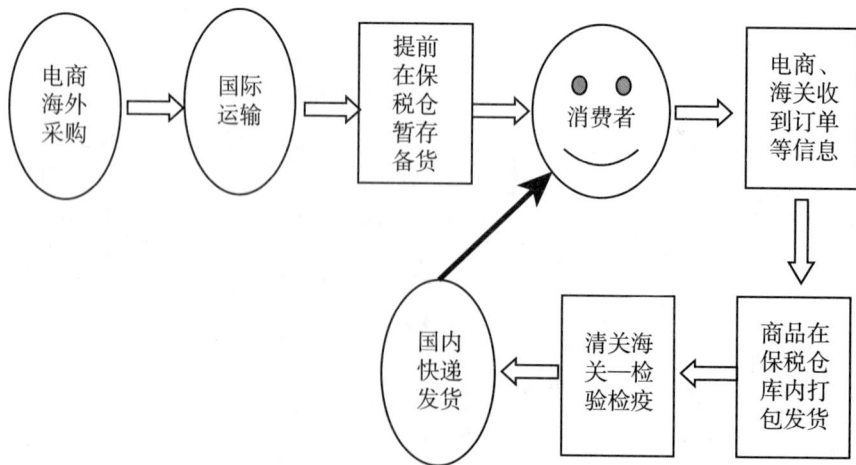

图8-1 网购保税进口通关模式

　　这种进口通关模式的优点在于可以提前批量备货至保税仓库，国际物流成本最低，有订单后可立即从保税仓库发货，通关效率最高，可及时响应售后服务要求，用户体验最佳，比直购进口模式"到货速度"更快。其缺点是使用保税仓库有仓储成本，备货会占用资金。该模式适用于业务规模较大、业务量稳定的阶段。可通过大批量订货或提前订货降低采购成本，可逐步从空运过渡到海运降低国际物流成本，或采用质押监管融资解决备货引起的资金占用问题。

2. 直邮进口模式

　　直邮进口模式是由消费者在跨境电子商务平台下单后，申报企业通过跨境电子商务全国统一版（该系统打造了涵盖"企业备案、申报、征税、查验、放行"等各个环节的无纸化流程）进行申报，并向海关推送订单信息、支付信息、物流信息等，由系统完成对碰。接着，商品在海外仓完成打包，以个人包裹形式入境。跨境包裹通过检验检疫、海关的通关、查验、征税等环节完成清关。最后，通过国内物流将跨境商品送到消费者手中，具体如图 8 - 2 所示。

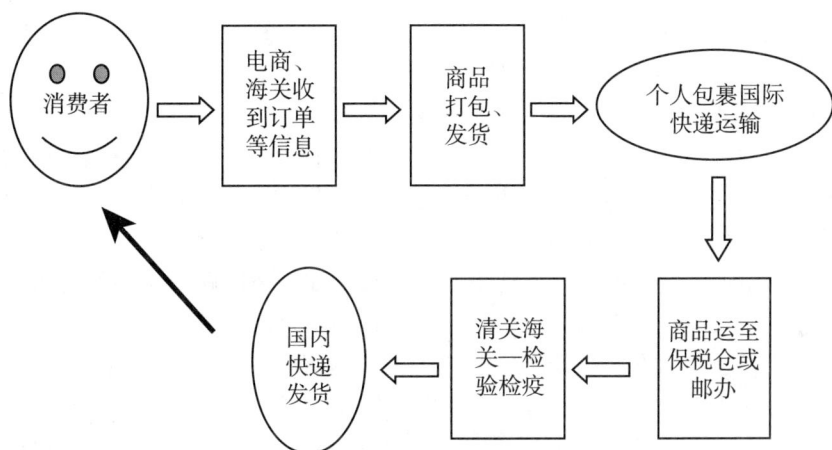

图 8 - 2　直邮进口通关模式

　　这种进口通关模式，其优点在于灵活，企业不需要提前备货，比保税备货模式"上新"更快。缺点则是与其他邮快件混在一起，物流通关效率较低，量大时成本会迅速上升；适合于业务量较少，偶尔有零星订单的阶段。

（二）三种进口清关模式

　　我国目前除了传统贸易以货物形式清关外，还有三种主要进口清关模式，在查验监管和税收待遇方面存在较大差异。

1. 试点城市的保税进口清关

　　国外商品以一般贸易报关进入保税监管区，商品还未征税，通过跨境电子商务平台达成线上交易后，按交易订单上的商品、价值、买卖双方等信息，由第三方物流委托报关出区，核销保税仓入区商品账册。这种方式有很多优点：一是时效快，消费者很快就收到产品，退换货也方便。二是在国外集中采购，发挥规模优势，降低采购和物流成本。三是目前试点做法是以行邮税代替进口环节税，税负低。四是如果配合上正规的进口检验检疫，可以解决商品品质和售后服务问题。

不过这种方式尚有很多问题：一是海关新规定并未涉及商务部和商检部门关于跨境电子商务的进口政策。如果在商品备案时不能解决质检和许可证问题，那么保税模式就很难成为跨境电商进口清关的主要方式。二是电子数据由进区时的货物报关转变为出区时的B2C模式，物权转移逻辑并不清晰，还涉及监管征税方式的巨大转变，存在通过化整为零、蚂蚁搬家来逃避征税的风险。三是金融链条尚未通畅。在国外用外汇采购商品，在国内销售后收取人民币，单靠个人换汇额度有限，采用公司换汇又缺进口报关单，依靠类似于支付宝国际的第三方服务收费又太高，所以目前还很难做到三单数据统一。因此，目前该模式还必须限制具体试点企业和商品的品类、价值、数量，很难大规模推广。

2. 快件监管场进口清关

当跨境电子商务是C2C模式时，可以采取集货模式来清关，入区和出区都是由快递企业集中的个人物品，从而满足快件监管场报关模式要求。我国快件清关场大都位于机场和港口，目前已经吸引UPS、DHL、顺丰等快递企业入驻。

快件清关报告单分为三类：文件类、个人物品类、货物类。海关《关于跨境贸易电子商务进出境货物、物品有关监管事宜的公告》和《关于增列海关监管方式代码的公告》在货物及物品申报清单上的规定与快件监管场十分相似，并且比现有的快件监管政策具有更大的优势。在现有的快件监管场，海关对个人物品的清关方式十分谨慎，按货物类的方式清关较多。而根据《关于跨境贸易电子商务进出境货物、物品有关监管事宜的公告》和《关于增列海关监管方式代码的公告》，符合个人自用特征及合理数量，可以按个人物品清关。有些试点城市还开辟了海关绿色通道服务，包括在跨境网购时预缴行邮税，与传统快件分区快速核放，入境时自动扣缴税费等，大大提高了物流时效。而且《关于跨境贸易电子商务进出境货物、物品有关监管事宜的公告》和《关于增列海关监管方式代码的公告》与现有快件监管场在后台的查验布控、EDI快件报关数据审核、货物和物品品名控制、申报人额度管理、X光机、同屏对比系统等方面也基本相似。因此，《关于跨境贸易电子商务进出境货物、物品有关监管事宜的公告》和《关于增列海关监管方式代码的公告》与快件监管场的现有监管政策形成了很好的互补。

3. 万国邮联的邮路清关

跨境电子商务的进口和出口都可以采用包括中国邮政速递在内的邮路物流方式。从国外直邮也可采用BPOST、荷兰EMS、法国EMS、西班牙EMS等渠道。各省邮政速递公司的路由都在不断优化，瞄准的就是跨境电子商务快递物流市场。对于出口企业而言，通过邮政物流通关，出口退税的关键节点在出口报关单。只要海关认定货物、物品申报清单可以作为出口凭证，那么结汇和退税问题也就解决了。对于进口消费者而言，《关于跨境贸易电子商务进出境货物、物品有关监管事宜的公告》和《关于增列海关监管方式代码的公告》要求按进出境个人邮递物品有关规定办理征免税手续，申报手续可能较为繁杂，需要邮政部门或专业服务公司代为申报，为邮路进出口快递产品提供了政策依据。

（三）跨境 B2C 进口贸易的进口关税的计算

跨境B2C进口业务的进口关税因贸易方式不同有所区别，分为三种：一般贸易进口关税、行邮税和跨境综合税。采用备货集货或直邮进口模式，跨境电商综合税代替行邮税，跨境电商综合税＝消费税＋增值税。单人单次限不超过 2 000 元，个人年度消费额不得超过 2 万元，分为两个综合税级别 11.9％和 32.9％；取消免税金额 50 元，如单次消费额超过 2 000 和年度消费额度超过 2 万，则需全额征税。如果以个人包裹（个人邮件）进口仍采用行邮税，但由原来四档调为三档：15％、30％、60％；应纳税额在 50 元以内免征进口税。

专栏 8－7

海淘邮包入境流程图

　　A 电子商务公司从美国将货物通过海淘邮包入境，需要经过哪些流程呢？

　　通过海淘邮包入境，在邮包到达中国海关前，需要完成以下步骤：

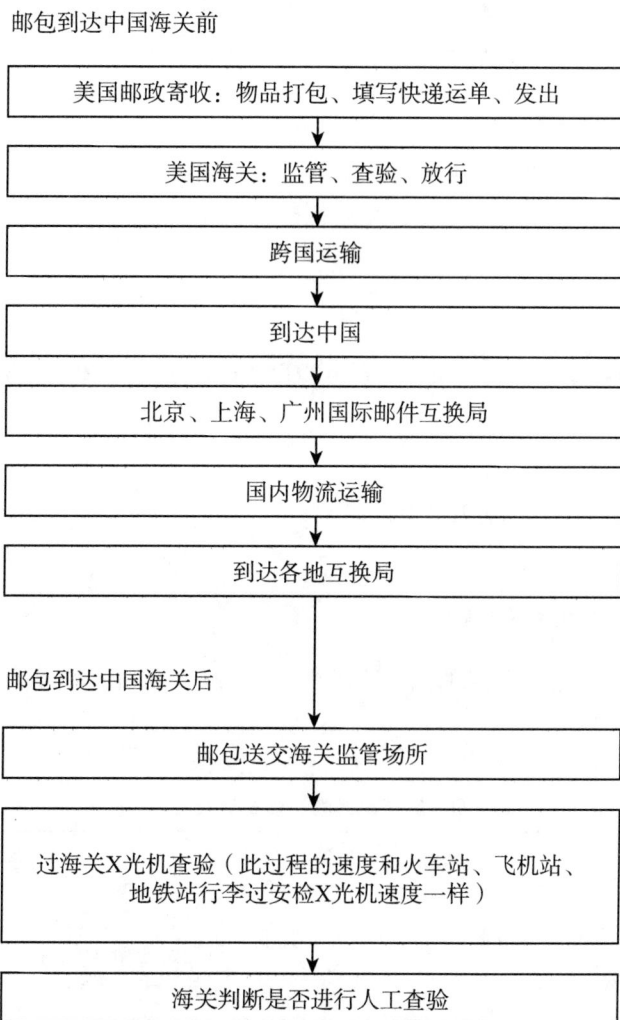

邮包到达中国海关前

```
美国邮政寄收：物品打包、填写快递运单、发出
          ↓
美国海关：监管、查验、放行
          ↓
跨国运输
          ↓
到达中国
          ↓
北京、上海、广州国际邮件互换局
          ↓
国内物流运输
          ↓
到达各地互换局
```

邮包到达中国海关后

```
邮包送交海关监管场所
          ↓
过海关X光机查验（此过程的速度和火车站、飞机站、
地铁站行李过安检X光机速度一样）
          ↓
海关判断是否进行人工查验
```

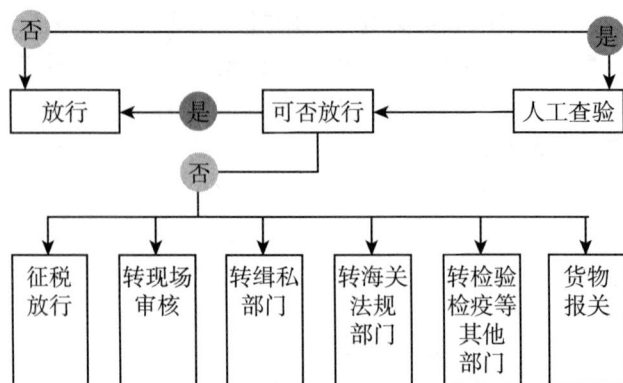

其中，在货物报关环节①，需要预录入报关单电子数据，之后海关审单、海关现场交单、缴税，海关放行，通知客户领取包裹。

如转现场审核，则需要核对身份（收件人身份证原件或复印件），查看单证（国际邮件办理手续通知单、委托书、身份证件、发票等海关认为的必要单证），之后现场开拆邮包查验（再次开拆邮包验核邮包内物品），海关进行审核（确定邮包性质、核实发票等价格资料的真实性），如果免税，则放行；如果需要征税，则纳税后领取邮包；如是货物通关，则同货物报关环节内容；如要退运，则填写退运申请后，至邮政办理退运投递手续。

在征税放行环节，则由海关直接开税单由邮政代理征税，收件人将税款交于邮政后领取邮包。

第五节　跨境电子商务物流的问题及对策

一、跨境电子商务物流方式的选择

（一）常见物流模式的比较

对我国跨境电商企业最常见的四种跨境物流模式进行选择，需要考虑各种模式的优劣势，具体如表8-4所示。

表8-4　　　　　　　　　四种跨境电商物流模式比较分析

项目	优势	劣势
邮政小包	邮政小包相对价格低，操作程序方便且业务范围广泛	时效性差，适用的产品范围较狭窄，只能寄送电子配件、服装鞋帽等轻工业产品；丢包率高

---

① 如果是个人，无法申请货物报关，必须委托公司完成。

续表

项目	优势	劣势
国际快递	速度快，服务好，丢包率低	价格昂贵
专线物流	比邮政小包快，价格低于国际商业快递，性价比高，清关专业化	经营范围相对有限，覆盖地区比较少，且在货物体积、重量、价格方面的限制性条件比较多
海外仓	提高物流效率的同时降低物流成本，退换货便捷，适用的产品范围广泛，客服物流服务体验提升	初期建设成本高，货物积压和缺货风险

（二）跨境电商物流模式选择需考虑的因素

1. 企业规模实力和物流管理能力

企业自身能力是跨境电商物流模式的首要考虑因素，衡量企业的实力可以从企业规模、年销售总量、年营业率这几个重要指标着手。一般来说，规模比较大的跨境电商企业一般都采用自建物流，物流管理能力相对比较高，近两年来海外仓开始新建海外仓。而众多中小企业一般采用第三方物流，因为规模小的企业本身利润率不高，难以承担自建物流的初期建设成本，所以本身物流管理能力不高，企业资金专注投资于核心业务。另外，规模大的企业一般来说业务量也大，产生规模效应，故采用自建物流，虽然初期建设成本高，但是从企业的长期利益来看，自建物流会降低物流的平均成本。

2. 物流总成本

跨境电商企业选择物流模式的最终目的是在满足客户需求的前提下，尽可能降低企业总成本，最终提高企业的盈利率。物流的总成本为运输总成本、库存维护费用、批量费用、客户服务费用、订单管理和信息获取费用及仓储费用之和，因而在选择跨境物流模式时，应综合考虑各个因素，利用科学有效的方法来确定最有利于跨境电商企业发展的物流模式。

3. 物流对企业的重要程度

物流发展在企业发展中的地位是选择物流模式应考虑的因素，即企业对物流的依赖程度。对于跨境电子商务来说，物流是其关键的步骤。跨境电子商务中涉及的商品流、资金流和物流能否有效整合运转是其成功的关键。跨境电子商务通过商品展示、贸易磋商、网上支付、物流寄送完成整个交易流程，在交易流程中，所有步骤都可以在虚拟网络中实现，只有物流寄送需要线下完成。物流服务质量影响跨境电商企业的客户体验，继而影响跨境电商企业的市场竞争力。这决定了跨境电商企业在选择物流模式时应该将物流放在至关重要的位置，当然，最终选择哪一种物流模式，还应该综合考虑企业实力及物流管理能力、货物性质等其他因素。

4. 货物的物流配送特点

货物本身特质影响其物流模式的选择。我国部分销往国外的产品多以附加值低的产品为主，利润率低，难以承担高成本的物流模式。这些产品以食品、服装、鞋袜为主，特征是体积小、重量轻、价格低，因此对重量有所限制、价格优惠且通达范围广的邮政小包适合此类产品的运输；而对于附加值高的高科技产品如电脑、手机等产品，对物流的安全性要求比一般产品要高一些，物流服务水平直接关系到客户体验，并影响到产品的二次购买，所以在运输这类产品时，时效性差、丢包率高、客户体验差的邮政小包应当排除在外，转而寻求符合要求的其他物流模式。有些产品体积比较大，需要占用较大运输存储空间，比如家具、大型机器等大件产品，则适合使用传统的海运方式大批量运送到目的国再进行分销，就适合海外仓模式。

二、跨境电子商务物流面临的困境

（一）跨境电商物流基础设施不够完善

现代物流运输体系必须在技术设备、制度等共同作用的基础下，才能够使跨境物流得到很好的发展，发挥其在跨境电子商务中的作用。近年来，随着物流服务企业的多元化发展，服务类型程序较多，运输服务的模式不同，相互之间的竞争导致了服务的档次、水平参差不齐，相关的增值服务较少。同时由于现代物流运输的技术设备比较滞后，物流运输的成本高，服务反馈的状态等非常的不利，违背了跨境电商的发展原则。此外，跨境物流的发展与当前国家对于交通运输服务行业的规划呈现正相关的关系。当前我国的基础交通运输设施的网络化发展不够健全，规划不够全面，制约了物流基础设施的落实贯彻完善，直接影响了跨境电子商务物流体系、服务的质量和水平提高。由于相关的跨境电子商务物流的基础设施投入的技术、资金不足，企业为了获得最大的经济效益和保证成本，在基础设施投入上明显存在着不足。对于高新技术的引进，跨境电商物流平台的建设等缺乏相应的技术、资金支持。成本上的优势降低，必然使跨境电商物流基础服务设施的效率降低，从而影响了电商的迅速发展进步。

（二）政策扶持力度有待提高

目前，我国对跨境电子商务企业发展的政策扶持力度仍不够，相对较滞后的政策远不能满足跨境电子商务企业发展的需求。尤其是针对性地进行物流科学规划，合理保证进出口退税问题。而且由于物流配送方式不同，其在税收政策上给予的优惠政策有限，部分政策出台缺乏系统性。尤其是针对跨境电子商务发展的物流设施建设以及技术、资金投入缺乏专项资金的引导和持续稳定的资金来源、技术支持，导致物流基础设施建设缺乏长效机制的引导。

（三）物流信息化程度低

信息化程度主要指在物流建设运输服务的过程当中，通过互联网技术平台，实现对整个物流运输的监控，合理的分配物流资源，在实现境外物流配送的过程当中，有效地获取双方交易的信息，实现物流信息的对称性，并根据当前物流运输的过程以及物流的信息进行及时的反馈。当前，由于物流信息平台建设能力不足，后期维护的水平较低，导致了交易双方的物流信息不平衡的现状。尤其是物流的服务质量较低，受到时间的限制，导致了物流设备和资源的共享能力弱。跨境物流在信息化技术发展的基础上迅速崛起，物流技术的发展以及平台建设，决定了我国跨境电子商务发展的速度以及影响的范围。此外，跨境物流的信息化程度低，获得的出口国的信息不足，双方信息不对称对自身的产业发展、物流结构优化造成了一定的阻碍。

（四）缺乏专业的物流人才

人才是发展任何产业的关键，对物流产业来说，人才在发展过程中占据着越来越重要的地位，对于整个物流设备，物流运输方案以及物流建设运输体系，都需要专业的人才来完成。相应的缺乏专业的物流人才导致对物流观念认知上不足，缺乏创新技术的投入以及物流体系模式的管理创新。尤其是物流配送人员的素质较低，在整个物流服务工作中贯彻落实服务理念不足。同时专业人才的培养匮乏，相应的人才的使用不够充分，需要物流专业人才具备专业的物流知识、信息技术等技能。一方面，专业的物流人才培养方案滞后于当前物流产业发展的速度。目前，各大高校对于专业的跨境物流人才的培养缺乏技术支持以及实践经验的指导，导致了跨境物流专业人才的缺口不断地扩大。尤其是具备一定的外语素质、国贸经验、跨境物流的设施操作能力的综合素质人才匮乏。校企合作办学的合作方案没有得到相应的落实。另一方面，当前跨境物流企业所需的人才培养实践基地建设滞后，使得跨境物流人才缺乏实践经验，满足不了当前多种跨境电子商务发展的模式对于物流人才的需求，从而制约跨境电子商务物流产业的服务水平、体系功能的进一步优化。由于缺乏专业的电子商务跨境物流人才，必然使跨境电子商务的发展受到了一定的制约，继而影响整体的物流产业结构的优化，物流体系、管理制度的创新发展以及自主研发的能力等都会受到不同程度的影响。同时，由于跨境物流发展受到了双边贸易、文化等的影响，专业的跨境物流人才缺失必然导致跨境物流的贸易交涉存在障碍。

三、跨境电子商务物流发展对策

（一）加快跨境电商物流的基础设施

我国跨境电子商务发展起步较晚，跨境物流的起步较低。相应的跨境物流的基础设施不够完善，市场环境建设比较弱。政府应该鼓励跨境电商企业积极地开展海外仓储信息技术，提高跨境电子商务物流配送的效率，还应该积极的实现对不同地区商品的运输。跨境电子商务物流各环节所涉及的基础设施建设，必须要提高效率，完善整个跨境环节的优化结构的调整，并利用现代信息技术手段实现货物与企业支付结算业务的直接对接，保证服务的质量和品质。

（二）结合国家规划，开展全新的物流通道

当前，我国跨境电子商务物流除了应用传统的模式进行配送外，还可以应用铁路网络

运输，增加多层次多种运输模式的应用，保证跨境电子商务物流持续的发展。在"一带一路"倡议背景的引导下，我国跨境电子商务应充分利用当前的各种交通运输渠道，合理规划以促使跨境电子商务物流产业的一体化发展。同时推动跨境电子商务与国际水平接轨，发展具有国际化水平的物流体系和相应的配套服务设施。保证跨境电子商务的多元化发展，全球环贸易结构的网络化进步。在当前"一带一路"建设思想下，根据交通一体化、智能化发展的需求，借助交通运输服务体系规划的浪潮，实现跨境物流产业转型升级，发展具有"一带一路"特点的跨境物流，从而保证跨境电子商务得到迅速发展，实现产业格局的进一步优化。

（三）加大专业人才的培养

跨境电子商务物流作为新型的产业，专业人才培养的力度不足，国家鼓励发展的促进措施少，难以集聚人才。而且跨境电商人才属于复合型人才，具有较高的素质，集管理、营销等多种专业于一身。提供给学生更多实践学习的机会，为社会输送高端的物流人才，最终达到社会与学校的共赢。尤其是培养具备一定的外语素质、国际贸易交流经验以及产业化发展管理等素质的综合性人才，充实跨境物流产业发展的人才竞争力，为提高跨境电子商务物流产业发展的核心竞争力水平奠定良好的基础。

研究性复习与思考

（1）简述邮政小包和快递的不同之处，并列举二者各适合运输什么产品？
（2）我国跨境电子商务有哪些主要物流方式？
（3）简述海外仓的优劣势及适用范围。
（4）结合你对我国跨境电商产业的理解，分析我国跨境电子商务物流的发展趋势。
（5）举一个跨境电子商务平台实例，分析其采用的物流方式。

参考文献

［1］翼芳、张夏恒：《跨境电子商务物流模式创新与发展趋势》，载于《中国流通经济》2015 年第 6 期。

［2］李晗：《图解跨境电子商务两种进口通关模式》，载于《中国海关》2018 年第 2 期。

［3］电子商务研究中心：http：//b2b. toocle. com/detail—6401726. html。

［4］南京海关 12360 热线：《最清晰的海淘邮包入境流程图》，载于《中国海关》2018 年第 3 期。

［5］鄂立彬、刘智勇：《跨境电子商务阳光化通关问题研究》，载于《国际贸易》2014 年第 9 期。

［6］陈鹏：《我国跨境电子商务海关监管问题研究》，广西师范大学，2015 年。

［7］杨卫君：《B2C 跨境电子商务物流模式优化选择研究》，浙江工业大学，2016 年。

［8］曹爱玲、龚志强、沈立：《邮寄途径跨境电子商务的监管与做法》，载于《对外

经贸实务》2015 年第 6 期。

　　［9］崔雁冰、姜晶：《我国跨境电子商务的发展现状和对策》，载于《宏观经济管理》2015 年第 8 期。

　　［10］鄢荣娇：《我国跨境电商物流中的海外仓建设模式研究》，安徽大学，2016 年。

第九章　跨境电子商务单证基础

【学习目标】通过本章学习，理解跨境电子商务常见的出口单证，如信用证通知书、出境货物报检单、出口货物报关单、货物运输保险投保单、海洋货物运输保险单、汇票、一般原产地证、普惠制产地证、商业发票、海运提单、装箱单的基本结构、填制基本规范；理解跨境电子商务常见的进口单证，如信用证开证申请书、入境货物报检单、进口货物报关单的基本结构、填制基本规范。

第一节　跨境电子商务常见出口单证

一、信用证通知书

对于国外银行开来的信用证，其受理与通知是办理出口信用证业务的第一步。通知行受理国外来证后，应在1~2个工作日内将信用证审核完毕并通知出口商，以利于出口商提前备货，在信用证有效期内完成规定工作。

信用证的通知方式则因开证形式而异。如系信开信用证，通知行一般以正本通知出口商，将副本存档；对于全电本，通知行将其复制后以复制本通知出口商，原件存档。电开信用证或修改（包括修改通知）中的密押（SWIFT信用证无密押）需涂抹后再行通知。

如果信用证的受益人不同意接受信用证，则应在收到《信用证通知书》的三日内以书面形式告知通知行，并说明拒受理由。

二、出境货物报检单

报检单是国家检验检疫部门根据检验检疫、鉴定工作的需要，为保证检验检疫工作规范化和程序化而设置的。它是报检人根据有关法律、行政法规或合同约定申请检验检疫机构对其某种货物实施检验检疫、鉴定意愿的书面凭证；它表明了申请人正式向检验检疫机构申请检验检疫、鉴定，以取得该批货物合法出口销售、使用的合法凭证。报检单同时也是检验检疫机构对出入境货物实施检验检疫、起动检验检疫程序的依据。出境货物报检单样本如表9-1所示。

表9-1　　　　　　　　　**出境货物报检单样本**

中华人民共和国出入境检验检疫
出境货物报检单

报检单位（加盖公章）：　　　　　　　　　　　　　　＊编　　号_____

报检单位登记号：　　　　联系人：　　　　电话：　　　　报检日期：　　　年　月　日

发货人	（中文）				
	（外文）				
收货人	（中文）				
	（外文）				

货物名称（中/外文）	H.S. 编码	产地	数/重量	货物总值	包装种类及数量

运输工具名称号码		贸易方式		货物存放地点	
合同号		信用证号		用途	
发货日期		输往国家（地区）		许可证/审批号	
启运地		到达口岸		生产单位注册号	

集装箱规格、数量及号码	

合同、信用证订立的检验检疫条款或特殊要求	标记及号码	随附单据（划"√"或补填）
		□ 合同　　　　　　□ 包装性能结果单 □ 信用证　　　　　□ 许可/审批文件 □ 发票　　　　　　□ □ 换证凭单　　　　□ □ 装箱单　　　　　□ □ 厂检单

需要证单名称（划"√"或补填）		＊检验检疫费
□ 品质证书　　　 __正__副 □ 重量证书　　　 __正__副 □ 数量证书　　　 __正__副 □ 兽医卫生证书　 __正__副 □ 健康证书　　　 __正__副 □ 卫生证书　　　 __正__副 □ 动物卫生证书　 __正__副	□ 植物检疫证书　 __正__副 □ 熏蒸/消毒证书　 __正__副 □ 出境货物换证凭单 __正__副 □ □ □ □	总金额 （人民币元）
		计费人
		收费人

报检人郑重声明： （1）本人被授权报检。 （2）上列填写内容正确属实，货物无伪造或冒用他人的厂名、标志、认证标志，并承担货物质量责任。 　　　　　　　　　签名：_____	领取证单	
	日期	
	签名	

注：有"＊"号栏由出入境检验检疫机关填写

出境货物报检单填写说明：

（1）报检单位。指向检验检疫机构申报检验、检疫、鉴定业务的单位；报检单位应加盖公章。

（2）报检单位登记号。指在检验检疫机构的报检注册登记号。

（3）发货人。指本批货物的贸易合同中卖方名称或信用证中的受益人的名称，如需要出具英文证书的，填写中英文。

（4）收货人。指本批出境货物的贸易合同中或信用证中买方名称，如需要出具英文证书的，填写中英文。

（5）货物名称。按贸易合同或发票所列货物名称所对应国家检验检疫机构制定公布的《检验检疫商品目录》所列的货物名称填写。

（6）H. S. 编码。指货物对应的海关《商品分类及编码协调制度》中的代码，填写 8 位数或 10 位数。

（7）产地。指货物的生产/加工的省（自治区、直辖市）以及地区（市）名称。

（8）数/重量。填写报检货物的数/重量，重量一般以净重填写，如填写毛重，或以毛重作净重则需注明。

（9）货物的总值。按本批货物合同或发票上所列的总值填写（以美元计），如同一报检单报检多批货物，需列明每批货物的总值。（注：如申报货物总值与国内、国际市场价格有较大差异，检验检疫机构保留核价权力。）

（10）包装件数及种类。指本批货物运输包装的件数及种类。

（11）运输工具名称号码。填写货物实际装载的运输工具类别名称（如船、飞机、货柜车、火车等）及运输工具编号（船名、飞机航班号、车牌号码、火车车次）。报检时，未能确定运输工具编号的，可只填写运输工具类别。

（12）贸易方式。A. 一般贸易；B. 三来一补；C. 边境贸易；D. 进料加工；E. 其他贸易。

（13）货物存放的地点。指本批货物存放的地点位置。

（14）合同号。指贸易双方就本批货物出境而签订的贸易合同编号。

（15）信用证号。指本批货物所对应的信用证编号。

（16）用途。指本批货物出境用途，如种用、食用、奶用、观赏或演艺、伴侣、实验、药用、饲用、加工等。

（17）发货日期。按本批货物信用证或合同所列的出境日期填写。

（18）输往国家（地区）。指贸易合同中买方（进口方）所在国家或地区。

（19）许可证/审批单号。对国家出入境检验检疫局已实施《出口商品质量许可证制度目录》下的出口货物和其他已实行许可制度、审批制度管理的货物，报检时填写安全质量许可证编号或审批单编号。

（20）启运地。指装运本批货物离境的交通工具的启运口岸/地区城市名称。

（21）到达口岸。指装运本批货物的交通工具最终抵达目的地停靠的口岸名称。

（22）生产单位注册号。指生产/加工本批货物的单位在检验检疫机构的注册登记编号。

（23）集装箱规格、数量及号码。填写装载本批货物的集装箱规格（如 40 英尺、20 英尺等）以及分别对应的数量和集装箱号码全称。若集装箱太多，可用附单形式填报。

（24）合同、信用证订立的检验检疫条款或特殊要求。指贸易合同或信用证中贸易双方对本批货物特别约定而订立的质量、卫生等条款和报检单位对本批出境货物的检验检疫的其他特别要求。

（25）标记及号码。按出境货物实际运输包装标填定，如没有标记，填写 N/M，标记填写不下时可用附页填报。

（26）随附单据。按实际提供的单据，在对应的窗口打"√"。

（27）需要证单名称。按需要检验检疫机构出具的证单，在对应的窗口打"√"，并应注明所需证单的正副本的数量。

（28）报检人郑重声明。必须有报检人的亲笔签名。

本说明未尽事宜按国家出入境检验检疫局发布的有关规定办理。

三、出口货物报关单

出口货物报关单是出口商向海关申报出口的重要单据，也是海关直接监督出口行为、核准货物放行及对出口货物汇总统计的原始资料，直接决定了出口外销活动的合法性。出口货物报关单由中华人民共和国海关统一印制。为规范进出口货物收发货人的申报行为，统一进出口货物报关单填制要求，海关总署对《中华人民共和国海关进出口货物报关单填制规范》进行了修订，修订后的《中华人民共和国海关进出口货物报关单填制规范》自2018年8月1日起执行。海关总署关于修订《中华人民共和国海关进出口货物报关单填制规范》的公告、关于修订《中华人民共和国海关进出口货物报关单填制规范》的公告同时废止。新版海关出口货物报关单样本如表9-2所示。

表9-2　　　　　　　　　　　海关出口货物报关单样本
中华人民共和国海关出口货物报关单

预录入编号：　　　　　　　海关编号：　　　　　　　页码/页数：

境内发货人	出境关别		出口日期	申报日期	备案号
境外收货人	运输方式		运输工具名称及航次号	提运单号	
生产销售单位	监管方式		征免性质	许可证号	
合同协议号	贸易国（地区）		运抵国（地区）	指运港	
包装种类	件数	毛重（千克）	净重（千克）	成交方式	运费	保费	杂费

续表

随附单证							
随附单证1：随附单证2：							
标记唛码及备注							
项号　商品编号　商品名称及规格型号　数量及单位　单价/总价/币制　原产国（地区）最终目的国（地区）境内货源地　征免							
1							
2							
3							
4							
5							
6							
7							
特殊关系确认：　　　价格影响确认：　　　支付特许权使用费确认：　　　自报自缴：							
申报人员　　申报人员证号　　电话 申报单位		兹申明以上内容承担如实申报、依法纳税之法律责任。 申报单位（签章）		海关批注及签章			

资料来源：中国海关总署网站，海关总署《关于进出口货物报关单申报电子报文格式的公告》。

新改版海关报关单填制规范调整了23处，包括填制规范；海关编号；收发货人；消费使用单位/生产销售单；运输方式；运输工具名称、航次、提运单号；申报单位；监管方式；备案号；贸易国（地区）；许可证号；合同协议号；随附单证；标记唛码及备注；项号；商品编号；原产国（地区）、最终目的国地区；特殊关系确认；价格影响确认；支持特许权使用费确认；版本号；货号；海关批注及签章。

四、货物运输保险投保单

凡按 CIF 条件成交的出口货物，由出口企业向当地保险公司逐笔办理投保手续。凡按 CFR 或 FOB 条件成交的进口货物，由进口企业向当地保险公司逐笔办理投保手续。在办理时应注意：应根据合同或信用证规定，在备妥货物并已确定装运日期和运输工具后，按约定的保险险别和保险金额向保险公司投保。投保时应填制投保单并支付保险费（保险费＝保险金额×保险费率），保险公司凭以出具保险单或保险凭证。投保的日期应不迟于货物装船的日期。投保金额若合同没有明示规定，一般为 CIF 价格加成10%；如买方要求提高加成比率，一般情况下可以接受，但增加的保险费应由买方负担。货物运输保险投保单如表9-3所示。

表9-3 **货物运输保险投保单样本**

中国平安财产保险股份有限公司
PING AN PROPERTY & CASUALTY INSURANCE COMPANY
OF CHINA. , LTD
货物运输险投保单
APPLICATION FOR TRANSPORTATION INSURANCE

被保险人 Insured：

本投保单由投保人如实填写并签章后作为向本公司投保货物运输保险的依据，本投保单为该货物运输保险单的组成部分。

The Applicant is required to fill in the following items in good faith and as detailed as possible, and affix signature to this application, which shall be treated as proof of application to the Company for cargo transportation insurance and constitute an integral part of the insurance policy covering cargo.

兹拟向中国平安财产保险股份有限公司投保下列货物运输保险： Herein apply to the Company for Transportation Insurance of following cargo： 请将保险货物项目、标记、数量及包装注明此上。 Please state items, marks, quantity and packing of cargo insured here above.	请将投保的险别及条件注明如下： Please state risks insured against and conditions：
装载运输工具（船名/车号）：船龄： PerConveyanceS. S. Age of Vessel	集装箱运输：是□否□ 整船运输：是□ 否□ Container LoadYes No Full Vessel Charter Yes No
发票或提单号 Invoice No. or B/L No.	起运日期： Slg. on or abt. Year Month Day
自：　　　　　　　经： From：　　　　　Via：	至： To：
发票金额 Amount Invoice：	保险金额 Amount Insured：
费率 Rate：	保险费 Premium：

续表

备注：合同号： Remarks：
投保人兹声明上述所填内容属实，同意以本投保单作为订立保险合同的依据；对贵公司就货物运输险保险条款及附加条款及附加险条款（包括责任免除和投保人及被保险人义务部分）的内容及说明已经了解。 I declare that above is true to the best of my knowledge and belief, and hereby agree that the application be incorporated into the policy. I have read and understand the Company's cargo transportation insurance clauses and extensions (including the Exclusions and the applicant's or insured's Obligations). 投保人签章：　　　　　　　　　　　　　　　　联系地址： Name/Seal of Proposer：　　　　　　　　　　　Addressof Proposer：   送单地址：　同上□或　　　　电话：　　　　　　　日期： Delivery address：Ditto　or　　　Tel：　　　　　　Date：Year　Month　Day

五、海洋货物运输保险单

保险单简称为保单，是保险人与被保险人订立保险合同的正式书面证明。保险单必须完整地记载保险合同双方当事人的权利义务及责任。保险单记载的内容是合同双方履行的依据，保险单是保险合同成立的证明。

根据我国《保险法》规定，保险合同成立与否并不取决于保险单的签发，只要投保人和保险人就合同的条款协商一致，保险合同就成立，即使尚未签发保险单，保险人也应负赔偿责任。保险合同双方当事人在合同中约定以出立保险单为合同生效条件的除外。

保险单必须明确、完整地记载有关保险双方的权利义务，保单上主要载有保险人和被保险人的名称、保险标的、保险金额、保险费、保险期限、赔偿或给付的责任范围以及其他规定事项。保险单根据投保人的申请，由保险人签署，交由被保险人收执，保险单是被保险人在保险标的遭受意外事故而发生损失时，向保险人索赔的主要凭证，同时也是保险人收取保险费的依据。保险单的主要内容包括：

声明事项。即将要保人提供的重要资料列载于保险合同之内，作为保险人承保危险的依据。如被保险人的姓名与地址，保险标的名称、坐落地点，保险金额、保险期限，已缴保费数额，被保险人对有关危险所作的保证或承诺事项。

除外事项。即将保险人的责任加以适当的修改或限制，保险人对除外不保的危险所引起的损失，不负赔偿责任。

条件事项。即合同双方当事人为享受权利所需履行的义务，如事故发生后被保险人的责任，申请索赔的时效，代位求偿权的行使，保单内容的变更、转让、取消以及赔偿选择等。

其他事项。如解决争议的条款，时效条款等。海洋货物运输保险单如表9-4所示。

表 9 - 4　　　　　　　　　　　　海洋货物运输保险单样本

<table>
<tr><td colspan="5" align="center">中保财产保险有限公司
The People's Insurance (Property) Company of China, Ltd</td></tr>
<tr>
<td>发票号码
Invoice No.</td>
<td></td>
<td></td>
<td>保险单号次
Policy No.</td>
<td></td>
</tr>
<tr><td colspan="5" align="center">海洋货物运输保险单
MARINE CARGO TRANSPORTATION INSURANCE POLICY</td></tr>
<tr>
<td colspan="2">被保险人：
Insured：</td>
<td colspan="3"></td>
</tr>
<tr>
<td colspan="5">　　中保财产保险有限公司（以下简称本公司）根据被保险人的要求，及其所缴付约定的保险费，按照本保险单承担险别和背面所载条款与下列特别条款承保下列货物运输保险，特签发本保险单。

　　This policy of Insurance witnesses that the People's Insurance (Property) Company of China, Ltd. (hereinafter called "The Company"), at the request of the Insured and in consideration of the agreed premium paid by the Insured, undertakes to insure the undermentioned goods in transportation subject to conditions of the Policy as per the Clauses printed overleaf and other special clauses attached hereon.</td>
</tr>
<tr>
<td colspan="2" align="center">保险货物项目
Descriptions of Goods</td>
<td align="center">包装
Packing</td>
<td align="center">重量
Weight</td>
<td align="center">保险金额
Amount Insured</td>
</tr>
<tr>
<td colspan="2"></td>
<td></td>
<td></td>
<td></td>
</tr>
<tr>
<td colspan="2">承保险别
Conditions</td>
<td colspan="3">货物标记
Marks of Goods</td>
</tr>
<tr>
<td colspan="2">COVERING F. P. A AND WAR RISK AS PER PICC 1/1/1981</td>
<td colspan="3"></td>
</tr>
<tr>
<td>　　总保险金额：
Total Amount Insured：</td>
<td colspan="4"></td>
</tr>
<tr>
<td>保费
Premium</td>
<td></td>
<td align="center">载运输工具
Per conveyance S. S</td>
<td>开航日期
Slg. on or abt</td>
<td></td>
</tr>
<tr>
<td>起运港
Form</td>
<td colspan="2" align="center">SGANGHAI CHINA</td>
<td>目的港
To</td>
<td></td>
</tr>
</table>

续表

所保货物，如发生本保险单项下可能引起索赔的损失或损坏，应立即通知本公司下述代理人查勘。如有索赔，应向本公司提交保险单正本（本保险单共有份正本）及有关文件。如一份正本已用于索赔，其余正本则自动失效。 In the event of loss or damage which may result in acclaim under this Policy, immediate notice must be given to the Company's Agent as mentioned here under. Claims, if any, one of the Original Policy which has been issued in original（s）together with the relevant documents shall be surrendered to the Company. If one of the Original Policy has been accomplished, the others to be void.			
赔款偿付地点 Claim payable at			
日期 Date		在 at	
地址： Address：			

六、汇票

汇票的基本概念。汇票简称 B/E，是出票人签发的，要求受票人在见票时或在指定的日期无条件支付一定金额给其指定的受款人的书面命令。

汇票名称一般使用 Bill of Exchange、Exchange、Draft。一般已印妥。但英国的票据法没有汇票必须注明名称的规定。

汇票一般为一式两份，第一联、第二联在法律上无区别。其中一联生效，则另一联自动作废。港澳地区一次寄单可只出一联。为防止单据可能在邮寄途中遗失造成的麻烦，一般远洋单据都按两次邮寄。

汇票样本如表 9 - 5 所示。

表 9 - 5　　　　　　　　　　　　汇票样本

凭 Drawn under _____	信用证 L/C No _____
日期 Dated _____	支取 Payable with interest@ ____% ____ 按____息____付款
号码 No _____	汇票金额 Exchange for _____
见票 At _____ Pay to the order of	日后（本汇票之副本未付）付交 sight of this FIRST of Exchange（Second of Exchange being unpaid） the sum of
款已收讫 Value received _____ _____	
此致 To： _____	

汇票填写说明：

1. 汇票号码（No.）

由出票人自行编号填入，一般使用发票号兼作汇票的编号。在国际贸易结算单证中，商业发票是所有单据的核心，以商业发票的号码作为汇票的编号，表明本汇票属第×××号发票项下。实务操作中，银行也接受此栏是空白的汇票。

2. 出票日期（Dated）

填写汇票出具的日期，必须为日期格式并且在合同日期之后。

3. 汇票金额（Exchange for）

汇票金额要用数字小写（amount in figures）表明。填写小写金额，一般要求汇票金额使用货币缩写和用阿拉伯数字表示金额小写数字。例如：USD1 234.00。

大小写金额均应端正地填写在虚线格内，不得涂改，且大小写数量要一致。除非信用证另有规定，汇票金额不得超过信用证金额，而且汇票金额应与发票金额一致，汇票币别必须与信用证规定和发票所使用的币别一致。

4. 付款期限（at sight…）

一般可分为即期付款和远期付款两类。即期付款只需在汇票固定格式栏内打上"at sight"。若已印有"at sight"，可不填。若已印有"at sight"，应在横线上打"－－－－"。

远期付款一般有四种：

（1）见票后××天付款，填上"at××days after sight"，即以付款人见票承兑日为起算日，××天后到期付款。

（2）出票后××天付款，填上"at××days after date"，即以汇票出票日为起算日，××天后到期付款，将汇票上印就的"sight"划掉。

（3）提单日后××天付款，填上"at××days after B/L"，即付款人以提单签发日为起算日，××天后到期付款。将汇票上印就的"sight"划掉。

（4）某指定日期付款，指定××年××月××日为付款日。例如"On 25th Feb. 2008"，汇票上印就的"sight"应划掉。这种汇票称为"定期付款汇票"或"板期汇票"。托收方式的汇票付款期限，如 D/P 即期者，填："D/P at sight"；D/P 远期者，填："D/P at××days sight"；D/A 远期者，填"D/A at××days sight"。

5. 受款人（Pay to the order of）

受款人也称"抬头人"或"抬头"。在信用证方式下通常为出口地银行，请填写出口地银行英文名称。汇票的抬头人通常有三种写法：

（1）指示性抬头（Demonstrative order）。

例如："付××公司或其指定人"（Pay××Co., or order; pay to the order of××Co.,）。

（2）限制性抬头（Restrictive order）。

例如："仅付××公司"（Pay××Co. only）或"付××公司，不准流通"（Pay××Co. Not negotiable）。

（3）持票人或来票人抬头（Payable to bearer）。

例如："付给来人"（Pay to bearer）。这种抬头的汇票无须持票人背书即可转让。

在我国对外贸易中，指示性抬头使用较多，在信用证业务中要按照信用证规定填写。若来证规定"由中国银行指定"或来证对汇票受款人未规定，此应填上："pay to the order of Bank of China"（由中国银行指定）；若来证规定"由开证行指定"，此栏应填上"Pay to the order of××Bank"（开证行名称）。如非信用证方式，则填出口商公司英文名称。

6. 汇票金额（the sum of）

汇票金额要用文字大写（amount in words）表明。填大写金额，先填写货币全称，再填写金额的数目文字，句尾加"only"相当于中文的"整"字。例如：UNITED STATES DOLLARS ONE THOUSAND TWO HUNDRED AND THIRTY FOUR ONLY。大小写金额均应端正地填写在虚线格内，不得涂改，且必须与汇票的小写金额一致。除非信用证另有规定，汇票金额不得超过信用证金额，而且汇票金额应与发票金额一致，汇票币别必须与信用证规定和发票所使用的币别一致。

7. 信用证号码（L/C No.）

填写信用证的准确号码，如非信用证方式则不填。

8. 开证日期（Dated）

填写信用证的准确开证日期，而非出具汇票的日期，如非信用证方式则不填。

9. 付款人（Issued by）

信用证方式下通常为进口地开证银行，请填写进口地银行英文名称。根据 UCP600 规定，信用证方式的汇票以开证行或其指定银行为付款人，不应以申请人为汇票的付款人。如果信用证要求以申请人为汇票的付款人，银行将视该汇票为一份附加的单据；而如果信用证未规定付款人的名称，汇票付款人也应填开证行名称。

在信用证业务中，汇票付款人是按信用证"draw on××""draft on××"或"drawee"确定。例如："…available by beneficiary's draft（s）on applicant"条款表明，以开证申请人为付款人；又如："…available by draft（s）drawn on us"条款表明，以开证行为付款人；再如："drawn on yourselves/you"条款表明以通知行为付款人。信用证未明确付款人名称者，应以开证行为付款人。如非信用证方式，则填进口商公司英文名称。

10. 被出票人（To）

被出票人名称和地址，信用证方式下通常为进口地开证银行，请填写进口地银行英文名称和地址；如非信用证方式，则填进口商公司英文名称和地址。

11. 右下方空白栏（Authorized Signature）

出票人，即出口商签字，填写出口商公司英文名称。

七、一般原产地证

一般原产地证明书，简称产地证，是证明货物原产地或制造地的证明文件。主要供进口国海关采取不同的国别政策和国别待遇。在不用海关发票或领事发票的国家，要求提供产地证明，以便确定对货物征收的税率。有的国家限制从某个国家或地区进口货物，也要求用产地证来证明货物的来源。

产地证明书一般由出口地的公证行或工商团体签发，可由出入境检验检疫局或贸促会签发。至于产地证由谁出具或者出具何种产地证，应按信用证规定来办理。一般原产地证样本如表 9 - 6 所示。

表 9 – 6 　　　　　　　　　　　　一般原产地证样本

ORIGINAL

1. Exporter	Certificate No.
	CERTIFICATE OF ORIGIN
2. Consignee	OF
	THE PEOPLE'S REPUBLIC OF CHINA
3. Means of transport and route	5. For certifying authority use only
4. Country/region of destination	

6. Marks and numbers　7. Number and kind of packages; description of goods　8. H. S. Code　9. Quantity 10. Number and date of invoices			

11. Declaration by the exporter The undersigned hereby declares that the above details and statements are correct, that all the goods were produced in China and that they comply with the Rules of Origin of the People's Republic of China. Place and date, signature and stamp of authorized signatory	12. Certification It is hereby certified that the declaration by the exporter is correct. Place and date, signature and stamp of certifying authority

一般原产地证明书填写说明：

1. 证书编号（Certificate No.）

此栏不得留空，否则此证书无效。

2. 出口方（Exporter）

填写出口商的英文名称、英文地址及所属国家（地区）。其中出口方是指具有对外贸易出口经营权的单位，也就是指经外贸主管部门正式批准，并经工商管理局注册批准的专业外贸公司、工贸公司、一部分自营出口的企业、中外合资企业、外商独资等企业的正式名称，一般填写有效合同的卖方，要同出口发票上的公司名称一致。地址部分要填写详细地址，包括街道名称、门牌号码等。此栏要注意不能填境外的中间商，即使信用证有此规定也不行。如果经由其他国家或地区需填写转口商名称时，可在出口商后面加英文"VIA"然后填写转口商名称、地址和国家地区。

3. 收货人（Consignee）

填写进口商的英文名称、英文地址及所属国家（地区）。通常是合同的买方或信用证规定的提单通知人。如果来证要求所有单证收货人留空，应加注"To Whom It May Concern"或"To Order"，但不得留空。若需填写转口商名称，可在收货人后面加英文"VIA"，然后加填转口商名称、地址和国家（地区）。

4. 运输方式和路线（Means of transport and route）

此栏尽发货人所知，填写运输方式（海运、空运等）、起运港和目的地（目的港），应注意与提单等其他单据保持一致。如需中途转运，也应注明。如：From Shanghai to Liverpool on July 1，2017 By Vessel.（所有货物于 2017 年 7 月 1 日通过海运，从上海港运往利物浦港。）

5. 目的地国（地区）（Country/region of destination）

货物最终运抵目的地的国家、地区或港口，一般应与最终收货人或最终目的地港的国家或地区一致，不能填写中间商国别。

6. 仅供签证机构使用（For certifying authority use only）

为签证机构使用栏，正常情况下，出口公司应将此栏留空，由签证机构根据需要在此加注。例如，证书更改，证书丢失，重新补发，声明×××号证书作废等内容。

7. 运输标志（Marks and numbers）

运输标志也称唛头，此栏内容应与合同（Shipping Mark 栏）、信用证或其他单据所列的同类内容完全一致，可以是图案、文字或号码。当内容过长，可占用第 7、8、9、10 栏；如无运输标志，要填"No Mark"或"N/M"。

8. 包装种类和件数、货物描述（Number and kind of packages，Description of goods）

填写商品的包装数量、包装种类及商品名称与描述。

（1）包装数量与装箱单里的"外包装件数（PACKAGE）"相同，具体计算可以参考商品相关计算方法。注意：这里的包装数量要填写合同商品包装数量的英文数字大写并在其后用括号加上包装数量的阿拉伯数字。例如："ONE HUNDRED（100）"。

（2）包装种类按照实际情况填写，如"CARTON"等。

（3）货物描述应填写"商品名称（英文）"＋"规格型号（英文）"两部分。

（4）商品的包装数量、种类和货物描述之间用"OF"连接。

9. 海关协调制度编码（H. S. Code）

海关协调制度编码是商品的 H. S. 编码，即《商品分类和编码协调制度》为不同类的商品加列的商检顺序号。

10. 量值（Quantity）

量值是填写计算单价时使用的数量和计量单位，应与买卖合同或其他单据所列的同类内容完全一致，如"1000PCS"。

11. 发票号和发票日期（Number and date of invoice）

填写商业发票的号码与日期，要求与商业发票同类显示内容完全一致。

12. 出口方声明（Declaration by the exporter）

此栏为出口方声明、签字盖章栏。申请单位在签证机构办理登记注册手续时，必须对手签人签字与公章进行登记注册。手签人员应是本申请单位的法人代表或由法人代表指定的其他人员，并应保持相对稳定，手签人的字迹必须清楚，印章使用中英文对照章。手签人签字与公章在证书上的位置不得重合。此栏还必须填写申报地点和日期，其申报日期不得早于发票日期和申请日期。例如：SHANGHAI，CHINA 2018－06－26。

13. 签证机构证明（Certification）

所申请的证书，经签证机构审核人员审核无误后，由授权的签证人在此栏手签姓名并加盖签证机构印章，注明签署地点、日期。注意此栏签发日期不得早于发票日期和申报日期，因为如早于发票日期和申报日期则不符合逻辑上的时间关系。

八、普惠制产地证

普惠制产地证书又称 G. S. P. 证书、FORM A 证书。普惠制产地证明书是发展中国家向发达国家出口货物，按照联合国贸发会议规定的统一格式而填制的一种证明货物原产地的文件，又是给惠国（进口国）给予优惠关税待遇或免税的凭证。凡享受普惠制规定的关税减免者，必须提供普惠制产地证明书。

FORM A 要向各地检验机构购买，需用时由出口公司缮打，连同一份申请书和商业发票送商检局，经商检局核对签章后即成为有效单据。一套 FORM A 中有一份正本、两份副本，副本仅供寄单参考和留存之用，正本是可以议付的单据。

普惠制产地证样本如表9－7所示。

表 9 – 7　　　　　　　　　　普惠制产地证样本

ORIGINAL

1. Goods consigned from (Exporter's business name, address, country)	Reference No. GENERALIZED SYSTEM OF PREFERENCES CERTIFICATE OF ORIGIN (Combined declaration and certificate)
2. Goods consigned to (Consignee's name, address, country)	Issued in　　*THE PEOPLE'S REPUBLIC OF CHINA* --- (country) See Notes overleaf
3. Means of transport and route (as far as known)	4. For of ficial use
5. Item number　6. Marks and numbers of packages 8. Origin criterion (see Notes overleaf)	7. Number and kind of packages; description of goods 9. Gross weight or other quantity　10. Number and date of invoices
11. Certification It is hereby certified, on the basis of control carried out, that the declaration by the exporter is correct. --- Place and date, signature and stamp of certifying authority	12. Declaration by the exporter The undersigned hereby declares that the above details and statements are correct, that all the goods were produced in ------------------------------------- (country) and that they comply with the origin requirements specified for those goods in the Generalized System of Preferences for goods exported to --- --- Place and date, signature and stamp of authorized signatory

普惠制产地证书填写说明：

1. 证书号码（Reference No.）

填写签证当局编号的证书号码。

2. 发货人（出口商名称、地址、国家）（Goods consigned from…）

发货人一栏按实际情况详细填写。若属信用证项下，应与规定的受益人名址、国别一致。需注意的是，本栏目的最后一个单词必须是国家名。如为第三方发货，须与提单发货人一致。例如：CHINA NATIONAL LIGHT INDUSTRIAL PRODUCTS IMPORT & EXPORT CORP. NO. 82 DONGANMENT STREET. BEIJING，CHINA。

3. 收货人（收货人名称、地址、国别）（Goods consigned to…）

收货人一栏填写进口商的名称、地址及国家名称。填写时必须注意：

（1）信用证无其他规定时，收货人一般即是开证申请人。

（2）若信用证申请人不是实际收货人，而又无法明确实际收货人时，可以提单的被通知人作为收货人。

（3）如果进口国为欧盟成员国，本栏可以留空或填"To be ordered"。另外，日本、挪威、瑞典的进口商要求签发"临时"证书时，签证当局在此栏加盖"临时（PROVISIONAL）"红色印章。

4. 运输方式和路线（Means of transport and route）

运输方式和路线栏尽发货人所知，填写运输方式（海运、空运等）、起运港和目的地（目的港），应注意与其他单据保持一致。如需中途转运，也应注明。例如：From Shanghai to London on July 1，2017，Thence Transshipped to Rotterdam By Vessel.（所有货物于2017年7月1日通过海运，从上海港运往伦敦港，中途在鹿特丹港口转船。）

5. 供官方使用（For official use）

供官方使用栏由进出口检验机构填注。正常情况下，出口公司应将此栏留空。检验机构主要在两种情况下填注：一是后补证书，则加盖"ISSUED RETROSPECTIVELY"（后发）的红色印章；二是原证丢失，该证系补签，则此栏要加盖"DUPLICATE"并声明原证作废。但需注意的是，日本一般不接受后发证书。如为"复本"，应在本栏注明原发证书的编号和签订日期，然后声明原证书作废，例如"THIS CERTIFICATE IS IN REPLACEMENT OF CERTIFICATE OF ORIGIN NO…DATED…WHICH IS CANCELLED."并加盖"DUPLICATE"红色印章。

6. 项目编号（Item number）

项目编号栏填列商品项目，有几项则填几项。如果只有单项商品，仍要列明项目"1"；如果商品品名有多项，则必须按"1，2，3，…"分行列出。

7. 唛头及包装号码（Marks and numbers of packages）

唛头及包装号码应注意与买卖合同、发票、提单、保险单等单据保持一致（对应合同中的"Shipping Mark"栏）。即使没有唛头，也应注明"N/M"，不得留空。如唛头内容过多，可填在第7、8、9栏的空白处，或另加附页，只需打上原证号，并由签证机关授权人员手签和加盖签证章。

8. 包装种类和件数、货物描述（Number and kind of packages，Description of goods）

填写商品的包装数量、包装种类及商品名称与描述。

（1）包装数量与装箱单里的"外包装件数（PACKAGE）"相同，具体计算可以参考商品相关计算方法。注意：这里的包装数量要填写合同商品包装数量的英文数字大写并在其后用括号加上包装数量的阿拉伯数字。例如："ONE HUNDRED（100）"。

（2）包装种类按照实际情况填写，如"CARTON"等。

（3）货物描述应填写"商品名称（英文）"＋"规格型号（英文）"两部分。

（4）商品的包装数量、种类和货物描述之间用"OF"连接。例如：EIGHT HUNDRED（800）CARTONS OF DESK LAMP PACKING：1PC/BOX，20PCS/CARTON。

9. 原产地标准（Origin criterion）

原产地标准栏填写货物原料的成分比例。此栏用字最少，但却是国外海关审证的核心项目。对含有进口成分的商品，因情况复杂，国外要求严格，极易弄错而造成退证，故应认真审核。一般规定说明如下：

（1）"P"：完全自产，无进口成分，使用"P"。

（2）"W"：含有进口成分，但符合原产地标准，填"W"。

（3）"F"：对加拿大出口时，含进口成分占产品出厂价40%以内者，都使用"F"。

（4）空白：出口到澳大利亚、新西兰的货物，此栏可留空不填。注意：含有进口原料成分的商品，发往瑞士、挪威、芬兰、瑞典、奥地利等欧盟成员国及日本时，都使用"W"，并在字母下方标上产品的CCCN税则号（布鲁塞尔税则）；发往加拿大出口的商品，产品含有进口成分占产品出厂价40%以内者，使用"F"；发往澳大利亚、新西兰的商品，此栏可以空白；发往俄罗斯、白俄罗斯、乌克兰、哈萨克斯坦、捷克、斯洛伐克时，都填写"Y"，并在字母下面标上百分比（占产品离岸价格的50%以下）。

10. 毛重或其他数量（Gross weight or other quantity）

毛重或其他数量与合同及运输单据的总毛重或数量相同，应分别列明毛重数值与计量单位。注意：此栏应以商品的正常销售单位填，如"只、件、匹、双、台、打"等。以重量作为销售单位的则填毛重，只有净重的，填净重也可。但必须注明"N. W."（NET WEIGHT）。

例如，商品男式T恤衫，以"件"为销售单位，此处应该填商品的实际销售数量及单位，如2000PCS；（注意单位的单复数）。商品原蔗糖，以重量"吨"为销售单位，此处就应该填商品的毛重及单位，如2 625kg。（小于或等于1kg的单位填单数kg）

11. 发票号和发票日期（Number and date of invoice）

发票号和发票日期栏填写商业发票的号码与日期，要求与商业发票同类显示内容完全一致。

12. 检验检疫机构的签证证明（Certification）

检验检疫机构的签证证明栏由签发此证的检验检疫机构盖章、授权人手签，并填列出证日期和地点。注意：本证书只在正本上签章，不签署副本。签发日期不得早于发票日期和申报日期，也不得晚于提单的装运日期。手签人的字迹必须清楚，手签与签证章在证面上的位置不得重叠。

13. 出口商申报（Declaration by the exporter）

出口商申报即出口方声明、签字、盖章栏。出口商的申明进口国横线上填写的国名一定要正确。进口国一般与最终收货人或目的港的国别一致。如果难以确定，以目的港国别为准。凡货物运往欧盟范围内，进口国不明确时，进口国可填E. U.；申请单位的手签人员应在此栏签字，加盖中、英文对照的印章。注意：填写时必须包括出口港（或者出口国）及符合日期格式的日期，且该日期必须在合同日期之后。

九、商业发票

商业发票又称为发票，是出口贸易结算单据中最重要的单据之一，所有其他单据都应以它为中心来缮制。因此，在制单顺序上，往往首先缮制商业发票。商业发票是卖方对装运货物的全面情况（包括品质、数量、价格，有时还有包装）详细列述的一种货款价目的清单。它常常是卖方陈述、申明、证明和提示某些事宜的书面文件；另外，商业发票也是作为进口国确定征收进口关税的基本资料。

一般来说，发票无正副本之分。来证要求几份，制单时在此基础之上多制一份供议付行使用。如需正本，加打"ORIGIN"。

不同发票的名称表示不同用途，要严格根据信用证的规定制作发票名称。一般发票都印有"INVOICE"字样，前面不加修饰语，如信用证规定用"COMMERCIAL INVOICE""SHIPPING INVOICE""TRADE INVOICE"或"INVOICE"，均可作商业发票理解。信用证如规定"DETAILED INVOICE"是指详细发票，则应加打"DETAILED INVOICE"字样，而且发票内容中的货物名称、规格、数量、单价、价格条件、总值等应一一详细列出。来证如要求"CERTIFIED INVOICE"证实发票，则发票名称为"CERTIFIED IN-VOICE"。同时，在发票内注明"We hereby certify that the contents of invoice herein are true & correct"。当然，发票下端通常印就的"E. &. O. E."（有错当查）应去掉。来证如要求"MANUFACTURE'S INVOICE"厂商发票，则可在发票内加注"We hereby certify that we are actual manufacturer of the goods invoice"。同时，要用人民币表示国内市场价，此价应低于出口 FOB 价。此外，又有"RECEIPT INVOICE"（钱货两讫发票）、"SAMPLE INVOICE"（样品发票）、"CONSIGNMENT INVOICE"（寄售发票）等。商业发票样本如表 9-8 所示。

表 9-8　　　　　　　　　　商业发票样本

ISSUER		商业发票 COMMERCIAL INVOICE		
TO		NO.		DATE
TRANSPORT DETAILS		S/C NO.		L/C NO.
		TERMS OF PAYMENT		
Marks and Numbers	Number and kind of package Description of goods	Quantity	Unit Price	Amount
TOTAL: SAY TOTAL:				
Special terms				

商业发票填写说明：

1. 出票人（Issuer）

填写出票人（即出口商）的英文名称和地址，在信用证支付方式下，应与信用证受益人的名称和地址保持一致。一般来说，出票人名称和地址是相对固定的，因此有许多出口商在印刷空白发票时就印刷上这一内容。但当公司更名或搬迁后，应及时印刷新的发票，以免造成单证不符。当来证规定用公司新名称、地址时，采用新发票；而当来证规定用公司旧名称、地址时，应用旧发票。

2. 受票人（To）

受票人也称抬头人，此项必须与信用证中所规定的严格一致。多数情况下填写进口商的名称和地址，且应与信用证开证申请人的名称和地址一致。如信用证无规定，即将信用证的申请人或收货人的名称、地址填入此项。如信用证中无申请人名字则用汇票付款人。在其他支付方式下，可以按合同规定列入买方名址。

3. 发票号（No.）

发票号一般由出口企业自行编制。发票号码可以代表整套单据的号码，如出口报关单的申报单位编号、汇票的号码、托运单的号码、箱单及其他一系列同笔合同项下的单据编号都可用发票号码代替，因此发票号码尤其重要。有时，有些地区为使结汇不致混乱，也使用银行编制的统一编号。应注意的是，每一张发票的号码应与同一批货物的出口报关单的号码一致。

4. 发票日期（Date）

在全套单据中，发票是签发日最早的单据。它只要不早于合同的签订日期，不迟于提单的签发日期即可。一般都是在信用证开证日期之后、信用证有效期之前。注：日期格式参照合同日期。

5. 运输说明（Transport Details）

运输说明栏填写运输工具或运输方式，一般还加上运输工具的名称；运输航线要严格与信用证一致。如果在中途转运，在信用证允许的条件下，应表示转运及其地点。例如：From Shanghai to Liverpool on July 1，2018 By Vessel.（所有货物于2018年7月1日通过海运，从上海港运往利物浦港。）

6. 合同号（S/C No.）

发票的出具都有买卖合同作为依据，但买卖合同不都以"S/C"为名称。有时出现"order""P. O.""contract"等。因此，当合同的名称不是"S/C"时，应将本项的名称修改后，再填写该合同的号码。

7. 信用证号（L/C No.）

信用证方式下的发票需填列信用证号码，作为出具该发票的依据。若不是信用证方式付款，本项留空。

8. 支付条款（Term of Payment）

支付条款栏填写合同支付方式和期限，格式为："支付方式＋期限"。

例如：

T/T 30% in advance and 70% within 30days after shipment date

L/C at sight

D/P at sight

D/A at 30 days after sight

9. 唛头及件数编号 （**Marks and numbers**）。

唛头及件数编号栏参照合同中的"Shipping Mark"填写。唛头即运输标志，既要与实际货物一致，还应与提单一致，并符合信用证的规定。如信用证没有规定，可按买卖双方和厂商订的方案或由受益人自定。无唛头时，应注"N/M"或"No Mark"。如为裸装货，则注明"NAKED"或散装"In Bulk"。如来证规定唛头文字过长，用"/"将独立意思的文字彼此隔开，可以向下错行。即使无线相隔，也可酌情错开。

件数有两种表示方法，一是直接写出××件，二是在发票中记载诸如"We hereby declare that the number of shipping marks on each packages is 1 ~ 10, but we actually shipped 10 cases of goods."（兹申明，每件货物的唛头号码是从 1 ~ 10，实际装运货物为 10 箱。）之类的文句。

10. 货物描述 （**description of goods**）

货物描述栏应详细填明各项商品的英文名称及规格。品名规格应该严格按照信用证的规定或描述填写。货物的数量应该与实际装运货物相符，同时符合信用证的要求，如信用证没有详细的规定，必要时可以按照合同注明货物数量，但不能与来证内容有抵触。

例如：CANNED SWEET CORN

3060G×6TINS/CTN

11. 数量 （**Quantity**）

货物的销售数量与计量单位连用，如 500PCS（注意单位的单复数）。注意该数量和计量单位既要与实际装运货物情况一致，又要与信用证要求一致。

12. 单价 （**Unit Price**）

单价由四个部分组成：计价货币、计量单位、单位数额和价格术语。如果信用证有规定，应与信用证保持一致；若信用证没规定，则应与合同保持一致。本栏填写方法与合同中的相关内容相同，说明如下：

贸易术语，填写格式为："贸易术语 + 港口名，国家"，其中 FOB、FCA 后加"启运港名称，国家"；CFR、CIF、CPT、CIP 后加"目的港名称，国家"。

例如：CPT HAMBURG, GERMANY

计价货币与单价金额：依合同约定填写。

13. 金额小计 （**Amount**）

列明币种及各项商品总金额（总金额 = 单价 × 数量）。除非信用证上另有规定，货物总值不能超过信用证金额。若信用证没规定，则应与合同保持一致。实际制单时，若来证要求在发票中扣除佣金，则必须扣除。折扣与佣金的处理方法相同。有时证内无扣除佣金规定，但金额正好是减佣后的金额，发票应显示减佣，否则发票金额超证。有时合同规定佣金，但来证金额内未扣除，而且证内也未提及佣金事宜，则发票不宜显示，待货款收回后另行汇给买方。另外，在 CFR 和 CIF 价格条件下，佣金一般应按扣除运费和保险费之后的 FOB 价计算。

14. Total

货物总计，分别填入所有货物累计的总数量和总金额（包括相应的计量单位与币种）。注意：一笔合同中可以同时交易同一商品属类的多种商品，如果这些商品的销售单位不同，合计中单位栏应填"packages"。

15. SAY TOTAL

以大写文字写明发票总金额，必须与数字表示的货物总金额一致。

16. 备注（Special terms）

备注栏位于 SAY TOTAL 下方的空白处。在相当多的信用证中，都出现要求在发票中证明某些事项的条款，譬如发票内容正确、真实、货物产地等证明，均应照信用证要求办理。

十、海运提单

（一）海运提单概念

海运提单（Ocean Bill of Lading），是承运人收到货物后出具的货物收据，也是承运人所签署的运输契约的证明，提单还代表所载货物的所有权，是一种具有物权特性的凭证。

提单必须由承运人或船长或他们的代理签发，并应明确表明签发人身份。提单是证明海上运输合同成立和证明承运人已接管货物或已将货物装船，并保证至目的地交付货物的单证。提单也是一种货物所有权凭证，承运人据以交付货物。提单持有人可据以提取货物，也可凭此向银行押汇，还可在载货船舶到达目的港交货之前进行转让。提单内容由正面事实记载和提单背面条款两部分组成。各船公司所制定的提单，其主要内容大致相同。

（二）海运提单作用

1. 货物收据

提单是承运人发给托运人的收据，确认承运人已收到提单所列货物并已装船，或者承运人已接管了货物，已代装船。

2. 运输契约证明

提单是托运人与承运人的运输契约证明。承运人之所以为托运人承运有关货物，是因为承运人和托运人之间存在一定的权利义务关系，双方权利义务关系以提单作为运输契约的凭证。

3. 货权凭证

提单是货物所有权的凭证。谁持有提单，谁就有权要求承运人交付货物，并且享有占有和处理货物的权利，提单代表了其所载明的货物。海运提单样本如表9-9所示。

表9-9 海运提单样本

BILL OF LADING	
1) SHIPPER： 2) CONSIGNEE： 3) NOTIFY PARTY： 4) PLACE OF RECEIPT：	5) OCEAN VESSEL：	10) B/L NO.： CARRIER： COSCO 中国远洋运输（集团）总公司 CHINA OCEAN SHIPPING（GROUP）CO. ORIGINAL COMBINED TRANSPORT BILL OF LADING

4) PLACE OF RECEIPT：	5) OCEAN VESSEL：
6) VOYAGE NO.：	7) PORT OF LOADING：
8) PORT OF DISCHARGE：	9) PLACE OF DELIVERY：

11) MARKS 12) NOS. &KINGS OF PKGS. 13) DESCRIPTION OF GOODS 14) G. W. 15) MEAS（M³）

16) TOTAL NUMBER OF CONTAINERS OR PACKAGES（IN WORDS）：

FREIGHT & CHARGES	REVENUE TONS	RATE	PER	PREPAID	COLLECT
PREPAID AT	PAYABLE AT				
TOTAL PREPAID	17) NUMBER OF ORIGINAL B（S）L：		20) PLACE AND DATE OF ISSUE		
LOADING ON BOARD THE VESSEL 18) DATE： 19) BY：			21) （Siganiture）		

十一、装箱单

装箱单是发票的补充单据，它列明了信用证（或合同）中买卖双方约定的有关包装事宜的细节，便于国外买方在货物到达目的港时供海关检查和核对货物，通常可以将其有关内容加列在商业发票上，但是在信用证有明确要求时，就必须严格按信用证约定制作。类似的单据还有：重量单、规格单、尺码单等。其中重量单是用来列明每件货物的毛、净重；规格单是用来列明包装的规格；尺码单用于列明货物每件尺码和总尺码，或用来列明每批货物的逐件花色搭配。

装箱单名称应按照信用证规定使用。通常用"PACKING LIST""PACKING SPECIFI-

CATION"或"DETAILED PACKING LIST"。如果来证要求用"中性包装单"（NEUTRAL PACKING），则包装单名称打"PACKING LIST"，但包装单内不打卖方名称，不能签章。装箱单样本如表 9 – 10 所示。

表 9 – 10　　　　　　　　　　　　　　　　装箱单样本

ISSUER			装箱单 PACKING LIST			
TO			INVOICE NO.		DATE	
Marks and Numbers	Description of goods	Quantity	Package	G. W	N. W	Meas.
TOTAL: SAY TOTAL:						

装箱单填写说明：

（1）出单方（Issuer）。出单人的名称与地址，应与发票的出单方相同。在信用证支付方式下，此栏应与信用证受益人的名称和地址一致。

（2）受单方（To）。受单方的名称与地址，与发票的受单方相同。多数情况下填写进口商的名称和地址，并与信用证开证申请人的名称和地址保持一致。在某些情况下也可不填，或填写"To whom it may concern"（致有关人）。

（3）发票号（Invoice No.）。与发票号码一致。

（4）日期（Date）。装箱单缮制日期。应与发票日期一致，不能迟于信用证的有效期及提单日期。

（5）唛头及件数编号（Marks and Numbers）。与发票一致，有的注实际唛头，有时也可以只注"as per invoice No. xxx"。

（6）货物描述（Description of goods）。要求与发票一致。货名如有总称，应先注总称，然后逐项列明每一包装件的货名、规格、品种等内容。

（7）总数量（Quantity）。根据实际填写。

（8）外包装件数（PACKAGE）。填写每种货物的包装件数，最后在合计栏处注外包装总件数。

（9）毛重（G. W）。注明每个包装件的毛重和此包装件内不同规格、品种、花色货物各自的总毛重，最后在合计栏处注总毛重。信用证或合同未要求，不注亦可。例如：2 588. 36kg。（小于或等于1kg的填单数 kg）

（10）净重（N. W）。注明每个包装件的净重和此包装件内不同规格、品种、花色货物各自的总净重，最后在合计栏处注总净重。信用证或合同未要求，不注亦可。例如：760kg。（小于或等于1kg的填单数 kg）

（11）箱外尺寸（Meas.）。注明每个包装件的体积，最后在合计栏处注总体积。信用证或合同未要求，不注亦可。例如：1 623. 548 CBM。

（12）Total。货物总计，分别填入所有货物累计的总包装数、总毛重、总净重和总体积（包括相应的计量单位）。注意：一笔合同中可以同时交易同一商品属类的多种商品，如果这些商品的包装单位不同，合计中单位栏应填"packages"。

（13）SAY TOTAL。以大写文字写明总包装数量，必须与数字表示的包装数量一致。

第二节　跨境电子商务常见进口单证

一、信用证开证申请书

进口方与出口方签订国际贸易货物进出口合同并确认以信用证为结算方式后，即由进口方向有关银行申请开立信用证。开证申请是整个进口信用证处理实务的第一个环节，进口方应根据合同规定的时间或在规定的装船前一定时间内申请开证，并填制开证申请书，开证行根据有关规定收取开证押金和开证费用后开出信用证。

开证申请人（进口方）在向开证行申请开证时必须填制开证申请书。开证申请书是开证申请人对开证行的付款指示，也是开证申请人与开证行之间的一种书面契约，它规定了开证申请人与开证行的责任。在这一契约中，开证行只是开证申请人的付款代理人。

开证申请书主要依据贸易合同中的有关主要条款填制，申请人填制后附合同副本一并提交银行，供银行参考、核对。但信用证一经开立则独立于合同，因而在填写开证申请时应审慎查核合同的主要条款，并将其列入申请书中。

一般情况下，开证申请书都由开证银行事先印就，以便申请人直接填制。开证申请书通常为一式两联，申请人除填写正面内容外，还须签具背面的"开证申请人承诺书"。信用证开证申请书样本见表9－11。

表 9 – 11　　　　　　　　　　信用证开证申请书样本

APPLICATION FOR IRREVOCABLE DOCUMENTARY CREDIT
开立不可撤销跟单信用证申请书

Date 日期＿＿＿＿＿＿

To：致：

Please issue by SWIFT an Irrevocable Letter of Credit as follows：请通过 SWIFT 方式开立如下不可撤销跟单信用证：

Advising Bank（if blank，at your option）通知行	Credit No. 信用证号码
	Expiry Date and Place 到期日和到期地点
Applicant（full name & detailed address） 申请人（全称和详细地址）	Beneficiary（with full name and address） 受益人（全称和详细地址）
Amount（in figures & words）金额（大、小写）	Credit available with 此证可由□ any bank 任何银行 □ issuing bank 开证行 By□ sight payment 即期付款 □ acceptance 承兑 □ negotiation 议付 □ deferred payment 迟期付款
Partial shipments 分批装运 Transhipment 转运 □ allowed 允许□ allowed 允许 □ not allowed 不允许□ not allowed 不允许	Draft（s）at ＿＿＿＿＿＿＿ for ＿＿＿＿ % of invoice value 汇票付款期限＿＿＿＿，发票金额的＿＿＿＿% Drawnon 付款人＿＿＿＿＿＿＿＿＿

Shipment from 装运从	For transportation to 运至	Latest shipment date 最迟装运日

Documents required：（marked with "×"）所需单据（用 "×" 标明）：
□ Signed Commercial Invoice in ＿＿＿ copies indicating L/C No. and Contract No. ＿＿＿＿＿＿＿
经签字的商业发票一式＿＿＿＿份，标明信用证号和合同号＿＿＿＿＿＿＿＿＿

□ Full set of clean on board Ocean Bill of Lading □ made out to order and blank endorsed, □ ＿＿＿＿，
marked "freight □ prepaid/□ to collect" □ showing freight amount and notifying ＿＿＿＿＿＿＿＿
全套清洁已装船海运提单做成□ 空白抬头、空白背书，□ ＿＿＿＿＿＿，注明 "运费□ 已付/□ 待付"，□ 标明运费金额，并通知＿＿＿＿＿＿＿＿。

□ Air Waybills consigned to applicant marked "freight □ prepaid/□ to collect" notifying
＿＿＿＿＿＿＿＿＿＿＿＿＿
空运单据收货人为开证申请人，注明 "运费□ 已付/□ 待付"，并通知＿＿＿＿＿＿＿＿＿＿。

□ Full set of Insurance Policy/Certificate for ＿＿＿ % of the invoice value, blank endorsed, showing claims payable in China in the currency of the draft, covering □ ocean marine transportation □ air transportation □ overland transportation All risks and War risks and ＿＿＿＿＿＿＿＿＿

全套保险单/保险凭证，按发票金额的_____％投保，空白背书，注明赔付地在中国，以汇票币种支付，覆盖□ 海运□ 空运□ 陆运，承保一切险，战争险和_____。

□ Packing List/Weight Memo in _____ copies indicating quantity, gross and net weight of each package.
装运单/重量证明一式____份，注明每一包装的数量、毛重和净重。

□ Certificate of Quantity/Weight in _____ copies issued by _____
数量/重量证明一式_____份，由_____出具。

□ Certificate of Quality in _____ copies issued by _____
品质证一式____份，由_____出具。

□ Certificate of Origin in _____ copies issued by _____
产地证一式____份，由_____出具。

□ Beneficiary's Certified copy of fax dispatched to the applicant within ____ day（s）after shipment advising □ L/C No., □ name of vessel, □ flight No. □ shipping date, □ name of goods, quantity, □ weight and value of goods.

受益人传真方式通知申请人装船证明副本。该证明须在装船后____天内发出，并注明该□ 信用证号、□ 船名、□ 航班号、□ 装运日以及□ 货物的名称、□ 货物的数量、□ 重量和货物价值。

□ Other documents，if any 其他单据

Description of goods or services 货物或服务描述

Additional instructions：附加条款
□ All banking charges outside the Issuing Bank are for account of Beneficiary.
开证行以外的所有银行费用由受益人承担。
□ Documents must be presented within ____ days after date of shipment of the transport document but within the validity of the credit.
所需单据须在装船日后____天内提交，但不得超过信用证有效期。
□ Third party as shipper is not acceptable. 第三方为托运人不可接受。
□ Both quantity and Credit amount ____% more or less are allowed. 数量及信用证金额允许有____% 的增减。
□ Other terms and conditions，if any 其他条款

申请人盖章

此信用证遵循国际商会第600号出版物《跟单信用证统一惯例》（2007年修订版）
    This Credit is subject to ICC No. 600 Uniform Customs and Practice for Documentary Credits
（2007 Revision）

二、入境货物报检单

报检单是国家检验检疫部门根据检验检疫、鉴定工作的需要，为保证检验检疫工作规范化和程序化而设置的。它是报检人根据有关法律、行政法规或合同约定申请检验检疫机构对其某种货物实施检验检疫、鉴定意愿的书面凭证，它表明了申请人正式向检验检疫机构申请检验检疫、鉴定，以取得该批货物合法进口销售、使用的合法凭证。报检单同时也是检验检疫机构对出入境货物实施检验检疫、启动检验检疫程序的依据。

入境货物报检单所在列各栏必须填写完整、准确、清晰，没有内容填写栏目以斜杠"/"表示，不得留空。入境货物报检单样本见表 9 – 12。

表 9 – 12　　　　　　　　　入境货物报检单样本

中华人民共和国出入境检验检疫
入境货物报检单

报检单位（加盖公章）：　　　　　　　　　　　　　　*编　　号＿＿＿＿＿＿

报检单位登记号：　　联系人：　　电话：　　报检日期：

收货人	（中文）		企业性质（画"√"）	□ 合资□ 合作□ 外资
	（外文）			
发货人	（中文）			
	（外文）			

货物名称（中/外文）	H. S. 编码	原产国（地区）	数/重量	货物总值	包装种类及数量

运输工具名称号码		合同号	
贸易方式		贸易国别（地区）		提单/运单号	
到货日期		启运国家（地区）		许可证/审批号	
卸毕日期		启运口岸		入境口岸	
索赔有效期至		经停口岸		目的地	

集装箱规格、数量及号码	
合同订立的特殊条款以及其他要求		货物存放地点	
		用途	自营自销
随附单据（画"√"或补填）	标记及号码	*外商投资财产（画"√"）	□ 是□ 否

			* 检验检疫费	
□ 合同	□ 到货通知			
□ 发票	□ 装箱单		总金额 （人民币元）	
□ 提/运单	□ 质保书			
□ 兽医卫生证书	□ 理货清单		计费人	
□ 植物检疫证书	□ 磅码单			
□ 动物检疫证书	□ 验收报告			
□ 卫生证书	□		收费人	
□ 原产地证	□			
□ 许可/审批文件	□			
报检人郑重声明： 1. 本人被授权报检。 2. 上列填写内容正确属实。 　　　　　签名：＿＿＿＿＿＿＿			领取证单	
			日期	
			签名	

注：有"＊"号栏由出入境检验检疫机关填写，国家出入境检验检疫局制。

入境货物报检单填写说明：

（1）报检单位。进口商公司中文名称。

（2）报检单位登记号。根据实际填写。

（3）报检单位联系人。根据实际填写。

（4）报检单位电话。根据实际填写。

（5）编号。本栏由出入境检验检疫机关填写。

（6）报检日期。年、月、日须符合日期格式。

（7）收货人。填写进口商公司中、英文名称。

（8）企业性质。根据收货人的性质勾选。

（9）发货人。填写出口商公司的中、英文名称。

（10）货物名称（中/外文）。按合同、信用证所列名称填写，但中/外文要一致。

（11）H. S. 编码。合同里商品对应的海关编码。

（12）原产国（地区）。填写出口国中文国别。

（13）数/重量。填写合同中商品交易数量，并注明计量单位，用中文填写，如"500 包"。

（14）货物总值。按合同或发票所列货物币别和总值填写。

（15）包装种类及数量。指合同中本批货物运输包装的种类及件数。单位用中文填写，比如"370 盒"。

（16）运输工具名称号码。海运方式下参考提货单里的船名；空运方式下参考航空运单里的航班号。

（17）合同号。指贸易双方就本批货物而签订的书面贸易合同编号。

（18）贸易方式。一般贸易；三来一补；边境贸易；进料加工；其他贸易等，根据实际填写。

（19）贸易国别（地区）。填写出口国中文国别。

（20）提单/运单号。货物对应的提单/运单号的编号。

（21）到货日期。按货物到货通知邮件里所列的日期填写。

（22）启运国家（地区）。指装运本批货物进境的交通工具的启运国家（地区），即出口国。

（23）许可证/审批号。对国家出入境检验检疫局已实施《进口商品质量许可证制度目录》下的货物和卫生注册、检疫、环保许可制度管理的货物，报检时填写安全质量许可编号或审批单编号，一般商品可空白。

（24）卸毕日期。按货物实际卸毕的日期填写。在货物还未卸毕前报检的，可暂不填写，待卸毕后再填写。

（25）启运口岸。填写出口港中文名称。

（26）入境口岸。填写进口港中文名称。

（27）索赔有效期至。按合同规定的日期填写，特别要注明截止日期。

（28）经停口岸。指本批货物在启运后，到达目的地前中途停靠的口岸名称。

（29）目的地。填写进口港中文名称。

（30）集装箱规格、数量及号码。海运方式下，根据实际填写；空运方式下，可不用填写。

（31）合同订立的特殊条款以及其他要求。指贸易合同中双方对本批货物特别约定而订立的质量、卫生等条款和报检单位对本批货物的检验检疫有其他特别的要求。

（32）货物存放地点。指货物卸货时存放的仓储位置。

（33）用途。指货物的用途，如食用、观赏或演艺、实验、药用、饲用、加工等，一般用途明确的商品也可不填。

（34）随附单据。按实际向检验检疫机构提供的单据，在对应的"□"打"√"。

（35）标记及号码。填写实际货物运输包装上的标记，与合同一致。中性包装或裸装、散装商品应填"N/M"，并注明"裸装"或"散装"。

（36）检验检疫费。此栏由出入境检验检疫机关填写。

（37）报检人郑重声明。必须有报检人的亲笔签名。

（38）领取证单。应在检验检疫机构受理报验日现场由报验人填写。

三、进口货物报关单

进口货物报关单是进口单位向海关提供审核是否合法进口货物的凭据，也是海关据以征税的主要凭证，同时还作为国家法定统计资料的重要来源。所以，进口单位要如实填写，不得虚报、瞒报、拒报和迟报，更不得伪造、篡改。

一般贸易货物进口时，应填写《进口货物报关单》一式两份，并随附一份报关行预录入打印的报关单一份。

来料加工、进料加工贸易进口货物应按照不同的贸易性质填写绿色或粉红色的进口报关单，并随附一份报关行预录入打印的报关单一份。

合资企业进口货物，一律使用合资企业专用报关单（蓝色），一式两份。进口货物报关单样本如表 9 - 13 所示。

表 9 - 13　　　　　　　　　　　　进口货物报关单样本

中华人民共和国海关进口货物报关单

预录入编号：　　　　　　海关编号：　　　　　　页码/页数：

境内收货人	进境关别	进口日期	申报日期	备案号
境外发货人	运输方式	运输工具名称及航次号	提运单号	货物存放地点
消费使用单位	监管方式	征免性质	许可证号	启运港
合同协议号	贸易国（地区）	启运国（地区）	经停港	入境口岸

包装种类	件数	毛重（kg）	净重（kg）	成交方式	运费	保费	杂费

随附单证
随附单证 1：随附单证 2：

标记唛码及备注

项号　商品编号　商品名称及规格型号　数量及单位　单价/总价/币制　原产国（地区）　最终目的国（地区）　境内目的地　征免

1
2
3
4
5

6			
7			
特殊关系确认：	价格影响确认：	支付特许权使用费确认：	自报自缴：
申报人员　　申报人员证号　　电话　　兹申明以上内容承担如实申报纳税之法律责任 申报单位（签章）		依法 海关批注及签章	

【专栏学习】

专栏 9-1

中华人民共和国海关进出口货物报关单填制规范（2018 年 8 月新版）

《中华人民共和国海关进（出）口货物报关单》在本规范中采用"报关单"、"进口报关单"、"出口报关单"的提法。报关单各栏目的填制规范如下：

一、预录入编号

预录入编号指预录入报关单的编号，一份报关单对应一个预录入编号，由系统自动生成。

报关单预录入编号为 18 位，其中第 1-4 位为接受申报海关的代码（海关规定的《关区代码表》中相应海关代码），第 5-8 位为录入时的公历年份，第 9 位为进出口标志（"1"为进口，"0"为出口；集中申报清单"I"为进口，"E"为出口），后 9 位为顺序编号。

二、海关编号

海关编号指海关接受申报时给予报关单的编号，一份报关单对应一个海关编号，由系统自动生成。

报关单海关编号为 18 位，其中第 1-4 位为接受申报海关的代码（海关规定的《关区代码表》中相应海关代码），第 5-8 位为海关接受申报的公历年份，第 9 位为进出口标志（"1"为进口，"0"为出口；集中申报清单"I"为进口，"E"为出口），后 9 位为顺序编号。

三、境内收发货人

填报在海关备案的对外签订并执行进出口贸易合同的中国境内法人、其他组织名称及编码。编码填报 18 位法人和其他组织统一社会信用代码，没有统一社会信用代码的，填报其在海关的备案编码。

特殊情况下填报要求如下：

（一）进出口货物合同的签订者和执行者非同一企业的，填报执行合同的企业。

（二）外商投资企业委托进出口企业进口投资设备、物品的，填报外商投资企业，并在标记唛码及备注栏注明"委托某进出口企业进口"，同时注明被委托企业的 18 位法人和其他组织统一社会信用代码。

（三）有代理报关资格的报关企业代理其他进出口企业办理进出口报关手续时，填报委托的进出口企业。

（四）海关特殊监管区域收发货人填报该货物的实际经营单位或海关特殊监管区域内经营企业。

四、进出境关别

根据货物实际进出境的口岸海关，填报海关规定的《关区代码表》中相应口岸海关的名称及代码。

特殊情况填报要求如下：

进口转关运输货物填报货物进境地海关名称及代码，出口转关运输货物填报货物出境地海关名称及代码。按转关运输方式监管的跨关区深加工结转货物，出口报关单填报转出地海关名称及代码，进口报关单填报转入地海关名称及代码。

在不同海关特殊监管区域或保税监管场所之间调拨、转让的货物，填报对方海关特殊监管区域或保税监管场所所在的海关名称及代码。

其他无实际进出境的货物，填报接受申报的海关名称及代码。

五、进出口日期

进口日期填报运载进口货物的运输工具申报进境的日期。出口日期指运载出口货物的运输工具办结出境手续的日期，在申报时免予填报。无实际进出境的货物，填报海关接受申报的日期。

进出口日期为8位数字，顺序为年（4位）、月（2位）、日（2位）。

六、申报日期

申报日期指海关接受进出口货物收发货人、受委托的报关企业申报数据的日期。以电子数据报关单方式申报的，申报日期为海关计算机系统接受申报数据时记录的日期。以纸质报关单方式申报的，申报日期为海关接受纸质报关单并对报关单进行登记处理的日期。本栏目在申报时免予填报。

申报日期为8位数字，顺序为年（4位）、月（2位）、日（2位）。

七、备案号

填报进出口货物收发货人、消费使用单位、生产销售单位在海关办理加工贸易合同备案或征、减、免税审核确认等手续时，海关核发的《加工贸易手册》、海关特殊监管区域和保税监管场所保税账册、《征免税证明》或其他备案审批文件的编号。

一份报关单只允许填报一个备案号。具体填报要求如下：

（一）加工贸易项下货物，除少量低值辅料按规定不使用《加工贸易手册》及以后续补税监管方式办理内销征税的外，填报《加工贸易手册》编号。

使用异地直接报关分册和异地深加工结转出口分册在异地口岸报关的，填报分册号；本地直接报关分册和本地深加工结转分册限制在本地报关，填报总册号。

加工贸易成品凭《征免税证明》转为减免税进口货物的，进口报关单填报《征免税证明》编号，出口报关单填报《加工贸易手册》编号。

对加工贸易设备、使用账册管理的海关特殊监管区域内减免税设备之间的结转，转入和转出企业分别填制进、出口报关单，在报关单"备案号"栏目填报《加工贸易手册》编号。

（二）涉及征、减、免税审核确认的报关单，填报《征免税证明》编号。

（三）减免税货物退运出口，填报《中华人民共和国海关进口减免税货物准予退运证明》的编号；减免税货物补税进口，填报《减免税货物补税通知书》的编号；减免税货物进口或结转进口（转入），填报《征免税证明》的编号；相应的结转出口（转出），填报《中华人民共和国海关进口减免税货物结转联系函》的编号。

八、境外收发货人

境外收货人通常指签订并执行出口贸易合同中的买方或合同指定的收货人，境外发货人通常指签订并执行进口贸易合同中的卖方。

填报境外收发货人的名称及编码。名称一般填报英文名称，检验检疫要求填报其他外文名称的，在英文名称后填报，以半角括号分隔；对于 AEO 互认国家（地区）企业的，编码填报 AEO 编码，填报样式按照海关总署发布的相关公告要求填报（如新加坡 AEO 企业填报样式为：SG123456789012，韩国 AEO 企业填报样式为 KR1234567，具体见相关公告要求）；非互认国家（地区）AEO 企业等其他情形，编码免予填报。

特殊情况下无境外收发货人的，名称及编码填报"NO"。

九、运输方式

运输方式包括实际运输方式和海关规定的特殊运输方式，前者指货物实际进出境的运输方式，按进出境所使用的运输工具分类；后者指货物无实际进出境的运输方式，按货物在境内的流向分类。

根据货物实际进出境的运输方式或货物在境内流向的类别，按照海关规定的《运输方式代码表》选择填报相应的运输方式。

（一）特殊情况填报要求如下：

1. 非邮件方式进出境的快递货物，按实际运输方式填报。

2. 进口转关运输货物，按载运货物抵达进境地的运输工具填报；出口转关运输货物，按载运货物驶离出境地的运输工具填报。

3. 不复运出（入）境而留在境内（外）销售的进出境展览品、留赠转卖物品等，填报"其他运输"（代码9）。

4. 进出境旅客随身携带的货物，填报"旅客携带"（代码 L）。

5. 以固定设施（包括输油、输水管道和输电网等）运输货物的，填报"固定设施运输"（代码 G）。

（二）无实际进出境货物在境内流转时填报要求如下：

1. 境内非保税区运入保税区货物和保税区退管货物，填报"非保税区"（代码0）。

2. 保税区运往境内非保税区货物，填报"保税区"（代码7）。

3. 境内存入出口监管仓库和出口监管仓库退仓货物，填报"监管仓库"（代码1）。

4. 保税仓库转内销货物或转加工贸易货物，填报"保税仓库"（代码8）。

5. 从境内保税物流中心外运入中心或从中心运往境内中心外的货物，填报"物流中心"（代码 W）。

6. 从境内保税物流园区外运入园区或从园区内运往境内园区外的货物，填报"物流园区"（代码 X）。

7. 保税港区、综合保税区与境内（区外）（非海关特殊监管区域、保税监管场所）之间进出的货物，填报"保税港区/综合保税区"（代码 Y）。

8. 出口加工区、珠澳跨境工业区（珠海园区）、中哈霍尔果斯边境合作区（中方配套区）与境内（区外）（非海关特殊监管区域、保税监管场所）之间进出的货物，填报"出口加工区"（代码 Z）。

9. 境内运入深港西部通道港方口岸区的货物，填报"边境特殊海关作业区"（代码 H）。

10. 经横琴新区和平潭综合实验区（以下简称综合试验区）二线指定申报通道运往境内区外或从境内经二线指定申报通道进入综合试验区的货物，以及综合试验区内按选择性征收关税申报的货物，填报"综合试验区"（代码 T）。

11. 海关特殊监管区域内的流转、调拨货物，海关特殊监管区域、保税监管场所之间的流转货物，海关特殊监管区域与境内区外之间进出的货物，海关特殊监管区域外的加工贸易余料结转、深加工结转、内销货物，以及其他境内流转货物，填报"其他运输"（代码 9）。

十、运输工具名称及航次号

填报载运货物进出境的运输工具名称或编号及航次号。填报内容应与运输部门向海关申报的舱单（载货清单）所列相应内容一致。

（一）运输工具名称具体填报要求如下：

1. 直接在进出境地或采用全国通关一体化通关模式办理报关手续的报关单填报要求如下：

（1）水路运输：填报船舶编号（来往港澳小型船舶为监管簿编号）或者船舶英文名称。（2）公路运输：启用公路舱单前，填报该跨境运输车辆的国内行驶车牌号，深圳提前报关模式的报关单填报国内行驶车牌号＋"/"＋"提前报关"。启用公路舱单后，免予填报。（3）铁路运输：填报车厢编号或交接单号。（4）航空运输：填报航班号。（5）邮件运输：填报邮政包裹单号。（6）其他运输：填报具体运输方式名称，例如：管道、驮畜等。

2. 转关运输货物的报关单填报要求如下：

（1）进口。

A. 水路运输：直转、提前报关填报"@"＋16 位转关申报单预录入号（或 13 位载货清单号）；中转填报进境英文船名。

B. 铁路运输：直转、提前报关填报"@"＋16 位转关申报单预录入号；中转填报车厢编号。

C. 航空运输：直转、提前报关填报"@"＋16 位转关申报单预录入号（或 13 位载货清单号）；中转填报"@"。

D. 公路及其他运输：填报"@"＋16 位转关申报单预录入号（或 13 位载货清单号）。

E. 以上各种运输方式使用广东地区载货清单转关的提前报关货物填报"@"＋13 位载货清单号。

（2）出口。

A. 水路运输：非中转填报"@"＋16 位转关申报单预录入号（或 13 位载货清单号）。如多张报关单需要通过一张转关单转关的，运输工具名称字段填报"@"。

中转货物，境内水路运输填报驳船船名；境内铁路运输填报车名（主管海关4位关区代码＋"TRAIN"）；境内公路运输填报车名（主管海关4位关区代码＋"TRUCK"）。

B. 铁路运输：填报"@"＋16位转关申报单预录入号（或13位载货清单号），如多张报关单需要通过一张转关单转关的，填报"@"。

C. 航空运输：填报"@"＋16位转关申报单预录入号（或13位载货清单号），如多张报关单需要通过一张转关单转关的，填报"@"。

D. 其他运输方式：填报"@"＋16位转关申报单预录入号（或13位载货清单号）。

3. 采用"集中申报"通关方式办理报关手续的，报关单填报"集中申报"。

4. 无实际进出境的货物，免予填报。

（二）航次号具体填报要求如下：

1. 直接在进出境地或采用全国通关一体化通关模式办理报关手续的报关单。

（1）水路运输：填报船舶的航次号。（2）公路运输：启用公路舱单前，填报运输车辆的8位进出境日期［顺序为年（4位）、月（2位）、日（2位），下同］。启用公路舱单后，填报货物运输批次号。（3）铁路运输：填报列车的进出境日期。（4）航空运输：免予填报。（5）邮件运输：填报运输工具的进出境日期。（6）其他运输方式：免予填报。

2. 转关运输货物的报关单。

（1）进口。

A. 水路运输：中转转关方式填报"@"＋进境干线船舶航次。直转、提前报关免予填报。

B. 公路运输：免予填报。

C. 铁路运输："@"＋8位进境日期。

D. 航空运输：免予填报。

E. 其他运输方式：免予填报。

（2）出口。

A. 水路运输：非中转货物免予填报。中转货物：境内水路运输填报驳船航次号；境内铁路、公路运输填报6位启运日期［顺序为年（2位）、月（2位）、日（2位）］。

B. 铁路拼车拼箱捆绑出口：免予填报。

C. 航空运输：免予填报。

D. 其他运输方式：免予填报。

3. 无实际进出境的货物，免予填报。

十一、提运单号

填报进出口货物提单或运单的编号。一份报关单只允许填报一个提单或运单号，一票货物对应多个提单或运单时，应分单填报。

具体填报要求如下：

（一）直接在进出境地或采用全国通关一体化通关模式办理报关手续的。

（1）水路运输：填报进出口提单号。如有分提单的，填报进出口提单号＋"*"＋分提单号。（2）公路运输：启用公路舱单前，免予填报；启用公路舱单后，填报进出口总运单号。（3）铁路运输：填报运单号。（4）航空运输：填报总运单号＋"_"＋分运单号，无分运单的填报总运单号。（5）邮件运输：填报邮运包裹单号。

（二）转关运输货物的报关单。

1. 进口。

（1）水路运输：直转、中转填报提单号。提前报关免予填报。（2）铁路运输：直转、中转填报铁路运单号。提前报关免予填报。（3）航空运输：直转、中转货物填报总运单号+"_"+分运单号。提前报关免予填报。（4）其他运输方式：免予填报。（5）以上运输方式进境货物，在广东省内用公路运输转关的，填报车牌号。

2. 出口。

（1）水路运输：中转货物填报提单号；非中转货物免予填报；广东省内汽车运输提前报关的转关货物，填报承运车辆的车牌号。（2）其他运输方式：免予填报。广东省内汽车运输提前报关的转关货物，填报承运车辆的车牌号。

（三）采用"集中申报"通关方式办理报关手续的，报关单填报归并的集中申报清单的进出口起止日期［按年（4位）月（2位）日（2位）年（4位）月（2位）日（2位）］。

（四）无实际进出境的货物，免予填报。

十二、货物存放地点

填报货物进境后存放的场所或地点，包括海关监管作业场所、分拨仓库、定点加工厂、隔离检疫场、企业自有仓库等。

十三、消费使用单位/生产销售单位

（一）消费使用单位填报已知的进口货物在境内的最终消费、使用单位的名称，包括：1. 自行进口货物的单位。2. 委托进出口企业进口货物的单位。

（二）生产销售单位填报出口货物在境内的生产或销售单位的名称，包括：1. 自行出口货物的单位。2. 委托进出口企业出口货物的单位。

（三）减免税货物报关单的消费使用单位/生产销售单位应与《中华人民共和国海关进出口货物征免税证明》（以下简称《征免税证明》）的"减免税申请人"一致；保税监管场所与境外之间的进出境货物，消费使用单位/生产销售单位填报保税监管场所的名称（保税物流中心（B型）填报中心内企业名称）。

（四）海关特殊监管区域的消费使用单位/生产销售单位填报区域内经营企业（"加工单位"或"仓库"）。

（五）编码填报要求：1. 填报18位法人和其他组织统一社会信用代码。2. 无18位统一社会信用代码的，填报"NO"。

（六）进口货物在境内的最终消费或使用以及出口货物在境内的生产或销售的对象为自然人的，填报身份证号、护照号、台胞证号等有效证件号码及姓名。

十四、监管方式

监管方式是以国际贸易中进出口货物的交易方式为基础，结合海关对进出口货物的征税、统计及监管条件综合设定的海关对进出口货物的管理方式。其代码由4位数字构成，前两位是按照海关监管要求和计算机管理需要划分的分类代码，后两位是参照国际标准编制的贸易方式代码。

根据实际对外贸易情况按海关规定的《监管方式代码表》选择填报相应的监管方式简称及代码。一份报关单只允许填报一种监管方式。

特殊情况下加工贸易货物监管方式填报要求如下：

（一）进口少量低值辅料（即5 000美元以下，78种以内的低值辅料）按规定不使用《加工贸易手册》的，填报"低值辅料"。使用《加工贸易手册》的，按《加工贸易手册》上的监管方式填报。

（二）加工贸易料件转内销货物以及按料件办理进口手续的转内销制成品、残次品、未完成品，填制进口报关单，填报"来料料件内销"或"进料料件内销"；加工贸易成品凭《征免税证明》转为减免税进口货物的，分别填制进、出口报关单，出口报关单填报"来料成品减免"或"进料成品减免"，进口报关单按照实际监管方式填报。

（三）加工贸易出口成品因故退运进口及复运出口的，填报"来料成品退换"或"进料成品退换"；加工贸易进口料件因换料退运出口及复运进口的，填报"来料料件退换"或"进料料件退换"；加工贸易过程中产生的剩余料件、边角料退运出口，以及进口料件因品质、规格等原因退运出口且不再更换同类货物进口的，分别填报"来料料件复出"、"来料边角料复出"、"进料料件复出"、"进料边角料复出"。

（四）加工贸易边角料内销和副产品内销，填制进口报关单，填报"来料边角料内销"或"进料边角料内销"。

（五）企业销毁处置加工贸易货物未获得收入，销毁处置货物为料件、残次品的，填报"料件销毁"；销毁处置货物为边角料、副产品的，填报"边角料销毁"。

企业销毁处置加工贸易货物获得收入的，填报为"进料边角料内销"或"来料边角料内销"。

十五、征免性质

根据实际情况按海关规定的《征免性质代码表》选择填报相应的征免性质简称及代码，持有海关核发的《征免税证明》的，按照《征免税证明》中批注的征免性质填报。一份报关单只允许填报一种征免性质。

加工贸易货物报关单按照海关核发的《加工贸易手册》中批注的征免性质简称及代码填报。特殊情况填报要求如下：

（一）加工贸易转内销货物，按实际情况填报（如一般征税、科教用品、其他法定等）。

（二）料件退运出口、成品退运进口货物填报"其他法定"（代码299）。

（三）加工贸易结转货物，免予填报。

十六、许可证号

填报进（出）口许可证、两用物项和技术进（出）口许可证、两用物项和技术出口许可证（定向）、纺织品临时出口许可证、出口许可证（加工贸易）、出口许可证（边境小额贸易）的编号。

一份报关单只允许填报一个许可证号。

十七、启运港

填报进口货物在运抵我国关境前的第一个境外装运港。

根据实际情况，按海关规定的《港口代码表》填报相应的港口名称及代码，未在《港口代码表》列明的，填报相应的国家名称及代码。货物从海关特殊监管区域或保税监管场所运至境内区外的，填报《港口代码表》中相应海关特殊监管区域或保税监管场所的名称及代码,未在《港口代码表》中列明的,填报"未列出的特殊监管区"及代码。

其他无实际进境的货物,填报"中国境内"及代码。

十八、合同协议号

填报进出口货物合同(包括协议或订单)编号。未发生商业性交易的免予填报。

十九、贸易国(地区)发生商业性交易的进口填报购自国(地区),出口填报售予国(地区)。未发生商业性交易的填报货物所有权拥有者所属的国家(地区)。

按海关规定的《国别(地区)代码表》选择填报相应的贸易国(地区)中文名称及代码。

二十、启运国(地区)/运抵国(地区)

启运国(地区)填报进口货物启始发出直接运抵我国或者在运输中转国(地)未发生任何商业性交易的情况下运抵我国的国家(地区)。运抵国(地区)填报出口货物离开我国关境直接运抵或者在运输中转国(地区)未发生任何商业性交易的情况下最后运抵的国家(地区)。不经过第三国(地区)转运的直接运输进出口货物,以进口货物的装货港所在国(地区)为启运国(地区),以出口货物的指运港所在国(地区)为运抵国(地区)。

经过第三国(地区)转运的进出口货物,如在中转国(地区)发生商业性交易,则以中转国(地区)作为启运/运抵国(地区)。按海关规定的《国别(地区)代码表》选择填报相应的启运国(地区)或运抵国(地区)中文名称及代码。

无实际进出境的货物,填报"中国"及代码。

二十一、经停港/指运港

经停港填报进口货物在运抵我国关境前的最后一个境外装运港。指运港填报出口货物运往境外的最终目的港;最终目的港不可预知的,按尽可能预知的目的港填报。

根据实际情况,按海关规定的《港口代码表》选择填报相应的港口名称及代码。经停港/指运港在《港口代码表》中无港口名称及代码的,可选择填报相应的国家名称及代码。无实际进出境的货物,填报"中国境内"及代码。

二十二、入境口岸/离境口岸

入境口岸填报进境货物从跨境运输工具卸离的第一个境内口岸的中文名称及代码;采取多式联运跨境运输的,填报多式联运货物最终卸离的境内口岸中文名称及代码;过境货物填报货物进入境内的第一个口岸的中文名称及代码;从海关特殊监管区域或保税监管场所进境的,填报海关特殊监管区域或保税监管场所的中文名称及代码。其他无实际进境的货物,填报货物所在地的城市名称及代码。

出境口岸填报装运出境货物的跨境运输工具离境的第一个境内口岸的中文名称及代码;采取多式联运跨境运输的,填报多式联运货物最初离境的境内口岸中文名称及代码;过境货物填报货物离境的第一个境内口岸的中文名称及代码;从海关特殊监管区域或保税监管场所出境的,填报海关特殊监管区域或保税监管场所的中文名称及代码。其他无实际出境的货物,填报货物所在地的城市名称及代码。

入境口岸/离境口岸类型包括港口、码头、机场、机场货运通道、边境口岸、火车站、车辆装卸点、车检场、陆海港、坐落在口岸的海关特殊监管区域等。按海关规定的《国内口岸编码表》选择填报相应的境内口岸名称及代码。

二十三、包装种类

填报进出口货物的所有包装材料，包括运输包装和其他包装，按海关规定的《包装种类代码表》选择填报相应的包装种类名称及代码。运输包装指提运单所列货物件数单位对应的包装，其他包装包括货物的各类包装，以及植物性铺垫材料等。

二十四、件数

填报进出口货物运输包装的件数（按运输包装计）。特殊情况填报要求如下：

（一）舱单件数为集装箱的，填报集装箱个数。

（二）舱单件数为托盘的，填报托盘数。

不得填报为零，裸装货物填报为"1"。

二十五、毛重（千克）

填报进出口货物及其包装材料的重量之和，计量单位为千克，不足一千克的填报为"1"。

二十六、净重（千克）

填报进出口货物的毛重减去外包装材料后的重量，即货物本身的实际重量，计量单位为千克，不足一千克的填报为"1"。

二十七、成交方式

根据进出口货物实际成交价格条款，按海关规定的《成交方式代码表》选择填报相应的成交方式代码。

无实际进出境的货物，进口填报 CIF，出口填报 FOB。

二十八、运费

填报进口货物运抵我国境内输入地点起卸前的运输费用，出口货物运至我国境内输出地点装载后的运输费用。

运费可按运费单价、总价或运费率三种方式之一填报，注明运费标记（运费标记"1"表示运费率，"2"表示每吨货物的运费单价，"3"表示运费总价），并按海关规定的《货币代码表》选择填报相应的币种代码。

二十九、保费

填报进口货物运抵我国境内输入地点起卸前的保险费用，出口货物运至我国境内输出地点装载后的保险费用。

保费可按保险费总价或保险费率两种方式之一填报，注明保险费标记（保险费标记"1"表示保险费率，"3"表示保险费总价），并按海关规定的《货币代码表》选择填报相应的币种代码。

三十、杂费

填报成交价格以外的、按照《中华人民共和国进出口关税条例》相关规定应计入完税价格或应从完税价格中扣除的费用。可按杂费总价或杂费率两种方式之一填报，注明杂费标记（杂费标记"1"表示杂费率，"3"表示杂费总价），并按海关规定的《货币代码表》选择填报相应的币种代码。

应计入完税价格的杂费填报为正值或正率，应从完税价格中扣除的杂费填报为负值或负率。

三十一、随附单证及编号

根据海关规定的《监管证件代码表》和《随附单据代码表》选择填报除本规范第十六条规定的许可证件以外的其他进出口许可证件或监管证件、随附单据代码及编号。

本栏目分为随附单证代码和随附单证编号两栏，其中代码栏按海关规定的《监管证件代码表》和《随附单据代码表》选择填报相应证件代码；随附单证编号栏填报证件编号。

（一）加工贸易内销征税报关单，随附单证代码栏填报"c"，随附单证编号栏填报海关审核通过的内销征税联系单号。

（二）一般贸易进出口货物，只能使用原产地证书申请享受协定税率或者特惠税率（以下统称优惠税率）的（无原产地声明模式），"随附单证代码"栏填报原产地证书代码"Y"，在"随附单证编号"栏填报"〈优惠贸易协定代码〉"和"原产地证书编号"。可以使用原产地证书或者原产地声明申请享受优惠税率的（有原产地声明模式），"随附单证代码"栏填写"Y"，"随附单证编号"栏填报"〈优惠贸易协定代码〉"、"C"（凭原产地证书申报）或"D"（凭原产地声明申报），以及"原产地证书编号（或者原产地声明序列号）"。一份报关单对应一份原产地证书或原产地声明。各优惠贸易协定代码如下：

"01"为"亚太贸易协定"；

"02"为"中国—东盟自贸协定"；

"03"为"内地与香港紧密经贸关系安排"（香港CEPA）；

"04"为"内地与澳门紧密经贸关系安排"（澳门CEPA）；

"06"为"台湾农产品零关税措施"；

"07"为"中国—巴基斯坦自贸协定"；

"08"为"中国—智利自贸协定"；

"10"为"中国—新西兰自贸协定"；

"11"为"中国—新加坡自贸协定"；

"12"为"中国—秘鲁自贸协定"；

"13"为"最不发达国家特别优惠关税待遇"；

"14"为"海峡两岸经济合作框架协议（ECFA）"；

"15"为"中国—哥斯达黎加自贸协定"；

"16"为"中国—冰岛自贸协定"；

"17"为"中国—瑞士自贸协定"；

"18"为"中国—澳大利亚自贸协定"；

"19"为"中国—韩国自贸协定"；

"20"为"中国—格鲁吉亚自贸协定"。

海关特殊监管区域和保税监管场所内销货物申请适用优惠税率的，有关货物进出海关特殊监管区域和保税监管场所以及内销时，已通过原产地电子信息交换系统实现电子联网的优惠贸易协定项下货物报关单，按照上述一般贸易要求填报；未实现电子联网的优惠贸易协定项下货物报关单，"随附单证代码"栏填报"Y"，"随附单证编号"栏填报"〈优惠贸易协定代码〉"和"原产地证据文件备案号"。"原产地证据文件备案号"为进出口货物的收发货物人或者其代理人录入原产地证据文件电子信息后，系统自动生成的号码。

向香港或者澳门特别行政区出口用于生产香港CEPA或者澳门CEPA项下货物的原材

料时，按照上述一般贸易填报要求填制报关单，香港或澳门生产厂商在香港工贸署或者澳门经济局登记备案的有关备案号填报在"关联备案"栏。

"单证对应关系表"中填报报关单上的申报商品项与原产地证书（原产地声明）上的商品项之间的对应关系。报关单上的商品序号与原产地证书（原产地声明）上的项目编号应一一对应，不要求顺序对应。同一批次进口货物可以在同一报关单中申报，不享受优惠税率的货物序号不填报在"单证对应关系表"中。

（三）各优惠贸易协定项下，免提交原产地证据文件的小金额进口货物"随附单证代码"栏填报"Y"，"随附单证代码"栏填报"〈协定编号〉XJE00000"，"单证对应关系表"享惠报关单项号按实际填报，对应单证项号与享惠报关单项号相同。

三十二、标记唛码及备注

填报要求如下：

（一）标记唛码中除图形以外的文字、数字，无标记唛码的填报 N/M。

（二）受外商投资企业委托代理其进口投资设备、物品的进出口企业名称。

（三）与本报关单有关联关系的，同时在业务管理规范方面又要求填报的备案号，填报在电子数据报关单中"关联备案"栏。

保税间流转货物、加工贸易结转货物及凭《征免税证明》转内销货物，其对应的备案号填报在"关联备案"栏。

减免税货物结转进口（转入），"关联备案"栏填报本次减免税货物结转所申请的《中华人民共和国海关进口减免税货物结转联系函》的编号。

减免税货物结转出口（转出），"关联备案"栏填报与其相对应的进口（转入）报关单"备案号"栏中《征免税证明》的编号。

（四）与本报关单有关联关系的，同时在业务管理规范方面又要求填报的报关单号，填报在电子数据报关单中"关联报关单"栏。

保税间流转、加工贸易结转类的报关单，应先办理进口报关，并将进口报关单号填入出口报关单的"关联报关单"栏。

办理进口货物直接退运手续的，除另有规定外，应先填制出口报关单，再填制进口报关单，并将出口报关单号填报在进口报关单的"关联报关单"栏。

减免税货物结转出口（转出），应先办理进口报关，并将进口（转入）报关单号填入出口（转出）报关单的"关联报关单"栏。

（五）办理进口货物直接退运手续的，填报"＜ZT"＋"海关审核联系单号或者《海关责令进口货物直接退运通知书》编号"＋"＞"。

（六）保税监管场所进出货物，在"保税/监管场所"栏填报本保税监管场所编码（保税物流中心（B型）填报本中心的国内地区代码），其中涉及货物在保税监管场所间流转的，在本栏填报对方保税监管场所代码。

（七）涉及加工贸易货物销毁处置的，填报海关加工贸易货物销毁处置申报表编号。

（八）当监管方式为"暂时进出货物"（2600）和"展览品"（2700）时，填报要求如下：

1. 根据《中华人民共和国海关暂时进出境货物管理办法》（海关总署令第233号，以下简称《管理办法》）第三条第一款所列项目，填报暂时进出境货物类别，如：暂进六，暂出九；

2. 根据《管理办法》第十条规定，填报复运出境或者复运进境日期，期限应在货物进出境之日起6个月内，如：20180815前复运进境，20181020前复运出境；

3. 根据《管理办法》第七条，向海关申请对有关货物是否属于暂时进出境货物进行审核确认的，填报《中华人民共和国××海关暂时进出境货物审核确认书》编号，如：〈ZS海关审核确认书编号〉，其中英文为大写字母；无此项目的，无需填报。

上述内容依次填报，项目间用"/"分隔，前后均不加空格。

4. 收发货人或其代理人申报货物复运进境或者复运出境的：

货物办理过延期的，根据《管理办法》填报《货物暂时进/出境延期办理单》的海关回执编号，例如：〈ZS海关回执编号〉，其中英文为大写字母；无此项目的，无需填报。

（九）跨境电子商务进出口货物，填报"跨境电子商务"。

（十）加工贸易副产品内销，填报"加工贸易副产品内销"。

（十一）服务外包货物进口，填报"国际服务外包进口货物"。

（十二）公式定价进口货物填报公式定价备案号，格式为："公式定价" + 备案编号 + "@"。对于同一报关单下有多项商品的，如某项或某几项商品为公式定价备案的，则备注栏内填报为："公式定价" + 备案编号 + "#" + 商品序号 + "@"。

（十三）进出口与《预裁定决定书》列明情形相同的货物时，按照《预裁定决定书》填报，格式为："预裁定 + 《预裁定决定书》编号"（例如：某份预裁定决定书编号为R-2-0100-2018-0001，则填报为"预裁定R-2-0100-2018-0001"）。

（十四）含归类行政裁定报关单，填报归类行政裁定编号，格式为："c" + 四位数字编号，例如c0001。

（十五）已经在进入特殊监管区时完成检验的货物，在出区入境申报时，填报"预检验"字样，同时在"关联报检单"栏填报实施预检验的报关单号。

（十六）进口直接退运的货物，填报"直接退运"字样。

（十七）企业提供ATA单证册的货物，填报"ATA单证册"字样。

（十八）不含动物源性低风险生物制品，填报"不含动物源性"字样。

（十九）货物自境外进入境内特殊监管区或者保税仓库的，填报"保税入库"或者"境外入区"字样。

（二十）海关特殊监管区域与境内区外之间采用分送集报方式进出的货物，填报"分送集报"字样。

（二十一）军事装备出入境的，填报"军品"或"军事装备"字样。

（二十二）申报HS为3821000000、3002300000的，属于下列情况的，填报要求为：属于培养基的，填报"培养基"字样；属于化学试剂的，填报"化学试剂"字样；不含动物源性成分的，填报"不含动物源性"字样。

（二十三）属于修理物品的，填报"修理物品"字样。

（二十四）属于下列情况的，填报"压力容器"、"成套设备"、"食品添加剂"、"成品退换"、"旧机电产品"等字样。

（二十五）HS为2903890020（入境六溴环十二烷），用途为"其他（99）"的，填报具体用途。

（二十六）集装箱体信息填报集装箱号（在集装箱箱体上标示的全球唯一编号）、集装箱规格、集装箱商品项号关系（单个集装箱对应的商品项号，半角逗号分隔）、集装箱货重（集装箱箱体自重＋装载货物重量，千克）。

（二十七）申报时其他必须说明的事项。

三十三、项号

分两行填报。第一行填报报关单中的商品顺序编号；第二行填报"备案序号"，专用于加工贸易及保税、减免税等已备案、审批的货物，填报该项货物在《加工贸易手册》或《征免税证明》等备案、审批单证中的顺序编号。有关优惠贸易协定项下报关单填制要求按照海关总署相关规定执行。其中第二行特殊情况填报要求如下：

（一）深加工结转货物，分别按照《加工贸易手册》中的进口料件项号和出口成品项号填报。

（二）料件结转货物（包括料件、制成品和未完成品折料），出口报关单按照转出《加工贸易手册》中进口料件的项号填报；进口报关单按照转进《加工贸易手册》中进口料件的项号填报。

（三）料件复出货物（包括料件、边角料），出口报关单按照《加工贸易手册》中进口料件的项号填报；如边角料对应一个以上料件项号时，填报主要料件项号。料件退换货物（包括料件、不包括未完成品），进出口报关单按照《加工贸易手册》中进口料件的项号填报。

（四）成品退换货物，退运进境报关单和复运出境报关单按照《加工贸易手册》原出口成品的项号填报。

（五）加工贸易料件转内销货物（以及按料件办理进口手续的转内销制成品、残次品、未完成品）填制进口报关单，填报《加工贸易手册》进口料件的项号；加工贸易边角料、副产品内销，填报《加工贸易手册》中对应的进口料件项号。如边角料或副产品对应一个以上料件项号时，填报主要料件项号。

（六）加工贸易成品凭《征免税证明》转为减免税货物进口的，应先办理进口报关手续。进口报关单填报《征免税证明》中的项号，出口报关单填报《加工贸易手册》原出口成品项号，进、出口报关单货物数量应一致。

（七）加工贸易货物销毁，填报《加工贸易手册》中相应的进口料件项号。

（八）加工贸易副产品退运出口、结转出口，填报《加工贸易手册》中新增成品的出口项号。

（九）经海关批准实行加工贸易联网监管的企业，按海关联网监管要求，企业需申报报关清单的，应在向海关申报进出口（包括形式进出口）报关单前，向海关申报"清单"。一份报关清单对应一份报关单，报关单上的商品由报关清单归并而得。加工贸易电子账册报关单中项号、品名、规格等栏目的填制规范比照《加工贸易手册》。

三十四、商品编号

填报由13位数字组成的商品编号。前8位为《中华人民共和国进出口税则》和《中华人民共和国海关统计商品目录》确定的编码；9位、10位为监管附加编号，11－13位为检验检疫附加编号。

三十五、商品名称及规格型号

分两行填报。第一行填报进出口货物规范的中文商品名称,第二行填报规格型号。具体填报要求如下:

(一)商品名称及规格型号应据实填报,并与进出口货物收发货人或受委托的报关企业所提交的合同、发票等相关单证相符。

(二)商品名称应当规范,规格型号应当足够详细,以能满足海关归类、审价及许可证件管理要求为准,可参照《中华人民共和国海关进出口商品规范申报目录》中对商品名称、规格型号的要求进行填报。

(三)已备案的加工贸易及保税货物,填报的内容必须与备案登记中同项号下货物的商品名称一致。

(四)对需要海关签发《货物进口证明书》的车辆,商品名称栏填报"车辆品牌+排气量(注明cc)+车型(如越野车、小轿车等)"。进口汽车底盘不填报排气量。车辆品牌按照《进口机动车辆制造厂名称和车辆品牌中英文对照表》中"签注名称"一栏的要求填报。规格型号栏可填报"汽油型"等。

(五)由同一运输工具同时运抵同一口岸并且属于同一收货人、使用同一提单的多种进口货物,按照商品归类规则应当归入同一商品编号的,应当将有关商品一并归入该商品编号。商品名称填报一并归类后的商品名称;规格型号填报一并归类后商品的规格型号。

(六)加工贸易边角料和副产品内销,边角料复出口,填报其报验状态的名称和规格型号。

(七)进口货物收货人以一般贸易方式申报进口属于《需要详细列名申报的汽车零部件清单》(海关总署2006年第64号公告)范围内的汽车生产件的,按以下要求填报:

1. 商品名称填报进口汽车零部件的详细中文商品名称和品牌,中文商品名称与品牌之间用"/"相隔,必要时加注英文商业名称;进口的成套散件或者毛坯件应在品牌后加注"成套散件"、"毛坯"等字样,并与品牌之间用"/"相隔。

2. 规格型号填报汽车零部件的完整编号。在零部件编号前应当加注"S"字样,并与零部件编号之间用"/"相隔,零部件编号之后应当依次加注该零部件适用的汽车品牌和车型。汽车零部件属于可以适用于多种汽车车型的通用零部件的,零部件编号后应当加注"TY"字样,并用"/"与零部件编号相隔。与进口汽车零部件规格型号相关的其他需要申报的要素,或者海关规定的其他需要申报的要素,如"功率"、"排气量"等,应当在车型或"TY"之后填报,并用"/"与之相隔。汽车零部件报验状态是成套散件的,应当在"标记唛码及备注"栏内填报该成套散件装配后的最终完整品的零部件编号。

(八)进口货物收货人以一般贸易方式申报进口属于《需要详细列名申报的汽车零部件清单》(海关总署2006年第64号公告)范围内的汽车维修件的,填报规格型号时,应当在零部件编号前加注"W",并与零部件编号之间用"/"相隔;进口维修件的品牌与该零部件适用的整车厂牌不一致的,应当在零部件编号前加注"WF",并与零部件编号之间用"/"相隔。其余申报要求同上条执行。

(九)品牌类型。品牌类型为必填项目。可选择"无品牌"、"境内自主品牌"、"境内收购品牌"、"境外品牌(贴牌生产)"、"境外品牌(其他)"如实填报。其中,"境内自主品牌"是指由境内企业自主开发、拥有自主知识产权的品牌;"境内收购品牌"是指境内企业收购的原境外品牌；"境外品牌（贴牌生产）"是指境内企业代工贴牌生产中使用的境外品牌；"境外品牌（其他）"是指除代工贴牌生产以外使用的境外品牌。

（十）出口享惠情况。出口享惠情况为出口报关单必填项目。可选择"出口货物在最终目的国（地区）不享受优惠关税"、"出口货物在最终目的国（地区）享受优惠关税"、"出口货物不能确定在最终目的国（地区）享受优惠关税"如实填报。进口货物报关单不填报该申报项。

（十一）申报进口已获 3C 认证的机动车辆时，填报以下信息：

1. 提运单日期。填报该项货物的提运单签发日期。

2. 质量保质期。填报机动车的质量保证期。

3. 发动机号或电机号。填报机动车的发动机号或电机号，应与机动车上打刻的发动机号或电机号相符。纯电动汽车、插电式混合动力汽车、燃料电池汽车为电机号，其他机动车为发动机号。

4. 车辆识别代码（VIN）。填报机动车车辆识别代码，须符合国家强制性标准《道路车辆 车辆识别代号（VIN）》（GB 16735）的要求。该项目一般与机动车的底盘（车架号）相同。

5. 发票所列数量。填报对应发票中所列进口机动车的数量。

6. 品名（中文名称）。填报机动车中文品名，按《进口机动车辆制造厂名称和车辆品牌中英文对照表》（原质检总局 2004 年 52 号公告）的要求填报。

7. 品名（英文名称）。填报机动车英文品名，按《进口机动车辆制造厂名称和车辆品牌中英文对照表》（原质检总局 2004 年 52 号公告）的要求填报。

8. 型号（英文）。填报机动车型号，与机动车产品标牌上整车型号一栏相符。

三十六、数量及单位

分三行填报。

（一）第一行按进出口货物的法定第一计量单位填报数量及单位，法定计量单位以《中华人民共和国海关统计商品目录》中的计量单位为准。

（二）凡列明有法定第二计量单位的，在第二行按照法定第二计量单位填报数量及单位。无法定第二计量单位的，第二行为空。

（三）成交计量单位及数量填报在第三行。

（四）法定计量单位为"千克"的数量填报，特殊情况下填报要求如下：

1. 装入可重复使用的包装容器的货物，按货物扣除包装容器后的重量填报，如罐装同位素、罐装氧气及类似品等。

2. 使用不可分割包装材料和包装容器的货物，按货物的净重填报（即包括内层直接包装的净重重量），如采用供零售包装的罐头、药品及类似品等。

3. 按照商业惯例以公量重计价的商品，按公量重填报，如未脱脂羊毛、羊毛条等。

4. 采用以毛重作为净重计价的货物，可按毛重填报，如粮食、饲料等大宗散装货物。

5. 采用零售包装的酒类、饮料、化妆品，按照液体部分的重量填报。

（五）成套设备、减免税货物如需分批进口，货物实际进口时，按照实际报验状态确定数量。

（六）具有完整品或制成品基本特征的不完整品、未制成品，根据《商品名称及编码协调制度》归类规则按完整品归类的，按照构成完整品的实际数量填报。

（七）已备案的加工贸易及保税货物，成交计量单位必须与《加工贸易手册》中同项号下货物的计量单位一致，加工贸易边角料和副产品内销、边角料复出口，填报其报验状态的计量单位。

（八）优惠贸易协定项下进出口商品的成交计量单位必须与原产地证书上对应商品的计量单位一致。

（九）法定计量单位为立方米的气体货物，折算成标准状况（即摄氏零度及1个标准大气压）下的体积进行填报。

三十七、单价

填报同一项号下进出口货物实际成交的商品单位价格。无实际成交价格的，填报单位货值。

三十八、总价

填报同一项号下进出口货物实际成交的商品总价格。无实际成交价格的，填报货值。

三十九、币制

按海关规定的《货币代码表》选择相应的货币名称及代码填报，如《货币代码表》中无实际成交币种，需将实际成交货币按申报日外汇折算率折算成《货币代码表》列明的货币填报。

四十、原产国（地区）

原产国（地区）依据《中华人民共和国进出口货物原产地条例》、《中华人民共和国海关关于执行〈非优惠原产地规则中实质性改变标准〉的规定》以及海关总署关于各项优惠贸易协定原产地管理规章规定的原产地确定标准填报。同一批进出口货物的原产地不同的，分别填报原产国（地区）。进出口货物原产国（地区）无法确定的，填报"国别不详"。

按海关规定的《国别（地区）代码表》选择填报相应的国家（地区）名称及代码。

四十一、最终目的国（地区）

最终目的国（地区）填报已知的进出口货物的最终实际消费、使用或进一步加工制造国家（地区）。不经过第三国（地区）转运的直接运输货物，以运抵国（地区）为最终目的国（地区）；经过第三国（地区）转运的货物，以最后运往国（地区）为最终目的国（地区）。同一批进出口货物的最终目的国（地区）不同的，分别填报最终目的国（地区）。进出口货物不能确定最终目的国（地区）时，以尽可能预知的最后运往国（地区）为最终目的国（地区）。

按海关规定的《国别（地区）代码表》选择填报相应的国家（地区）名称及代码。

四十二、境内目的地/境内货源地

境内目的地填报已知的进口货物在国内的消费、使用地或最终运抵地，其中最终运抵地为最终使用单位所在的地区。最终使用单位难以确定的，填报货物进口时预知的最终收货单位所在地。

境内货源地填报出口货物在国内的产地或原始发货地。出口货物产地难以确定的，填报最早发运该出口货物的单位所在地。

海关特殊监管区域、保税物流中心（B型）与境外之间的进出境货物，境内目的地/

境内货源地填报本海关特殊监管区域、保税物流中心（B 型）所对应的国内地区名称及代码。

按海关规定的《国内地区代码表》选择填报相应的国内地区名称及代码，并根据《中华人民共和国行政区划代码表》选择填报境内目的地对应的县级行政区名称及代码。无下属区县级行政区的，可选择填报地市级行政区。

四十三、征免

按照海关核发的《征免税证明》或有关政策规定，对报关单所列每项商品选择海关规定的《征减免税方式代码表》中相应的征减免税方式填报。

加工贸易货物报关单根据《加工贸易手册》中备案的征免规定填报；《加工贸易手册》中备案的征免规定为"保金"或"保函"的，填报"全免"。

四十四、特殊关系确认

根据《中华人民共和国海关审定进出口货物完税价格办法》（以下简称《审价办法》）第十六条，填报确认进出口行为中买卖双方是否存在特殊关系，有下列情形之一的，应当认为买卖双方存在特殊关系，应填报"是"，反之则填报"否"：

（一）买卖双方为同一家族成员的。

（二）买卖双方互为商业上的高级职员或者董事的。

（三）一方直接或者间接地受另一方控制的。

（四）买卖双方都直接或者间接地受第三方控制的。

（五）买卖双方共同直接或者间接地控制第三方的。

（六）一方直接或者间接地拥有、控制或者持有对方 5% 以上（含 5%）公开发行的有表决权的股票或者股份的。

（七）一方是另一方的雇员、高级职员或者董事的。

（八）买卖双方是同一合伙的成员的。

买卖双方在经营上相互有联系，一方是另一方的独家代理、独家经销或者独家受让人，如果符合前款的规定，也应当视为存在特殊关系。

出口货物免予填报，加工贸易及保税监管货物（内销保税货物除外）免予填报。

四十五、价格影响确认

根据《审价办法》第十七条，填报确认纳税义务人是否可以证明特殊关系未对进口货物的成交价格产生影响，纳税义务人能证明其成交价格与同时或者大约同时发生的下列任何一款价格相近的，应视为特殊关系未对成交价格产生影响，填报"否"，反之则填报"是"：

（一）向境内无特殊关系的买方出售的相同或者类似进口货物的成交价格。

（二）按照《审价办法》第二十三条的规定所确定的相同或者类似进口货物的完税价格。

（三）按照《审价办法》第二十五条的规定所确定的相同或者类似进口货物的完税价格。

出口货物免予填报，加工贸易及保税监管货物（内销保税货物除外）免予填报。

四十六、支付特许权使用费确认

根据《审价办法》第十一条和第十三条，填报确认买方是否存在向卖方或者有关方直接或者间接支付与进口货物有关的特许权使用费，且未包括在进口货物的实付、应付价格中。

买方存在需向卖方或者有关方直接或者间接支付特许权使用费，且未包含在进口货物实付、应付价格中，并且符合《审价办法》第十三条的，在"支付特许权使用费确认"栏目填报"是"。

买方存在需向卖方或者有关方直接或者间接支付特许权使用费，且未包含在进口货物实付、应付价格中，但纳税义务人无法确认是否符合《审价办法》第十三条的，填报"是"。

买方存在需向卖方或者有关方直接或者间接支付特许权使用费且未包含在实付、应付价格中，纳税义务人根据《审价办法》第十三条，可以确认需支付的特许权使用费与进口货物无关的，填报"否"。

买方不存在向卖方或者有关方直接或者间接支付特许权使用费的，或者特许权使用费已经包含在进口货物实付、应付价格中的，填报"否"。

出口货物免予填报，加工贸易及保税监管货物（内销保税货物除外）免予填报。

四十七、自报自缴

进出口企业、单位采用"自主申报、自行缴税"（自报自缴）模式向海关申报时，填报"是"；反之则填报"否"。

四十八、申报单位

自理报关的，填报进出口企业的名称及编码；委托代理报关的，填报报关企业名称及编码。编码填报18位法人和其他组织统一社会信用代码。

报关人员填报在海关备案的姓名、编码、电话，并加盖申报单位印章。

四十九、海关批注及签章

供海关作业时签注。

相关用语的含义：

报关单录入凭单：指申报单位按报关单的格式填写的凭单，用作报关单预录入的依据。该凭单的编号规则由申报单位自行决定。

预录入报关单：指预录入单位按照申报单位填写的报关单凭单录入、打印由申报单位向海关申报，海关尚未接受申报的报关单。

报关单证明联：指海关在核实货物实际进出境后按报关单格式提供的，用作进出口货物收发货人向国税、外汇管理部门办理退税和外汇核销手续的证明文件。

本规范所述尖括号（〈〉）、逗号（,）、连接符（-）、冒号（:）等标点符号及数字，填报时都必须使用非中文状态下的半角字符。

资料来源：中华人民共和国海关总署网，http://www.customs.gov.cn/。

研究性复习与思考

（1）跨境电子商务常见的出口单证有哪些？每种单证具体有哪些填制要求？

（2）跨境电子商务常见的进口单证有哪些？每种单证具体有哪些填制要求？

（3）跨境电子商务进出口单证内容的新调整对跨境电子商务发展有何影响？

参 考 文 献

［1］肖旭：《跨境电商实务（第二版）》，中国人民大学出版社 2018 年版。

［2］叶红玉、刘小聪：《跨境电商通关实务》，中国人民大学出版社 2018 年版。

［3］柯丽敏、洪方仁：《跨境电商理论与实务》，中国海关出版社 2016 年版。

第十章 跨境电子商务法律规则

【学习目标】通过本章学习，了解跨境电子商务法律规则概念、特征、作用，理解跨境电子商务平台规则、合同法律规则、知识产权规则以及相关的海关、商检、运输、税收方面的基本规定；理解跨境电子商务管辖权概念、内容以及争端解决机制。

第一节 跨境电子商务法律规则概述

一、跨境电子商务法律规则概念与体系

（一）跨境电子商务法律规则概念

跨境电子商务法律规则是指一国或地区对其管辖权范围内开展跨境电子商务活动进行行政管理和服务的所有规范总称。它具有权威性、统一性、跨国性、虚拟性的特点。互联网技术的进步改变了国际交往的方式，特别是跨境电子商务的迅速发展彻底冲击了传统贸易的商业模式，在虚拟环境下国际主体的买卖双方借助交易平台开展商事活动，这一变化，同时带来了诸多传统法律无法解决的难题，比如电商平台对知识产权保护的界限识别，国际货运规则的适用、国际支付规则的重树，电子商务合同法规则的进一步规范，海关通关和监管、检验检疫规则，国际税收征收与管辖权，跨境电商争端解决机制国际规则建立等。在全球经济一体化今天，产业链上相互交集，以关境和国境传统思维去解决跨境电子商务问题显得力不从心，各国和国际组织对跨境电子商务中出现的一系列问题制定了一些规范，但远未达到市场规范要求。

任何商务活动都要受到法律规则的规范，跨境电子商务也是如此，它是一种特殊形式的国际商务交易活动，其商务法律与规则体系是由规范跨境电子商务活动的各国法律以及国际组织的规则体系共同构成的。

（二）跨境电子商务法律规则体系

1. 各国跨境电子商务法律

跨境电商是基于传统贸易方式发展起来的"互联网＋"国际商务的模式，广义上，跨境电子商务法律是以各国传统商事法律规则为基础的新型规范体系。

目前，各国商法有不少国际商事统一法，但在国际商事领域中，还有许多方面未形成

统一法，只有以各国商法为基础，协调某些分歧较大的法律原则，才能制定出为各国所接受的统一法。由于历史传统和法律文化等方面的差异，各国法律在内容上和外部特征上存在很多不同之处。从国际商法角度来看，对国际商事关系影响较大的各国法律可以分为两大法系，即以法国法和德国法为代表的大陆法系和以英国法和美国法为代表的英美法系。两大法系除表现形式不同外，在法律的分类、法律的思维方式、法律的编纂方式等方面都存在很大差异，但是随着全球经济一体化加快，"地球村"出现，两大法系之间的差别正在逐渐缩小，从而弥补了传统方式的不足。在电子商务法律立法方面，美国、欧盟等发达国家和地区正是抢先从立法层面完善电子商务发展环境，推动了国内电子商务的持续繁荣。

1996 年联合国通过了《联合国电子商务示范法》，1999 年美国通过了《统一电子交易法案》。2000 年 10 月，美国国会通过《全球和国内商业法中的电子签名法案》，它是一项重要的电子商务立法，采纳了"最低限度"模式来推动电子签名的使用，不规定使用某一特定技术。1999 年 12 月 13 日，欧盟委员会制定了《关于建立电子签名共同法律框架的指令》，其主要目标是推动电子签名的使用，协调成员国之间的规范，创设一种弹性的与国际行动规则相容的竞争性的跨境电子交易环境。2005 年联合国大会通过《国际合同使用电子通信公约》，各国电子商务立法进入了一个快速发展的阶段。中国跨境电子商务立法也进入快车道。2005 年 1 月国务院发布了《关于加快电子商务发展的若干意见》，2014 年 6 月海关总署制定了支持以跨境电商为代表的新型贸易平台发展的政策《关于支持外贸稳定增长的若干措施》，商务部、发改委、质检总局等政府部门也制定许多行政法规。2013 年，全国人大常委会正式启动了《中华人民共和国电子商务法》的立法进程。2018 年 8 月《中华人民共和国电子商务法（草案）》进入全国人大四审程序。

2. 国际商事规则

国际商事惯例是在国际商事交往中通过长期的、反复的国际实践而逐渐形成并受到各国普遍承认和遵守的商事原则和规则。这些原则和规则不是法律，不具有法律的普遍拘束力，但当一项国际商事惯例被一个国际公约、国际条约或一国国内立法、法院判例等所接受时，它就转化为法律。当事人在合同中采用了某项国际商事惯例规则，对合同双方当事人具有了拘束力。

目前，许多重要的国际商事惯例已由一些国际组织编纂成文，在国际贸易和商事交易中发挥着十分重要的作用。其中，最有代表性的有国际商会制定的于 1995 年修订的《托收统一规则》（简称《URC522》），被各国银行采用，已成为托收业务的国际惯例；2010 年修订的《国际贸易术语解释通则》，现行的是 2007 年版本《跟单信用证统一惯例（2007 年修订本）》（简称《UCP600》）；国际海事协会制定的《2004 年约克·安特卫普规则》已被国际海运、贸易和保险界接受，在海洋运输提单、租船合同和保险契约中约定采用；2008 年联合国大会上通过的《全程或部分海上国际货物运输合同公约》（简称《鹿特丹规则》）等。这些商事惯例规则已获得世界上绝大多数国家和地区的承认、采用或尊重，在国际贸易中发挥巨大规范作用，并且在跨境电子商务 3.0 时代，大额贸易与跨境电子商务平台的结合，国际商事惯例规则仍然起着基础性规范作用。

B2B 方式与传统外贸方式相比有许多相似之处。传统外贸是"集装箱"式的大额交易，而跨境电商是"互联网 +"传统贸易，小批量、多批次、快速交货。跨境 B2B 利用互联网技术的信息平台、交易平台、综合服务平台，达到促成交易的功效，只是功能定位、影响方式、作用路径以及所带来的便利和面临的风险存在不同，如信息平台自由而真实的言论传播功能，交易平台撮合交易、便捷结算的功能，综合服务平台辅助交易的功能。

在国际电子商事规则未确立以前，原有被全球广泛接受的合同规则、运输规则、结算规则、保险风险规则维系着国际贸易市场正常秩序。

其实，对跨境电子商务国际规则的讨论从 20 世纪 90 年代就已经开始，1996 年 WTO 第一届部长级会议就将电子商务纳入多边贸易体制《关于信息技术产品贸易的部长宣言》，1998 年第二届部长级会议通过了《全球电子商务宣言》，电子商务成为正式议题，并被定义为通过电子方式的生产、分销、市场营销、销售和服务的交易。2001~2003 年 WTO 总理事会主持召开了五次关于电子商务的专题研讨会，重点包括电子传输的内容分类、进口税收征收、竞争、司法管辖、法律适用等。WTO 服务贸易委员会关于跨境电子商务的讨论包括电子商务范围、电子商务最惠国待遇和透明度、国内法规和承认、竞争和隐私权保护、提供方式的市场准入、国民待遇及关税和分类。货物贸易委员会的讨论包括：与电子商务相关的商品市场准入、海关估价条款的适用性、进口许可证程序、关税和其他税、与电商相关的标准和原产地规则。知识产权委员会的讨论包括电子商务的著作权保护、商标保护、新技术运用等。贸易与发展委员会的讨论包括电子商务对发展中国家和中小企业的影响等。但这些议题仅处于讨论阶段，并未形成国际规则。

目前大部分成员都意识到电子商务的巨大潜力，都具有尽早制定规范电子商务国际规则的意识和需要，在多双边机制与协定中已将电子商务作为重要的议题，电子商务规则正在成为 WTO 谈判和各个自贸区谈判的新热点。截至 2016 年 3 月，向 WTO 通报的 269 个区域贸易安排中（包括美国、欧盟、日本、加拿大、新加坡、巴西等国家）有 65 个协定含电子商务条款，都向 WTO 提出了关于电子商务规则方面的提案。从多边国际机制来看，APEC、OECD 等多边机制已有关于电子商务的一些重点倾向和共识。中国近两年签署的双边自由贸易协定已开始将跨境电子商务的相关条款纳入。中国已经成为世界第二大经济体、第一大工业国、第一大货物贸易国、第一大外汇储备国，理应引领和推动全球跨境电子商务国际规则的建立。

3. 国际商事条约

国际商事条约是国家间缔结的、规定缔约国私人当事人在国际商事交易关系中权利义务的书面协议。国际商事条约的缔约国通过并入或转化的方法使国际商事条约成为国内法的一部分，从而由本国法院或仲裁庭在具体的案件中适用。这些公约对于缔约国有约束力，缔约国法院在解决相关商事争议时优先适用。在各国政府和一些国际组织的努力下，已经制定许多国际商事条约，涵盖国际货物买卖、国际货物运输、票据、知识产权保护、国际投资等方面。例如，世界知识产权组织实施涉及知识产权主要方面的 23 个协议，其中两个重要协议是《关于工业产权保护的巴黎公约》（1883）和《关于文学艺术作品保护的伯尔尼公约》（1886）。该组织于 1994 年通过了《商标法条约》，1996 年通过了《世界知识产权组织版权条约》《世界知识产权组织表演和录音制品条约》，同时通过了关于保护知名商标（1999）、商标执照（2000）和互联网上商标（2001）——补充了国际法律标准的相关条约。

二、中国跨境电子商务法律规则体系

跨境电子商务法律规则体系主要包括国内法渊源和国际法渊源。国内法主要包括宪法、法律、行政性法规；国际法主要包括中国正式参加或缔结的双边和多边国际经济贸易公约、条约、协定以及承认的国际贸易惯例。其中国内法渊源包括如下：

（一）宪法

宪法是国家最高权力机关依据特定立法程序制定的国家根本大法，在中国法律体系中具有最高的法律效力。国家的立法行为和政府的行政管理行为都要遵循宪法的基本原则。宪法是中国对外贸易法律的重要渊源，中国的宪法明确把实行改革开放基本国策写进了序言，制定了坚持互利共赢开放战略，发展同各国的外交关系和经济、文化交流，推动构建人类命运共同体，规定了对外贸易立法的基本原则、立法依据，同时还明确规定了国务院负责管理外贸的权力。

（二）法律

法律是指全国人民代表大会及其常务委员会制定颁布的规范。在对外贸易法律的渊源中，除宪法外法律居于主导地位。例如2018年8月，全国人大正在审议的《中华人民共和国电子商务法（草案四次审议稿)》，修改通过后将成为规范中国电子商务活动的权威规范。

（三）行政法规

行政法规是指国家最高行政机关，即国务院及其所属部委根据宪法、法律制定颁布的条例规定、实施细则和办法等。中国已初步建立起直接规范政府行为的行政法规体系，如《国务院组织法》《行政诉讼法》《国家赔偿法》《行政处罚法》《行政复议法》《行政许可法》《政府采购法》《认证认可条例》等。这些行政法规在一定程度上确保了企业对政府的法律诉讼权利，初步确立了企业与政府在法律制度上的对等地位。中国对外经济贸易法律制度中的一个重要渊源，就是由国务院及其所属部委颁布的大量的跨境电子商务行政法规。跨境电子商务行政法规如表10-1所示。

表 10-1　　　　　　　　　　　跨境电子商务行政法规

发布时间	法律规范名称	主要内容	颁布机构
2005 年 1 月	关于加快电子商务发展的若干意见	建议出台完善电子商务贸易链条及有利于市场参与者发展的法规	国务院办公厅
2007 年 12 月	商务部关于促进电子商务规范发展的意见	推动网上交易健康发展，规范网上交易行为，帮助和鼓励网上交易。各参与方开展网上交易，警惕和防范交易风险	商务部

发布时间	法律规范名称	主要内容	颁布机构
2009 年 11 月	商务部关于加快流通领域电子商务发展的意见	扶持传统流通企业应用电子商务开拓网上市场，培育一批管理运营规范、市场前景广阔的专业网络购物企业和网上批发交易企业	商务部
2012 年 3 月	关于利用电子商务平台开展对外贸易的若干意见	明确要为电子商务平台开展对外贸易提供政策支持，鼓励电子商务平台通过自建或合作方式，努力提供优质高效的支付、物流、报关、金融、保险等配套服务，实现"一站式"贸易	商务部
2012 年 5 月	关于组织开展国家电子商务示范城市电子商务试点专项的通知	围绕促进电子商务健康快速发展的目标，依托国家电子商务示范城市，组织开展电子商务试点工作	国家发改委
2013 年 4 月	关于进一步促进电子商务健康快速发展有关工作的通知	进一步促进电商快速发展，继续加快完善支持电子商务创新发展的法规政策环境	国家发改委、财政部等 13 部门
2013 年 7 月	关于促进进出口稳增长、调结构的若干意见	积极研究以跨境电商方式出口货物（B2B B2C 等方式）所遇到的海关监管、退税、检验、外汇收支、统计等问题，完善相关政策，抓紧在有条件的地方先行试点，推动跨境电商的发展	国务院办公厅
2013 年 8 月	关于支持跨境电子商务零售出口的有关意见	针对现行管理体制、政策、法规及现有环境条件已经无法满足跨境电子商务市场需求的背景，提出在海关、检验检疫、税务和收付汇等方面措施	国务院办公厅
2013 年 11 月	关于支持跨境电商零售出口的指导意见	支持跨境电商零售出口的 6 条指导意见	质检总局
2014 年 5 月	关于支持外贸稳定增长的若干意见	明确提出进一步加强进口，出台跨境电子商务贸易便利化措施	国务院办公厅
2014 年 6 月	关于支持外贸稳定增长的若干措施	支持跨境电子商务为代表的新型贸易平台发展	海关总署
2014 年 10 月	关于开展电子商务与物流快递协同发展试点的通知	决定在天津、石家庄、杭州、福州、贵阳 5 个城市开展电子商务与物流快递协调发展试点	财政部、商务部、国家邮政总局

发布时间	法律规范名称	主要内容	颁布机构
2014 年 11 月	关于加强进口的若干意见	按照公平竞争原则，加快出台支持跨境电商发展的指导意见	国务院办公厅
2015 年 3 月	关于同意设立中国（杭州）跨境电子商务综合实验区的批复	着力在跨境电子商务交易、支付、物流、通关、退税、结汇等各环节先行先试	国务院办公厅
2015 年 4 月	2015 年电子商务工作要点	提出全面推进以互联网为核心的信息技术在商品流通和对外贸易领域的应用	国务院办公厅
2015 年 5 月	关于大力发展电子商务加快培育经济新动力	加强电子商务国际合作，积极发起或参与多双边或区域关于电子商务规则的谈判和交流合作，力争国际电子商务规制制定的主动权和跨境电子商务发展的话语权	国务院
2015 年 5 月	关于加快培育外贸竞争新优势的若干意见	当前国际环境和国内发展条件都发生重大变化的背景下，指导今后一段时期我国外贸的纲领性文件，并对跨境电商做出重要部署	国务院办公厅
2015 年 5 月	"互联网＋流通"行动计划	协同推进跨境电商"单一窗口"综合服务体系建设，加强知识产权和消费者权益保护，加快电子商务海外营销渠道建设，参与和主导电子商务国际规则制定	商务部
2015 年 6 月	关于促进跨境电子商务健康快速发展的指导意见	新形势下促进跨境电子商务加快发展的指导性文件，明确了跨境电子商务的主要发展目标	国务院办公厅
2015 年 7 月	关于促进进出口稳定增长的若干意见	加快推进外贸新型商业模式发展	国务院办公厅
2016 年 1 月	关于同意在天津等 12 个城市设立跨境电子商务综合试验区的批复	着力在跨境电子商务企业对企业（B2B）方式相关环节的技术标准、业务流程、监管模式和信息化建设等方面先行先试	国务院办公厅
2016 年 3 月	关于跨境电子商务零售进口税收政策的通知	跨境电子商务零售（企业对消费者，即B2C）进口税收政策	财政部、海关总署、国家税务总局
2018 年 1 月	关于推进电子商务与快递物流协同发展的意见	规范电子商务与快递物流协同发展	国务院办公厅

资料来源：根据电子商务研究中心资料整理，http：//www.100ec.cn/detail—6434078.html。

上述行政法规中有两部值得注意，一部是国务院办公厅《关于大力发展电子商务加快培育经济新动力》，另一部是商务部《"互联网＋流通"行动计划》，这两部均强调加强电子商务国际合作，积极发起或参与多双边或区域关于电子商务规则的谈判和交流合作，力争国际电子商务规制制定的主动权和跨境电子商务发展的话语权，参与和主导电子商务国际规则制定，这是与中国当前经济实力相匹配的权利。

三、跨境电子商务法律规则的特征与作用

（一）跨境电子商务法律规则的特征

1. 环节性

跨境电子商务整个交易过程是在第三方平台上完成的不同环节，而每个环节具备各自的法律规则体系，包括跨境电商平台规则、跨境消费者权益保护规则、跨境物流规则、跨境支付结算规则、各国通关与商检法律规则、跨境国际税收法律规则、跨境电子商务安全法律制度、跨境电子商务交易中知识产权保护法律制度、跨境电子商务交易争端解决机制等环节规范。

2. 国际性

不同于国际商事法律规则，跨境电子商务每一项环节都涉及不同关境国家地区的消费者，具有更强的国际性特征。由于其网络营销对象的不特定性，同一种交易商品涉及不同法域、文化的国际交易主体，其权利义务更广泛、更复杂。

3. 差异性

互联网商事活动不同于实体国际贸易，在整个交易链条中，涉及不同当事人，平台数多，参与主体多样且分散，这种差异对建立统一的跨境电子商务国际规则带来严重困难。

4. 变动性

跨境电子商务规则是为以互联网技术为基础的国际商事活动而建立的国际商事交易规范。但是，随着人类文明进步，互联网技术在极短的时间内发生革命性变化，这种改变对跨境电子商务法律规则带来新挑战。

总之，跨境电子商务跨越了国境，触碰到了不同国家的电子商务法律与规则体系，涉及各国电子商务法律的协调问题以及管辖权问题，因而比国内电子商务法律法规更为复杂。跨境电子商务法律规则体系包括但不限于以下主要方面：跨境电商平台、跨境电商支付、跨境电子商务物流、跨境电商征税、网上争议解决、跨国消费者权益保护、知识产权保护、跨境网络安全、跨境数据保护与隐私规则、跨境电子商务法律管辖、双边自贸协定中关于跨境电商的规定、与跨境电商相关的国际组织对跨境电商的规定以及跨境电商法律法规的国际协调问题。

（二）跨境电子商务法律规则的作用

（1）可以避免由于不遵守东道国法律政策而受到制裁。比如，欧盟一些国家以不遵守东道国数据隐私保护法律为由对 Google 处于几十亿欧元的处罚，并责令其在门户网站进行公开道歉。跨境电商企业了解各国相关法律政策，可以避免在国外的法律壁垒面前遭受

重创。

（2）遇到争端能够找到正确的解决通道。了解跨境电商法律的管辖权以及国际协调机制，跨境电商企业可以在进行跨国经营时合理规避法律风险，在应诉时援引正确的法律条款。

（3）了解并加入相关国际规则体系，主动掌握规则，有利于跨境电商企业在国际竞争中取得本行业的优势。

第二节　跨境电子商务法律规则

规则，是运行、运作规律所遵循的法则，是供大家共同遵守的制度或不成文规定。规则也是标准。规则有三种表现形式：明规则、潜规则、元规则。明规则是明文规定的规则；潜规则是约定俗成的惯例；元规则是一种以暴力竞争解决问题的规则。

法律规则是指经过国家制定或认可的关于人们行为或活动的命令、允许和禁止的一种规范。法律规则是一部分规则的法律化，具有强制性和国家意志性。

一、跨境电子商务平台规则

（一）平台注册规则

平台注册规则是指平台设立机构对在平台注册的主体所制定的必须遵守的规定，如商标圈（shangbiao. com）平台注册规则。每一种平台，根据平台服务、管理以及国家强制性法律约束而制定不同的注册标准。

以速卖通平台为例，在速卖通上注册开店只需要拥有本人使用的电子邮箱以及一个实名认证的中国支付账号。为了确保交易安全，普通会员需要进行身份认证，只有通过了该认证才能在前台展示产品。如果是通过支付宝账号进行快速注册，则无须再进行身份认证；如果是通过邮箱进行的普通注册，则请按照以下步骤进行认证：一是登录"我的速卖通"，单击"账号设置"→"个人认证"，进入会员个人信息认证面；二是选择个人认证方式。

速卖通平台目前主要支持两种认证方式，一是通过支付宝账号认证，二是通过银行卡账号认证。

1. 支付宝方式

如果拥有一个支付宝账户，并且该账户已经通过支付宝实名认证，则可以选择用该号进行实名认证，点击"登录支付宝进行认证"，页面会跳转到支付宝登录页面，输入账户名、登录密码和校验码后登录支付室，再点击"提交认证"按钮即可完成个人身份认证。

2. 银行卡方式

银行卡账号认证方式，首先在个人实名认证页面输入身份证姓名、身份证号码、银行开户名、开户银行名称、开户银行所在省份、开户银行所在城市、个人银行账号等认证信息，再选中"我同意以上协议"，点击"提交"按钮，系统就会给用户提交的银行账户注入一元以下的"确认资金"。第二步在 1～2 个工作日后查看银行账户所收到的准确金额，在"确认打款金额"页面输入所收到的金额。第三步输入的金额正确后，平台会将用户的身份证号码去公网验证，即时审核填写的身份信息。

（二）发布规则

平台发布规则是指为了让卖家方便快捷地发布商品，给买家展示更多高质量的商品，平台对商品发布制定管理规定标准，如禁售、限售规则、知识产权发布规则、商品价格、邮费不符商品管理规则、信用炒作商品管理规则、广告商品管理规则、标题、图片、描述等不一致商品管理规则等。

1. 禁售、限售规则

全球速卖通平台规定禁止发布任何含有禁限售商品的信息，任何违反本规则的行为平台将依据本规则给予处罚，详见《全球速卖通禁限售商品目录》。限售商品，指发布商品前需取得商品销售的前置审批、凭证经营或授权经营等许可证明，否则不允许发布。若已取得相关合法许可证明，请先在发布前提供给全球速卖通平台。速卖通平台不支持不适宜速递的商品信息，如果卖家违反了此规则，其扣分标准为 0.5～6 分/次。

2. 知识产权规则

知识产权规则是平台企业对商家侵犯知识产权问题做出的规范。以速卖通为例，全球速卖通平台严禁用户未经授权发布、销售涉嫌侵犯第三方知识产权的商品。如若发布、销售涉嫌侵犯第三方知识产权的商品，则有可能被知识产权所有者或者买家投诉，平台也会随机对商品（包含下架商品）信息进行抽查；若涉嫌侵权，则信息会被退回或删除。投诉成立或者信息被退回/删除，卖家会被扣以一定的分数，一旦分数累计到达相应节点，平台会按照《禁限售规则》《知识产权规则》执行处罚。《全球速卖通知识产权规则》规定的侵权类型有三种，商标侵权、著作侵权、专利侵权。该规则规定本规则如中文和非中文版本存在不一致、歧义或冲突，应以中文版为准。

（三）搜索排序规则

搜索排序制定的规则目的是帮助买家快速找到想要的商品，并且能够有比较好的采购交易体验。搜索排名就是要将最好的商品、服务能力最好的卖家优先推荐给买家，能够带给买家最好的采购体验的商品就会排序靠前。在排序过程中，对于所有的卖家采取相同的标准，给予表现好的卖家更多的曝光机会，降低表现差的卖家曝光机会，甚至没有曝光机会。影响卖家搜索排名的因素很多，主要包括五大类：商品的信息描述质量、商品与买家搜索需求的相关性、商品的交易转化能力以及卖家的服务能力、搜索作弊的情况。

1. 商品的信息描述质量

商品信息如实描述是搜索排序最基本的要求。由虚假描述引起的纠纷会严重影响排名顺序，甚至受到平台网规的处罚。商品描述信息尽量准确、完整，商品的标题、发布类目、属性、图片、详细描述对于买家快速做出购买决策来说非常重要，务必准确、详细地填写。

2. 商品与买家搜索需求的相关性

相关性是搜索引擎技术里面一套非常复杂的算法，简单地说就是判断商品在买家输入的关键词搜索与类目浏览时，与买家实际需求的相关程度，越相关的商品排名越靠前。以全球速卖通为例，速卖通平台在判断相关性的时候，最主要考虑的是商品的标题。标题的描写是重中之重，真实准确地概述商品符合海外买家的语法习惯，没有错别字及语法错误，不要千篇一律的描述，引起买家审美疲劳。切记避免如"MP3、MP3 player、music MP3 player"这样的标题关键词堆砌，可能会被搜索降权处罚。切记避免虚假描述，比如卖家销售的商品是 MP3，但为了获取更多的曝光，在标题中填写类似"MP4、MP5"字样的描述。其次会考虑发布类目的选择、商品属性的填写以及商品详细描述的内容。正确的类目选择有助于买家通过类目浏览或者类目筛选快速定位到卖家的商品，错误地放置类目会影响曝光机会并且可能受到平台的处罚。另外，商品属性的填写要完整准确，真实准确的详细描述有助于买家通过关键词搜索，快速地定位到卖家的商品。

3. 商品的交易转化能力

平台看重商品的交易转化能力，一个符合海外买家需求，价格、运费设置合理且售后服务有保障的商品是买家想要的。用一个商品曝光的次数以及最终促成了多少成交来衡量一个商品的交易转化能力，转化率高代表买家需求高，有市场竞争优势，从而会排序靠前。一个商品累积的成交和好评，有助于帮助买家快速地做出购买决策，如果一个商品买家的评价不好，会严重地影响商品的排名。

4. 卖家的服务能力

除商品本身的质量外，卖家的服务能力是最直接影响买家采购体验的因素，卖家的服务能力高，能提供优质服务，排名将靠前；服务能力差，被买家投诉严重的卖家排名严重靠后甚至不参与排名，同时也可能会受到平台网规的相关处罚。

5. 搜索作弊的情况

对于搜索作弊骗取曝光机会、排名靠前的情况，平台会进行日常的监控和处理，及时清理作弊的商品。例如，全球速卖通处理手段包含商品的排名靠后、商品不参与排名或者隐藏该商品，对于作弊行为严重或者屡犯的卖家，会对店铺在一段时间内整体排名靠后或者不参与排名，特别严重者关闭账号，进行清退。常见的搜索作弊行为有重复铺货骗曝光、重复开小账号抢曝光、商品标题和关键词滥用、商品发布类目乱发、商品超低价超高价曝光、商品价格与运费倒挂、发布广告商品、商品销量炒作、卖家信用炒作等。

（四）平台交易规则

平台交易规则是指为维护和优化平台的经营秩序，保障广大用户的合法权益，平台机构制定卖家交易操作规范，以界定买卖双方和相关主体的权利与义务的企业市场经营规范，该规范仅在一定范围内适用。以全球速卖通规则为例，2018 年 2 月发布的《全球速卖通平台规则》（卖家规则），第一章卖家基本义务，第二章交易，第三章违规及处罚规则，第四章附则。卖家规则共四章八十七条，内容包括概述、基础规则、行业标准、知识产权规则、禁限售规则、营销规则、招商规则、卖家保护政策，适用于来自中国（含港、澳、台地区）的速卖通卖家，该规则为速卖通与卖家的商户服务协议的一部分，与平台其他协议和规则（并称"平台规则"），包括但不限于网站使用协议、隐私政策、网站注册会员协议、阿里巴巴线上交易服务协议等具有拘束力。为维护平台秩序、保障卖家权益及消费者利益，速卖通保留变更该规则的权利，并将在变更该规则时通过平台网站予以公告，相关变更在公告规定的合理期限后生效。若卖家不同意相关变更，在相关变更生效前应立即停止使用速卖通平台的相关服务或产品；相反，视为卖家接受该规则变更。

《全球速卖通平台规则》（卖家规则）第一章卖家基本义务中，第一条规定，卖家在平台的任何行为应遵守中国及其他国家可适用的法律、法规、规章、政令、判决等规范性文件。对任何涉嫌违法的行为，平台有权依照该规则进行处罚或处理。同时，速卖通对卖家的处理不免除其应尽的任何法律责任。在商标准入及经营方面，第二十四条规定，为保证消费者权益，卖家申请经营商标产品，需提供系统要求的商标注册证、授权书或进货发票，审核通过后方可发布商标商品。该规则下"商标"是指已获得法定商标管理部门颁发的商标注册证或商标受理通知书的商标。

在提现、佣金方面，《规则》第六十七条规定实时划扣交易佣金，卖家就享受的发布信息技术服务需要按照其订单销售额的一定百分比交纳佣金。速卖通各类目交易佣金标准不同。同时，速卖通保留根据行业发展动态等情况调整佣金比例的权利，届时将依照本规则发布公告，并在公示期满后生效。部分各类目佣金比例如表 10 - 2 所示。

表 10 - 2 全球速卖通部分类目佣金比例

单店经营范围	经营大类	技术服务费（元/年）	类目	佣金比例（%）
服饰配饰	服饰配饰	10 000	Apparel Accessories（服饰配饰）	8
			Women's Clothing（女装/女士精品）	8
			Men's Clothing（男装）	8
			Novelty & Special Use（新奇特殊服装）	8
			Coctumes & Accessories（扮演服饰及配件）	8
			World Applarel（世界服装）	8
箱包/鞋类	箱包/鞋类	10 000	Luggage Bags（箱包皮具/女包/男包）	8
			Shoes（男女鞋）	5
精品珠宝	精品珠宝	10 000	Fine Jewelry（精品珠宝类）	5
流行饰品及配件	流行饰品及配件	10 000	Fashion Jewelry（流行饰品）	8
			Jewelry Findings & Components（首饰配件和部件）	8
			Jewelry Packaging & Display（首饰包装和展示用具）	8
			Jewelry Tool & Equipment（首饰工具）	8
手表	手表	10 000	Watch（手表）	8
婚纱礼服	婚纱礼服	10 000	Weddings & Events（婚纱礼服）	5

资料来源：详见全球速卖通网址，https：//sell. aliexpress. com/zh/__pc/rule_detail. htm？tracelog = list。

（五）平台放款规则

放款是指平台将商户已交易完成订单的款项转移到卖家虚拟账户里。各平台放款都有相关规定。以全球速卖通为例，放款规则包括一般放款规则和特殊放款规则两种。

1. 一般规则

一般规则是指订单采取的是有担保交易的形式，必须满足买家确认收货和物流妥投双重条件。如果依据合理判断订单或卖家存在纠纷、欺诈等风险，则平台有权延长放款周期。针对交易完成的订单，进行系统和人工的物流核实，当确认为"物流妥投"时，订单的款项才会打入卖家想用的账户中。

2. 特殊放款规则

在特殊放款规则出台之前，在一般放款条件下，如果订单的物流信息没有妥投记录，订单款项将被系统暂时冻结180天，从买家支付货款成功那天开始计算，所以提前放款是速卖通成长的最大利器。只要在速卖通的各类经营指标达到系统计算的风控综合指标要求，都可以免费加入提前放款计划。

敦煌网平台的一般放款规则和特殊规则规定与全球速卖通不同，但是基本原理差别不大。敦煌网平台买家主动点击确认收货，敦煌网会匹配订单信息是否一致，一致即放款，买家未主动点击的，分类处理。敦煌网平台放款规则见表10-3。

表 **10-3**　　　　　　　　　　　敦煌网平台放款规则

类别	货运情况	订单完成时限
第一类	妥投且时间、邮编、签收人都一致	发送催点信给买家，买家在5天内没有发起任何投诉、协议或纠纷，也没有邮件回复，将该订单款项放款至卖家虚拟账户，订单完成
第二类	部分未妥投，或全部未妥投，或无查询信息	卖家填写最后一个货运单号后120天完成订单

资料来源：敦煌网，《放款规则以及注意事项》，http：//seller. dhgate. com/university/c_13201. html。

二、跨境电子商务合同法律规则

（一）电子商务合同概述

随着电子技术的发展，出现了电子合同。与传统合同的显著区别是合同的虚拟性。

1. 电子合同的概念和特征

电子合同又称电子商务合同，根据联合国国际贸易法委员会《电子商务示范法》及世界各国颁布的电子交易法，以及我国的《中华人民共和国电子商务法（草案第四次审议稿）》规定，电子合同可以界定为：电子合同是双方或多方当事人之间通过电子信息网络以电子的形式达成的设立、变更、终止财产性民事权利义务关系的协议。

通过上述定义可以看出电子合同的特征：一是民事法律行为，是当事人之间以通过电子的方式设立、变更、终止财产性民事权利义务为目的的民事法律行为；二是交易主体虚拟和广泛，电子合同订立的整个过程所采用的是电子形式，通过电子邮件、EDI 等方式进行电子合同的谈判、签订及履行等；三是技术化、标准化，电子合同是通过计算机网络进行的，电子合同的整个交易过程都需要一系列的国际国内技术标准予以规范，如电子签名、电子认证等；四是合同订立电子化，电子合同中的要约和承诺均可以用电子的形式完成，只要输入相关的信息符合预先设定的程序，计算机就可以自动做出相应的意思表示；五是合同中的意思表示电子化。意思表示的电子化，是指在合同订立的过程中通过相关的电子方式表达自己的意愿的一种行为，这种行为的表现方式是通过电子化形式实现的。

2. 电子合同订立与成立

电子合同订立是指缔约人做出意思表示并达成合意的行为和过程。任何一个合同的签订都需要当事人双方进行一次或是多次的协商、谈判，并最终达成一致意见，合同即可成立。电子合同的成立是指当事人之间就合同的主要条款达成一致的意见。世界各国的合同法对合同的成立大都减少不必要的限制，只要当事人之间就合同的主要条款达成一致的意见即可成立。

（1）要约。要约是指缔约一方以缔结合同为目的而向对方当事人作出的意思表示。关于要约的形式，联合国的《电子商务示范法》第 11 条规定：除非当事人另有协议，合同要约及承诺均可以通过电子意思表示的手段来表示，并不得仅仅以使用电子意思表示为理由否认该合同的有效性或者是可执行性。要约的形式，既可以是明示的，也可以是默示的。

（2）要约邀请。要约邀请是指希望他人向自己发出要约的意思表示。在电子商务活动中，从事电子交易的商家在互联网上发布广告的行为到底应该视为要约还是要约邀请，学界有不同的观点：一种观点认为是要约邀请，因为这些广告是针对不特定的多数人发出的；另一种观点认为是要约，因为这些广告所包含的内容是具体确定的，其包括了价格、规格、数量等完整的交易信息。要约一旦做出就不能随意撤销或者是撤回，否则要约人必须承担违约责任。

3. 承诺

承诺又称为接盘或接受，是指受要约人做出的，对要约的内容表示同意，并愿意与要约人缔结合同的意思表示。我国的《合同法》第二十一条规定："承诺是受要约人同意要约的意思表示。"意思表示是否构成承诺需具备以下几个要件：（1）承诺必须由受要约人向要约人做出。（2）承诺必须是对要约明确表示同意的意思表示。（3）承诺的内容不能对要约的内容做出实质性的变更。（4）承诺应在要约有效期间内做出。

承诺的撤回是指受要约人在发出承诺通知以后，在承诺正式生效之前撤回承诺。《合同法》第二十七条规定："承诺可以撤回。撤回承诺的通知应当在承诺通知达到要约人之前或者是承诺通知同时达到要约人。"因此，承诺的撤回通知必须在承诺生效之前达到要约人，或者是与承诺通知同时到达要约人，撤回才能生效。如果承诺通知已经生效，合同已经成立，受要约人当然不能再撤回承诺。对承诺的撤回问题学界有不同的观点，反对者认为电子商务具有传递速度快、自动化程度高的特点，要约或者承诺生效后，可能自动引发计算机做出相关的指令，这样会导致一系列的后果。赞同承诺撤回的学者则认为，不管电子传输速度有多快总是有时间间隔的，而且也存在网络故障、信箱拥挤、计算机病毒等突发性事件，使得要约、承诺不可能及时到达。

（二）电子合同成立和认证

1. 电子合同的成立

电子合同的成立只是意味着当事人之间已经就合同内容达成了意思表示一致，但合同能否产生法律效力，是否受法律保护还需要看它是否符合法律的要求。电子合同的成立并不等于电子合同的生效。电子合同的生效需具备法定要件。一般情况下电子合同的成立时间就是电子合同的生效时间，合同成立的时间是对双方当事人产生法律效力的时间。一般认为收件人收到数据电文的时间即为到达生效的时间。联合国《电子商务示范法》第15条和我国《合同法》第十六条的规定基本相同。如收件人为接收数据电文而指定了某一信息系统，该数据系统进入该特定系统的时间，视为收到时间。

2. 电子签名和电子认证

电子合同成立是双方当事人意思一致的结果，在传统的合同订立过程中，国际上通行的做法是用双方当事人的签字来确定双方的意思表示。

（1）电子签名。在电子商务合同中，要在这种合同书上签字或者盖章是很困难的。所以，在实践中用何种技术来解决签名和盖章问题是电子合同成立与生效的关键。美国是世界上最先授权使用数字签名的国家，规定了用密码组成的数字与传统的签字具有同等的效力。从技术的角度而言，电子签名主要是指通过一种特定的技术方案来赋予当事人一个特定的电子密码，以确保该密码能够证明当事人身份，同时确保发件人发出的资料内容不被篡改。

（2）电子认证。电子认证与电子签名一样都是电子商务中的安全保障机制，是由特定的机构提供的，对电子签名及其签署者的真实性进行验证。电子认证是指由特定的第三方机构通过一定的方法对签名及其所做的电子签名的真实性进行验证的一种活动。电子认证主要应用于电子交易的信用安全方面，保障开放性网络环境中交易人的真实与可靠。电子认证用以确定某个人的身份信息或者是特定的信息在传输过程中未被修改或者替换。电子认证既可以在当事人相互之间进行，也可以由第三方来做出鉴别。电子商务活动常常是跨国境的，各个参与方就需要有不同的国家的认证机构对各自的身份进行认证，并向电子商务活动的相对方发放认证证书，这在实践中就需各国相互承认对方国家认证机构发放的电子认证证书的效力。在认证机构的设立上，必须强调认证机构是一个独立的法律实体，能够以自己的名义从事数字服务，并且能够以自己的财产提供担保，能在法律规定的范围内自己承担相应的民事责任。它必须保持中立并具有可靠性、真实性和公正性。

（三）电子合同的履行与违约责任

1. 电子合同的履行

合同的履行是合同当事人按照合同的约定或者法律的规定，全面适当地完成各自承担的合同义务，使债权人的权利得以实现的过程。

（1）电子合同履行原则。一是适当履行原则，适当履行原则又称全面履行原则、正确履行原则，是指当事人按照合同约定或者法律规定的标的及数量、质量，由适当的主体在适当的履行期限、履行地点，以适当的方式，完成合同的义务，它是对当事人履行合同的最基本要求。对于电子合同而言，如果是离线交付，债务人必须按照约定发货或由债权人自提，如果是在线交付，交货一方应给予对方合理验查的机会，保证交付标的质量，面对付款一方则应按约定按时付款。二是协作履行原则。协作履行原则是指当事人不仅适当履行自己的合同义务，而且应基于诚实信用原则，要求对方协助其完成履行。

（2）电子合同履行方式。电子合同有以下三种履行方式：一是在线付款、在线交货。此类合同的标的是信息产品，如音乐、计算机软件、音响产品的下载等；二是在线付款、离线交货；三是离线付款、离线交货。后两种合同的标的可以是信息产品，也可以是非信息产品。

（3）履行地点。

合同标的物的交付地点。一是以有形介质为载体的信息交付与传统的动产买卖在交付地点与方式上没有多大区别。二是以数字化信息形式的交付，对于通过网络在线传输电子信息，美国《统一计算机信息交易法》第606条规定，以电子方式交付拷贝的地点为许可方指定或使用的信息处理系统，接收时间以信息系统处理的时间作为参照标准。

对合同标的物的接收及价金的支付地点。一是接收标的物的地点，如果电子合同标的物是有形化的交付，则买方应在合同约定或法律规定的履行交付的地点接收该标的物；如果合同标的物是电子化的交付，由于交付地点是买方指定的信息处理系统，因此，买方有义务使其信息处理系统处于可接受卖方履行交付义务的状态并给卖方适当的通知；如果由于买方信息处理系统的原因使无法履行义务或履行迟延，则卖方不承担责任。二是价金的支付，价金的支付可以采用电子支付的形式。目前各大银行都开通了网上支付业务，通过电子资金划拨方式可以很便利地完成网上支付。

2. 电子合同的违约责任

合同违约的归责有两类：一类是过错责任原则；另一类是严格责任原则。过错责任原则是指一方违反合同的义务，不履行和不适当履行合同时，应以过错作为确定责任的要件和确定责任范围的依据。严格责任原则是不论违约方主观上有无过错，只要其不履行合同债务给对方当事人造成了损害，就应当承担合同责任。电子合同作为合同的一种，其违约责任适用严格责任原则。当然，如果电子合同中没有约定违约金，对方也没有实际损失的，违约人也无须承担赔偿责任。

（四）免责事由

免责事由分约定的免责事由和法定的免责事由。约定的免责事由即免责条款，指当事人双方在合同中约定的，旨在限制或免除将来可能发生的违约责任的条款，但免责条款的约定不得违反法律的强制性规定或社会公共利益，免除电子合同当事人的基本义务或排除故意或重大过失责任的免责条款为无效条款。法定的免责事由主要是不可抗力。

为避免争议，在签订电子合同过程中应设置免责条款，并对特殊情况下的违约行为提供抗辩理由。根据电子合同的特征，电子合同对下列事件约定可构成免责事由。

（1）文件感染病毒。文件感染病毒的原因可能是遭到恶意攻击，也可能是被意外感染。但不论是何种原因，如果许可方采取了合理和必要的措施防止文件遭受攻击，例如，给自己的网站安装了符合标准和业界认可的保护设备，有专人定期检查防火墙等安全设备，但是仍不能避免被攻击，由此导致该文件不能使用或无法下载，应当属于不可抗力。

（2）非因自己原因导致的网络中断。网络传输中断，则无法访问或下载许可方的信息。网路传输中断可能因传输线路的物理损害引起，也可能由病毒或攻击造成，如果该情况发生，属于不能避免并不能克服的事件，则可认定为不可抗力。

（3）非因自己原因引起的电子错误。

（五）违约责任的主要形式

违约责任是合同当事人因违反合同所应承担的继续履行、赔偿损失等民事责任。违约责任制度是保障债权实现及债务履行的重要措施，它与合同债务有密切关系。合同债务是违约责任的前提，违约责任制度的设立又能督促债务人履行债务。《合同法》第一百零七条规定，当事人一方不履行合同义务或履行合同义务不符合约定，应当承担继续履行、采取补救措施或者赔偿损失等违约责任。电子合同仍然遵循这些基本形式，只是在信息产品交易中，在违约导致合同终止时，还应采取停止使用、中止访问等措施。

专栏 10 - 1

跨境电子商务纠纷案

"全球购"是一种时尚，也是一种生活，市民熊某在"某某全球购"门店购买了荷兰某品牌的奶粉，但是却发现所有产品包装均无中文标签说明，熊某以包装食品没有中文标签的不得进口为由，将拥有该店的重庆某跨境电子商务有限公司（以下简称电商）告上法庭。区人民法院审理了该市首例跨境电子商务纠纷案。

审理中，确定跨境电子商务交易的法律性质，以及熊某和该电商在交易中的法律地位等，成为法庭上辩论的焦点。法院审理查明，熊某是分 5 次在电商所属的"某某全球购"实体店内定购了 9 罐荷兰某品牌的奶粉，通过电商员工的协助，熊某当场填写订单，提交姓名、居民身份证号码、住址、联系方式等个人信息，并向电商支付了货款（含关税），电商向熊某出具了购物收据。之后，电商通过互联网将订单及原告个人信息报送至海关保税区。由海关对订单确定的奶粉按熊某出境个人行李、邮递物品的名义办理通关手续和征收行邮物品税，最后由被告通过快递方式向熊某交付奶粉。熊某收到的奶粉均为境外生产时的原始外包装，无中文标签、中文说明书等内容。另查明，电商将涉案奶粉样品委托给重庆出入境检验检疫局检验，其结果符合我国相应的食品安全标准。

法院审理认为，跨境电子商务是一种新型的国际贸易方式，其与传统的进出口贸易有重大的区别。其一，消费者在订购时应当向跨境电商公司提供完整、准确的个人信息；其二，跨境电商服务过程中是以消费者本人的名义向海关报关、纳税；其三，境外商品通关的性质是消费者个人行邮物品，而不是贸易商品。

据此，法院认为，该案的核心要素是电商是以熊某的名义和费用来处理事务，即熊某与电商之间成立的是委托合同关系，而非买卖合同关系。本案中，熊某作为委托人，电商作为受托人，由电商为消费者提供采购商品、通关纳税、物流托运等服务，并收取消费者的购买价款、关税、运费和委托报酬，电商并非是销售者。换言之，电商向熊某出售的是他的服务，而非商品本身，亦不承担《食品安全法》中销售者的法律责任。且熊某未证明因电商的过错造成了自己的损失。故法院判决驳回原告熊某的诉讼请求。

2013 年开始，重庆成为全国首批跨境贸易电子商务服务试点的六座城市之一，并且是全国唯一一座实施一般进口、一般出口、保税进口和保税出口跨境电子商务全业务的城市。

西南大学经济管理学院杨斌副教授认为，如果只是通过电子商务方式完成订购、签约等，但仍然通过传统的进出口贸易运输方式运送至购买人所在地，则归入货物贸易范畴，属于《关税及贸易总协定》（GATT）的管理范畴，此时消费者与国内分销商则是传统的进出口商品买卖。而跨境电商保税进口，依据电子系统进行交易，在很大程度上属于服务贸易范畴，国际普遍认可归入《服务贸易总协定》（GATS）的规则中按服务贸易进行管理，此时，跨境电商公司只是接受消费者的委托，进行海关通关处理。

资料来源：华龙网，http://cq. cqnews. net/cqqx/html/2015 - 12/10/content_35952819. htm。

三、跨境电子商务知识产权法律规则

（一）电子商务知识产权概述

1. 知识产权概念

知识产权也称为知识所属权，指权利人对其智力劳动所创作的成果享有的财产权利。根据 WTO 的《与贸易有关的知识产权协议》（TRIPs）规定，知识产权是指"著作权与邻接权、商标权、地理标记权、外观设计权、专利权、集成电路布图设计权、商业秘密权"。

2. 知识产权的类型

（1）知识产权的传统类型。国际上，通常将知识产权分为两大类，一类是著作权，另一类是工业产权。

著作权又称版权（copy right），是指自然人、法人或者其他组织对文学、艺术和科学作品依法享有的财产权利和精神权利的总称。权利客体包括以下列形式创作的文学、艺术和自然科学、社会科学、工程技术等作品。

工业产权是指人们依法对应用于商品生产和流通中的发明创造和显著标记等智力成果，在一定地区和期限内享有的专有权。按照《保护工业产权巴黎公约》的规定，工业产权包括发明、实用新型、外观设计、商标、服务标记、厂商名称、货源标记、原产地名称以及制止不正当竞争的权利。其中，商标专用权和专利权是最为重要的两种工业产权类型。

（2）新兴的知识产权类型。知识产权的某些类型上，一方面，由于国际上对于新的知识产权类型还存在扩大保护的趋势，或有新类型知识产权的产生；另一方面，由于国际条约中存在最低保护或者法律保留等原因，各个国家的法律制度存在差异，如此导致了在知识产权类型方面还有一些具有争议性的特别知识产权权利客体，这方面集中体现在商业方法专利和域名上。

商业方法专利方面：关于商业方法目前没有统一的概念，一般认为有两种定义：一种是商业方法是人们在商业活动中总结出来的规律性的、被普遍使用的商业活动基本规则与实现方式。另一种认为是商业方法和计算机网络技术相结合而产生的一种有次序系统化的

处理手段或措施。由于"商业方法"被认为属于"智力活动的规则"的一种，TRIPs 协议和很多国家的专利法都明确规定，智力活动的规则不受专利法保护。因此，在"商业方法"授予专利权进行保护。

域名方面：域名是互联网上识别和定位计算机的层次结构式的字符标识。它与计算机的互联网协议地址（IP 地址）相对应，是具有语词意义且易于辨识、记忆的 IP 地址的助记符，由前缀、中心域名和后缀三部分组成。域名使用已经超越了技术人员创设域名的最初设想，并不断被赋予种种社会功能。当前，域名的争议不断，相关的法律规则仍未建立。

（二）知识产权在电子商务中的作用

跨境电子商务作为利用电子数据处理技术进行贸易活动的电子化商务运作模式，其核心是"数据信息"，而这些数据信息的内容大多是一连串的文字、图形、声音、影像、计算机程序等作品，这些客体都涉及商标、作品等不同种类的知识产权。因此，知识产权在电子商务中的作用重大。

1. 知识产权彰显电子商务货物商品和服务商品的质量，降低电子商务交易者对高质量商品的寻找成本和提高交易的质量

在跨境电子商务活动中，知识产权已成为传递品牌信赖的标识，买家主要通过专利、商标、版权识别消费产品的信息、可靠度及性价比，在无法亲眼看见货物的情况下，绝大多数买家只能通过知识产权辨别远在万里之外的商家信息和商品品质。

2. 知识产权贸易成为电子商务中商品的重要组成部分，推动电子商务市场的快速发展

在国际贸易中，知识产权贸易已经与传统的货物贸易、服务贸易成为 WTO 三大贸易。电子商务中，一种以信息为载体的含有知识产权的产品，特别是附有高新技术和高附加值的高科技数字化产品，比如集成电路、计算机软件、多媒体产品，视听产品、音像制品、文学作品等在国际交易平台大量存在，产品以信息流的形式进入到对方的计算机系统，不需要物流而实现了跨境即时交易。由于电子商务提供了优秀的来自世界各地的知识产权产品，因此极大地吸引了大量的消费者通过跨境电子商务平台进行交易。

（三）跨境电子商务知识产权保护面临的问题

1. 各方对侵权认识不足

一是消费者辨别能力低，因为食品安全等问题，国人对国外产品信任度高，对国外高品质商品需求量大，但国外产品也存在侵犯知识产权问题，也有假劣商品，对此风险消费者普遍认识不足；二是商家知识产权保护观念淡薄，尊重他人知识产权，维护自身合法权益的意识和能力普遍缺乏。跨境电子商务多为邮件小包，价值较低，即使海关查获侵权商品也只能予以收缴，但无法适用其他制裁措施，商家侵权成本低廉。

2. 海关对侵权行为认定困难

跨境电子商务这种新型业务形态有别于传统的进口货物，呈现出境内境外复杂的特点，即商品境外来源复杂，进货渠道多，有些来源于国外折扣店，有些来源于国外买手等。此外，境内收货渠道复杂，多为个人消费，无规律可言。商品进境时品牌众多，与其他进口渠道比较，其涉及的商品品牌将大幅增加，且商品种类也较丰富，而海关执法人员

对相关产品认识不足，难以确认是否有侵权行为。这些特点都会给知识产权维权带来一定困难，需要确权的数量、难度也会大大增加。

3. 侵权责任划分困难

跨境电子商务是指交易主体（企业或个人）以数据电文形式，通过互联网（含移动互联网）等电子技术，开展跨境交易的一种国际商业活动，涉及境内外电子商务平台、商家、支付、报关、仓储、物流等一系列企业，而电子商务平台又可分为自营型电子商务平台和第三方电子商务平台，主体多元、形式多样、结构复杂。其中在所有类型的平台中，第三方电子商务平台涵盖的知识产权客体极为广泛，成为知识产权侵权纠纷的重灾区。而在第三方电子商务平台纠纷案件中，争议最大、最缺乏法律规范规制的就是第三方电子商务平台的责任问题，诸如审查义务、归责原则等。这些责任划分从一般的电子商务到跨境电子商务的知识产权保护，责任划分问题一直争议不断。

4. 国际争端解决困难

"地域性"是知识产权的重要特点，网络传输的特点则是"无国界性"，因此知识产权的地域性与网络环境的"无国界性"引发了知识产权保护的困境。由于各国的政治、经济、文化背景和科技发展水平的不同，各国对知识产权的保护内容和侧重点也不同，因此知识产权立法具有明显的地域性特点。虽然各国通过缔结国际条约等方式，将知识产权立法的差异减少，但也仅限于保护水平和范围等方面。具体到每一个知识产权客体，必须在某个国家登记或者申请或者注册，否则不受法律保护。知识产权属于国际竞争的核心要素，知识产权发达国家希望通过国际条约磋商，利用自身的经济地位给知识产权不占优势的发展中国家施加压力。地域性还表现在法律适用上，知识产权的行政司法保护在地域管辖上也存在一定的管辖原则。

跨境电子商务的支撑载体是国际互联网，就网络空间中的活动者来说，他们分处于不同的国家和管辖区域之内，跨境电子商务随机性和全球性使得几乎任何一次网上活动都是跨国的，很难判断侵权行为发生的具体地点和确切范围，司法管辖区域的界限变得模糊难以确定。在跨境电子商务中，还没有国际组织统一的立法，各国根据自己国家的实际需要，制定不同的立法标准，我国更是缺少相关的法律法规，有关的立法在知识产权的保护方面还存在很多分歧。跨境电子商务涉及大量的中小电子商务企业，有的甚至是个人，这部分商家、个人缺少对国外法律的认知，在出现涉及侵权问题时国际维权困难。国际第三方支付平台 PayPal 被爆出有大量中国跨境电子商务商家的账户因为侵权诉讼遭到冻结。一批来自美国的买家，以高价购买仿冒品为由与中国商户聊天，获取其 PayPal 账户，随后相关品牌商凭借聊天记录在美国提起诉讼。由于不了解美国相关法律且在美国打官司费用高昂，大部分商户没有选择积极应诉，但随之而来的是他们的 PayPal 账户及资金被冻结甚至清零，此次账户遭冻结或清零的中国商家超过 50 000 人，保守估计金额超过 5 000 万美元。

5. 知识产权相关法律在电子商务活动中的适用困境

首先，传统的版权法要求作品必须附着在载体上，或相关的载体（磁盘、磁带）上，才会受到保护。但在互联网领域，作品完全可以体现为由 01 数字符号排列组合起来的信息包，计算机只是将数据包再次转化为人类所能识别的文字符号。甚至在同一个计算机存储器上可以大量地复制多份并存储，如果将此计算机作为网络服务器供不同的用户各自对

每一部分复制品进行管理和访问，那么计算机存储器已经和传统的一份磁盘、磁带不可等同，它已经分属于不同的主体所支配。因此在这样的情况下，计算机已经不能作为载体对作品的权属进行界分。这种情况下，电脑服务器的作品及其复制品的法律适用面临无法可依的困境。

其次，在商标法上，面临新环境下的适用问题，以域名和商标的冲突最为明显，这个问题不同的国家规定不同。美国奉行的是先使用原则，即谁首先使用这个名称，谁就获得相关的权利。但网络上的域名登记问题毕竟不是简单的商标法问题，现在并没有一个明确的法律来调整这个问题。美国商务部电信与信息司于 1998 年初公布的《因特网名称与地址的技术性管理的改进方案》，列举了七方面的问题；中国为探寻符合国际标准和适合中国国情的域名制度，于 1997 年 5 月 30 日由国务院信息办印发了《中国互联网络域名注册暂行管理办法》。现有的国际知识产权法缺乏保护域名的专门制度，但是巴黎公约、伯尔尼公约和 TRIPs 协议等主要的国际知识产权法所规定的基本原则与规则，可能对建立域名的知识产权国际保护制度起指导作用。因特网国际协会与美国以及全球产业界、因特网用户等已达成初步协议，成立新的全球性管理顶级域名机构，协调这一基础性领域内错综复杂的问题。

最后，法律适用必然涉及管辖权问题。从民事诉讼方面来讲，要起诉或在侵权发生地，或在被告所在地，但在联网系统里面，传统的原则不适用了，因为联网系统里所出现的诽谤、错误及误导性的信息，有时候根本无法知道它是从哪里冒出来的。就传统的法律而言，提出了一个新课题："到底在哪儿起诉？"从传统的民法理论来看，实际上对原告不利，因为在被告所在地或侵权发生地起诉，有时候原告离之很远，对原告的起诉权不利。但在联网系统里面，由于不知道被告（向联网里输送信息的人）具体在哪个地方，反而对原告起诉有利，因为原告既然不知道被告在哪儿，原告就可以随便挑选从法律上和地点上对他最有利的地方起诉。

（四）跨境电商涉知识产权法律规则

1. 中国法律法规

关于知识产权规范方面，中国立法起步较晚，但发展迅速，特别是加入 WTO 后，国内法律政策与国际接轨，建立了符合国际先进标准的知识产权法律体系。

（1）知识产权法，如《著作权法》《专利法》《商标法》；（2）知识产权行政法规，其主要有著作权法实施条例、计算机软件保护条例、专利法实施细则、商标法实施条例、知识产权海关保护条例、植物新品种保护条例、集成电路布图设计保护条例等；（3）知识产权地方性法规、自治条例和单行条例，如深圳经济特区企业技术秘密保护条例；（4）知识产权行政规章，如国家工商行政管理局关于禁止侵犯商业秘密行为的规定；（5）知识产权司法解释，如《最高人民法院关于审理专利纠纷案件适用法律问题的若干规定》《最高人民法院关于诉前停止侵犯注册商标专用权行为和保全证据适用法律问题的解释》。

关于电子商务立法方面，2000 年 12 月，全国人大常委会审议通过了《关于维护互联网安全的决定》；2004 年 8 月通过了《电子签名法》；2012 年 12 月通过了《关于加强网络信息保护的决定》。2018 年 8 月 31 日全国人大通过了将于 2019 年 1 月 1 日施行的《电子商务法》。

《电子商务法》是对电子商务活动做出的综合性立法,在与网络经济相关的所有立法中起到提纲挈领的作用。《电子商务法》中所称的"电子商务"并不仅指通过互联网卖货,而是泛指"通过互联网等信息网络进行商品交易或者服务交易的经营活动"(金融类产品和服务,利用信息网络提供新闻信息、音视频节目、出版以及文化产品等内容方面的服务除外)。因此,可以将《电子商务法》理解为"网络交易法"。《电子商务法》加重了平台的责任,加强了工商、税务对经营主体的监管,全面确立了"避风港"原则和"红旗"原则,大数据规则日渐明晰,电子合同规范体系逐渐成形,互联网反垄断新标准开始确立。从整部法律七章八十九条可以看出,国家对于通过立法鼓励和促进电商发展有着强烈的意愿,极力在监管和鼓励之间寻找平衡点。

2. 国际条约

中国在制定国内知识产权法律法规的同时,还加强了与世界各国在知识产权领域的交往与合作,加入了十多项知识产权保护的国际公约。主要有 2005 年 WTO 的《与贸易有关的知识产权协定》(简称《TRIPs 协定》);1883 年签订的到 2017 年 5 月全球有 177 个国家加入承认的《保护工业产权巴黎公约》;1886 年签订的到 2017 年 8 月全球有 174 个国家加入的《保护文学和艺术作品伯尔尼公约》;在联合国教科文组织的主持下 1955 年 9 月 16 日生效的《世界版权公约》;签订于 1891 年用于规范国际商标注册的国际条约《商标国际注册马德里协定》;1970 年 6 月签订的于 1978 年 6 月 1 日开始实施的《专利合作条约》等。其中,世界贸易组织中的《TRIPs 协定》被认为是当前世界范围内知识产权保护领域中涉及面广、保护水平高、保护力度大、制约力强的国际公约,对中国有关知识产权法律的修改起了重要作用。

为了解决全球电子商务所遇到的法律冲突,适应各国对电子数据交换(EDI)的迫切要求,联合国国际贸易法委员会制定采取了灵活的"示范法(model law)"形式。1996 年12 月 16 日,联合国国际贸易法委员会第 85 次全体大会通过了《电子商务示范法》,该法是世界上第一个电子商务的统一法规,其目的是向各国提供一套国际公认的法律规则,以供各国法律部门在制定本国电子商务法律规范时参考,促进使用现代通信和信息存储手段。

2001 年 12 月 12 日联合国贸易法律委员会通过的《电子签字示范法》,是国际关于电子签字方面的最重要的立法文件,该法为电子签字的使用带来了法律的确定性。"数字签名"是目前电子商务中应用最普遍、可操作性最强的一种电子签名方法,它主要用于鉴定签名人的身份以及对一项电子数据内容的认可。《电子签字示范法》的制定,是对《电子商务示范法》的补充,促进了电子签字所产生的法律效力,有助于各国加强利用现代化核证技术的立法,为尚无这种立法的国家提供了参考,并对发展和谐的国际经济关系做出了贡献。

随着电子商务活动的迅速兴起,现有法律规范已无法满足保障电子交易安全及交易者利益的要求,在一定程度上阻碍了电子商务的发展。联合国国际贸易法委员会在经过六次会议的广泛深入讨论后,制定了《联合国国际合同使用电子通信公约》,在 2005 年获得联合国大会的通过。该公约的宗旨是在对国际合同使用电子通信的情形下增强法律确定性和商业可预见性。

3. 美、欧国家电子商务立法

美国于 1999 年 7 月制定通过了《统一电子交易法案》,该法案适用于一项交易有关的

电子记录或电子签名。2000 年 6 月 30 日，《全球及全国商务电子签名法案》的签署标志着以美国为首的西方国家在电子签名法律领域的进一步完备，作为电子商务法律领域内的基石之一，《电子签名法》确认了电子合同的法律效力，加速了全球电子商务活动的拓展，促进了国民经济的信息化。该法覆盖了洲际交易和国际贸易中所有的签名、合同和记录。"适用于与从事商业活动有关的行为或一系列事件，发生在两个或多个人之间的商业行为。不动产交易毫无疑问地适用于该法案。但该法在公共事业的取消与终止、健康保健、遗嘱的确立、家庭法等领域不适用。"

欧盟委员会于 1997 年 4 月提出著名的《欧洲电子商务行动方案》（*European Initiative in E-commerce*）之后，欧盟各国又于同年 7 月在波恩召开了有关全球信息网络的部长级会议，并通过了支持电子商务发展的部长宣言。宣言主张政府在电子商务立法中应减少不必要的限制，帮助民间企业自主发展，促进网络商业竞争。随着电子商务的发展，为了在欧洲的层面上制定一个统一的电子签名法律框架，克服各国对互联网市场规制上出现的互不协调局面，并与国际上各国的行动保持同步，欧盟委员会于 1999 年 12 月 13 日制定了《关于建立电子签名共同法律框架的指令》（以下简称《指令》）。其主要目标：一是推动电子签名的使用，促进法律承认；二是协调成员国之间的规范；三是提高人们对电子签名的信心；四是创设一种弹性的与国际行动规则相容的具有竞争性的跨境电子交易环境。

（五）跨境电子商务知识产权立法现状及建议

（1）发挥跨境电子商务平台的管理责任，强化事前审查、事中监控、事后处理等一系列控制制度，我国商务、海关等部门积极与相关国家推进跨境电子商务知识产权保护规则和条约的研究和制定，包括跨境电子商务侵犯知识产权行为的认定、纠纷的解决办法、产品的监管和溯源机制等，建立跨境电子商务国际合作机制，为国内企业开展跨境电子商务创造必要条件。

（2）积极利用 WTO 等相关国际组织制定标准，帮助国内企业处理如 PayPal 冻结中国商家账户等事件的纠纷。

（3）知识产权保护问题涉及贸易、法律等方面的专业问题，特别是涉外的知识产权的纠纷和诉讼都有很强的专业性，国家和企业应共同努力，大力培养知识产权专业人才，并给他们充足的空间与资源，发挥其在知识产权战略中的核心作用，造就一支包括各类专业人才和管理人才在内的知识产权队伍。海关要加大培养既精通知识产权保护管理又了解跨境电子商务特性的业务专家，更好地为跨境电子商务知识产权保护在海关监管上作出贡献。

四、跨境电子商务物流、通关、商检、税收法律规则

跨境电商活动受跨境贸易监管部门的监管，主要涉及物流、通关、商检、外汇、税收方面的法律法规。

（一）跨境电子商务国际物流与传统物流的差异性

无论是跨境电子商务的国际物流还是传统物流，都是在一定的可控成本下基于对物品的运输流通，这是两者的共同点。但是跨境电子商务对物流的具体要求又不同于传统物

流，两者的差异性体现在：

（1）跨境电子商务"多品种、小批量、多批次、周期短"的运营模式对物流的敏捷性和灵活性提出了更高的要求，跨境电子商务网上交易后对物流信息的更新强调了库存商品快递分拣配送原则，多元化的物流渠道的选择也符合跨境电子商务对国际物流的柔性需求。而传统商业模式"少品种、大批量、少批次、长周期"的运营模式决定了传统物流的固定化和单一性。

（2）物流功能性的附加价值不同。对于跨境电子商务商家来说，国际物流不仅只是运输的功能，终端客户的产品体验也包括了国际物流的时效体验，甚至国际物流的成本也决定了产品的竞争优势，而传统物流除了运输的功能外，附加价值体现并不明显。

（3）跨境电子商务国际物流强调整合化和全球化，而传统物流强调的是门到门、点对点。

（4）跨境电子商务国际物流是主动服务，传统物流是被动服务。前者是产品、物流、信息流、资金流的统一，交易完成后主动把物流信息发给客户，并时时监控货物直到完成投递。后者只是完成物品的运输，信息流往往在货物送达以后才发生。

（5）跨境电子商务国际物流注重系统化、信息智能化。在跨境电子商务的推动下，以信息技术为核心，对国际物流全过程进行优化。现在国际物流各大服务商致力于开发技术领先的物流 ERP 系统，以期望提供更全面、更简单的物流信息操作模式，实现跨境电子商务网上购物的一体化和智能化。而传统物流的作业流程相对固定，且变通性不强，是单一环节的管理，所以对于系统的重视程度和智能化程度远远不如跨境电子商务的国际物流商。

（二）跨境电商跨境贸易监管规范

1. 跨境电商物流规范

跨境电商交易活动后期会涉及较多的跨境物流、运输问题，涉及海洋运输、航空运输方面的法律。主要应参照《海商法》《航空法》《货物运输代理业管理规定》，以及国际法律规范的《海牙规则》《维斯比规则》《汉堡规则》《联合国国际货物多式联运公约》《统一国际航空运输某些规则的公约》及补充公约，这些国内外法律规则对承运人的责任、交货提货、保险等事项作了具体规定，同时也对国际贸易中的货物运输代理行为作了规范，理清了代理人作为承运人的责任。运输法律规范同时还需要与我国的《合同法》进行参照，解决代理合同当中委托人、代理人、第三人之间的责任划分问题。

2. 通关方面的法律规范

跨境电商所涉及的货物/物品需要经过海关的查验。我国出台了《海关法》，并通过了《海关企业分类管理办法》《海关行政处罚条例》。《海关法》涉及海关监管职责，对进出境运输工具、货物、物品的查验等内容。《海关企业分类办法》对海关管理企业实行分类管理，对信用较高的企业采用便利通关措施，对信用较低的企业采取更严密的监管措施。同时在通关环节，加强了知识产权的海关保护，出台了《知识产权海关保护条例》及其实施办法。针对空运快件、个人物品邮件增多的情况，也出台了一些专门的管理办法，如《快件监管办法》及海关总署《关于调整进出境个人邮递物品管理措施有关事宜》等。

3. 商检方面的法律规范

涉及商品进出口检验检疫以及监督管理职责，出台了《商品检验法实施条例》，对商检法各个部分拟订了细则。出台了一些对邮递和快件的检验检疫细则，如《进出境邮寄物检疫管理办法》和《出入境快件检验检疫管理办法》等。

4. 外汇管理规范

跨境电商主要涉及外汇管理部门、金融机构的结汇问题。当前的规范主要有《外汇管理条例》等。《外汇管理条例》中所涉及的经常项目售汇、结汇条文会直接影响到跨境电商的部分支付问题。

5. 税收法律规范

跨境电商进出口环节可能会面临征税问题。该类法律法规主要有《进出口关税条例》以及涉及退税阶段的各类规章制度。《进出口关税条例》在《海关法》和国务院制定的《进出口关税税则》的基础上具体规定关税征收的规定和细则，包括货物关税税率设置和适用、完税价格确定、进出口货物关税的征收、进境货物的进口税征收等，针对新出现的跨境电商企业征税和退税问题，税务总局也出台了一系列文件。在跨境电商活动中，货物都需要通过海关、商检，经营参与者需要进行收汇和结汇，在通关过程中还会遇到税收问题。因此，跨境电商的法律需要考虑和参照已有的此类法律内容。

第三节　跨境电子商务管辖权与争端解决

一、跨境电子商务管辖权

（一）跨境电子商务管辖权

1. 司法管辖权概念

司法管辖权又称为审判权，是指法院或司法机构对诉讼进行聆讯和审判的权力。该权力体现两个过程：一是当事人在民事或商事活动中选择一家法院提起诉讼；二是法院依据管辖规则确认是否在其管辖受理范围处理案件。司法管辖权往往被视为一项诉讼成功开展的前提。

2. 跨境电子商务管辖权

司法管辖权是基于某人或事件所处的地理位置而确定。传统的国际贸易中，当事人都处于同一个物质世界，其行为与领土联系可以轻易界定。但电子商务是在一个虚拟的空间进行，网络空间并不存在所谓的地理位置或划分国家或地区的物理界限，在网络世界中，当事人无处不在而又无处所在。在网络空间中不存在一个合理的框架对司法管辖权进行界定并公正分配。

但是，从本质上来说，电子商务仍然属于广义的国际贸易。网络空间当事人交易的根本目的在于实现商业利润。其次，尽管电子商务可以在网上完成整个交易过程，但很多网络交易还要结合传统的通信方式。新的通信方式使用不能改变贸易的本质，更不能成为要求发展特定管辖权框架的充分理由，可以在现有法律体系基础上，注入一些新的元素以适应跨境电子商务新特征。因此，跨境电子商务管辖权可以表述为一国法院或司法机构对于跨境电子商务交易的当事人或事件进行审理的权力。

相对而言，美国和欧盟在解决跨境电商管辖权时的做法值得借鉴。

（二）美国跨境电子商务管辖权

1. 司法管辖权的基本理论

一国法院对人和事行使司法管辖权是基于该法院地和相关的人和事之间存在的某种联系。司法管辖权分为两类：属人管辖权和属地管辖权。属人管辖权强调与当事人之间的联系，当事人与一国所属领域存在一定的联系时，该国家就对其拥有司法管辖的权力，当事人与一国的联系决定着司法管辖权的存在与否。属地管辖权基于特定财产位置。美国国际民商事管辖权中对人管辖权目的在于解决当事人就标的物的权益之争，对物管辖权目的在于确定特定财产的有关权利、判决效力及于诉讼当事人和与该特定财产有关的其他人。

2. 属人管辖权

属人管辖权又称对人管辖权，是指一个法院或法庭对个人或财产的管辖权。原告选择一个法院提起诉讼，属人管辖权的基本准则就在于提供一项宪法意义上的标准，限制法院的权力，保护个人权益不会受一个与其毫无联系的法院作出判决的约束。

美国法院对人管辖权是基于明示或默示的同意。默示同意可以划分为两类：一类是在法院地有实体存在；另一类是法院地有虚拟存在，包括与法院地有一般或具体联系。法院基于具体联系行使对人管辖权，需要满足三个要件：一是法院地存在最低联系；二是诉讼由此联系引起；三是法院管辖权合理。美国是世界上互联网最发达的国家，大量网络纠纷使得美国在处理管辖权方面采用两类做法：

（1）一般司法管辖权。一般司法管辖权是基于当事人和法院之间存在的持续的、系统的或实质性的联系。一旦法院对被告有一般司法管辖权，该法院将对所有涉及被告的诉讼，包括与法院地没有任何关联的诉讼均具有司法管辖权。一般而言，如果在法院地设立机构开展商业活动，法院对该机构就具有一般司法管辖权。在电子商务中，被告与法院地居民所进行商业活动的性质和数量将决定被告与法院地是否存在连续和系统的联系。

在 California Software, Inc. v. Reliability Research, Inc. 一案中，法院认为全国范围网络空间的信息服务以及通过该信息服务与法院地居民之间建立起来的通信模式还不足以支持法院行使一般司法管辖权所需的最低限度的联系。在 Mcdonough u. Fallon Mcelligott, ／nc. 案中，法院认为法院地居民使用代理网站行为本身不能确立司法管辖权；而购买广告宣传的商品行为与诉讼本身没有必然的联系，不足以确定一般司法管辖权；法院的进一步调查表明法院地居民实际上并未购买该代理机构的产品。因此，或许只有在法院地居民和该代理机构之间建立起"足够的"联系，法院才会行使一般司法管辖权。

（2）特定司法管辖权。特定司法管辖权是基于特定行为与法院地之间的联系。各州对于其领域内发生的活动拥有专属管辖权，因此很容易确定发生于某一特定区域行为的司法管辖权。美国法院在审理案件的过程中，针对法院地以外居民行使管辖权采用长臂管辖条款。长臂管辖条款是指到国外将非本州或本国居民带回本国对其展开诉讼程序，法院必须首先确定法院地之长臂管辖条款是否适用于该被告，在确定可以适用后，还必须满足宪法所规定的正当程序要求。

3. 属地管辖权

属地管辖权的确定主要取决于法院地国能否对其区域内的财产行使控制权。具体又可将其划分为两类：真正的属地管辖权和准属地管辖权。在有关真正的属地管辖权程序中，原告要求法院就争议的财产或其他事物的所有权人的身份作出裁决，而不论该所有权人是否在诉讼中提及。准属地管辖权有两种类型：第一类在于原告声称其为某财产的所有者，而不是诉讼中提起的另一确定的当事人的财产，因此，法院的最终判决将会影响诉讼中列明的这些当事人的权利。第二类则是在法院无法行使属人管辖权的时候，寻求就被告的财产建立一定的联系以便法院行使管辖权。属地管辖权的行使基于特定财产所处的位置。美国法院对物管辖权是基于物之所在地标准，跨境电子商务中，被告网址的国家或地区域名可以作为对物管辖权的依据。但是如何认定网络空间中的"财产"并进而确定其所处的地理位置，往往很难确定。

（三）欧盟跨境电子商务管辖权

欧盟对跨境互联网民商事案件的管辖规则有两类，一类是对合同案件的管辖权，另一类是对消费者合同的管辖权。

1. 对合同案件的管辖权

对于在欧盟成员国有住所的被告，一般原则为被告住所地标准，对于在欧盟成员国没有住所的被告，则需依据各成员国的内国法来决定管辖权问题。对于在欧盟成员国有住所的被告的合同争议，除被告住所地的一般管辖权原则外，还有债务履行地的特殊管辖权原则，即被告住所地和债务履行地法院均可管辖。对于货物买卖合同，债务履行地为货物交付地。对于服务提供合同，债务履行地为服务提供地。

2. 对消费者合同的管辖权

欧盟将消费者界定为为个人目的而不是为商业或职业目的订立合同的人。除运输合同外消费者合同还包括：（1）分期付款购买货物的合同；（2）用于为购买货物融资的分期偿还贷款合同；（3）与在该消费者住所地国从事商业或职业活动的人订立的合同；（4）或与通过任何方式将其商业或职业活动指向消费者住所地国的人订立的合同，且该合同在这类商业或职业活动范围内。在电子商务背景下，对于第（4）类如何判定商业或期业活动指向消费者住所地国，在实践中采用了类似于美国的滑动标尺标准和影响标准。

滑动标尺标准是以法院地与被告是否联系为标准，包括：第一，被告必须与法院地有足够的最低联系；第二，针对被告的主张必须源于这些联系；第三，行使管辖权是合理的。滑动标准作为互联网活动与法院地具体联系的对人管辖权的判定。该理论出于兹波制造公司诉 Dot Com 案。影响标准是以对外国被告行使对人管辖权为标准，如满足以下要求就是适当的：（1）被告的行为是有意的；（2）该行为明确指向法院地；（3）该行为造成损害，法院地遭受了大部分的损害且被告可以预见法院地很可能遭受损害。该理论是在考尔德诉琼斯案（Calder v. Jones，465U. S. 783）（1984）中确立的影响标准。琼斯案涉及的是诽谤争议，但该标准被适用于互联网故意侵权和商业侵权案件。影响标准适用于互联网损害和活动受到批判，因为其增加了不确定性，并导致不一致的判决。在互联网的背景下，由于互联网是国际性的，影响标准实际上赋予世界上任何一个法院管辖权，导致当事人不能确定需要在哪里应诉，且该标准高度依赖具体事实，影响的具体程度难以明确量化，不同的法院会有不同的理解，很可能造成不一致的判决。

（四）多个网上争议解决服务机构的管辖问题

在国际民商事案件中，民事诉讼管辖权的意义在于：首先，它是一国法院受理国际民商事案件的前提条件；其次，它直接影响到案件的判决结果，因为不同的管辖法院可能适用不同的准据法，从而产生不同的审判结果；最后，它将影响当事人的权益，当事人必须向有管辖权的法院提示诉讼，获得的判决方能得到其他国家的承认和执行。

就跨境电子商务网上争议解决机制而言，如有多个网上争议解决服务机构，就可能涉及多个管辖问题。跨境电子商务货物买卖或服务提供合同发生的争议，可能由买方居所地、卖方居所地或合同履行地争议解决机构享有管辖权。在管理机构指定网上争议解决服务机构的情况下，仍需考虑网上争议解决服务机构受案的地理范围划分，方便争议解决结果的执行是重要的考虑因素。在涉及消费者争议时，为确保争议解决结果的有效性，需要充分尊重消费者居所地的强制性规定，对消费者居所地法律的熟悉程度，就成为指定网上争议解决服务机构和争议解决人的必要考虑因素。

二、跨境电子商务争端

（一）跨境电子商务争端概念

争端一般是指双方或多方当事人在政治、经济或文化等领域内存在的分歧，可以分为因合同关系所产生的争端和非合同性争端两大类。非合同性争端通常包括侵权、诽谤、侵犯知识产权等。从跨境电子商务全过程来看，跨境电子商务争端包括合同性争端和非合同性争端，只是与传统商务活动争端有所差别，电子商务为争端提供一个新境地。争端发生时所处环境的不同不仅会影响到卷入争端的各方，而且直接关系到争端本身，争端涉及网络虚假信息争端、销售争端、付款争端、交付争端、侵权争端、商标争端等，还涉及与争端相关联的如产品质量的争议、未能交货、错误接单、未能支付等传统商务方面的争端。而电子商务特有的争端主要是与网络有关的争端，如信息上载网络时发生的侵权争端、域名争议等。

（二）跨境电子商务争端种类

1. 合同争端

合同关系是电子商务双方当事人交易过程中最重要的关系之一，在商家建立网站之时或消费者上网浏览时就已经开始。商家或消费者与网络接入服务提供者之间往往需要签订协议确定双方的关系。电子商务合同关系可以细分为商业性合同关系和消费者合同关系，EDI是商业合同的主要形式。交易各方可能在交易之前已经相互认识并保持良好关系，双方利用通信网络来开展商务往来，包括下订单、运输、存储货物及电子支付等商务活动。毫无疑问，商业性合同作为一种重要的贸易形式，将继续存在并扩展。近年来，消费者合同迅速发展，日常生活中人们谈及的电子商务经常就是指这一类合同。在电子商务中，商品或服务的最终用户可以浏览网页上的广告，作出自己的判断，商家与消费者在网络空间进行直接的交流。这种直接交易给传统的商业理论带来了结构性和观念性的变革。随着越来越多卖家通过第三方平台来销售、交付其产品，消费者合同因其快捷性日渐受欢迎，并正在以爆炸性的速度增长。只要具备良好的消费者保护和诚信贸易的法律框架，消费者合同无疑会成为未来交易的主流形式。

2. 非合同性争端

非合同性争端是电子商务争端的重要类型之一，它是电子商务中许多种不同纠纷的混合体。随着业务的迅速增长，网络服务提供商已经制定了一套格式合同以供客户参考，合同中确立了一般性的条款。此类合同在履行过程中，双方可能会就服务的质量和价格产生争议；此外，在试图接入网络到拒绝接入及信息排斥等过程中均可能产生争议。网络服务提供商就其所应尽义务以及消费者就其上传材料的侵权问题发生多种争议。知识产权侵权是非常典型的非合同性争端，著作权侵权、商标侵权、数据保护及网络诽谤等都是网络时代很普遍的现象，域名争端的出现是电子商务特有的争端形式；此外，还包括有关网络服务提供商是否要对第三方的行为负责的争论。这些现象都引发了知识产权保护的传统结构在信息时代适用的新问题。除了涉及知识产权问题的争端之外，非合同性争端还可能因言论自由、上传某些国家禁止的资料、竞争法等方面的问题而产生。卷入该类争端的当事方各种各样，根据具体环境，个人、商业实体、政府、国际组织都可能卷入电子商务非合同性争端。

总而言之，针对涉及不同主体的争端，应采用不同的解决机制。

研究性复习与思考

（1）什么是跨境电商法律规则？调整中国跨境电商的法律体系有哪些？

（2）跨境电商平台规则、跨境电商合同法律规则、跨境电商知识产权法律规则有哪些规定？

（3）梳理我国跨境电子商务物流、通关、商检、税收法律规则，你觉得还需要解决哪些规范问题？

（4）什么是跨境电子商务管辖权？跨境电商争端解决机制上有哪些障碍？

（5）美国、欧盟在解决跨境电商网上纠纷时有哪些值得研究的法律规范？

参 考 文 献

［1］王洪泽：《跨境电子商务争端解决机制研究》，载于《商场现代化》2016 年第 7 期。

［2］薛源：《跨境电子商务网上争议解决机制研究》，中国政法大学出版社 2014 年版。

［3］赵云：《电子商务中争端解决问题探究》，厦门大学出版社 2008 年版。

［4］郑红花：《跨境电子商务法律法规》，电子工业出版社 2017 年版。

［5］阚凯力、张楚：《外国电子商务法》，北京邮电大学出版社 2000 年版。

［6］孙晔、张楚：《美国电子商务法》，北京邮电大学出版社 2001 年版。

［7］［美］简·考夫曼·温、本杰明·赖特著，张楚、董涛、洪永文译：《电子商务法》，北京邮电大学出版社 2002 年版。

［8］彭慕兰、史蒂文·托皮克著，黄中宪、吴莉苇译：《贸易打造的世界》，上海人

民出版社 2018 年版。

［9］王玉婧、赵静涵：《跨境 B2B 电商平台作用路径与风险规避》，中国电子商务研究中心网，http：//www. 100ec. cn/zt/wmds/。

［10］张莉：《中国引领跨境电商国际规则制定前景》，今日中国网，http：//www. chinatoday. com. cn/chinese/economy/fxb/201609/t20160928_800068434. html。

［11］《习近平在博鳌亚洲论坛 2018 年年会开幕式上的主旨演讲》，新华网，http：//www. xinhuanet. com/world/2018 － 04/10/c_1122659873. htm。

［12］《商标圈（shangbiao. com）平台注册规则》，商标圈网，http：//www. shangbiao. com/corp/about。

［13］《全球速卖通禁限售商品目录》，全球速卖通网，https：//sell. aliexpress. com/zh/_pc/post001. htm？spm = 5261. 8113035. 105. 3. 99L0n6。

［14］《全球速卖通知识产权规则》，全球速卖通网，https：//seller. aliexpress. com/？Spm = 5261. 8197321. 0. 0. 7de111a960HHZ6。

［15］《跨境电子商务知识产权风险问题研究》，慧德网，https：//www. chtow. com/cn/h － nd － 248. html#_np = 7_901，2015 － 01 － 17。